Doris Nauer

Spiritual Care statt Seelsorge?

Verlag W. Kohlhammer

Dieses Buch ist den MitarbeiterInnen der Bibliothek der Philosophisch-Theologischen Hochschule Vallendar (PTHV) gewidmet. Ihre freundliche, hilfsbereite, verlässliche und fachkundige Unterstützung ist außergewöhnlich!

1. Auflage 2015

Gesamtherstellung: W. Kohlhammer GmbH, Stuttgart

Print:
ISBN 978-3-17-028905-5

E-Book-Formate:
pdf: ISBN 978-3-17-028906-2
epub: ISBN 978-3-17-028907-9
mobi: ISBN 978-3-17-028908-6

Kohlhammer

Inhaltsverzeichnis

Teil 1
Thematischer Einstieg

Teil 2
Entstehungs- und Expansionsgeschichte von Spiritual Care

Teil 3
Theorie- und Praxisdesign von Spiritual Care

Teil 4
Kritische Anfragen an Spiritual Care

Teil 5
Verhältnisbestimmung Spiritual Care – Seelsorge

Teil 6
Spiritual Care: Eine ernstzunehmende Herausforderung

Teil 7
Thematischer Ausstieg

Teil 1

Thematischer Einstieg

**Der Begriff ‚Spiritual Care'
hat Karriere gemacht.**

Eberhard Hauschildt (2013):
‚Spiritual Care' –
Eine Herausforderung für die Seelsorge?, 83.

1. Spiritual Care auf (inter)nationalem Vormarsch

Im Jahr 2013 stellte Eberhard Hauschildt lapidar fest: „Ein neuer Begriff ist da. Der Begriff ‚Spiritual Care' hat Karriere gemacht."[1] Eine wahrhaft erstaunliche Karriere, denn noch Anfang 2000 war die spätmodern anmutende Wortkombination zumindest in Deutschland weitgehend unbekannt. In der ersten Auflage meines Seelsorgelehrbuches habe ich daher im Jahr 2007 noch relativ oberflächlich auf das Phänomen ‚Spiritual Care' hingewiesen und im Blick auf damalige Entwicklungstendenzen dafür plädiert, die Ausbreitung von Spiritual Care sowohl aus inhaltlichen als auch aus strategischen Gründen eher mit Sorge als mit Euphorie in den Blick zu nehmen.[2] Dass meine damalige Besorgnis inzwischen auch von anderen geteilt wird, lässt sich z.B. in einem bemerkenswerten Aufsatz nachlesen, den der evangelische Theologe Frank Mathwig im Jahr 2014 zu Spiritual Care verfasst hat. Ohne große Umschweife startet er seine Überlegungen mit folgender Kapitelüberschrift: „Sorgenvoll – Zur *Karriere* eines Begriffs."[3]
Wie aber lässt sich die offensichtliche Begriffs-Karriere erklären? Wo kommt der Begriff überhaupt her, und wie fand er seinen Weg nach Deutschland?
Die Herkunft ist nicht schwer zu erraten, denn das englischsprachige Begriffspaar entstammt natürlich dem angloamerikanischen Sprachraum.[4] Seine Beheimatung liegt in England/Nordamerika/Kanada, wo es sich bereits vor mehr als 25 Jahren im Gesundheitswesen als Fachterminus etablieren und sich nahezu weltweit verbreiten konnte.[5] Im Vormarsch auf Europa wurde jedoch nicht zuerst Deutschland, sondern zunächst die Niederlande fast flächendeckend überrollt. Dies erstaunt nicht wirklich, denn kirchenpolitische Entwicklungen in den Niederlanden wirken sich bereits seit Jahrzehnten unmittelbar auf Deutschland aus. So waren es zunächst die Niederländer, die sich in den 60iger Jahren des 20. Jhdts. nach Nordamerika aufmachten, um sich dort mit einem neuartigen Seelsorgeverständnis vertraut zu machen. Deutsche, zunächst evangelische Theologen zogen nach und in der Folge erblühte die sogenannte ‚Seelsorgebewegung' der 70iger und 80iger Jahre, die in deutschsprachigen Ländern nicht nur einen konfessionsübergreifenden Paradigmenwechsel im Seelsorgeverständnis, sondern auch einen Modernisierungs- und Professionalisierungsschub christlicher Seelsorge auslösen sollte. Eine ähnliche Dynamik lässt sich gegenwärtig im Blick

1 HAUSCHILDT, E. (2013): ‚Spiritual Care' – eine Herausforderung für die Seelsorge?, 83.

2 Vgl. NAUER, D. (2007): Seelsorge. Sorge um die Seele, 63-67.

3 Vgl. MATHWIG, F. (2014): Worum sorgt sich Spiritual Care?, 23.

4 Einer der ersten Belege für die Verwendung des Begriffs findet sich in einem Aufsatz eines Jesuiten, der bereits im Jahr 1951 (!) darauf hinwies, dass in der Pflege das Eingehen auf die spirituelle Dimension des kranken Menschen unerlässlich sei. Vgl. FitzGIBBON, G. (1951): The matter of ***spiritual care*** of patients.

5 Vgl. BAWEL WEBER, S. (2009): Erfahrungen mit Spiritual Care in Deutschland und den USA.

auf Spiritual Care feststellen. Ausgehend von den angloamerikanischen Ländern breitet sich Spiritual Care v.a. über die Niederlande kontinuierlich in Europa aus.[6] Während man in den Niederlanden die Begriffskombination *‚Spiritual Care‘* von Anfang an in die holländische Sprache übersetzte (*‚Geestelijke Verzorging‘*), blieb man in Deutschland beim englischsprachigen Ausdruck. Dies dürfte nicht nur daran gelegen haben, dass gerade in Deutschland Anglizismen als besonders fortschrittlich gelten, weshalb in nahezu allen Arbeits- und Lebensbereichen deutsche Wörter verdrängt werden, sondern auch daran, dass bisher keine wirklich adäquate Übersetzung gefunden werden konnte, wie Eckhard Frick, einer der bekanntesten Befürworter von Spiritual Care im deutschsprachigen Raum, konstatiert.[7]

2. Inhalt und Zielsetzung dieses Buches

Weil das Phänomen ‚Spiritual Care‘ in deutschsprachigen Ländern noch recht neu ist, gibt es bisher kaum Monographien, die sich aus theologischer Perspektive der Thematik annehmen.[8] Während in der Schweiz und in Österreich seit kurzem einige Sammelbände[9] publiziert wurden, in denen die Thematik Seelsorge, Spiritualität, Spiritual Care und Palliative Care noch recht unsystematisch umkreist wird, und seit 2014 eine sehr lesenswerte Aufsatzsammlung von Birgit und Andreas Heller vorliegt, die von einer stärkeren inhaltlichen Fokussierung zeugt,[10] ist Deutschland Anfang 2015 diesbezüglich noch ein Brachland. Zwar haben sich zunächst auf evangelischer, inzwischen aber auch auf katholischer Seite TheologInnen konstruktiv-kritisch in die (inter)nationale Diskussion eingeschaltet,[11] eine systematische Darstellung und Auseinandersetzung mit Spiritual Care steht jedoch noch aus.

In vorliegendem Buch wird nicht der Versuch unternommen, ein neues Konzept von Spiritual Care zu erarbeiten! Mein Anliegen ist es, bereits bestehende Kon-

---

6 Vgl. KLESSMANN, M. (2014): Im Strom der Zeit, 14.

7 Vgl. FRICK, E. (2009): Spiritual Care in der Psychosomatischen Anthropologie, 106.

8 Das 2007 erschienene vielzitierte Buch Traugott Rosers führt zwar den Terminus ‚Spiritual Care‘ im Titel, ist aber im Kern ein Buch über Krankenhausseelsorge. ROSER, T. (2007): Spiritual Care. Ein 2009 publizierter Sammelband von Eckhard Frick und Traugott Roser führt zwar nicht der Terminus ‚Spiritual Care‘ im Buchtitel, faktisch aber handelt es sich um Aufsätze, die mehr oder minder um Spiritual Care kreisen. Vgl. FRICK/ROSER (2009): Spiritualität und Medizin.

9 Vgl. NOTH, I./ C. KOHLI REICHENBACH (2014): Palliative und Spiritual Care; SCHAUPP, W. u.a. (2014): Gesundheitssorge und Spiritualität im Krankenhaus; BELOK, M. u.a. (2012): Seelsorge in Palliative Care.

10 Vgl. HELLER, B./ A. HELLER (2014): Spiritualität und Spiritual Care.

11 Besonders hinweisen möchte ich auf folgende TheologInnen, die mit Ihren Beiträgen die Diskussion konfessionsübergreifend angefacht haben: Isolde Karle, Eberhard Hauschildt, Michael Utsch, Ulrich Körtner, Michael Klessmann, Uwe Weiß, Birgit und Andreas Heller, Christoph Morgenthaler, Martina Holder-Franz, Urs Winter-Pfändler, Urs Länzlinger, Frank Mathwig, Stefan Dinges, Hans Rusmann, Markus Zimmermann-Acklin, Stefan Dinges, Ralph Charbonnier.

zeptbausteine prominenter ProtagonistInnen von Spiritual Care unter Berücksichtigung der *historischen Entstehungsgeschichte* auf möglichst *systematische Art und Weise* zusammenzutragen, damit LeserInnen einen Einblick in die *zentralen Konturen von Spiritual Care* erhalten. Obgleich dies nur unter Berücksichtigung der englischsprachigen Literatur möglich ist, soll der Fokus dennoch auf Ansätzen aus dem *deutschsprachigen Raum* liegen. Eine Vorgehensweise, die mir legitim erscheint, da nicht nur die sozialpolitischen Rahmenbedingungen des Gesundheitswesens, sondern auch das Verständnis und die strukturelle Integration von (Krankenhaus)Seelsorge gerade im amerikanisch-kanadischen und niederländischen Kontext eklatante Unterschiede zur deutschen Situation aufweist. Um die Konzeptkonturen von Spiritual Care herausarbeiten zu können, wird deshalb v.a. auf ProtagonistInnen von Spiritual Care im Umkreis des *Münchner Lehrstuhls für Spiritual Care* (Eckhard Frick, Traugott Roser, Gian D. Borasio, Margit Gratz, Thomas Hagen…) und auf ProtagonistInnen, die über ihr Engagement in *Seelsorge und Sterbebegleitung* ihren Weg zu Spiritual Care gefunden haben (Monika Renz, Monika Müller, Erhard Weiher…), zurückgegriffen. Manchmal ist es zudem nötig, auch ProtagonistInnen aus dem *englischsprachigen Raum* (Cicley Saunders, Christina Puchalski, Sheila Cassidy, Wilfred McSherry, Steve Nolan, Daniel Sumasy, Michael Wright, Bruce Rumbold…) sowie ProtagonistInnen aus dem *niederländischen* Raum (Wim Smeets, Carlo Leget, Anne Vandenhoek…) einzubeziehen, da diese gegenwärtig großen Einfluss auf die deutsche Diskussion haben.

In diesem Buch wird darauf abgezielt, es nicht bei einer Darstellung von Spiritual Care zu belassen, sondern LeserInnen eine *konstruktiv-kritische Auseinandersetzung* zu ermöglichen, weshalb Anfragen geballt zusammengetragen werden. Da Eckhard Frick in Spiritual Care ein theologisch qualifiziertes ‚Zeichen der Zeit'[12] vermutet, laufen KritikerInnen zwar Gefahr, (vor)schnell als unzeitgemäß, rückwärtsgewandt, reaktionär-konservativ und fortschrittsresistent eingestuft zu werden. Dieser Gefahr gilt es sich aber auszusetzen, denn nur wer die Einwände kennt, kann sich m.E. ein fundiertes eigenes Urteil pro oder contra Spiritual Care bilden.

Für Traugott Roser signalisiert das Begriffspaar ‚Spiritual Care' Innovation, d.h. es steht für etwas ganz Neues und Zukunftsweisendes, das starke Auswirkungen auf die professionelle und ehrenamtliche christliche Seelsorge haben wird.[13]. Inzwischen wird bereits darüber diskutiert, ob Spiritual Care nur inhaltliche Veränderungen und strukturelle Neupositionierungen der (Krankenhaus)Seelsorge bewirken wird, oder ob Spiritual Care sogar eine prinzipielle Infragestellung der

---

12 Vgl. FRICK, E. (2014): Spiritual Care – ein Zeichen der Zeit?

13 Vgl. ROSER, T. (2009): Innovation Spiritual Care.

Zukunftsfähigkeit kirchlicher Seelsorge insgesamt bedeutet. In einem zweiten Schritt soll daher die *Verhältnisbestimmung von Spiritual Care und Seelsorge* ausdrücklich in den Blick genommen werden. Nachdem sowohl inhaltliche als auch strukturelle Kompatibilitäten und Inkompatibilitäten herausgearbeitet worden sind, soll über eine für alle Beteiligten sinnvolle Verhältnisbestimmung nachgedacht werden.

Spiritual Care ist tatsächlich etwas Neues, das eine *ernstzunehmende Herausforderung* nicht nur für alle MitarbeiterInnen des Gesundheitswesens und für die darin tätigen (Krankenhaus)SeelsorgerInnen darstellt. Spiritual Care fordert nämlich sowohl christliche Kirchen insgesamt als auch sozialcaritative Einrichtungen in kirchlicher Trägerschaft (Diakonie/Caritas/Orden/Stiftungen etc.) dazu heraus, Stellung zu beziehen. Der Identifizierung der komplexen Herausforderungen ist deshalb ein eigenes Kapitel gewidmet.

Welche Position die Verfasserin dieses Buches zu Spiritual Care einnimmt, soll im letzten Kapitel unter der Überschrift *Zusammenfassende persönliche Schlussthesen* deutlich werden.

3. Anvisierte LeserInnen

Für wen ist dieses Buch geschrieben? Für wen könnte es interessant sein?

- Für alle ***MitarbeiterInnen des Gesundheitswesens***, die mehr über Spiritual Care erfahren wollen und vielleicht sogar darüber nachdenken, sich aktiv in Spiritual Care zu engagieren.
- Für ***Leitungspersonen*** sowohl im stationären als auch im ambulanten Palliativ-Sektor, um Entscheidungen über Spiritual Care treffen zu können.
- Für professionelle ***Krankenhaus-, Altenheim-*** und ***HospizseelsorgerInnen*** sowie SeelsorgerInnen aller christlichen Konfessionen, die im Gesundheitssystem – v.a. im Palliativkontext – ***haupt- und ehrenamtlich*** aktiv sind oder sich über Spiritual Care informieren wollen.
- Für katholische und evangelische ***Arbeitsgemeinschaften/Konvente von SeelsorgerInnen***, um sich im Blick auf Spiritual Care gemeinsam positionieren zu können.
- Für ***Seelsorgeinstitute*** und ***Pastoralpsychologische Ausbildungsstätten***, wo auch Aus-, Fort- und Weiterbildungen konzipiert werden.
- Für ***kirchliche Dienstvorgesetzte***, die für inhaltliche Konzepte und Personalfragen Verantwortung tragen.
- Für ***kirchenpolitische Gremien*** auf lokaler und nationaler (DBK/EKD) Ebene, wo strategische Entscheidungen gefällt werden.
- Für ***alle Interessierten***, die mehr über Spiritual Care erfahren wollen.

4. Widerstreitende Verständnisse von Spiritual Care

Interessanter Weise reden nicht alle automatisch über das Gleiche, wenn Spiritual Care zum Thema wird. Es kann vorkommen, dass ‚*Spiritual Care*' mit der ähnlich klingenden Begriffskombination ‚*Palliative Care*' verwechselt wird. Den meisten ist jedoch inzwischen klar, dass es sich bei Spiritual Care um einen Fachterminus handelt, der bisher hauptsächlich im Kontext *Gesundheitswesen*, genauer in ambulanten und stationären palliativen Einrichtungen, Altenheimen und Krankenhäusern angesiedelt ist, weshalb gerade die Kategoriale Seelsorge/Spezialseelsorge – und hier besonders die Krankenhaus-, Hospiz und Altenheimseelsorge – herausgefordert ist, Stellung zu beziehen. Worum aber geht es eigentlich bei Spiritual Care? Die Frage ist nicht leicht zu beantworten, weil tatsächlich Unterschiedliches, Widersprüchliches, aber auch einander Ergänzendes damit assoziiert werden kann. Folgende Zusammenstellung soll dies verdeutlichen und neugierig auf die daran anschließenden Ausführungen machen:

- Ist Spiritual Care eine, wie Eckhard Frick betont, ausdrücklich in ***Analogie zum Begriff Palliative Care*** ins Leben gerufene Wortkombination?[14] Soll die Ähnlichkeit der Begriffsformulierung vor Augen führen, dass es sich bei Spiritual Care um eine unerlässliche Dimension[15], oder anders formuliert um einen notwendigen Teilbereich[16], einen selbstverständlichen[17], integralen[18] bzw. integrierten[19] Bestandteil oder um ein wesentliches Merkmal[20] von Palliative Care handelt?

- Ist Spiritual Care demnach analog zu Palliative Care[21] ein ***theoretisches Konzept***[22], das als Konzeptbestandteil[23] des ganzheitlichen multiprofessionellen Behandlungskonzeptes Palliative Care zu verstehen ist? Ist also Traugott Roser zuzustimmen, der Spiritual Care ausdrücklich als eine multiprofessionell vereinbarte (Be)Handlungsstrategie ausweist?[24]

---

14 Vgl. FRICK, E. (2011): Spiritual Care in der Humanmedizin, 416.

15 Vgl. PUCHALSKI, C. et al. (2009): Improving the Quality of Spiritual Care as a Dimension of Palliative Care.

16 Vgl. SCHOCKENHOFF, E. (2007): Geleitwort, 11; ROSER, T./ M. GRATZ (2011): Spiritualität in der Sterbebegleitung, 57.

17 Vgl. BAUMGARTNER, I. (2009): Ambulante Palliativversorgung und Seelsorge, 9.

18 Vgl. FRICK, E./ C. BAUSEWEIN (2014): Sterbende begleiten, 425.

19 Vgl. ROSER, T. (2007): Spiritual Care, 244.

20 Vgl. RUSSMANN, H. (2013): Spiritual Care als Herausforderung für das pastorale Handeln der Kirche, 12.

21 Lea Siegmann-Würth klassifiziert Palliative Care als „ein noch junges Konzept in der Behandlung und Betreuung von kranken Menschen." SIEGMANN-WÜRTH, L. (2011): Ethik in der Palliative Care, 13.

22 Vgl. FRICK, E. (2014): Spiritual Care – ein Zeichen der Zeit?, 284; JUNG-BORUTTA, C./ T. SITTE (2013): Spiritual Care, 214; WEIß, U. (2014): Der Beitrag der Seelsorge im palliativen Versorgungsteam, 89; KARLE, I. (2010): Perspektiven der Krankenhausseelsorge, 555, SCHAUPP, W. u.a. (2014): Vorwort, 7.

23 Vgl. ROSER, T. (2009): Spiritual Care – neuere Ansätze seelsorglichen Handelns, 85.

24 Vgl. a.a.O., 84.

- Steht Spiritual Care für eine bestimmte Art und Weise ***professioneller Sterbebegleitung***?[25] Hat Spiritual Care somit seinen Sitz im Leben ausschließlich dort, wo schwerkranke, sterbende und trauernde Menschen sowohl stationär als auch ambulant betreut werden? Ist der Tod sozusagen die situative Rahmenbedingung für Spiritual Care?[26]

- Oder umschreibt Spiritual Care weniger ein ausgefeiltes Konzept, als vielmehr eine ***innere (ethische) Haltung***, die alle im Gesundheitswesen Engagierten, besonders aber diejenigen, die in der Palliativversorgung haupt- und ehrenamtlich aktiv sind, auszeichnen sollte?[27]

- Alternativ hierzu lässt sich Spiritual Care auch als eine ganz konkrete spirituell qualifizierte ***Alltagspraxis*** begreifen.[28] Spiritual Care, die ***Tätigkeit der spirituellen Begleitung*** von PatientInnen und deren Bezugspersonen, die im Palliativkontext als annehmbares oder ablehnbares Angebot auf der Basis einer spirituellen Anamnese zu gewährleisten ist? Setzen daher ProtagonistInnen von Spiritual Care ‚Spiritual Care' und ‚Spirituelle Begleitung' zu Recht in eins?[29] Bedeuten dann aber Wortschöpfungen wie ‚Spirituelle Betreuung'[30], ‚Religiös-Spirituelle Begleitung'[31] und ‚Geistliche Begleitung'[32] das gleiche wie Spirituelle Begleitung und Spiritual Care?

- Dient die Wortkombination Spiritual Care vielleicht doch weniger zur Beschreibung individuellen (Begleitungs)Handelns, als vielmehr dazu, die Existenz einer neuen ***transdisziplinären Querschnittsaufgabe für alle Gesundheitsberufe*** in Worte fassen zu können? Eckhard Frick zumindest definiert: „Spiritual Care ist die gemeinsame Verantwortung der Gesundheitsberufe… für die spirituelle Dimension der Gesundheit."[33] Ist Spiritual Care also eine Art

25 Vgl. PUCHALSKI, C. (2006): The Role of Spiritual Care in the Care of Seriously Ill, Chronically Ill and Dying Patients; ROSER, T. (2010): Anforderungen zur Feldkompetenz in verschiedenen Seelsorge-Bereichen, 14-15; FRICK, E./ T. ROSER (2012): ‚Spiritual Care'.

26 Vgl. BORASIO, G. D./ T. ROSER (2008): Der Tod als Rahmenbedingung.

27 Vgl. ROSER, T. (2013): Seelsorge und Spiritual Care, 65; HELLER, A. (2014): Christliche Krankenhausseelsorge, 73; FEINENDEGEN, N./ A. SCHAEFFER (2014): Spiritualität, 184.

28 Vgl. HELLER, A. (2014): Die Spiritualität der Hospizbewegung, 202.

29 Vgl. RENZ, M. (2014): Hoffnung und Gnade, 165; WEIHER, E. (2007): Spirituelle Begleitung in der Palliativen Betreuung; ROSER, T./ T. HAGEN, G. D. BORASIO (2010): Seelsorge konkret. Einblicke in die spirituelle Begleitung am Lebensende.

30 Vgl. KERKHOVEN, A. (2012): Bericht über den 12. ENHCC-Konsultation (European Network of Health Care Chaplaincy).

31 Vgl. PALM, L. (2012): Religiös-spirituelle Begleitung (Spiritual Care) und die Erfassung von Spiritual Pain, 75.

32 Vgl. MASCHWITZ, G./ R. MASCHWITZ (2013): Spirituelle Sterbebegleitung, 86.

33 FRICK, E. (2012): Wie arbeitet Spiritual Care?, 68. Vgl. auch: Ders. (2014): Pausen und Noten, 16; Ders. (2014): Spiritual Care. Eine neue Querschnittsaufgabe entsteht.

Signalwort dafür, dass alle im Gesundheitswesen Engagierten für die gemeinsam anzugehende Aufgabe sensibilisiert werden sollen, die spirituelle Dimension menschlicher Existenz wahr- und ernstzunehmen?

- Benennt die Wortneuschöpfung Spiritual Care tatsächlich „die gemeinsame Verantwortung aller Gesundheitsberufe für spirituelle Nöte, Krisen und Bedürfnisse kranker Menschen"[34], dann lässt sich Spiritual Care gemäß Eckhard Frick als eine Art ***,Weltliche Seelsorge'*** oder ***,Ärztliche Seelsorge'*** begreifen. Liegt das Besondere dieser Art von Seelsorge dann darin, dass im Unterschied zur ***,Kirchlichen Seelsorge'*** auf spirituelle Bedürfnisse jeglicher Art – unabhängig von religiöser oder konfessioneller Bindung – eingegangen wird?[35]

- Ist Spiritual Care somit auch eine ***neue Berufsbezeichnung*** für all diejenigen, die sich im Gesundheitswesen für Spiritual Care zuständig sehen oder für die konkrete spirituelle Begleitung als zuständig ernannt werden? Werden oder sollten sich Spiritual Care Givers/Spirituelle BegleiterInnen dementsprechend in einer Art professionsübergreifendem ***Berufsverband*** organisieren und sich verbindliche Berufs-Leitlinien erarbeiten?[36]

- Steht Spiritual Care analog zu Palliative Care ebenso wie in anderen Ländern für ein ***Aus-, Fort- und Weiterbildungskonzept***, das nicht nur allen im Gesundheitssystem tätigen Hauptamtlichen, sondern auch allen ehrenamtlich Engagierten offensteht? Werden deutschlandweit ***Spiritual-Care-Module*** unterschiedlichster Art, die miteinander in Konkurrenz stehen, angeboten werden? Wird dies dazu führen, dass aus allen Berufen des Gesundheitswesens Spirituelle BgeleiterInnen (zusatz)qualifiziert werden? Werden auch evangelische Landeskirchen und katholische (Erz)Bistümer, angeregt durch derartige Strategien, in Zeiten personeller und finanzieller Ressourcenknappheit dazu neigen, nicht nur eigene (kostengünstige) Ausbildungskonzepte für Spirituelle BegleiterInnen zu entwickeln, sondern auch dazu, mehr oder minder qualifizierte ,Seelsorgliche BegleiterInnen' hochqualifizierten und deshalb kostenintensiven professionellen kirchlichen SeelsorgerInnen vorzuziehen?

- Ist Spiritual Care auch in Deutschland bereits das neue und weitaus attraktivere Wort für das, was man bisher ***Kirchliche (Krankenhaus)Seelsorge*** nannte? Können oder sollten beide Begriffe synonym verwendet werden? Obgleich z.B.

34 FRICK, E. (2014): Spiritual Care - ein Zeichen der Zeit?, 284.

35 Vgl. HAMETNER, I. (2011): 100 Fragen zu Palliative Care, 77; SEELSORGE IN PALLIATIVE CARE (2009), 20; SCHAUPP, W. u.a. (2014): Vorwort, 7.

36 Zumindest für Andreas Heller steht fest: „Spiritual Care ist kein Beruf." HELLER, A. (2014): Christliche Krankenhausseelsorge, 73.

Traugott Roser nicht ausdrücklich dafür plädiert, legen einige seiner Publikationen diese Schlussfolgerung bereits im Titel nahe.[37] Eckhard Frick, der inzwischen ausdrücklich hervorhebt, dass Spiritual Care „kein neumodischer Name für Krankenhausseelsorge"[38] ist, weshalb beide Begriffe nicht gleichgesetzt werden dürfen, gesteht dennoch ein: „Im deutschsprachigen Sprachraum wird ‚Spiritual Care' vielfach noch als Übersetzung von kirchlicher Seelsorge verstanden…"[39]. Während Frick davon ausgeht, dass sich die unzulässige Ineinssetzung beider Begriffe bereits historisch überholt hat, kommen Birgit und Andreas Heller aufgrund ihrer Feldexpertise im deutschsprachigen katholischen Raum zum Ergebnis, dass Spiritual Care in weiten (v.a. kirchlichen) Kreisen immer häufiger als Etikett für die traditionelle Seelsorge dient.[40] Eine Sichtweise, die auch Eberhard Hauschildt als evangelischer Theologe teilt. Er geht davon aus, dass gegenwärtig beide Begriffe vor Ort „geradezu als austauschbare Begriffe verwendet werden."[41]

- Ist Spiritual Care nicht nur ein auf den ersten Blick moderner anmutendes Wort für Seelsorge, sondern vielleicht sogar ein ***neuartiges Seelsorgekonzept,*** das bisherige Konzepte paradigmatisch ablöst? Steht Spiritual Care demnach für ein radikal verändertes Grundverständnis von Seelsorge? Ein Verständnis, das gemäß Traugott Roser zwar anschlussfähig an die moderne Seelsorgetheorie ist, sich zugleich aber v.a. durch seine (in gegenwärtigen Seelsorgekonzeptionen anscheinend nicht vorfindbare) Pluralismusfähigkeit ausweist?[42]

- Eine andere Sichtweise ist die, dass Seelsorge als ein Teil bzw. eine mögliche Ausgestaltungsform von Spiritual Care zu verstehen ist. Seelsorge bleibt Seelsorge, übernimmt aber Aufgaben im stationären und ambulanten Versor-

37 Vgl. ROSER, T. (2005): ‚Spiritual Care'. Seelsorge in der Palliativmedizin; Ders. (2007): Spiritual Care. Ethische, organisationale und spirituelle Aspekte der Krankenhausseelsorge; Ders. (2009): Spiritual Care – neuere Ansätze seelsorglichen Handelns.

38 FRICK, E. (2014): Pausen und Noten, 16; Ders. (2014): Spiritual Care. Eine neue Querschnittsaufgabe entsteht, 56.

39 FRICK, E. (2011): Spiritual Care in der Humanmedizin, 411. Frick hebt 2014 ausdrücklich hervor: „In der Begriffsgeschichte von Spiritual Care beobachten wir zunächst einmal eine synonyme Verwendung mit der Spitalseelsorge. Viele verwenden das heute auch noch so. Wenn beispielsweise ein Kirchliches Krankenhaus erklärt: ‚Bei uns ist Spiritual Care voll vertreten. Wir haben zwei Krankenhausseelsorger', dann haben wir einen derartigen Sprachgebrauch." FRICK, E. (2014): Spiritual Care. Eine neue Querschnittsaufgabe entsteht, 55.

40 Vgl. HELLER, B./ A. HELLER (2014): Spiritual Care, 27.

41 HAUSCHILDT, E. (2013): ‚Spiritual Care', 84.

42 Vgl. ROSER, T. (2007): Spiritual Care, 280; ROSER, T. (2009): Spiritual Care – neuere Ansätze seelsorglichen Handelns, 88. Folgende Aufsatztitulierung Michael Klessmanns könnte auf den ersten Blick ebenfalls suggerieren, dass Spiritual Care moderne Seelsorgekonzeptionen paradigmatisch ablösen wird: KLESSMANN, M. (2014): Im Strom der Zeit… Von der evangelischen über die ökumenische zur interkulturellen Seelsorge und Spiritual Care.

gungsauftrag von Palliative Care. In der ‚Sektion Seelsorge' der Deutschen Gesellschaft für Palliativmedizin e.V. wird deshalb hervorgehoben, dass kirchliche Seelsorge einen wesentlichen Teil der spirituellen Begleitung zu übernehmen hat.[43] Ist also Manfred Belok, Urs Länzlinger, Hanspeter Schmitt und Traugott Roser zuzustimmen, die unter dem Dach des religions- und konfessionsneutralen Spiritual Care entweder ein explizit ***‚christlich akzentuiertes Spiritual Care'***[44] oder einen ausdrücklich ‚christlich konnotierten Begriff von spiritual care'[45] ausmachen?

- Ist Spiritual Care einfach nur eine Art ***Dachbegriff*** für das seelsorgliche Engagement unterschiedlichster Religionen, Konfessionen und Weltanschauungen in den Einrichtungen des Gesundheitswesens? Signalisiert die Wortneuschöpfung Spiritual Care, dass auch in deutschsprachigen Ländern (jetzt) ***gesellschafts-, und sozialpolitisch*** erwünscht ist, dass nicht nur alle öffentlich anerkannten Religions- und christlichen Konfessionsgemeinschaften, sondern auch öffentlich akzeptierte Weltanschauungsgemeinschaften wie z.B. Humanistische Verbände ähnlich wie in den Niederlanden als gleichwertig und gleich wichtig erachtet werden, weshalb sie alle das gleiche Zugangsrecht zum Gesundheitssystem zugestanden bekommen sollen?

- Oder ist Spiritual Care primär als ein ***systemischer Begriff*** zu betrachten, mit dessen Hilfe sowohl kirchliche als auch nicht kirchliche Seelsorge als integraler Bestandteil des ***Dienstleistungsspektrums*** strukturell voll und ganz in das System Krankenhaus, Hospiz oder Altenheim integriert werden soll?[46] Könnte Spiritual Care dann vielleicht sogar, wie die evangelischen Theologen Ulrich Körtner und Traugott Roser andenken, als Bezeichnung für eine neu zu schaffende ***Vierte Säule im Gesundheitssystem*** stehen, die die bisherigen drei Säulen (Medizin, Pflege, Verwaltung) sinnvoll ergänzt[47] Wäre Spiritual Care dann so etwas wie ein Etikett für die ***psychosoziale Begleitung*** (Psychotherapie, Sozialarbeit, Pädagogik, Seelsorge etc.)? Interessanter Weise wird die Thematik Spiritual Care/Seelsorge in bekannten Lehrbüchern bereits unter der Rubrik ‚Psychosoziale Begleitung' abgehandelt![48]

---

43 Vgl. SPIRITUELLE BEGLEITUNG in der Palliativversorgung (2007). Eine ähnliche Formulierung findet sich im Positionspapier des Diakonischen Werkes der EKD: SEELSORGE IN PALLIATIVE CARE (2009), 20.

44 BELOK, M./ U. LÄNZLINGER, H. SCHMITT(2012): Einleitung, 13.

45 ROSER, T. (2007): Spiritual Care, 281.

46 Vgl. KÖRTNER, U. (2009): Spiritualität, Religion und Kultur, 4.

47 Vgl. ROSER, T. (2009): Vierte Säule im Gesundheitswesen?; KÖRTNER, U. (2009): Spiritualität, Religion und Kultur, 4.

48 Vgl. z.B. KRÄNZLE, S. u.a.(Hg) (2011): Palliative Care, Kapitel 4; HUSEBO, S./ E. KLASCHNIK (2009): Palliativmedizin, Kapitel 5.

- Vielleicht ist Spiritual Care aber auch die Bezeichnung für ein neuartiges ***gesundheitswissenschaftliches Modell?***[49] Ist Spiritual Care so etwas wie ein ***gesundheitspolitischer Oberbegriff***[50], der ein paradigmatisches Umdenken im gesamten Gesundheitswesen markiert? Eckhard Frick zumindest bezeichnet Spiritual Care als einen ***Interdiskurs***[51] genauer gesagt als eine interdisziplinäre Redeform bezüglich der Grenze des Wiss- und Machbaren im medizinisch-therapeutischen Raum. Spiritual Care – ein neuer Blick auf das gesamte Gesundheitssystem?

- Eckhard Frick ist es zudem zu verdanken, dass Spiritual Care eine noch ganz andere Bedeutungsvariante aufweist: Als Mediziner erkennt er in Spiritual Care eine ***neue ärztliche Disziplin***, ein vollkommen neuartiges akademisches ***Fachgebiet*** innerhalb der Humanmedizin.[52] Spiritual Care – ein in das Medizinsystem integrierter ***Lehr- und Forschungsbereich***, weshalb primär MedizinerInnen die inhaltlichen Richtlinien festlegen, Ausbildungskonzepte entwickeln und dementsprechend das Sagen haben (sollten)?

- Eine völlig andere Bedeutungsvariante von Spiritual Care offerieren Birgit und Andreas Heller im Anschluss an den Ansatz von Allan Kellehear, einem gegenwärtig in London lehrenden Professor für Community Health. In Abgrenzung der gegenwärtig dominanten klinisch fixierten Ausrichtung von Spiritual Care plädierten sie dafür, Spiritual nicht primär als defizitorientierte ***Service-Leistung*** professioneller Berufsgruppen für spirituell bedürftige Mit-Menschen zu begreifen, sondern als einen kommunalen Auftrag, der im Sinne einer Um-Sorge nicht nur an alle Mitglieder der Gesellschaft, sondern auch an die eigenen sozialen Bezugspersonen ergeht.[53] Für Kellehear steht deshalb fest: „Interpretiert im Horizont von Public Health ist Spiritual Care ***Selbstsorge***, für die jeder Mensch verantwortlich ist.“[54] Spiritual Care – also nicht in erster Linie verstanden als institutionell beauftragtes und bezahltes ‚Spirituelles (Ver)Sorgen‘, sondern einerseits als ‚Community Care‘ und andererseits als unerlässliche ‚Spirituelle Selbst-Sorge‘, der sich nicht nur kranke und sterbende Menschen, belastete und trauernde Angehörige, sondern auch alle Mitarbeitenden zu stellen haben?

---

49 Vgl. FRICK, E. (2011): Spiritual Care in der Humanmedizin, 412.
50 Vgl. HELLER, B./ A. HELLER (2014): Spiritual Care, 27.
51 Vgl. FRICK, E. (2009): Spiritual care. Ein neues Fachgebiet der Medizin, 153.
52 Vgl. folgenden Publikationstitel: FRICK, E. (2009): Spiritual care. Ein neues Fachgebiet der Medizin.
53 Vgl. HELLER, B./ A. HELLER (2014): Vorwort.
54 Vgl. KELLEHAER, A. (2014): Geleitwort; Ders. (2005): Compassionate Cities. Public health and end-of-life-care.

Teil 2

Entstehungs- und Expansionsgeschichte von Spiritual Care

Bild: Stephen Craven

1. Wurzelgrund Hospizbewegung

„Das aktuelle Konzept von Spiritual Care ist weder in den Theologien noch in der Religionswissenschaft entstanden, sondern in den Gesundheitswissenschaften, v.a. in der Palliativmedizin... und Psychoonkologie."[1] Eine These des Mediziners Eckhard Frick, der zwar prinzipiell zuzustimmen, die aber dennoch entscheidend zu modifizieren ist. Obgleich das theologie-verdächtige Wort ‚Spiritual' als Leitbegriff fungiert, entstammt Spiritual Care tatsächlich keinem theologischen oder religionswissenschaftlichen Kontext. Dass Spiritual Care jedoch als ein Produkt moderner Medizin zu begreifen ist, wie Frick suggeriert, indem er auf die medizinischen Fachdisziplinen Palliativmedizin und Psychoonkologie verweist, entspricht nur insofern der Realität, als eine der wichtigsten WegbereiterInnen von Spiritual Care nicht nur als Krankenschwester und Sozialarbeiterin, sondern eben auch als Ärztin tätig war.[2]

Die Rede ist von der Engländerin *Cicely Saunders* (1918-2005), die als Pionierin der modernen Hospiz- und Palliativbewegung gilt, weshalb Martina Holder-Franz, die sich intensiv mit Saunders beschäftigt hat, kommentiert: „Sie hat in mehr als vier Jahrzehnten einen internationalen Einfluss auf die Entwicklung der palliativen Arbeit ausgeübt. Noch heute inspiriert sie Menschen auf allen Kontinenten und in verschiedenen Kulturen, sich für die verbesserte Pflege und Begleitung von Menschen am Lebensende einzusetzen."[3] Saunders, die sich auf Schmerztherapie spezialisiert hatte, führte im Hospital Neuerungen wie die regelmäßige Abgabe von Schmerzmitteln, das Führen detaillierter Krankengeschichten und die Einbeziehung von Angehörigen/ehrenamtlich Tätigen in die professionelle Begleitung von PatientInnen ein. Ermutigt und finanziell unterstützt durch PatientInnen, die sie in engem persönlichen Kontakt begleitete, fasste sie den Plan, eine spezielle Einrichtung für todkranke Menschen aufzubauen: *St. Christopher's Hospice*, dessen Gründung im Jahr 1967 den offiziellen

1 FRICK, E. (2011): Spiritual Care in der Humanmedizin, 407. Zwei Jahre früher betonte Frick, dass Spiritual Care im ‚medizinisch-therapeutischen Raum' entstanden sei. Vgl. FRICK, E. (2009): Spiritual Care. Ein neues Fachgebiet der Medizin, 153.

2 Im Kontext des Zweiten Weltkrieges brach Saunders ihr Studium der Politikwissenschaft, Philosophie und Wirtschaft ab und ließ sich zur Krankenschwester ausbilden. Aufgrund eines Rückenleidens war sie jedoch bereits nach vier Jahren dazu gezwungen, sich als Sozialarbeiterin umschulen zu lassen. Nach sieben Jahren Sozialarbeit im Hospital wagte sie es, ein Medizinstudium zu absolvieren. Von 1957 bis zu ihrem Lebensende setzte sie sich in London als Ärztin unermüdlich für sterbende Menschen und deren Angehörige ein. Vgl. BOULAY, S. du (1987): Cicley Saunders; THOMA, J. (2008): Cicley Saunder's Impulse.

3 HOLDER-FRANZ, M. (2014): Cicley Saunders, 231. „Heute... gibt es weltweit mehrere hundert Einrichtungen und Initiativen, die sich auf ihren Ansatz berufen. Auch ein ‚Cicley Saunders Archiv' und ein nach ihr benanntes Forschungszentrum... Saunders Bibliographie umfasst mehr als 200 bereits edierte Artikel, Vorträge, Bücher und Predigten...zahlreiche Preise und mehrere Ehrendoktorwürden wurden ihr zuteil. 1980 wurde ihr der Ehrentitel ‚Dame' verliehen. 1981 der begehrte Templeton-Preis für ihre Verdienste in religiösen Fragen." (a.a.O, 213/2014/223).

Beginn der Hospizbewegung markiert. Erklärtes Ziel von Saunders war es, Sterbenden einen wortwörtlichen Schutz-Raum zu eröffnen, in dem sie nicht nur auf dem neuesten Stand von Medizin und Pflege versorgt, sondern auch spirituell von hauptberuflich und ehrenamtlich Engagierten aktiv begleitet mit ihrer Verzweiflung, ihren Fragen, Sorgen, Ängsten und Hoffnungen am Ende ihres Lebens nicht alleingelassen werden. Niemand soll das Gefühl vermittelt bekommen, für Angehörige und Betreuer nur noch eine Last zu sein. Jedem soll die Möglichkeit eröffnet werden, möglichst schmerzfrei seine letzte Lebensphase als geschenkte Lebenszeit in einer mit-menschlichen Atmosphäre bewusst erleben zu dürfen. Aufgabe des Hospiz-Teams und der Angehörigen ist es, den sterbenden Menschen behutsam zu *um-sorgen* und ihn entgegen damals gesellschaftlich vorherrschenden Tabuisierungs- und Verdrängungstendenzen dazu zu ermutigen, nicht nur über den eigenen Tod sprechen, sondern ihn auch annehmen zu können.

In einem 1979 erschienen Aufsatz schrieb Saunders, dass sich ihr Verständnis von *Terminal Care* einem ganzheitlichen philosophischen Ansatz verdankt. Alle von ihr favorisierten Theorien und Praxisformen leiten sich aus der Grundüberzeugung ab, dass Menschen am Ende ihres Lebens einen tiefgehenden Schmerz empfinden, der alle Dimensionen ihrer Existenz in Mitleidenschaft zieht. *Total Pain* umfasst demnach sowohl eine körperliche (*physical*), psychische (*mental*), soziale (*social*) und spirituelle (*spirtual*) Dimension. Soll der sterbende Mensch in seiner Ganzheit wahr- und ernstgenommen werden, dann gilt es, keine der genannten Dimensionen im Umgang mit ihm zu vernachlässigen.[4] Dementsprechend plädierte Saunders für eine Form von *Total Care* bzw. *Rounded Care*, wobei sie ausdrücklich darauf hinwies, dass gerade spirituelle Nöte oftmals die tiefste Ursache von Schmerzerfahrungen aller Art sein können. Ob Saunders den Terminus *Spiritual Care* zur Bezeichnung der spirituellen Begleitung Sterbender bereits in den Anfangszeiten der Hospizbewegung benutzt hat, ist gegenwärtig umstritten. Während für Martina Holder-Franz außer Frage steht, dass Saunders nicht nur ein Spiritual-Care-Konzept entwickelte, sondern sich auch „von Anfang an für den Terminus Spiritual Care entschied"[5], weshalb sie ihn zumindest in Gesprächen oftmals benutzte, resümiert der Palliativmediziner Gian D. Borasio: „Ihre Arbeit mit den Patienten war, ohne dass sie es explizit so bezeichnete, im weitesten Sinne Spiritual Care, wie wir es heute nennen."[6] Fakt ist, dass Saunders als weltoffene anglikanische Christin zutiefst christlich inspiriert handelte: „Wer die Biographie von Cicley Saunders (1999) liest, erahnt, dass die Hospiz-

4 Vgl. SAUNDERS, C. (1979): The Philosophy of Terminal Care, 194; Dies. (1988): Spiritual Pain.
5 HOLDER-FRANZ, M. (2012): „...dass Du bis zuletzt leben kannst", 87.
6 BORASIO, G. D. (2014): Spiritual Care, 117.

bewegung tiefe religiös-christliche Wurzeln hat. Saunders betrachtete das Hospiz als christliche Institution fernab von missionarischen Absichten. Für sie stellten Achtung vor der Integrität der Sterbenden, empathische Zuwendung und spirituelle Begleitung christliche Werte dar, die auf der Liebe Gottes zum Nächsten basieren."[7] Die Verankerung ihres Care-Konzeptes im christlichen Gottes-, Nächsten- und Selbstliebe Ethos verlangt entgegen damals vorherrschenden gesellschaftlichen Vorstellungen keine Ausrichtung an einem gefühlsaufgeladenen, romantischen Liebes-Ideal, das alle Beteiligten unter Druck setzt und/oder überfordert, sondern stellt die Voraussetzung dafür dar, sich allen Sicht- und Glaubensweisen vorbehaltlos zu öffnen, den Blick nicht nur auf leidende Menschen, sondern auch auf un-christliche Umgangsweisen und Strukturen zu lenken, weshalb Martina Holder-Franz folgenden Schluss zieht: „Die christliche Spiritualität, die in der Liebe gründet, führt bei Saunders somit weder in eine Beliebigkeit, noch in einen Fundamentalismus…"[8]

Mit ihrem *Care-Concept* war Saunders ihrer Zeit – d.h. sowohl den damaligen medizinischen, als auch den damaligen theologisch-seelsorglichen Standards – weit voraus:

- Ihr öffentlichkeitswirksames Votum, sterbende Menschen nicht als medizinisch ‚austherapierte Fälle' zu betrachten, ihnen nicht unnötige Schmerzen zuzumuten, sie nicht zum Sterben in Abstell- und Badezimmer zu verfrachten und alles, was mit Tod und Sterben zu tun hat, nicht länger zu tabuisieren, war zugleich ein Votum gegen den vorherrschenden Medizinbetrieb der 60iger Jahre, der trotz aller unbestreitbaren medizinischen Erfolge von vielen Menschen als un-menschlich erlebt wurde.
- Ihr Votum für *Spirituelle Begleitung* als integralem Bestandteil christlich inspirierter *ganzheitlicher Sterbebegleitung* war nicht trotz, sondern gerade wegen ihres persönlichen christlichen Hintergrundes zugleich ein Votum dafür, weder missionarische Zielsetzungen verfolgen, noch die Zugehörigkeit Sterbender und deren Angehörigen zu einer bestimmten Religions-, Konfessions- oder Kirchenzugehörigkeit voraussetzen zu dürfen.

7 HELLER, B./ A. HELLER (2014): Spiritual Care, 23. An anderer Stelle hebt Andreas Heller hervor: „Die internationale Hospizbewegung entsteht in England auf einem selbstverständlich religiösen Boden, der durchaus christlich-konfessionell inspiriert ist, aber von Cicley Saunders als weltökumenisch intendiert wird." HELLER, A. (2014): Die Spiritualität der Hospizbewegung, 197.

8 HOLDER-FRANZ, M. (2014): Cicley Saunders, 230. Saunders pflegte lebenslang intensive freundschaftliche Kontakte sowohl zu gläubigen ChristInnen unterschiedlicher Konfessionszugehörigkeit als auch zu Nicht-ChristInnen. Gerade weil sie einen christlichen Namen für ihr Hospiz wählte, verstand sie dieses als einen überkonfessionellen Ort, an dem jede Glaubensrichtung willkommen war. Andreas Heller attestiert ihr daher eine ideologiefreie ‚Spiritualität der offenen Tür'. HELLER, A. (2014): Die Spiritualität der Hospizbewegung, 198.

Während sich das Hospiz-Konzept Cicley Saunders sowohl in Europa (v.a. in den skandinavischen Ländern) als auch in Übersee (v.a. in den Vereinigten Staaten, Kanada und Australien) schon Mitte der 70iger Jahre rasch ausbreitete,[9] stieß es ausgerechnet in Deutschland bis Anfang der 90iger Jahre auf erbitterten Widerstand. Warum aber war dies der Fall? Zum einen, weil Themen wie Sterben und Tod infolge des Zweiten Weltkrieges gerade in Deutschland oftmals verdrängt wurden. Zum anderen, weil Hospize fälschlicher Weise als Sterbekliniken diffamiert wurden und neugegründete Euthanasiegesellschaften für ein selbstbestimmtes Sterben plädierten, was angesichts der Euthanasie-Verbrechen im Dritten Reich starke Abwehrmechanismen hervorrief: „Noch in den 70iger Jahren sprachen sich die Kirchen dezidiert gegen den Bau von ‚Sterbekliniken' aus… Als das Bundesministerium für Jugend, Gesundheit und Familie im Jahr 1978 eine Anfrage nach einer Befürwortung des Baus von Sterbekliniken in Deutschland durchführte, waren die Stellungnahmen der befragten Kirchen, Wohlfahrtsverbände, Krankenhausgesellschaften und Einzelpersonen ablehnend."[10] Es dauerte daher noch Jahre, bis das erste Hospiz in Aachen seine Arbeit 1986 aufnehmen und noch weitere zehn Jahre, bis ein Gesetz zur Förderung stationärer Hospize erlassen werden konnte.
Seither ist die Hospizbewegung als eine Art Menschenrechtsbewegung „zu einer der bedeutendsten Bürgerbewegungen Deutschlands avanciert."[11] Eine sowohl von ExpertInnen als auch von Laien getragene Bewegung, die nicht nur gesellschaftlich verdrängte Themen auf die öffentliche Tagesordnung setzt, sondern auch BürgerInnen zu ehrenamtlichem Engagement animiert, weshalb Andreas Heller als Charakteristikum hervorhebt: „Diese Hospizlichkeit ist zunächst eben kein Gebäude, sondern eine Haltung von Personen, eine Kultur in den Organisationen der Gesellschaft."[12]

Die bisherigen Überlegungen sollten deutlich machen, dass der Wurzelgrund von Spiritual Care bereits in den 60iger Jahren des 20. Jhdts. liegt. Nicht medizinische Fachdisziplinen wie Palliativmedizin oder Psychoonkologie, die zu dieser Zeit überhaupt noch nicht existierten, sondern das Konzept von Cicley Saunders und die sich daraus entwickelnde Hospizbewegung haben den Boden für die Entstehung von Spiritual Care bereitet. Nicht primär (Fach)ÄrztInnen, sondern Pflegekräfte, Angehörige und ehrenamtlich Engagierte haben in der Anfangszeit

9 Vgl. HELLER, A. u.a. (2012): Die Geschichte der Hospizbewegung in Deutschland; GRONEMEYER, R. (2005): Hospiz, Hospizbewegung und Palliative Care in Europa.

10 HELLER, A. (2002): Der Umgang mit Sterbenden, 176-177. Vgl. auch: WEINERT-SPRISSLER, H. (2009): Die Katholische Kirche und die Hospizbewegung in Deutschland.

11 ZIMMERMANN-ACKLIN, M. (2014): Sterbehilfe und Palliative Care, 80.

12 HELLER, A. (2014): Die Spiritualität der Hospizbewegung, 100. Vgl. auch: GRAF, G./ G. HÖVER (2006): Hospiz als Versprechen. Zur ethischen Grundlegung der Hospizidee.

dafür gesorgt, dass die von Saunders geforderte Achtsamkeit für die spirituelle Dimension menschlicher Existenz als integraler Bestandteil eines ganzheitlichen Care-Konzeptes vor Ort ernst- und wahrgenommen wurde.[13]

2. Wachstumsbeschleuniger ‚Palliative Care'

Aus der in England von Cicley Saunders auf den Weg gebrachten, hauptsächlich ehrenamtlich getragenen internationalen Hospizbewegung heraus hat sich inzwischen „die Begleitung schwerstkranker und sterbender Menschen in Deutschland ausdifferenziert und professionalisiert und auch Eingang in die Sozialgesetzgebung gefunden. Angestoßen durch die Hospizbewegung ist ein *multiprofessionelles Versorgungs- und Begleitungsnetz* entstanden, das sich immer weiter ausdifferenziert. Inzwischen hat sich hierfür die zusammenfassende Bezeichnung ‚Palliative Care' etabliert."[14]
Palliative Care - eine englischsprachige Wortkombination, für die im deutschsprachigen Raum keine adäquate Übersetzung gefunden werden konnte, weshalb sie als solche bis heute beibehalten worden ist.
Woher aber stammt sie? Sie geht zurück auf den renommierten *kanadischen* Onkologen Balfour Mount, der beeindruckt durch persönliche Erfahrungen im Hospiz von Saunders erstmals eine Krankenhausabteilung für sterbende Menschen am Royal Victoria Hospital in Montreal aufbaute und diese als Palliative Care Abteilung bezeichnete.[15] Dabei sollte es jedoch nicht bleiben! Recht schnell wurde nämlich entdeckt, dass sich die Begriffskombination Palliative Care nahezu ideal zur Bezeichnung eines multidisziplinär angelegten Behandlungs-, Pflege- und Betreuungs*konzeptes* für Menschen in der letzten Lebensphase eignet. Palliative Care – *ein Leitbegriff für menschenwürdiges Leben und Sterben*, eine innovative *Behandlungs- und Betreuungsphilosophie*.[16]
Was aber ist daran so neu, dass Sabine Pleschberger es sogar wagt, von einem *Paradigmenwechsel* zu sprechen?[17]

---

13 Schon seit den 60iger Jahren publizieren v.a. Pflegende (!) zu Spiritual Care. Vgl. HUBERT, M. (1963): Spiritual Care for every patient; FISH, S./ J. A SHELLY (1978): Spiritual Care. The nurse's role.

14 SEELSORGE IN PALLIATIVE CARE (2009), 9. Vgl. auch HAMETNER, I. (2011): 100 Fragen zu Palliative Care, 14; KRÄNZLE, S. (2011): Geschichte und Wesen von Palliative Care; PLESCHBERGER, S. (2007): Die historische Entwicklung von Hospizarbeit und Palliative Care; FINK, M. (2012): Von der Initiative zur Institution. Die Hospizbewegung zwischen lebendiger Begegnung und standardisierter Dienstleistung.

15 Vgl. MAIER, B./ T. SITTE (2013): Grundlagen und Versorgungsstrukturen, 2; SIEGMANN-WÜRTH, L. (2011): Ethik in der Palliative Care, 20.

16 Vgl. KNIPPING, C. (2012): Menschenwürdig leben und sterben, 11; BANDIXEN, C. (2012): Sterben ist ein Prozess. Palliative Care eine Unterstützung dabei; SIEGMANN-WÜRT, L. (2014): Palliative Care – theologische und medizinethische Aspekte, 43; SCHULTE, V./ C. STEINEBACH (2014): Gesellschaftliche Bedeutung von Palliative Care, 17; HAMETNER, I. (2011): 100 Fragen zu Palliative Care, 14.

17 Vgl. PLESCHBERGER, S. (2002): Palliative Care. Ein Paradigmenwechsel.

Das wirklich Neue besteht im Wechsel vom bis dahin in der Medizin dominanten *Cure-Prinzip* (Diagnostizieren–Therapieren–Heilen) zum multiprofessionellen *Care-Prinzip* (Sorgen–Begleiten–Lindern). Nicht einzelne Körperteile und Körperfunktionen, sondern der ganze todkranke und trauernde Mensch in all seiner Komplexität soll im Mittelpunkt einer ganzheitlichen Fürsorge stehen, in der Behandlungsgrenzen akzeptiert und der medizinische Beitrag nur als einer von vielen betrachtet wird.[18] In der ‚Charta zur Betreuung schwerstkranker und sterbender Menschen in Deutschland' wird daher 2010 als Spezifikum hervorgehoben: „Hospizidee und Hospizbewegung bzw. in der Folge Palliative Care stehen also für eine Gegenbewegung zu einem allein kurativ auf körperliche Heilung ausgelegten System."[19]

Der eingedeutschte Terminus ‚palliativ' (lateinisch pallium/Mantel; indogermanisch pe/Fell/waffenabwehrendes Schild) signalisiert von der Wortbedeutung her, dass Sterbende sowohl liebevoll und professionell zu umhüllen, als auch vor menschlichen, medizinischen und institutionellen Übergriffen zu beschützen sind.[20] Dies impliziert, „dass nicht mehr der sterbenskranke Mensch sich nach bestimmten Ordnungen (eines Pflegedienstes, Heimes, Krankenhauses etc.) zu richten hat, sondern umgekehrt alle Versorgung und Begleitung nach seinem Bedarf".[21] Nicht der objektive Befund, sondern das subjektive Befinden soll über die Art und Weise der Sterbebegleitung entscheiden. Nicht an normierten Behandlungs- und Prozessabläufen, sondern an den Bedürfnissen sterbender Menschen gilt es, sich in allen Professionen handlungsleitend auszurichten.[22]

Obgleich Palliative Care in verschiedenen Ländern inhaltlich durchaus unterschiedlich akzentuiert wird,[23] liegt durch die im Jahr 2002 aktualisierte Definition der Weltgesundheitsorganisation (WHO), die auf der nächsten Seite wiedergegeben wird, ein international akzeptierter Konsens über das Grundverständnis von Palliative Care vor:[24]

---

18 „Unter dem kurativen Therapieansatz verstehen Ärzte und Patienten die restitutio ad integrum – ein Ideal, das am ehesten bei einfachen chirurgischen Eingriffen und in der Infektionsmedizin erreicht wird." FRICK, E. (2009): Seelsorge und Medizin, 3. „Für Palliative Care ist der Therapiezielwechsel charakteristisch: das kurative, auf vollständige Beseitigung der Erkrankung gerichtete Therapieziel tritt gegenüber dem palliativen in den Hintergrund." FRICK, E./ C. BAUSEWEIN (2014): Sterbende begleiten, 426.

19 CHARTA (2010), 11.

20 Vgl. HELLER, A. (2014): Die Spiritualität der Hospizbewegung, 202.

21 SEELSORGE IN PALLIATIVE CARE (2009), 12. Vgl. auch HELLER, A. (2012): Hospizarbeit und Palliative Care, 24.

22 Vgl. LITTGER, B. (2014): Christliche Hospiz- und Palliativkultur.

23 „Mittlerweile wurde ‚Palliative Care' weitgehend zum international anerkannten Fachbegriff, auch wenn das Verständnis über Inhalt und Umsetzung auseinandergehen". SIEGMANN-WÜRTH, L. (2011): Ethik in Palliative Care. Vgl. auch: MÜLLER-BUSCH, C. (2012): Palliative Care; GRONEMEYER, R. (2004): Palliative Care in Europa.

24 http://www.who.int/cancer/palliative/definitionen/en/

Palliative care is an approach [Ansatz] that improves the quality of life [Lebensqualität] of *patients* and their *families* facing the problems associated with life-threatening illness, through the prevention and relief of suffering by means of early identification and impeccable assessment and treatment of pain and other problems, ***physical***, ***psychosocial*** and ***spiritual.***

Palliative Care:

- provides relief from pain and other disstressing symptoms;
- affirms life and regards dying as a normal process;
- intends neither to hasten or to postpone death;
- integrates the ***psychological*** and ***spiritual aspects*** of patient care;
- offers a support system to help patients live as actively as possible until death;
- offers a support system to help the family cope during the patients illness and in their own bereavement
- uses a *team approach* to address the needs of patients and their families, including bereavement counseling, if indicated;
- will enhace quality of life, and may also positively influence the course of illness;
- is applicable early in the course of illness, in conjunction with other therapies that are intended to prolong life, such as chemotherapy or radiation therapy, and includes those investigations needed to better understand and manage distressing clinical complications.

Folgende Aspekte scheinen mir im Blick auf den Entstehungshintergrund von Spiritual Care von besonderer Bedeutung zu sein:

1. Palliative Care ist nicht auf den eigentlichen Sterbeprozess limitiert, sondern setzt bereits dann ein, wenn unheilbare chronische Erkrankungen das Leben von Menschen bedrohen. Unter Bezugnahme auf demographische Erhebungen weist Gian Domenico Borasio darauf hin, dass künftig über 90% aller Deutschen an chronischen Erkrankungen sterben werden, weshalb eine ***langfristige Begleitung*** indiziert ist.[25]
2. Erstmals werden nicht nur (tod)kranke und sterbende Menschen, sondern auch deren Bezugspersonen mit in den Blick genommen, weshalb Thomas Hagen als Spezifikum hervorhebt: „Im Fokus der Versorgung und Begleitung steht die ‚Unit of Care', das heißt der kranke Mensch und sein ***soziales Bezugssystem*** – z.B. Familienangehörige oder Freunde."[26]
3. Ein Markenzeichen von Palliative Care ist das Plädoyer für Teamarbeit im Sinne einer ***gleichberechtigten Zusammenarbeit*** aller Professionen unter Einbezug ehrenamtlich Engagierter. Ein mutiges Plädoyer, denn dadurch stört Palliative Care reibungslose Abläufe, wie Markus Zimmermann-Acklin mit

25 BORASIO, G. D. (2014): Geleitwort, 12.

26 HAGEN, T. u.a. (2011): Qualifizierungskurs Palliative Care, 17-18.

Blick auf stationäre Einrichtungen auf den Punkt bringt: „Mit der Idee interdisziplinärer Teamarbeit bringt sie klare Zuständigkeiten durcheinander und stellt Hierarchien in Frage, die in Spitälern nach wie vor sehr steil strukturiert sind."[27]

4. Als Zielsetzung von Palliative Care wird die Verbesserung subjektiv empfundener ***Lebensqualität*** anvisiert. Dies gilt sowohl im Blick auf (tod)kranke Menschen als auch im Blick auf deren Bezugspersonen. Was genau unter Lebensqualität zu verstehen ist, liegt in der Deutungshoheit der betroffenen Menschen, weshalb Stefan Eychmüller unter Bezugnahme auf den psychologischen Ansatz von Ciaran O'Boyle auf den Punkt bringt: „Lebensqualität ist, was der Betroffene damit meint."[28] Für Birgit und Andreas Heller signalisiert die Fokussierung auf Lebensqualität, dass sich Palliative Care aus der ursprünglich christlich inspirierten und deshalb von religiös-spiritueller Sprache dominierten Hospizidee zugunsten säkular dominierter Inhalte und Sprachspiele gelöst hat: „Mit der Entwicklung des Palliative-Care-Konzepts ist historisch ein Paradigmenwechsel vom Religiösen zum Säkularen verbunden... An die Stelle der religiös geprägten Sprache von der Liebe Gottes und der Heiligkeit des Lebens treten die Begriffe Würde und Lebensqualität."[29]
5. Im Kontext von Palliative Care wird erstmals die ***spirituelle Dimension*** menschlicher Existenz in einem offiziellen, weltweit gültigen Dokument integraler Bestandteil eines ganzheitlichen Care-Konzeptes ausdrücklich benannt. Anscheinend keine Selbstverständlichkeit, da man sich gezwungen sah, dies gleich an zwei Textstellen zu tun!

Obgleich durch Palliative Care religiöse Sprachspiele in den Hintergrund getreten sind, hat sich im Nachhinein die Existenz des Palliativ-Konzeptes besonders durch seine Offenheit für Spiritualität und multiprofessionelle Teamarbeit wachstumsbeschleunigend für die Entstehung von Spiritual Care erwiesen. Inwieweit dies auch künftig so sein wird, hängt davon ab, wohin sich Palliative Care entwickeln wird. Andreas Heller und Klaus Wegleitner stellen 2014 die These auf, dass Palliative Care international vor einer grundlegenden Neuausrichtung steht, die natürlich auch Auswirkungen auf Spiritual Care haben wird.[30]

---

27 ZIMMERMANN-ACKLIN, M. (2014): Sterbehilfe und Palliative Care, 86.

28 EYCHMÜLLER, S. (2014): Lebensqualität in der letzten Lebensphase, 71. Vgl. auch BORASIO, G. D. (2014): Spiritual Care, 119; WASNER, M. (2012): Lebensqualität; FRICK, E. (2003): Lebensqualität für Krebskranke?

29 HELLER, B./ A. HELLER (2014): Spiritual Care, 23. An anderer Stelle schreibt Andreas Heller sogar, dass sich durch Palliative Care nicht nur die Sprache, sondern das Ziel der Hospizbewegung insgesamt verändert habe, wobei er beobachtet: „Man redet heute von Lebensqualität und Schmerzfreiheit. Das verwundert nicht, denn diese Perspektiven passen sehr gut in die Logik des Zählens und Vermessens, des Abwiegens und der statistischen Durchschnittswerte." HELLER, A. (2014): Die Spiritualität der Hospizbewegung, 207.

30 Vgl. HELLER, A./ K. WEGLEITNER (2014): Hospizarbeit und Palliative Care. Wohin?, Editorial.

3. Wachstumsbeschleuniger ‚Palliativmedizin'

In welchem Verhältnis stehen Palliative Care und Palliativmedizin und welche Folgewirkungen ergeben sich daraus für Spiritual Care? Merkwürdiger Weise werden beide Begriffe zumeist synonym verwendet, obgleich dies eigentlich nicht zulässig ist, wie Hartmut Remmers erläutert: „Noch immer wird in Deutschland kurzschlüssig Palliativmedizin gleichgesetzt mit Palliative Care. Dabei handelt es sich in zweierlei Hinsichten um ein Missverständnis. Zum einen, weil Palliative Care im angloamerikanischen Raum nicht nur das ältere Versorgungskonzept darstellt, sondern auch, weil Palliative Care die disziplinäre und damit auch die diagnostische und interventionelle Engführung der Palliativmedizin überschreitet."[31] Volker Schulte und Christoph Steinebach weisen zudem darauf hin, dass Palliative Care vom Ursprung her als eine medizinkritische Bewegung einzustufen ist: „Die noch relativ junge Disziplin der Palliative Care steht im breiten diskursiven Kontext über Sinn und Nutzen moderner Hochleistungsmedizin."[32] Eine Einschätzung, die auch von Markus Zimmermann-Acklin geteilt wird: „Einer Medizin und Pflege, die sich einseitig als Reparaturwerkstatt für ausgefallene Körperfunktionen versteht, und Spitälern, welche die Anpassung ihrer Patienten an Abläufe eines möglichst effizienten Betriebs verlangen, stellt die Palliative Care Bewegung… ein ganzheitliches Modell entgegen… Insofern ist Palliative Care zu einem guten Teil eine Protestbewegung, die ihr Profil in der Auseinandersetzung mit Missständen einer einseitig biomedizinisch verstandenen Medizin und Gesundheitsversorgung entwickelt hat."[33]

Obgleich sich also die Entstehung sowohl der Hospizbewegung als auch der Palliativ Care Bewegung einem medizin- und gesellschaftskritischen Impetus verdankt, waren es genau diese beiden Bewegungen, die den Weg dafür bereitet haben, dass ausgerechnet MedizinerInnen darin eine federführende Rolle übernehmen konnten. Wieso aber war dies möglich? Weil erst die Existenz des Palliative-Care Ansatzes den Weg dafür frei gemacht hat, dass innerhalb der Medizin ein dringend notwendiges Umdenken einsetzen konnte: Todkranke und sterbende Menschen, die zuvor als austherapierte und deshalb als uninteressante Fälle galten, konnten jetzt als neues Aufgabenfeld entdeckt werden. Erst aufgrund von Palliativ Care wurde es ÄrztInnen möglich, auf die Einrichtung von Palliativmedizin als medizinisches Fach im medizinischen Fächerkanon zu drängen. Nachdem es in Deutschland erstmals 1983 gelang, eine eigene Station für schwer Kranke und Sterbende an einem Akutkrankenhaus (Chirurgische

31 REMMERS, H. (2014): Palliative Care, 708. Vgl. auch: KUNZ, R. (2006): Palliative Care: Keine neue medizinische Spezialität.

32 SCHULTE, V./ C. STEINEBACH (2014): Gesellschaftliche Bedeutung von Palliative Care, 17.

33 ZIMMERMANN-ACKLIN, M. (2014): Sterbehilfe und Palliative Care, 85.

Universitätsklinik Köln) aufzubauen, war der Weg für die Etablierung eines neuen medizinischen Faches geebnet. Nach Gründung der Deutschen Gesellschaft für Palliativmedizin e.V. (DGP) (1994) konnte relativ zügig der erste Lehrstuhl für Palliativmedizin in Bonn eingerichtet werden (1999), eine deutschsprachige Fachzeitschrift für Palliativmedizin am Markt erscheinen (2000), eine neuartige Zusatzweiterbildung für Palliativmedizin entwickelt werden (2004) und folgerichtig Palliativmedizin als ordentliches Lehr- und Prüfungsfach in die ärztliche Approbationsordnung aufgenommen werden (2009).[34] In den letzten 20 Jahren mauserte sich die Palliativmedizin somit zu einer international anerkannten medizinischen Disziplin mit entsprechender Fachlobby.

Warum aber erwies sich das Erstarken der Palliativmedizin nicht als Wachstumsbremse, sondern sogar als Wachstumsbeschleuniger für die Entstehung von Spiritual Care? Tatsächlich lässt sich kaum verleugnen, dass durch die zunehmende palliativmedizinische Dominanz im Palliative Care Sektor sowohl medizinisches Vokabular, als auch medizinisches Denken und Handeln in die Konzeptionierung nicht nur von Palliative Care, sondern auch in Spiritual Care eingeflossen sind.[35] Zugleich aber ist es gerade der lobbystarken Palliativmedizin zu verdanken, dass Spiritual Care im gesamten deutschsprachigen Raum sowohl im stationären als auch im ambulanten Sektor als willkommene Bereicherung für haupt- und ehrenamtliche MitarbeiterInnen aller Berufsgruppen betrachtet wurde. Warum aber öffnete sich ausgerechnet eine naturwissenschaftlich ausgerichtete medizinische Disziplin für Spiritual Care? Wieso ließen MedizinerInnen als einflussreichste Berufsgruppe im Gesundheitswesen die Implementierung von Spiritual Care nicht nur zu, sondern förderten sie sogar aktiv? Der Hauptmotivationsgrund dürfte in der Begeisterung vieler Palliativ-MedizinerInnen für die Palliative-Care-Philosophie gelegen haben. Daneben dürften aber noch mindestens zwei weitere Gründe/Entwicklungen ausschlaggebend gewesen sein, die im Folgenden näher erläutert werden sollen:

1. (Inter)nationale gesundheitspolitische Weichenstellungen.
2. Neue empirische Forschungsergebnisse.

---

34 Vgl. MÜLLER-BUSCH, C. (2014): Kurze Geschichte der Palliativmedizin; STOLBERG, M. (2011): Die Geschichte der Palliativmedizin; BAUSEWEIN, C. (2011): Hospizbewegung und Palliativmedizin; BORASIO, G. D. /M. VOLKENANDT (2006): Palliativmedizin, weit mehr als nur Schmerztherapie.

35 Kornelia Knipping umschreibt die Folgewirkungen als Expertin folgendermaßen: „Wird Palliative Care jedoch rein von der medizinisch-wissenschaftlichen Domäne her definiert, unterliegt sie den gleichen Regeln und Verfahrensabläufen wie die Schulmedizin: Es dominiert der diagnosebezogene Umgang mit den betroffenen Menschen, der die Art und Dauer der Behandlung definiert. Die ganzheitliche Pflege und Begleitung, die Sorge um die Seele, die Palliative Care auszeichnen, verlieren ihren paritätischen Stellenwert." KNIPPING, C. (2012): Menschenwürdig leben und sterben, 54. Vgl. auch HELLER, A. (2014): Die Spiritualität der Hospizbewegung; 201-202; ZIMMERMANN-ACKLIN, M. (2014): Sterbehilfe und Palliative Care, 81.

(Inter)nationale gesundheitspolitische Weichenstellungen

- Die erste Weiche wurde bereits Jahrzehnte vor der Existenz von Palliative Care und Palliativmedizin gestellt, indem *Gesundheit* 1946 von der Weltgesundheitsorganisation (WHO) als ein ‚Zustand völligen körperlichen, seelischen und sozialen *Wohlbefindens* und nicht nur als das Freisein von Krankheiten und Gebrechen‘[36] definiert worden ist. Obgleich in diversen Vollversammlungen der WHO immer wieder der Versuch unternommen worden ist, Spiritualität ausdrücklich als Gesundheitsfaktor in die *Präambel* der Definition von Gesundheit mit aufzunehmen, ist dies aus diversen Gründen bis heute jedoch nicht gelungen.[37]

- Die zweite gewichtige Weichenstellung erfolgte daher erst im Jahr 2002, als die Weltgesundheitsorganisation (WHO) in ihrer Definition von Palliative Care ausdrücklich festhielt, dass *spirituelle* Probleme wahrzunehmen und zu behandeln sind. Als Palliativmediziner beurteilt Gian Domenico Borasio diesen Vorstoß als ein medizingeschichtliches Novum, ja sogar als eine kleine Revolution.[38]

- Die dritte Weichenstellung geschah kurz darauf im Jahr 2005 als die WHO in der sogenannten ‚Bangkok Charter for Health Promotion in a Globalized World‘ programmatisch festhielt: „Health promotion offers a positive and inclusive concept of health as a determint of the quality of life and encompassing mental and *spiritual well-being.*“[39]

- Nur einige Jahre später konnte als vierte Weichenstellung auf nationaler Ebene 2010 in der ‚Charta zur Betreuung schwerstkranker und sterbender Menschen in Deutschland‘ bereits verbindlich festgeschrieben werden: „Jeder schwerstkranke und sterbende Mensch hat ein Recht auf eine umfassende medizinische, pflegerische, psychosoziale und *spirituelle* Betreuung und Begleitung, die seiner individuellen Lebenssituation und seinem hospizlich-palliativen Versorgungsbedarf Rechnung trägt.“[40]

---

36 http://www.who.int/about/definitionen/en/print.html, eingesehen am 20. Sept. 2014.

37 Vgl. JAKOB, B./ P. BARTMANN (2013): Gesundheit und Gesundheitsförderung.

38 http://www.who.int/cancer/palliative/definitionen/en/, eingesehen am 20. Sept. 2014. Vgl. auch Daniel Sulmasys (Internist, Ethiker, Franziskaner) programmatische Formulierung, die im palliativmedizinischen Kontext häufig auftaucht und zusätzlich zum Ansatz von Cicley Saunders wahrscheinlich Pate für die WHO-Definition gestanden hat: SULMASY, D. P. (2002): A biopsychosozial-spiritual model for the care of patients at the end of life. Details finden sich in: EGGER, J. (2013): Zur spirituellen Dimension des biopsychosozialen Modells; GLAWISCHNIG-GOSCHNIK, M. (2014): Brauchen wir ein bio-psychosozio-spirituelles Modell?; STEINMANN, R. M. (2012): Spiritualität – die vierte Dimension der Gesundheit.

39 http://www.who.int/healthpromotion/conferences/6gchp/bangkok_charter/en/

40 CHARTA zur Betreuung Schwerstkranker und sterbender Menschen in Deutschland (2010), 6.

- Eine ähnliche fünfte Weichenstellung lässt sich 2010 in der Schweiz ausmachen, wo in den ‚Nationalen Leitlinien Palliative Care' bereits mit großer Selbstverständlichkeit festgehalten wird: Palliative Care „schliesst medizinische Behandlungen, pflegerische Interventionen sowie pychologische, soziale und *spirituelle* Unterstützung mit ein."[41]

- Die sechste, besonders bedeutsame Weichenstellung besteht schlichtweg darin, dass Palliative Care seit den späten 90iger Jahren über die gesetzliche Krankenversicherung Eingang in die deutsche Sozialgesetzgebung gefunden hat. In der Bundesrahmenvereinbarung für die stationäre Hospizarbeit wie auch in der Bundesrahmenvereinbarung für ambulante Hospizarbeit wird in der Fassung von 2010 mehrfach darauf hingewiesen, dass auch die *geistig-seelische* Versorgung sowie die Berücksichtigung sozialer, ethischer und *religiöser Gesichtspunkte* zu berücksichtigen sei. Seit 2007 besteht zudem ein Rechtsanspruch aller Versicherten auf Spezialisierte Ambulante Palliativversorgung (SAPV) (SGB V §37b), die ebenfalls auf der Basis der Palliative-Care Philosophie multidisziplinär zu leisten ist.[42]

Empirische Forschungsergebnisse

Ließe sich ‚evidence based', d.h. auf der Basis empirischer Untersuchungen qualitativer und quantitativer Art nachweisen, dass Religiosität, Spiritualität und Glaube zum Wohlbefinden und zur Lebensqualität (tod)kranker Menschen sowie deren Angehörigen beiträgt, dann würden sich naturwissenschaftlich ausgebildete MedizinerInnen gemäß dem Palliativmediziner Gian Domenico Borasio automatisch für Spiritualität und Spiritual Care interessieren. Aufgrund der bisherigen internationalen Forschungsergebnisse wagt Borasio daher folgende pragmatische und im Blick auf die eigene Berufsgruppe recht selbstkritische Einschätzung: „Das Angebot von Spiritual Care und das Interesse von Ärzten an Spiritualität beruht nicht auf einer philosophischen, religiösen oder weltanschaulichen Vorstellung, sondern allein auf dem Nachweis, dass Spiritualität etwas mit Lebensqualität am Lebensende zu tun hat. Wenn das nicht der Fall wäre, dann würde sie aus dem Aufgabenbereich der Palliative Care gestrichen."[43] Ob Borasio mit dieser These all seinen KollegInnen gerecht wird, sei an dieser Stelle dahingestellt.

---

41 NATIONALE LEITLINIEN PALLIATIVE CARE (2010), 8.

42 Vgl. SEELSORGE IN PALLIATIVE CARE (2009), 14, 31, 32.

43 Vgl. BORASIO, G. D. (2014): Spiritual Care, 118. „Wenn also ein Patient Spiritualität zur Lebensqualität zählt, dann müssen sich auch die Ärzte dafür interessieren." (S. 119); „Die Schlussfolgerung aus diesen Daten ist eindeutig: Spiritualität ist für die Lebensqualität von Palliativpatienten wichtig. Deshalb interessiert sie auch uns Palliativmediziner." (S. 125).

Fakt ist, dass tatsächlich seit Jahrzehnten weltweit enorm viel empirische Forschungsarbeit geleistet worden ist, um herauszufinden, ob ein Zusammenhang zwischen Spiritualität/Glaube und Gesundheit/Lebensqualität besteht. Die umfangreichsten Daten sind bisher in den Vereinigten Staaten erhoben worden.[44] Heike Schneidereit-Mauth spricht von einem explosionsartigen Anstieg an Publikationen, die Spiritualität als ‚faith factor', sprich als Beitrag zur Gesundung bzw. zu mehr Lebensqualität in Krankheit und Sterben ausweisen.[45] Spiritualität, eine hilfreiche Bewältigungsstrategie im Umgang mit Krankheit und Tod, weshalb Christina Puchalski und deren KollegInnen aus nordamerikanischer Perspektive zusammenfassen: „Surveys have demonstrated that spirituality is a patient need, that it affects health care decision-making, and that spirituality affects health care outcomes including quality of life."[46]

Puchalskis optimistische Einschätzung wird jedoch nicht von allen geteilt! Schon seit Jahren melden sich Kritiker wie Richard Sloan zu Wort, die die Methodik und Aussagekraft vieler klinischer Studien z.B. unter Verweis auf die Verwendung oberflächlicher Indizes wie Kirchenbesuch und Gebetshäufigkeit kritisch hinterfragen.[47]

In Deutschland, bis dahin nahezu ein Brachland empirischer Spiritualitätsforschung, wurden die internationalen Forschungsergebnisse begierig rezipiert. Eckhard Frick beurteilt deren Qualität analog zu Puchalski: „Die vorwiegend in den USA betriebene Faith-Faktor-Forschung hat in den letzten Jahren umfangreiche Daten zusammengetragen, aus denen hervorgeht, dass Gläubige in vielen medizinischen Bereichen körperlich und seelisch gesünder sind als Nicht-Gläubige."[48] Mit ähnlicher Aussageintention aber etwas zurückhaltender positio-

---

44 Vgl. SCHAUPP, W. (2014): Wiederkehr des Religiösen, 11-12. „In den letzten zwanzig Jahren hat das Interesse, sich mit dem Thema Spiritualität im Kontext von Gesundheit und Krankheit wissenschaftlich auseinanderzusetzen, deutlich zugenommen. Dies zeigt sich in der rapid angestiegenen Anzahl von Publikationen, Tagungen und Fachzeitschriften. Eine aktuelle Literatursuche der Datenbank Pub Med vom 10. Juli 2013 mit dem Suchbegriff ‚religion and spirituality' erbringt 5218 Artikel (seit dem Jahr 1953). Vor 20 Jahren –also 1993 – gab es 12 Arbeiten insgesamt." WISIAK, U. (2014): Die Bedeutung der Spiritualität im Krankenhaus, 83.
Im ‚Handbook of Religion and Health' wurden bereits Anfang 2000 über 1200 empirische Studien aufgeführt, die Glauben als positiven Faith-Factor ausweisen. Vgl. KOENIG, H./ D. KING/ V. CARSON (2001): Handbook of Religion and Health. Vgl. auch: RUFFING, J. (2012): Die akademische Spiritualitätsforschung in den USA; NOLAN S. u.a. (2011): Spiritual Care, 89; SELMAN, L. et al. (2010): The measurement of spirituality; VIVAT, B. (2008): Measures of spiritual issues; SELMAN, L. (2011): A psychometric evaluation of measures of spirituality; MONOD, S. et al. (2011): Instruments measuring spirituality; Gijsberts, M. (2011): Spirituality at the end of life.

45 SCHNEIDEREIT-MAUTH, H. (2013): Spiritualität als heilsame Kraft, 406.

46 PUCHALSKI, C. u.a. (2011): Improving the quality of Spiritual Care, 885.

47 Vgl. z.B. SLOAN, R. et al. (2000): Should physicians prescribe religious activities?

48 FRICK, E. (2011): Spiritual Care in der Humanmedizin, 414. Bereits 2002 behauptete Frick: „Die gegenwärtige Datenlage berechtigt zu der Annahme, dass Spiritualität nicht nur Gefahren beinhaltet (was in der klassischen psychosomatischen Forschung betont wurde), sondern auch ein Bewältigungs-, Entwicklungs- und

niert sich auch der in Deutschland renommierte Caritaswissenschaftler Klaus Baumann: „Als gesicherter Ausgangspunkt kann gelten: Zwischen Spiritualität/persönlicher Religiosität und körperlicher Gesundheit wie psychischem Wohlbefinden besteht ein vielfach nachgewiesener positiver Zusammenhang, wenn auch die Forschung weiterhin mit methodischen Schwierigkeiten und Interpretationen der Ergebnisse ringt.“[49]

Inzwischen hat auch in Deutschland ein regelrechter Spiritualitäts-Boom eingesetzt, wobei v.a. PsychologInnen und MedizinerInnen spezifische Messverfahren und Fragebogenskalen zur Erfassung von spirituellen Bedürfnissen/Ressourcen entwickelt haben.[50] Auf diesem Hintergrund ist es nicht gerade verwunderlich, dass sich PalliativmedizinerInnen zunehmend für Spiritualität als Behandlungsstrategie interessieren und deshalb einem Angebot wie Spiritual Care relativ offen gegenüberstehen.

4. Zaghafte Expansionsbestrebungen in die Gesamtmedizin

Spiritual Care hat über die Hospiz- und Palliative-Care-Bewegung ihren Weg nach Deutschland gefunden. Im Kontext moderner Palliativmedizin ist es gelungen, Spiritual Care auf der Basis weltweit gültiger Leitlinien der Weltgesundheitsorganisation (WHO) und gesetzlicher Rahmenbedingungen im deutschen Gesundheitssystem, genauer gesagt in der Palliativversorgung zu beheimaten. Für Eckhard Frick ein begrüßenswerter, aber ausbaufähiger Anfang, wobei er als Mediziner und Jesuit eine Art Doppelstrategie zu verfolgen scheint:

- Die erste Strategie ist die, dass sich Frick aktiv dafür einsetzt, Spiritual Care für die ***Humanmedizin insgesamt*** als relevant auszuweisen. Bereits 2002 stellt er die These auf, dass Spiritual Care *jeden Arzt/jede Ärztin* angeht.[51] 2009 postuliert er: „Durch die neuen Gesetze zur Patientenverfügung und zur Einführung der Palliativmedizin als Pflicht-Lehr- und Prüfungsfach müssen sich *die Medizin und ihre Fakultäten* verstärkt mit diesem Gebiet auseinandersetzen... Palliative Care steht exemplarisch, aber nicht exklusiv für Spiritual

Deutungspotential.“ FRICK, E, (2001): Glauben ist keine Wunderdroge, 107. Vgl. auch: GIEBEL, A. (2014): DiakonieCare, 196-197.

49 BAUMANN, K. (2009): Religiöser Glaube, persönliche Spiritualität und Gesundheit, 137. Im Unterschied zum US-amerikanischen Kontext werden im deutschsprachigen Raum nicht nur die positiven, sondern auch die potentiell negativen Auswirkungen von Spiritualität auf den Krankheitsverlauf in den Blick genommen. Vgl. z.B. GLAWISCHNIG-GOSCHNIK, M. (2014): Brauchen wir ein bio-psycho-sozio-spirituelles Modell?, 46-47; KOHLI REICHENBACH, C. (2014): Spiritualität im Care-Bereich, 16.

50 Vgl. ZWINGMANN, C./ C. KLEIN (2012): Deutschsprachige Fragebögen zur Messung von Religiosität/Spiritualität; BÜSSING, A. (2012): Messverfahren für spirituelle Bedürfnisse chronisch Kranker.

51 Vgl. FRICK, E. (2002): Glauben ist keine Wunderdroge, 46.

Care."[52] Drei Jahre später räsoniert er: „Spiritual Care sollte nicht auf die Rahmenbedingung von Sterben und Tod… eingeengt werden."[53] Deshalb steht für ihn fest: „Selbstverständlich ist Spiritualität nicht auf Onkologie und Palliativmedizin einzuengen. So kann auch ein allgemein-chirurgischer Patient in eine spirituelle Krise geraten und ganz besonders diese Ressourcen, die ihm seine Spiritualität bietet, brauchen. Spiritual Care betrifft viele Momente im Leben – von ganz am Anfang, von der Neonatologie angefangen."[54] Wenn dem so ist, dann lässt sich nach Frick schlussfolgern: „Spiritual Care ist Teil des evidenzbasierten Paradigmas und gehört in den *Fächerkanon der Gesundheitsberufe*, und zwar *nicht erst am Lebensende*."[55].

Weil sich aber gerade ÄrztInnen aufgrund der von ihnen erwarteten ärztlichen Neutralität oftmals besonders schwer damit tun, sich dem Immateriell-Spirituellen zu stellen, ruft Frick gerade diese Berufsgruppe dazu auf, die spirituelle Dimension weder nach außen an spezifische nicht-medizinische Berufsgruppen, noch nach innen an spezifische medizinische Fachrichtungen wie Palliativmedizin zu delegieren. Nach außen v.a. nicht an professionelle SeelsorgerInnen, wie Frick in drastischen Bilden zu verstehen gibt: „Wissenschaftliche Skepsis kennzeichnet auch den Umgang der Medizin mit dem Spirituellen. Von alters her begegnet der Arzt im Kontext von Sterben und Tod dem Priester und dem Bestatter als Schattenfiguren, von denen er sich durch Delegation abgrenzt. Wenn der Arzt ‚nichts mehr tun kann', überlässt er den menschlichen Leib – der gerade noch sein Patient war – diesen dunklen Gestalten."[56] Aber auch eine Delegation nach innen im Sinne einer innermedizinischen Nischenbildung lehnt Frick vehement ab: „In säkularisierter Form und im Sinne einer inner-medizinischen Delegation ‚überweist' der Arzt hingegen das im Seziersaal nicht dingfest zu machende Immateriell-Spirituelle an Psychiatrie, Psychosomatik oder – neuerdings – an Palliativmedizin und Psychoonkologie, die sich stellvertretend für die naturwissenschaftlich ausgerichtete High-Tech-Medizin der Spiritualität zuwenden."[57] Trotz der historisch dominanten Delegations- und Abspaltungstendenz wagt Frick 2009 folgende Prognose: „Die Medizin beginnt, sich den spirituellen Nöten und Op-

---

52 FRICK, E. (2009): Seelsorge und Medizin, 3. Eine Sichtweise, die auch Traugott Roser zu teilen scheint: „Spiritual Care darf nicht auf die Situation des Sterbens und der palliativen Versorgung beschränkt werden." FRICK, E./ T. ROSER (2012): „Spiritual Care", 538. Eine ähnliche Sichtweise findet sich auch bei Erhard Weiher: „Spirituelle Begleitung am Lebensende (aber nicht erst dann!)…".WEIHER, E. (2014): Spiritualität und Würdeempfinden, 413.

53 FRICK, E. (2011): Spiritual Care in der Humanmedizin, 407.

54 FRICK, E. (2014): Spiritual Care. Eine neue Querschnittsaufgabe entsteht, 56.

55 FRICK, E. (2014): Spiritual Care, 61.

56 FRICK, E. (2009): Spiritual Care. Ein neues Fachgebiet der Medizin, 147.

57 A.a.O., 148.

tionen der Patienten zu öffnen.“[58] Obgleich einige wenige Veröffentlichungen der letzten Jahre diese These zu untermauern scheinen, lassen sich diese angesichts der Komplexität der Gesamt-Medizin jedoch nicht als Indikatoren für eine rasant fortschreitende Expansion von Spiritual Care in die Humanmedizin lesen, zumal, wie Eckhard Frick im Jahr 2014 selbst einräumt „Spiritual Care trotz wachsender Akzeptanz nicht leicht in die üblichen pflegerischen, v.a. aber medizinischen Kontexte zu integrieren ist.“[59]

- Die zweite Strategie Fricks ist sein Bestreben, ein ***neues medizinisches Fachgebiet*** bzw. eine neue medizinische Subdisziplin unter der Bezeichnung Spiritual Care auf den Weg zu bringen.[60] Damit geht Frick weit über das hinaus, was im Palliativkontext im Blick auf Spiritual Care konzeptionell entwickelt und von VertreterInnen unterschiedlichster Berufsgruppen alltagspraktisch bereits umgesetzt wird. Spiritual Care – ein eigenständiger medizinischer Fachbereich, in dem nicht nur die internationale (empirische) Spiritualitätsforschung, sondern auch die Entwicklung entsprechender Palliativ- und Spiritualitäts-Curricula, die sowohl innerhalb der ärztlichen Ausbildung, als auch in der Fort- und Weiterbildung von medizinischen, pflegerischen und psychosozialen Berufsgruppen anzusiedeln wären. Dass Fricks Vision keine unerreichbare Utopie darstellt, zeigt sich bereits daran, dass es tatsächlich gelungen ist, nicht an einer Theologischen oder Religionswissenschaftlichen Fakultät, sondern am ‚Interdisziplinärem Zentrum für Palliativmedizin‘ des Universitätsklinikums München-Großhadern im Juni 2010 den in Deutschland ersten und bisher einzigen *Lehrstuhl für Spiritual Care* einzurichten. Ein ursprünglich ökumenisch besetzter Lehrstuhl, da sich ein katholischer Ordensmann (Frick) und ein evangelischer Pfarrer (Roser) den Lehrstuhl teilten. Im März 2013 übernahm der Skandinavier Prof. Niels Christian Hvidt, ausgewiesen im

58 A.a.O., 153. Frick selbst weist darauf hin, dass es sogar in den Vereinigten Staaten, in denen im Medizinkontext eine weitaus größere Offenheit für das Immateriell-Spirituelle zu verzeichnen ist als in Europa, im gesamtmedizinischen Kontext eine heftige Kontroverse darüber geführt wird, ob sich MedizinerInnen der spirituellen Dimension zu öffnen haben oder nicht. Befürworter (z.B. Walter Larimore, Russel D'Souza, Daniel Sulmasy) und Gegner (z.B. Richard Sloan, Raymond Lawrence, Aaron Saguil, Karen Phleps) versuchen v.a. in Fachzeitschriften ihre KollegInnen von der jeweiligen Position zu überzeugen. Vgl. LARIMORE, W. (2001): Providing basic spiritual care for patients; D'SOUZA, R. (2007): The importance of spirituality in medicine and it's application to clinical practice; SULMASY, D. (2009): Spirituality, religion and clinical care; SLOAN, R. et al. (2000): Should physicians prescribe religious activities?; LAWRENCE, R. (2003): The witches' brew; SAGUIL, A./ K. PHLEPS (2012): The spiritual assessment.

59 FRICK, E. (2014): Spiritual Care, 285. Vgl. z.B. WISIAK, U. (2014): Die Bedeutung der Spiritualität im Krankenhaus (Intensivmedizin); KRÖLL, W./ S. RITTER (2014): Mitarbeiterzufriedenheit und Spiritualität in der Intensivmedizin (Intensivmedizin); ABERER, E. (2014): Die spirituelle Dimension in der Betreuung von Patientinnen und Patienten mit chronischen Hautkrankheiten (Dermatologie); FÜHRER, M. u.a. (2009): Kinderheilkunde: Spirituelle Begleitung sterbender Kinder und ihrer Familien (Kinderheilkunde).

60 FRICK, E. (2009): Spiritual Care. *Ein neues Fachgebiet der Medizin.*

Bereich Empirischer Spiritualitätsforschung, den Stellenanteil von Prof. Roser, der auf einen praktisch-theologischen Lehrstuhl an die Universität Münster überwechselte. Vom Münchner Lehrstuhl Spiritual Care aus wurde die Gründung einer *Internationalen Gesellschaft für Gesundheit und Spiritualität* (IGGS) initiiert, die unter der Leitung von Prof. Frick die Gründung einer wissenschaftlichen *Fachzeitschrift*, die ebenfalls unter dem Namen *Spiritual Care* bekannt wurde, vorantrieb.[61] Am Münchner Lehrstuhl wurde dem Ziel der spirituellen Sensibilisierung unterschiedlichster Berufsgruppen des Gesundheitswesens bereits dadurch Rechnung getragen, dass diverse Fort- und Weiterbildungsangebote sowohl für MedizinerInnen, als auch für Pflegende, SozialarbeiterInnen sowie für SeelsorgerInnen - bisher fokussiert auf den Bereich ambulante und stationäre Palliativversorgung - erfolgreich auf den Weg gebracht worden sind.[62] Sollte sich die deutsche Situation analog zu der in den Vereinigten Staaten entwickeln, dann ist bereits jetzt abzusehen, dass sowohl in der Pflegeausbildung, als auch in der Ausbildung von Medizinstudierenden nicht nur Palliativmedizin, sondern auch Spiritualität/Spiritual Care zu einem festen Bestandteil der Ausbildungscurricula wird, wodurch das Projekt Spiritual Care als medizinische Disziplin an Prestige und Realisierungschance gewinnt.[63]

5. Überraschende Expansion in die christliche Seelsorge

Während Spiritual Care von Humanmedizinern erst vor kurzem als zusätzliches Aufgaben- und Expansionsfeld entdeckt worden ist, machten professionelle christliche SeelsorgerInnen in den USA, Kanada, Australien, England und den Niederlanden schon vor über 20 Jahren eine mindestens ebenso weitreichende Entdeckung. Sie nahmen wahr, dass die modern klingende Wortkombination Spiritual Care besonders in multikulturellen Arbeitsfeldern wie Krankenhaus, Psychiatrie, Hospiz, Altenheim, Gefängnis und Militär sowohl bei hilfesuchenden Menschen und deren Angehörigen, als auch bei MitarbeiterInnen eine weitaus höhere Akzeptanz findet als das antiquierte und geschichtlich belastete Wort Seelsorge (*Soul Care*) oder die Berufsbezeichnung *Pastoral Care* bzw. *Pastoral Counseling*, die oftmals mit unglaubwürdiger Amtskirche, klerikalen Pfarrern

61 Die Autorin dieses Buches ist Mitglied des Wissenschaftlichen Beirats der Zeitschrift.

62 Vgl. HAGEN, T. u.a. (2011): Qualifizierungskurs Palliative Care für Seelsorgende.

63 „Since 2000 there has been a significant increase in formal education in spirituality and health in the health care professions. Over 85% of medical and osteopathic schools have topics related to spirituality integrated into the curriculum. Nursing has increased spirituality into baccalaureate education. Social work programs have spirituality integrated into their undergraduate and masters program." PUCHALSKI, C. et al. (2009): Improving Spiritual Care, 899.

oder übergriffiger Pastoralmacht assoziiert werden, weshalb Monika Renz resümiert: „Der Begriff (spiritual care) stammt aus dem englischen Sprachraum, wo er zunehmend die Worte Pastoral Care im Sinne einer überkonfessionellen Seelsorge ersetzt."[64] In einer nordamerikanischen Untersuchung aus dem Jahr 2008 konnte tatsächlich nachgewiesen werden, dass der Gebrauch des Begriffs Pastoral Care in der gesamten Health-Care-Literatur drastisch zurückgeht, während die Verwendung des Terminus Spiritual Care kontinuierlich zunimmt.[65] Für Herbert Anderson, Kenner der US-Szene, haben mehrere, sich gegenseitig verstärkende Ursachen dazu geführt, dass bereits zu Beginn der Jahrtausendwende im ‚Mission Statement of the Association for Clinical Pastoral Education' (ACPE), einem ökumenischen Basisdokument nordamerikanischer Krankenhausseelsorge, die Berufsbezeichnung Pastoral Care/Pastoral Counseling durch *Spiritual Care/Spiritual Counseling* ersetzt worden ist.[66]

Davon unbeeindruckt zeigten sich lediglich die als extrem konservativ einzustufende ‚American Association of Christian Counselors' sowie christliche Gruppierungen, die sich ausschließlich ‚Biblical Counseling' auf die Fahne geschrieben haben.[67]

Für Anderson ist absehbar, dass die Umbenennung in *Spiritual Care*, die sich im Sektor Klinikseelsorge in Nordamerika und Kanada relativ zügig durchgesetzt hat, langfristig auch Auswirkungen auf das Feld von Seelsorge insgesamt haben wird: „Although the change to spiritual care has happened in a very short time, it is apparently widespread throughout the practice of chaplaincy in health care settings. New books are emerging which use spiritual care where pastoral care might previously been the prescriptive metaphor. Although Protestant and Roman Catholic schools of ministry may still use the pastoral care in the title of the

64 RENZ, M. (2014): Hoffnung und Gnade, 14.

65 Vgl. HARDING, S. et al. (2008): Spiritual Care, Pastoral Care, and Chaplains.

66 Anderson erkennt 4 Hauptgründe: 1. Systemintegration: Da Krankenhäuser in den USA immer öfter die Finanzierung professioneller Seelsorge selbst übernehmen, wodurch SeelsorgerInnen zur hausinternen Angebotspalette zählen, muss sich Seelsorge deutlicher profilieren. Weil Spiritualität im Gesundheitssystem zunehmend als heilsamer Faktor erkannt wird, bietet es sich an, SeelsorgerInnen als spirituelle ExpertInnen auszuweisen, die einen unverzichtbaren Leistungsbeitrag im ganzheitlichen Versorgungspaket des Hauses abdecken. 2. Multikulturalität/Multireligiosität: Da sich die multikulturelle Gesellschaftsformation auch in der Zusammensetzung sowohl der Patientenschaft als auch des Krankenhauspersonals widerspiegelt, hat sich Seelsorge weniger an einer spezifischen Religionsform auszurichten, als an den pluralen spirituellen Bedürfnissen der Menschen. 3. Supervision: In der Supervisionsarbeit mit SeelsorgerInnen hat sich herauskristallisiert, dass das Thema ‚Spiritualität' sowohl im Blick auf die Person des/der SeelsorgerIn als auch im Blick auf das Gegenüber vernachlässigt worden ist. 4. Laisierung: Klinikseelsorge wird zunehmend von ehrenamtlichen SeelsorgerInnen geleistet. Mit dem Begriff ‚pastoral' können sich diese immer weniger identifizieren, weil dieser zu stark klerikal geprägt ist und zu eng mit Gemeindearbeit assoziiert wird. Vgl. ANDERSON, H. (2001): Spiritual Care: The power of an adjective, 233-235.

67 Vgl. MARSHALL, J. (2012): A Perspective on Pastoral Theology, Pastoral Care and Counseling in the United States.

introductory course, it seems inevitable that spiritual care will emerge as *the* metaphor even for ministries of care in a parochial context."[68]
Richten wir den Blick auf Kanada, dann wird schnell deutlich, dass die Ausbreitung von Spiritual Care nicht nur dazu geführt hat, dass christliche SeelsorgerInnen diesen Terminus als Bezeichnung für die eigene Profession entdeckt haben, sondern auch dazu, dass Spiritual Care die christliche Krankenhausseelsorge zunehmend verdrängt, ja beerbt, wie es Eckhard Frick unter Berufung auf den kanadischen Experten Guy Jobin ausdrückt.[69]

Räumlich näher als die USA und Kanada sind für uns jedoch hochaktuelle Entwicklungen in den Niederlanden, die sich in der Vergangenheit schon öfter als Vorläufer für weitreichende Veränderungen in der deutschen Landschaft erwiesen haben. Weitaus früher, konsequenter und einheitlicher als in Nordamerika gelang es in den Niederlanden, die Bezeichnung Seelsorge (*Zielzorg*) durch Spiritual Care (*Geestelijke Verzorging*) für den gesamten Bereich Kategorialseelsorge/Spezialseelsorge verbindlich zu machen.[70] In den Titeln international renommierter Veröffentlichungen besonders zur Krankenhausseelsorge schlägt sich dies bereits unübersehbar nieder.[71] Die Beweggründe hierfür unterscheiden sich jedoch von den US-amerikanischen und kanadischen. Im Nachhinein zeigt sich, dass das Zusammenspiel ineinandergreifender Faktoren ausschlaggebend dafür war, dass sich auch christliche SeelsorgerInnen nicht mehr als SeelsorgerInnen, sondern als *Geestelijke Verzorgers* (Spiritual Care Givers) verstehen:

- Angesichts kontinuierlich zunehmender Kirchenaustrittszahlen und damit einhergehenden drastisch gesunkenen Finanzeinnahmen haben sich die beiden großen christlichen Kirchen unter der Leitlinie ‚Zurück zum Kerngeschäft' bereits seit Jahrzehnten kontinuierlich aus der Finanzierung der Kategorialseelsorge/Spezialseelsorge zurückgezogen und dadurch (unwiederbringlich!) das Feld Gesundheitswesen anderen ambitionierten Anbietern (v.a. Humanisten und islamischen Gemeinschaften) überlassen.

---

68 ANDERSON, H. (2001): Spiritual Care, 235. Folgende Auswahl prominenter Publikationen zur Klinikseelsorge scheint Andersons Analyse zu bestätigen: SULLIVAN, W. (2014): A ministry of presence. Chaplaincy, Spiritual Care and the law; BUECKERT, L./ D. SCHIPANI (Hg.) (2006): Spiritual care giving in the hospital; SCHIPANI, D./ L. BUECKERT (Hg.) (2009): Interfaith Spiritual Care; NOLAN, S. (2010): Spiritual Care at the end of life. The chaplains as a ‚hopeful presence'; CARR, J. (2012): Pastoral Spiritual Care, Counseling & Advocacy with and for Less Able. ROBERTS, S., B. Rabbi (2001): Professional Spiritual & Pastoral Care.

69 Vgl. FRICK, E: (2014): Spiritual Care, 286.

70 „In the Netherlands, the term ‚spiritual caregiver' has replaced ‚chaplain' since the establishment of the Association of Spiritual Care Givers in Care Institutions (ASCCI) in 1971." SMEETS, W. / T. MORICE-CALKHOFEN (2014): From ministry towards spiritual competence, 104. Gerard Groeners These, dass in den Niederlanden das Wort *‚Zielzorg'* (Seelsorge) fast völlig verschwunden ist, kann ich aus meiner Lehrtätigkeit in Tilburg nur bestätigen. Vgl. GROENER, G. (2004): Ingewijd en toegewijd, 327.

71 Z.B. SMEETS, W. (2006): Spiritual Care in a hospital setting; (2013): Ministry and spiritual care.

- Da in den Niederlanden seit 1996 gesetzlich festgeschrieben ist, dass jeder Bürger, der sich in Einrichtungen des Gesundheitswesens aufhält, Anspruch auch auf spirituelle Begleitung hat, sind die Einrichtungen dazu verpflichtet, *Geestelijke Verzorgers* entsprechend der religiös-spirituellen Ausrichtung ihrer Klientel einzustellen und auch zu bezahlen.
- Da in den Niederlanden alle großen Religionen/Weltanschauungen *Geestelijk Verzorgers* (in unterschiedlicher Intensität) ausbilden, können die Einrichtungen ein jeweils einrichtungsspezifisches Profil für ihre *Geestelijke Verzorging* erstellen und sich die passenden *Geestelijke Verzorgers* am Markt auswählen. *Christelijke Geestelijke Verzorgers* sollten zwar die formale Beauftragung/Sendung ihrer Kirche mitbringen, werden aber oftmals auch dann eingestellt, wenn sie diese nicht vorweisen können oder wollen, wodurch die Bindung zur Amtskirche immer häufiger verloren geht.
- Während für *Christelijke Geestelijke Verzorgers* ursprünglich ein volles Theologiestudium vorausgesetzt war, genügt inzwischen ein (zumeist zweijähriger) Masterstudiengang. Da der Theologie-Bachelor keine unabdingbare Voraussetzung zur Zulassung ist, strömen inzwischen immer mehr Quereinsteiger aus anderen Berufsfeldern (v.a. aus der Pflege) mit unterschiedlicher Nähe zum Christentum in die Ausbildung zum christlichen *Geestelijke Verzoger.*
- Die Mehrzahl aller *Geestelijke Verzorgers* (ca. 850 von insgesamt 1100) haben sich in den Niederlanden zum Dachverband ‚*Vereniging van Geestelijke Verzorgers*' (VGVZ) zusammengeschlossen, in dem sie sich in Form von 5 religiös-weltanschaulich gebundenen Sektoren (christlich, jüdisch, hinduistisch, islamisch, humanistisch) berufspolitisch organisieren und gemeinsame Richtlinien für *Geestelijke Verzorging* festlegen.[72]
- Trotz vieler Gegenstimmen wurde 2013 in der VGVZ die wegweisende Entscheidung getroffen, dass künftig neben bzw. zusätzlich zu den religiösweltanschaulich gebundenen Sektoren auch die Möglichkeit besteht, dass *Geestelijke Verzorgers* sich in einem religiös-weltanschaulich ungebundenen Sektor zusammenschließen können. Nachdem ein extra dafür eingesetztes religiös-weltanschaulich unabhängiges Überprüfungsgremium (‚*Raad voor Onafhankelijke Spiritualiteit*') festgestellt hat, ob ein *Geestelijk Verzorger* über eine zwar neutrale, aber dennoch vorhandene persönliche Weltsicht (‚*Visie op het Bestaan*') verfügt, kann er sich als professioneller ‚*Ongebonden Geestelijke Verzorger*' registrieren und von einer Einrichtung einstellen lassen.[73] Für viele

72 Vgl. EVERS, S. (2013): Portrait des Verbandes der Seelsorge im Gesundheitswesen.

73 Zwei bisher unabhängig voneinander existierende Verbände spirituell neutraler Geestelijke Verzorgers haben sich dafür zusammengeschlossen und dadurch ihre Bedeutung gestärkt: ‚*Vereniging van Geestelijk Verzorgers*

eine attraktive Option, da Einrichtungen immer häufiger dazu neigen, möglichst neutrale Geestelijke Verzorgers auszuwählen, da diese angeblich breiter aufgestellt sind als religiös-weltanschaulich gebundene.

- Obgleich 2014 *Christelijke Geestelijke Verzorgers* noch immer die größte Fraktion aller *Geestelijke Verzorgers* stellen, müssen sie nicht nur in der für alle geltenden Berufsbezeichnung (*Geestelijke Verzorgers*), sondern auch in der inhaltlichen Zielausrichtung einen Konsens auf Basis des kleinsten gemeinsamen Nenners (*Zingeving* = Sinngebung) eingehen. Dass dadurch die Gefahr entsteht, dass das Christliche in der *Christelijke Geestelijke Verzorging* immer mehr an Profil verliert, scheint nahezu unvermeidbar zu sein.
- Unter Verweis auf aktuelle empirische Forschungsergebnisse, die zeigen, dass sich immer mehr *Christelijke Geestelijke Verzorgers* von ihren Kirchen distanzieren, wird seit kurzem auf christlich-katholischer Seite (!) sogar dafür plädiert, ebenso wie im neuen Sektor ‚*Ongebonden Geestelijke Verzorging*', das Vorhandensein persönlicher spiritueller Kompetenz einer Rückbindung an kirchliche Institutionen vorzuziehen. Obgleich Wim Smeets und Tessa Morice-Calkoven in ihrem 2014 erschienenen provokativen Beitrag mehr Fragen stellen als Antworten wagen, verrät die Artikelüberschrift ohne Fragezeichen den Standpunkt beider AutorInnen: „From Ministry towards Spiritual Competence. Changing Perspectives in Spiritual Care in the Netherlands."[74]

Die in den USA und den Niederlanden feststellbare Tendenz, Kategorialseelsorge/Spezialseelsorge als Spiritual Care zu etikettieren, findet weltweit immer mehr Nachahmung. Auf dem im Jahre 2002 in Finnland stattgefundenen 7. Ökumenischen Kongress des Europäischen Netzwerkes für Seelsorge im Gesundheitswesen (‚European Network of Health Care Chaplaincy in Europe') (ENHCC) wurde bereits im ‚Europäischen Standard für Krankenhausseelsorge' festgehalten, dass sich die Klinikseelsorge international als *Spiritual and Religious Care* begreift und sich auch dementsprechend bezeichnet.[75] Auf der Internetseite des ENHCC findet sich in der deutschen und englischen Version folgende Wortwahl: Klinikseelsorge (Health Care Chaplaincy) = Spirituelle Betreuung/Spirituelle Begleitung (Spiritual Care).[76]

Albert Camus' + ‚*Werkverband van Vrijgevestigde Geestelijke Verzorgers*'. Vgl. NAUER, D. (2013): (Katholieke) Geestelijke Verzorging.

74 Vgl. SMEETS, W./ T. MORICE-CALKHOVEN (2014): From ministry towards spiritual competence.

75 Vgl. INAUEN, M. (2007): Standards für die Krankenhausseelsorge in Europa, 121.

76 Vgl: http//enhcc.eu/ (Zugriff September 2014). Vgl. auch: VANDENHOEK, A. (2013): Chaplains as specialists in spiritual care for patients in Europe.

6. Komplexes Ursachenbündel

Sollen die Entstehungsgründe für Spiritual Care auf den Punkt gebracht werden, dann lässt sich m.E. ein Bündel einander verstärkender Faktoren identifizieren, die im folgenden Schaubild stark komprimiert zusammengefasst werden:[77]

---

77 Birgit und Andreas Heller geben eine verblüffend einfache, vielleicht aber gerade deshalb realistische Einschätzung der ***zugrundeliegenden Ursache*** ab: „Möglicher Weise ist der tiefste Impuls für den modernen Ruf nach Spiritual Care in der Begleitung von Kranken und Sterbenden ***die Angst vor dem Tod***, die alle Menschen – ob Kranke, Sterbende oder Professionelle – verbindet. Die Angst vor Schmerzen lässt sich klinisch beruhigen, der Todesangst kann vielleicht spirituell begegnet werden, aber das ist voraussetzungsvoll." HELLER, B. / A. HELLER (2014): Spiritual Care, 29.

Teil 3

Theorie- und Praxisdesign von Spiritual Care

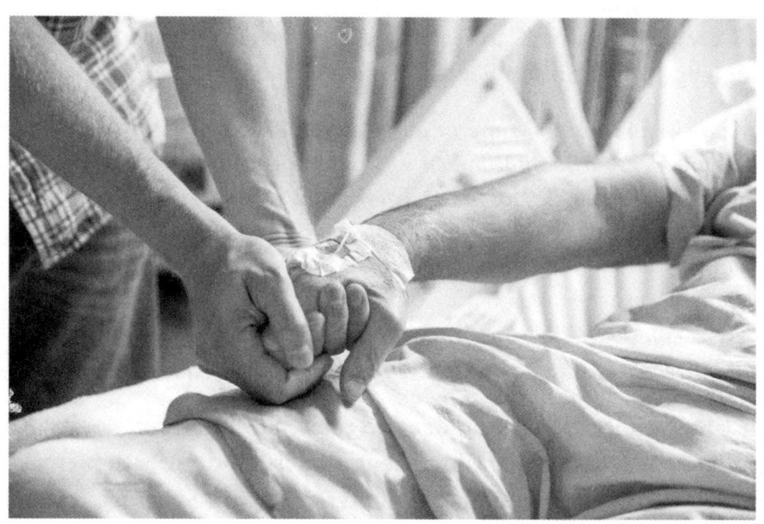

Welches Verständnis von Spiritual Care?
1. Spiritual Care im Kontext von Palliative Care/Palliativmedizin

Im Folgenden wird der Versuch unternommen, das Theorie- und Praxisdesign von Spiritual Care möglichst komprimiert und verständlich darzustellen. Weil die theoretische Konzeptionierung und praktische Umsetzung von Spiritual Care bisher hauptsächlich im Kontext von Palliative Care/Palliativmedizin geschieht, wird auf Spiritual Care im Palliativkontext fokussiert. Da im deutschsprachigen Raum ‚Spiritual Care' oftmals mit der Wortkombination ‚Spirituelle Begleitung' wiedergegeben wird, werden beide Termini synonym verwendet, wobei von folgendem Axiom ausgegangen wird:

> *„In der Theorie und Praxis der Palliativversorgung herrscht Einigkeit darüber, dass die Spirituelle Begleitung und damit auch die Seelsorge konstitutioneller Part der Hospizarbeit und Palliativmedizin ist."*[1]

Die anvisierte Darstellung von Spiritual Care ist jedoch nicht ganz unproblematisch, denn obgleich im Palliativkontext Einigkeit über die große Bedeutung von Spiritual Care für Palliative Care besteht, gilt gegenwärtig noch immer, was Martina Holder-Franz und Simon Peng-Keller zu bedenken geben:

> *„Auch wenn Spiritual Care in aller Munde ist und die zentrale Bedeutung der Spiritualität in den unterschiedlichen Konzeptionen der palliativen Arbeit in Hospizen, Krankenhäusern oder Pflegeeinrichtungen nicht angezweifelt wird, gibt es derzeit keinen allgemeinen Konsens darüber, was unter Spiritualität oder unter Spiritual Care genau zu verstehen ist."*[2]
>
> *„Was eine solche Spiritual Care alles umfassen soll und wer für sie im Einzelnen zuständig ist, ist gegenwärtig noch ungeklärt."*[3]

Obgleich (inter)national voneinander divergierende Interpretationen von Spiritual Care vorliegen, lassen sich doch zentrale Grundideen extrahieren, die von den meisten TheoretikerInnen und PraktikerInnen von Spiritual Care religions- und weltanschauungsüberschreitend geteilt werden. Wegweisende Leitplanken wurden jedoch erst 2009 auf der sogenannten ‚Consensus Conference' in Pasadena/Kalifornien gesetzt, wo sich auf nationaler Ebene 40 Führungspersönlichkeiten aus dem Gesundheitswesen (ÄrztInnen, Pflegende, PsychologInnen, SozialarbeiterInnen und SeelsorgerInnen) auf ein Grundlagenpapier geeinigt haben,

---

1 CHARBONNIER, R. (2010): Seelsorge in der Palliativversorgung, 183. Vgl. auch: Remmers, H. (2014): Palliative Care und Spiritual Care, 46.
2 HOLDER-FRANZ, M. (2014): Cicley Saunders, 231.
3 PENG-KELLER, S. (2012): Spiritualität im Kontext moderner Medizin, 90.

das unter der Federführung von Christina Puchalski im Fachblatt ‚Journal of Palliative Medicine' publiziert und weltweit rezipiert wurde.[4] Im deutschsprachigen Raum bietet v.a. die ‚Internationale Gesellschaft für Gesundheit und Spiritualität' (IGGS) sowie deren Publikationsorgan ‚Spiritual Care' eine wissenschaftliche Plattform zur Konzeptionierung von Spiritual Care. Zum gegenwärtigen Zeitpunkt ist m.E. folgende recht allgemeine Umschreibung von Spiritual Care weitgehend konsensfähig, weshalb davon ausgehend im Folgenden zentrale Konzeptbausteine von Spiritual Care zusammengetragen werden:

> Spiritual Care - ein interdisziplinär angelegtes *theoretisches Konzept* individuumszentrierter *spiritueller Begleitung*, dem ein *ganzheitliches Menschenbild* mit ausdrücklicher Fokussierung auf die *spirituelle Dimension* menschlicher Existenz zugrunde liegt.

Menschenbild?

2. Anthropologische Fundierung

Obgleich unisono vorausgesetzt wird, dass dem Konzept Spiritual Care ein *holistisch-ganzheitliches* Menschenbild zugrunde liegt, in dem die *körperliche*, *psychische*, *soziale* und *spirituelle* Dimension menschlicher Existenz als gleichwertig und gleich wichtig betrachtet werden, sind wir mit dem Phänomen konfrontiert, dass über dieses Grundaxiom hinaus in den bisher erschienenen deutschsprachigen Publikationen zu Spiritual Care keine ausführliche anthropologische Fundierungsarbeit geleistet worden ist.[5] Einigkeit scheint lediglich darin zu bestehen, dass keine (religiös-dogmatisch eingefärbte) explizit theologische Sichtweise christlicher oder sonstiger religiöser Provenienz als Rahmentheorie herangezogen werden kann, weshalb bei Eckhard Frick und Traugott Roser nachlesbar ist: „Als Hintergrundtheorie für den Interdiskurs Spiritual Care, der weder in den Handlungsfeldern Medizin/Gesundheit noch Religion/ Religionsgemeinschaften aufgeht, kommt daher wohl nur ein *interdisziplinär-anthropologischer Ansatz* in Frage."[6] Als Leitwissenschaft könne dabei letztlich nur die Philosophie dienen, denn: „Neben der Theologie hat die Philosophie die größte Nähe zur Spiritualität als einer Grunddimension des Menschseins."[7] Für Eckhard Frick steht daher fest: „Als Hintergrundtheorie für Spiritual Care eignet sich die *philosophische*

4 Vgl. PUCHALSKI, C. et al. (2009): Improving the Quality of Spiritual Care.

5 Im Jahr 2009 hat Eckhard Frick zwar eine Monographie vorgelegt, in der er auf der Basis philosophischer Anthropologie Bausteine einer spezifisch psychosomatischen Sichtweise von ‚Mensch-Sein vorstellt. Dieses wird jedoch nicht explizit auf seine Bedeutung für Spiritual Care hin durchbuchstabiert, zumal Spiritualität nur am Rande thematisiert wird. Vgl. FRICK, E. (2009): Psychosomatische Anthropologie.

6 FRICK, E./ T. ROSER (2012): ‚Spiritual Care", 530.

7 A.a.O., 535. Vgl. BAIER, K. (2012): Philosophische Anthropologie der Spiritualität.

Anthropologie besser als medizinische, theologische, psychologische oder soziologische Theorien."[8] Auf dem Hintergrund seiner deutschen Herkunft verknüpft Frick deshalb seinen Spiritual Care Ansatz mit der Philosophie des Philosophen und Soziologen Helmuth Plessner (1892-1985). Ein Denksystem, das ihm erlaubt, Spiritualität als ein Wesensmerkmal menschlicher Existenz auszuweisen, denn nur der Mensch besitzt in dieser philosophischen Sichtweise die außergewöhnliche Fähigkeit der (Selbst)Objektivierung und (Selbst)Transzendierung im Sinne einer Grenzüberschreitung, die ihm die Frage nach dem Woher? Wozu? Wofür? Warum? erlaubt: „Transzendenz heißt: Überschreitungen des Messbaren, Fassbaren, innerweltlich Verfügbaren. Transzendenz bedeutet: eine Grenze überschreiten."[9] Im englisch- und niederländischen Sprachraum findet sich dagegen eine stärkere Hinwendung zu Theorieelementen aus der *Humanistischen Anthropologie.* Diese liefern auch das nötige Rüstzeug für Christina Puchalski, um folgende, für Spiritual Care elementare These zu wagen: „Spiritualität ist allen Menschen gemeinsam, sie ist der innerste Kern unseres Menschseins. Viktor Frankl schreibt: ‚Die spirituelle Dimension kann nicht ignoriert werden, weil sie es ist, die uns zu Menschen macht.'"[10] Norbert Feinendegen und Andrea Schaeffer werten Spiritualität daher als „wesentlich für den Vollzug unseres Menschseins… denn es handelt sich hierbei um etwas, das allen Menschen als Menschen zukommt, wenn es nicht sogar den eigentlichen Kern unserer Humanität ausmacht."[11] Wenn dem so ist, dann ist Thomas Hagen und Josef Raischl zuzustimmen, die folgende, für Spiritual Care weitreichende anthropologische Grundaussage treffen: „Jeder Mensch ist spirituell. In jedem Menschen ist die spirituelle Dimension seines Seins vorhanden, ob bewusst oder unbewusst, aber sie ist da."[12] Eine Spitzenaussage, die im Kern das wiedergibt, was Cicley Saunders als Pionierin der Hospizbewegung bereits vor über 60 Jahren programmatisch vorgab.[13] Kurz und bündig behauptet daher Erhard Weiher im Jahr 2014: „Kein Mensch ist nicht spirituell."[14]

8 FRICK, E. (2014): Pausen und Noten, 17.

9 A.a.O, 18. Als Arzt und Jesuit hin und hergerissen zwischen philosophischer und theologischer Anthropologie bezieht sich Frick an anderer Stelle auch auf anthropologische Referenzstellen theologisch-biblischer Art, wobei er jedoch keine explizite Verbindung zwischen den zwei Sichtweisen herstellt. So verweist er z.B. darauf, dass Spiritual Care mit dem griechisch-lateinischen Konzept von pneuma/spiritus arbeitet, wobei er diese Begrifflichkeit an anderer Stelle sowohl mit alttestamentlicher (Gen 2,7) als auch mit neutestamentlich-paulinischer Anthropologie verknüpft. Vgl. FRICK, E. (2012): Wie arbeitet Spiritual Care?, 69; FRICK, E. (2009): Seelsorge und Medizin, 1-3.

10 PUCHALSKI, C. (2009): Spiritual Care, 243. Vgl. NOLAN, S. (2006): Psychospiritual Care, 12.

11 FEINENDEGEN, N./ A. SCHAEFFER (2014): Spiritualität, 163.

12 HAGEN, T./ J. RAISCHL (2009): Allgemeine und spezielle Kompetenzen in Spiritual Care, 281.

13 Vgl. HOLDER-FRANZ, M. (2014): Cicley Saunders, 227-228.

14 WEIHER, E. (2014): Spiritualität und Würdeempfinden, 413. Vgl. auch: FRICK, E. (2011): Spiritualität – eine Dimension des Menschseins.

Ausgangsbasis?

3. Das zugrundeliegende Spiritualitätsverständnis

Wenn Spiritualität so bedeutsam für Mensch-Sein ist, was wird dann inhaltlich darunter verstanden? Keine leicht beantwortbare Frage, denn: „Der Gebrauch des Begriffs Spiritualität erweist sich als außerordentlich inhomogen."[15] Um einer Antwort dennoch näherzukommen, gilt es, ein wenig auszuholen und zunächst herauszufinden, worauf Eckhard Frick abzielt, wenn er Spiritual Care als eine *postsäkulare Erscheinung* ausweist.[16]

Mit dieser Formulierung greift Frick sowohl sozialwissenschaftlich als auch sozialphilosophisch gewonnene Forschungsergebnisse auf und weist Spiritual Care als ein Konzept aus, das sich nicht nur aktuellen gesellschaftlichen Entwicklungen/Transformationsprozessen verdankt, sondern selbst einen wichtigen Beitrag für die Gesellschaft als Ganzes liefert. Nachdem sich im 21. Jhdt. die vehement vorgetragene *Säkularisierungsthese* der Moderne, die davon ausging, dass Religiosität/Religion kontinuierlich an Bedeutung verliert, als falsch erwiesen hat, weil eine *Wiederkehr des Religiösen* feststellbar ist, entsteht ein neuer Bedarf an religiös-spiritueller Begleitung.[17] Neu deshalb, weil die empirisch wahrnehmbare Religions-Wiederkehr nicht automatisch eine Erstarkung von Religionen wie Christentum und deren Kirchen mit sich bringt, sondern mit offensichtlichen Entinstitutionalisierungs- und *Entkirchlichungsprozessen* einhergeht, die jedoch nicht zwangsläufig mit einer individuellen inneren Distanzierung von religiösen Glaubensüberzeugungen einhergehen.[18] Vielmehr zeichnet sich in westlich geprägten, zunehmend multikulturell und multireligiös aufgestellten Gesellschaften wie Deutschland eine Art *Respiritualisierung* im Sinne eines *Spiritual Turn* ab, der sich auch im Gesundheitssystem niederschlägt und gerade im Palliativ-Kontext ein neu erwachtes Interesse an individueller Spiritualität zur Folge hat.[19]

Postsäkulare Spiritualität weist nun aber tatsächlich, wie auf der nächsten Seite zumindest schlagwortartig angedeutet werden soll, einige Spezifika mit großer Auswirkung auf Spiritual Care auf:

---

15 GLAWISCHNIG-GOSCHNIK, M. (2014): Brauchen wir ein bio-psycho-sozio-spirituelles Modell?, 30. Über das Verständnis von Spiritualität wird intensiv gerungen. Vgl. BAIER, K. (2009): Was ist Spiritualität?; KUNZ, R. (2012): Spiritualität im Diskurs; SCHNELL, T. (2012): Spirituality with and without Religion.

16 FRICK, E. (2009): Spiritual Care, 233.

17 Vgl. GABRIEL, K. (2013): Säkularisierung und Wiederkehr der Religionen unter den Bedingungen der Industrialisierung; GROSS, P. (2007): Jenseits der Erlösung. Die Wiederkehr der Religion und die Zukunft des Christentums; HÖHN, H.J. (2007): Postsäkular. Gesellschaft im Umbruch, GRAF, F.-W. (2007): Die Wiederkehr der Götter; POLAK, R. (2006): Religion kehr wieder; KÜENZELEN, G. (2003): Die Wiederkehr der Religion; ZULEHNER, P. M. (2003): Megatrend Religion.

18 Vgl. POLAK, R./ C. SCHACHINGER (2011): Stabil in Veränderung.

19 Vgl. ZULEHNER, P. u.a. (2005): Respiritualisierung; FRICK, E. (2014):Wohin dreht der ‚Spiritual Turn'?, 281; SCHAUPP, W. (2014): „Wiederkehr des Religiösen", 8.

- Entmonopolisiert/Antiinstitutionell: Spiritualität wird nicht nur immer häufiger unabhängig von religiösen Institutionen wie christlichen Kirchen und deren Vorgaben, Lehrsätzen und Moralvorstellungen gelebt, sondern geht auch mit einer kritischen Haltung gegenüber derartigen Institutionen einher.[20]
- Pluralisiert/Synkretistisch: Spiritualität kann in großer Offenheit Elemente unterschiedlichster Religionen/Weltanschauungen beinhalten, die individuell miteinander verbunden werden.
- Antidogmatisch-Erfahrungsorientiert: Spiritualität wird nicht primär mit Glaubenssystemen, sondern mit innerem Erleben, mit tiefgehenden eigenen Erfahrungen assoziiert, wie eine groß angelegte deutsch-amerikanische Studie aus dem Jahr 2010/2011 empirisch belegt.[21]
- Individualisiert/Personalisiert: Spiritualität als „Zauberwort einer Gegenbewegung zu Desubjektivierung und Entpersonalisierung“[22], die auch eine kritische Haltung gegenüber Technisierungs- und Machbarkeitsgläubigkeit sowie eine Ablehnung der Abhängigkeit von Expertenwissen beinhaltet.
- Heilsam: Spiritualität wird eine heilsame Wirkung im Sinne einer Ressource, einer Bewältigungsstrategie in Not, Leid, Krankheit und Sterben zugetraut.[23]

In der Verhältnisbestimmung von Spiritualität und Religion zeichnet sich zudem gemäß Birgit Heller folgende Neubestimmung ab: „Religion wird in Europa – trotz der interkulturellen und damit auch interreligiösen Entwicklungen – meist mit den christlichen Kirchen gleichgesetzt. Da die Kirchen mit Institution, Dogma, Hierarchie, Starrheit und, schlimmer noch, Gewalt und Missbrauch verknüpft sind, ist Spiritualität – in Europa – für einen Teil der Menschen zu einem Gegenbegriff zu Religion geworden.“[24] Auf diesem Hintergrund wird verständlich, warum immer öfter der Ruf nach einer ‚undogmatischen‘, ‚aufgeklärten‘, ja sogar ‚atheistischen‘ Spiritualität erschallt, der auch vor Spiritual Care Konzepten nicht Halt macht.[25]

Um dem Spiritualitätsverständnis von Spiritual Care auf die Spur zu kommen, gilt es, im Anschluss an die bisher eher allgemeinen Überlegungen, sich auf eine etwas konkretere internationale Spurensuche zu begeben:

---

20 Vgl. FRICK, E. (2014): Pausen und Noten, 16; UTSCH, M. (2014): Psychologie oder Spiritualität, 261.

21 Das Datenmaterial, das im Bielefelder ‚Research Center for Biographical Studies in Contemporary Religion‘ unter der Projektleitung von Heinz Streib aus einer Befragung von 1800 ProbandInnen gewonnen wurde, spiegelt wieder, was Menschen heutzutage selbst unter Spiritualität verstehen. Vgl. KOHLI REICHENBACH, C. (2014): Spiritualität im Care-Bereich, 18-20.

22 HELLER, B./ A. HELLER (2014): Spiritual Care, 24.

23 Vgl. SCHNEIDEREIT-MAUTH, H. (2013): Spiritualität als heilsame Kraft.

24 HELLER, B. (2014): Spiritualität versus Religion/Religiosität, 55.

25 Vgl. WALACH, H. (2011): Spiritualität, 8; DIRNBERGER, R. (2012): Aufgeklärte Spiritualität; COMTE-SPONVILLE, A. (2008): Woran glaubt ein Atheist. Spiritualität ohne Gott.

Die erste Spur führt in die ***Vereinigten Staaten***. Als Ergebnis der im Jahr 2009 in Pasadena stattgefundenen wegweisenden ‚Conference on Spiritual Care in Palliative Care' haben sich VertreterInnen aus unterschiedlichen Berufsgruppen auf folgende Definition von Spiritualität, geeinigt:[26]

> Spirituality is the aspect of humanity that refers to the way individuals seek and express meaning and purpose and the way they experience their connectedness to the moment, to self, to others, to nature and to the significant or **sacred**.

Die zweite Spur führt bereits nach ***Europa***, wo nur ein Jahr später die sogenannte ‚Taskforce on Spiritual Care in Palliative Care' der ‚European Association for Palliative Care' eine europäisch modifizierte Version der amerikanischen Vorlage auf den Weg brachte:[27]

> Spirituality is the dynamic dimension of human life that relates to the way persons (individual and community) experience, express and/or seek meaning, purpose and **transcendence**, and the way they connect to the moment, to self, to others, to nature, to the significant and/or **the sacred**.

Auffällig an der europäischen Definition ist nicht nur, dass der Blick vom Individuum auf die ‚community' gelenkt und ‚transcendence' ergänzt, sondern auch, dass folgende umfangreiche Erläuterung von Spiritualität hinzugefügt wird, wobei auch religiöse Inhalte benannt sind:

The spiritual field is multidimensional:

1. **Existential challenges**
(questions concerning identity, meaning, suffering and death, guilt and shame, reconciliation and forgiveness, freedom and responsibility, hope and despair, love and joy).
2. **Value based considerations and attitudes**
(what is most important for each person, such as relations to oneself, family, friends, work, things, nature, art and culture, ethics and morals, and life itself).
3. **Religious considerations and foundations**
(faith, beliefs and practices, the relationship with God or the ultimate).

---

26 Vgl. PUCHALSKI, C. et al. (Hg.) (2009): Improving the quality of Spiritual Care as a dimension of Palliative Care, 887.

27 Vgl. http://www.eapcnet.eu/Themes/Clinicalcare/Spiritualcareinpalliativecare.aspx. Der deutsche Vertreter dieser Taskforce, die sich aus 8 Europäischen Ländern zusammensetzte, war Traugott Roser. Die Niederländer wurden durch 3 (!) Mitglieder vertreten, zu denen Carlo Leget gehörte. Details finden sich in: NOLAN, S. u.a. (2011): Spiritual Care in Palliative Care. In der ‚European Association for Palliative Care' haben Niederländer einen maßgeblichen Einfluß.

Die dritte Spur verläuft direkt nach ***Deutschland***. Und es erstaunt nicht wenig, dass die Definition der ‚Deutschen Gesellschaft für Palliativmedizin' von den bisherigen Definitionsversuchen deutlich abweicht! Ausgerechnet unter der Federführung der ‚Sektion Seelsorge', die innerhalb der Gesellschaft für das Konzept Spiritual Care/Spirituelle Begleitung zuständig ist, wird eine extrem kurze und weite Definition vorgelegt, in der anscheinend weder das ‚Heilige' noch ein ‚Transzendenzbezug' oder ‚Religiöses' Platz finden. An Stelle davon findet sich jedoch ein Verweis auf ‚Sinngebung'. Eine sprachliche Formulierung, die stark an die in den Niederlanden als Konsens-Zielsetzung aller SeelsorgerInnen/Spiritual Care Givers/Geestelijk Verzorgers, die im Gesundheitswesen tätig sind, erinnert, da auch dort nicht von gemeinsamer ‚Sinnfindung', sondern von ‚Sinngebung' die Rede ist:[28]

> Unter Spiritualität kann die innere Einstellung, der innere Geist wie auch das persönliche Suchen nach **Sinngebung** eines Menschen verstanden werden, mit dem er versucht, Erfahrungen des Lebens und insbesondere auch existentiellen Bedrohungen zu begegnen.

Wie aber positionieren sich renommierte ***deutsche ProtagonistInnen*** von Spiritual Care? Welches Spiritualitätsverständnis favorisieren sie?
Eckhard Frick, der Theologien und Kirchen einen ‚ureigen engen', der modernen Gesellschaft und Gesundheitswissenschaften dagegen einen ‚eher weit verstandenen' Spiritualitätsbegriff attestiert, votiert selbst für einen bewusst ‚entgrenztes', ‚definitorisch offenes' Verständnis, das von religiösen bis zu atheistischen Sinnentwürfen reicht: „Spiritual Care arbeitet in einer Symphonie verschiedener Spiritualitäten. Sowohl auf therapeutischer, als auch auf Patientenseite gehören dazu die institutionalisierten Religionen, aber auch spirituelle Suchbewegungen ohne religiöse Zugehörigkeit. Innerhalb der pluralen Symphonie kann die persönliche Spiritualität des Patienten oder der therapeutischen Person mehr oder weniger spezifisch sein, z.B. von lutherischer, ignatianischer, karmelitischer, sufistischer oder Zen-Spiritualität geprägt…Spiritual Care arbeitet nicht mit bestimmten Inhalten, sondern mit dem breiten Konzept von Spiritualität, das verschiedene religiöse Zugehörigkeiten ebenso umfasst wie existentielle,

28 Vgl. dgpalliativmedizin.de (eingesehen September 2014). Zur niederländischen Situation vgl. Teil 2, Kapitel 5 dieses Buches. Die extrem weite europäische Definition zeigt große Überschneidungen mit der Spiritualitätsdefinition des Engländers Michael Wright, auf die auch Traugott Roser immer wieder Bezug nimmt. Wright beschreibt Spiritualität analog zu einem Diamanten, dessen Facetten sich je nach Betrachtungswinkel verändern. Spiritualität kann daher sowohl religiöse als auch nicht-religiöse Facetten annehmen. Vgl. WRIGHT, M. (2004): Hospice Care and Spirituality.

weltanschauliche und atheistische Sinnentwürfe."[29] Analog zu einem Breitbandantibiotikum lässt sich seines Erachtens auch Spiritual als eine Art ‚Breitbandbegriff' verstehen, der jeglichem (kirchlichen, gesellschaftlichen, institutionellen oder interpersonellen) Normierungsdruck entzogen ist, da er letztlich für etwas Nicht-Definierbares und Unbestimmtes steht.[30]

Ähnlich argumentiert Traugott Roser, der die offensichtliche Begriffsunschärfe von Spiritualität zwar als Problem erkennt, letztlich aber doch als eine Chance, ja ebenso wie Eckhard Frick sogar als einen Vorteil einstuft. Nicht „um alles gleichzumachen, sondern als eine Möglichkeit, subjektorientiert und differenziert zugleich"[31] tatsächlich allen Menschen mit Respekt begegnen und ihnen mit Spiritual Care gerecht werden zu können. Roser, der sich intensiv mit der geschichtlichen Herkunft und damit auch mit der emanzipatorisch- freiheitlichen Stoßrichtung des Spiritualitätsbegriffs auseinandergesetzt hat, erkennt gerade im offenen Begriff ein erheblich innovatives Potential für das heutige Gesundheitswesen, denn: „In der Wissenschaftstradition der Aufklärung dient er der Wahrung der Freiheit des Individuums und zwar sowohl vor dem Zugriff durch bestimmte Religion und Religionsgemeinschaften als auch vor den objektivierenden und manchmal enthumanisierenden Tendenzen des medizinisch-klinischen Apparates… Spiritualität verbürgt die Unverfügbarkeit des Patienten ganz im Sinne des Grundrechts auf Religionsfreiheit, in einer multikulturell diversifierten Gesellschaft auch gegenüber den Religionsgemeinschaften selbst."[32] Um die Weite des Spiritualitätsbegriffs zu garantieren, offeriert Roser 2009 folgende Maximaldefinition:[33]

> Spiritualität ist das, was der Patient dafür hält.

---

29 FRICK, E. (2012): Wie arbeitet Spiritual Care?, 69. Vgl. Ders. (2014): Spiritual Care, 276; Ders. (2013): Zwischen engem und weitem Spiritualitätsbegriff.

30 Vgl. FRICK, E. (2009): Spiritual Care ein neues Fachgebiet der Medizin, 148.

31 ROSER; T. (2013): Seelsorge und Spiritual Care, 72. Vgl. auch Ders. (2012): Spiritualität und Gesundheit. Überlegungen zur Bedeutung eines *unbestimmbaren Begriffs* im interdisziplinären Diskurs; FRICK, E. (2012): Wie arbeitet Spiritual Care?, 69.

32 ROSER, T. (2009): Innovation Spiritual Care, 53. In der Spiritual-Care Literatur wird immer wieder darauf verwiesen, dass der zugrundeliegende Spiritualitätsbegriff nicht der ***romanischen Traditionslinie*** der frömmigkeitsdominierten kirchentreuen Katholischen Ordenstheologie des 17./18./19.Jhdts., sondern der transreligiösen ***angelsächsischen Traditionslinie*** des 19. Jhdts. entstammt. Eine Gegenüberstellung, die inzwischen jedoch recht umstritten ist, da auch letztere synkretistische Elemente religiöser Traditionen aufweist und erstere bei weitem nicht auf kirchliche Engstirnigkeit reduziert werden kann. Vgl. HELLER, B. (2014): Spiritualität versus Religion/Religiosität?, 53-54; PENG-KELLER, S. (2014): Zur Herkunft des Spiritualitätsbegriffs; Ders. (2010): Einführung in die Theologie der Spiritualität.

33 ROSER, T. (2009): Spiritual Care – neuere Ansätze seelsorglichen Handelns, 68. Roser paraphrasiert hier die im Palliativ-Kontext gängige Umschreibung von Lebensqualität: „Lebensqualität ist, was der Betroffene damit meint." Vgl. EYCHMÜLLER, S. (2014): Lebensqualität, 71.

Zwei Jahre später wagt Roser zusammen mit Margit Gratz sogar folgende Aussage: „Spiritualität im Palliativkontext ist diesem Verständnis nach ‚genau – ***und ausschließlich*** – das, was der Patient dafür hält."[34]

Eine etwas andere Position, die von vielen rezipiert wird, nimm Erhard Weiher ein, der zwar nach eigener Aussage ebenfalls ‚sehr unspezifisch', aber dennoch unter Verwendung ursprünglich theologischer Terminologie inhaltlich umgrenzter und seines Erachtens ‚praxistauglich' definiert: „Spiritualität wird hier verstanden als der ***innere Geist***, aus dem heraus ein Mensch sein Leben empfindet, er sich ***inspiriert*** fühlt, er sein Leben – nicht unbedingt bewusst – gestaltet und mit dem er auch in Krisen, Krankheit und Sterben hineingeht... Spirituelle Erfahrung geschieht dort, wo ein Mensch sich mit dem ***Geheimnis des Lebens*** in Verbindung weiß... Spiritualität ist vielfältig ins Leben eingewoben als dessen ***innerste Gestimmtheit*** und zugleich Motiv, aus dem das Leben bewusst oder viel öfter implizit verstanden und entworfen wird."[35] Weiher wehrt sich ausdrücklich dagegen, Spiritualität als Gegenbegriff zu Religion zu verwenden, denn Spiritual Care soll sich ja gerade dadurch auszeichnen, dass sowohl religiös als auch nicht religiös verwurzelten Menschen heilsame Spiritualitätserfahrungen zugetraut werden. Aufgrund der präzisen Aussagekraft wird folgende Überlegung Weihers trotz ihrer Länge ungekürzt wiedergegeben:

„Den Begriff ‚Spiritualität' reklamieren viele Menschen für sich, um sich gerade von tradierten religiösen Vorstellungen abzusetzen. „Ich bin spirituell, aber nicht religiös", sagen sinngemäß viele. Nach diesem Verständnis wäre Spiritualität nur und v.a. außerhalb der verfassten Religionen zu finden. Spiritualität gilt danach als viel weiter, offener toleranter, erlebnisreicher, lebensnäher als das, was Religion zugeschrieben wird. Dabei wird nicht gesehen, dass Menschen, die heute – sicher anders als frühere Generationen – bewusst einer kirchlichen Gemeinschaft angehören, damit einen spirituellen Reichtum gerade aus den Quellen der Religion und Tradition verbinden. Religion zielt gerade nicht auf äußere Formalitäten (das wäre die von der Religionspsychologie so genannte ‚extrinsische Religiosität'), sondern auf innere angeeignete Spiritualität. Nur dann wird darin tiefer Lebens- und Weltsinn erfahren und nur dann ist eine solche Spiritualität eine Quelle für das Würdeempfinden im Sterben. Es gilt also festzuhalten: Es gibt ***religionsungebundene*** und ***religionsbezogene*** Formen der ***Spiritualität***. Beiden ist gleichermaßen mit Respekt zu begegnen."[36]

---

34 ROSER, T./ M. GRATZ (2011): Spiritualität in der Sterbebegleitung, 57.

35 WEIHER, E. (2014): Spiritualität und Würdeempfinden, 413/418/419.

36 A.a.O., 414.

Das Spiritual Care zugrundeliegende Spiritualitätsverständnis umfasst somit eine Bandbreite an möglichen (ineinander verwobenen) Erfahrungsdimensionen:

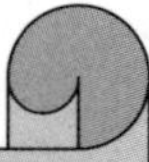

- Erfahrung von existentieller Bedrohtheit, Verwundbarkeit, Unsicherheit und damit verbundenen individuellen Herausforderungen wie Schuld, Scham, Verzweiflung, Angst...
- Erfahrung von Lebenssinn, letztem Grund, innerer Kraft, Freude, tragenden Werten, Selbstfindung, Identität, Sicherheit, Wohlbefinden...
- Erfahrung von innerem Frieden, Dankbarkeit, Wachstum, Liebe und Hoffnung (selbst über den Tod hinaus)...
- Erfahrung von Weltverbundenheit, Naturverbundenheit, Menschenverbundenheit...
- Erfahrung von (Selbst)Transzendenz, von Transmateriellem, von Heiligem, vom Geheimnis, vom Numinosen, von schützenden Mächten, von Göttlichem, von Göttern, von Gott...

Wer, für wen, mit wem, wo?

4. Für- und Miteinander statt Neben- und Gegeneinander

Aus dem bisher Dargelegten ergibt sich automatisch folgende Basisaussage über Spiritual Care, aus der sich wiederum 4 weitreichende Axiome ableiten: „Spiritual Care nimmt die plurireligiöse und multikulturelle Gesellschaft mit ihren individuellen Ausprägungen von Glauben und Religiosität wahr und ernst und achtet die Gleichberechtigung unterschiedlicher Religionen, Wertesysteme und Weltbilder... Spiritual Care trägt dem Umstand Rechnung, dass in Hospizarbeit und Palliative Care nicht nur Menschen mit christlich geprägtem Hintergrund begleitet werden und begleiten.“[37]

Axiom 1:

Weil alle Menschen spirituell veranlagt sind, ist Spirituell Care ein voraussetzungsloses Angebot ***für alle Menschen***: „Durch die offene Begrifflichkeit und Definition von Spiritualität wird angedeutet, dass jeder Mensch – unabhängig seines religiösen, areligiösen oder weltanschaulichen Hintergrundes – eine spirituelle Dimension seines Daseins besitzt und ihm daher die Begleitung seiner spi-

37 SEELSORGE IN PALLIATIVE CARE (2009), 20.

rituellen Bedürfnisse auch angeboten werden soll."[38] Ob das Angebot angenommen oder abgelehnt wird, liegt in der Entscheidungsfreiheit eines jeden Einzelnen. Wer genau ist nun aber der Adressat, der sich für dieses Angebot entscheiden kann? Die Antwort fällt extrem weit aus:

- An erster Stelle die (tod)kranken/sterbenden PatientInnen[39]
- Aber auch deren Angehörige/Bezugspersonen[40]
- Sowie ehrenamtlich Engagierte wie Hospizhelfer
- Und die hauptamtlichen MitarbeiterInnen aller beteiligten Professionen[41]

Immer wieder wird darauf hingewiesen, dass sich Spiritual Care aufgrund der oftmals als belastend empfundenen Arbeit im Palliative Care Bereich auch an die ‚Carer' selbst zu richten hat, wobei einerseits der Aspekt gegenseitiger spiritueller Sorge, andererseits aber auch der Aspekt der spirituellen Selbst-Sorge (self-care) hervorgehoben wird.[42]

Axiom 2:

Weil alle Menschen spirituell veranlagt sind, ist prinzipiell „***jeder*** Mensch fähig, einen anderen spirituell zu begleiten".[43] Spiritual Care kann daher nicht an eine spezifische Berufsgruppe delegiert werden, sondern fällt in den Aufgabenbereich aller Profis und Ehrenamtlichen, die sich im Palliative Care Team engagieren. Dementsprechend gibt es kein ‚spirituell-religiöses Claim-Recht', auf das irgend-

---

38 A.a.O., 20. Vgl. auch WINTER-PFÄNDLER, U. (2011): Gesellschaftliche Veränderungen und Palliative Care, 77; GRATZ, M./ T. ROSER (2014): Spiritualität in der Medizin, 236; WEIHER, E. (2014): Spiritualität und Würdeempfinden, 413.

39 Aufgrund seiner Erfahrungen beschreibt Uwe Weiß diese als „Menschen mit oder ohne konfessionelle/religiöse Sozialisation; Menschen, die ihre Sozialisation zu überwinden suchen; Menschen, die sehr eklektizistisch und erlebnis-/erfahrungsorientiert religiöse Angebote wählen; aber auch Menschen, die sich der religiösen Praxis ihrer Eltern oder auch den Folgen ihrer eigenen Sozialisation ausgeliefert fühlen; oder Menschen, die spirituelle Wünsche und Bedürfnisse oft mehr andeuten als formulieren können und auf aktive Angebote seitens der mit Seelsorge oder Spiritual Care Beauftragten hoffen. Und ganz häufig begegnen wir Menschen, die Deutungshilfe suchen für aktuelle oder auch zurückliegende krisenhafte Aspekte ihrer Biographie, also letztlich ‚Sinn' bzw. ‚Frieden' und sich diesbezüglich theologische, geistliche oder spirituelle Angebote, seien es Interpretationshilfen, sei es Zuspruch, sei es ein Ritual, erhoffen….Menschen, die sich angesprochen fühlen, ohne zu wissen, wovon; die auf der Suche sind, ohne näher zu kennen, wonach; die sich befreien wollen und bestenfalls wissen wovon, aber noch längst nicht wofür, wozu oder wohin." WEIß, U. (2014): Der Beitrag der Seelsorge im palliativen Versorgungsteam, 85/86.

40 „Spiritual Care als Teil von Palliative Care geht in diesem personenbezogenen Ansatz von der Annahme aus, dass den Angehörigen mit ihren Sorgen und Ängsten die gleiche Haltung und Aufmerksamkeit zukommt wie dem kranken Menschen selbst." ROSER, T./ M. GRATZ (2011): Spiritualität in der Sterbebegleitung, 57.

41 Spiritual Care „gilt auch für die Mitarbeiterinnen und Mitarbeiter des Betreuungsteams, ihren spirituellen Ressourcen und Nöten angesichts beständiger Konfrontation mit Krankheit und Leid." A.a.O., 57.

42 Vgl. FRICK, E. (2014): Pausen und Noten, 16. Cicley Saunders prägte in ihren Spätschriften den Begriff ‚staff pain', um deutlich zu machen, dass gerade MitarbeiterInnen im Hospizbereich besonders verwundbar sind und deshalb besondere Begleitung und Unterstützung benötigen. Vgl. HOLDER-FRANZ, M. (2014): Cicley Saunders, 219. Vgl. auch: SULAMASY, D. (2006): The Healthcare Professional as Person.

43 Vgl. HAGEN, T. u.a. (2011): Qualifizierungskurs Palliative Care für Seelsorgende, 19.

eine Berufsgruppe ausschließlich Anspruch erheben könnte: „Tatsächlich weist der Begriff Spiritual Care darauf hin, dass Spiritualität und Religiosität nicht exklusiv in den Zuständigkeitsbereich der, im deutschen Sprachraum noch immer kirchlichen Seelsorge zugewiesen werden können, sondern auch Aufnahme finden in der Wahrnehmungs- und Handlungskompetenz anderer Professionen."[44] Dementsprechend postulieren Susanne Roller und Monika Müller: „Die Sorge um das Seelenwohl Sterbender ist Grundlage des ganzheitlichen Hospizkonzeptes. Sie sollte ein ganz normales Angebot sein, das nicht nur von offiziell bestellten Seelsorgern der Kirchen umgesetzt wird, sondern von jedem, der hauptberuflich oder ehrenamtlich in der Arbeit steht."[45] Nicht nur SeelsorgerInnen, sondern auch Pflegende, PsychologInnen, SozialarbeiterInnen, PhysiotherapeutInnen, ErgotherapeutInnen, KunsttherapeutInnen, MusiktherapeutInnen, PädagogInnen, DiätassistentInnen, PharmazeutInnen, Raumpflegekräfte und ÄrztInnen sind demnach potentielle Spiritual Care Givers/Spirituelle BegleiterInnen. Auf diesem Hintergrund erklärt sich, weshalb Eckhard Frick folgende These aufstellt: ***„Alle sind in einem allgemeinen Sinn Seelsorgende.*"[46]

In nahezu ***allen Berufsgruppen des Gesundheitswesens*** wird daher bereits seit Jahrzehnten (inter)national darüber nachgedacht, welche Möglichkeiten und Grenzen spiritueller Begleitung möglich bzw. angesichts bereits bestehender Arbeits(über)belastung überhaupt realistisch sind.[47]
Obgleich, vielleicht auch gerade weil für ***Pflegende*** die Belastung als besonders hoch eingeschätzt wird, treffen wir gemäß Birgit und Andreas Heller gegenwärtig in dieser Berufsgruppe auf die größte Offenheit für Spiritual Care: „Aktuell sind ein besonderes Interesse an spiritueller Begleitung und die Übernahme von Zuständigkeiten auf der Seite der Pflegepersonen festzustellen. Das ist insofern verständlich, als die Pflegenden die höchste Präsenz und Kontinuität in der Sorge für die kranken und sterbenden Menschen haben."[48] Eine Beobachtung, die sich auch darin wiederspiegelt, dass eine Literaturstudie, in der die Datenbank ‚Medline'[49] auf Artikel zu Spiritual Care im Zeitraum von 1980 bis 2005 analysiert worden ist, das erstaunliche Ergebnis zutage brachte, dass über 60% im

44 ROSER, T. (2013): Seelsorge und Spiritual Care, 62.

45 ROLLER, S./ M. MÜLLER (2010): Die Sorge um die Seele, 547.

46 FRICK, E. (2014): Pausen und Noten, 18.

47 Vgl. COBB, M. u.a. (2012): Oxford Textbook of Spirituality in Healthcare; ORCHARD, H. (2001): Spirituality in Health Care Context; KOENIG, H. (2012): Spiritualität in den Gesundheitsberufen.
Für den niederländischen Raum bezeugen Wim Smeets und Tessa Morice-Calkhoven: „In the field of healthcare medical and nursing professionals are increasingly engaging with spirituality. They focus on both the conceptualization and the assessment of Spirituality." SMEETS, W./ T. MORICE-CALKHOVEN (2014): From ministry towards spiritual competence, 116.

48 HELLER, B./ A. HELLER (2014): Spiritual Care, 31.

49 Vgl. HUMMEL, L. et al. (2008): Defining Spiritual Care: An Exploratory Study.

Kontext von Pflege/Pflegewissenschaft verfasst worden sind. Die meisten Publikationen aus dem Pflegekontext entstammen dem englischsprachigen Raum, wobei bereits seit über 50 Jahren die Bedeutsamkeit der Spiritualität für Pflege immer wieder angemahnt wird.[50] Im deutschsprachigen Raum lässt sich nachweisen, dass entsprechende Publikationen erst seit der Jahrtausendwende kontinuierlich zunehmen.[51] Das gesteigerte Interesse am Spiritualitätsthema korreliert mit dem Ergebnis einer empirischen Befragung von über 230 Stationsleitungen in Schweizer Kliniken, die Urs Winter-Pfändler im Jahr 2011 durchgeführt hat. Er fand heraus, dass Pflegende gemäß ihres Selbstverständnisses, eine prinzipielle Offenheit für spirituelle Themen mitbringen, weshalb für ihn die Schlussfolgerung gerechtfertigt erscheint, dass Pflegende längst mehr oder minder bewusst Spiritual Care betreiben.[52]

Dass das neu erwachte Interesse an der Bedeutung von Spiritualität für das Gesundheitswesen auch an der dominanten Berufsgruppe der ***MedizinerInnen*** nicht einfach spurlos vorbeigehen konnte, war ebenso abzusehen, wie die Entwicklung dahingehend, dass diese unter Verweis auf empirische Forschungsergebnisse über kurz oder lang eine tragende Rolle im Konzept von Spiritual Care beanspruchen. Besonders ÄrztInnen berufen sich in der Literatur immer wieder auf eine von L.C. Hanson[53] im nordamerikanischen Kontext publizierte Studie, in der KrebspatientInnen darüber befragt wurden, durch wen sie sich spirituell begleitet fühlen. Weil zutage trat, dass 40% Freunde und Familie, 29% Angehörige der Gesundheitsberufe und nur 17% Seelsorgende als ihre spirituellen Begleiter bezeichneten, wird argumentiert, dass schwer erkrankte Menschen in der Regel nicht professionelle SeelsorgerInnen/Geistliche sondern entweder ihr soziales Umfeld oder ÄrztInnen und Pflegende für ihre spirituelle Begleitung bevorzugen. Als Palliativmediziner zieht Gian Domenico Borasio daraus den Schluss,

---

50 Exemplarisch: HUBERT, M. (1963): Spiritual care for every patient; FISH, S./ J. SHELLY (1978): Spiritual care. The nurse's role; HIGHFIELD, M./ C. CASON (1983): Spiritual needs of patients; LANE, J. (1987): The care of the human spirit; LABUNE, E. (1988): Spiritual care. An element in nursing care planning; REED, P. (1991): Preference for spirituality related nursing; TAYLOR, E./ I. MAMIR (2005): Spiritual care nursing; McHERRY, W. (2008): Making sence of spirituality in nursing and healthcare practice; BRUCE, A./ K. STAJDUHAR (2013): Spiritual Care in nursing; CLARKE; J. (2013): Spiritual Care in everyday nursing practice.

51 Exemplarisch: PAAL, P. (2014): Wie hälst du's mit der Religion? Spiritual Care in der Pflege; GIEBEL, A. (2014): DiakonieCare – Geistesgegenwärtig pflegen; DACH, C./ J. OSTENBRINK (2013): Spiritualität in der Pflege; VOIGT, K. I. (2013): Spiritualität in der pflegerischen Beziehung; KOHRÖDE-WARNKEN, C. (2013): Spiritual care; DARGEL, M. (2012): „Spiritualität in der Pflege"; GEISTESGEGENWÄRTIG PFLEGEN (2012); BÜRGI, D. (2012): Spiritualität in der Pflege; KOENIG, H. G. (2012): Spiritualität in der Pflege; KOTTNIK, K./ A. GIEBEL (Hg) (2010): Spiritualität in der Pflege; KNIPPING, C. (2009): Spirituelle Dimensionen in der Pflege; MAYER, H. (2009): Die spirituelle Dimension pflegerischen Handelns; AUGUSTYN, B. (2009): Spiritual Care in der Pflege.

52 Vgl. WINTER-PFÄNDLER, U. (2011): Vernetzung als Schlüssel für eine gute Zusammenarbeit.

53 Vgl. HANSON, L. C. et al. (2008): Providers and types of spiritual care in serious illness.

dass viele PatientInnen ihre spirituellen Belange am liebsten in die Hände des behandelnden Arztes legen möchten.[54] Und auch Margit Gratz und Traugott Roser schlussfolgern: „Damit erteilen schwerkranke Menschen ihren Ärzten einen klaren Auftrag... Spirituelle Begleitung ist damit auch Aufgabe der behandelnden Ärzte."[55] Dementsprechend steigt auch im deutschsprachigen Raum die Anzahl an Publikationen, die ÄrztInnen zum Thema Spiritualität/ Spiritual Care verfassen, in den letzten Jahren kontinuierlich an.[56]

Eine Öffnung für spirituelle Themen zeichnet sich zudem – wenn auch im deutschsprachigen Raum bisher etwas zaghaft – für die Berufsgruppen ***PsychiaterInnen***, ***PsychologInnen/PsychotherapeutInnen*** und ***SozialarbeiterInnen*** ab.[57]

In Übereinstimmung mit den Ergebnissen der oben angeführten empirischen Untersuchung von Hanson u.a. werden jedoch nicht nur hauptamtliche Profis, sondern auch ***ehrenamtlich Engagierte*** wie freiwillige HospizhelferInnen und SterbebegleiterInnen sowie ***Angehörige/Zugehörige*** als potentielle Spiritual Care Givers betrachtet.[58]

Innerhalb der Spiritual Care Literatur geht die Meinung darüber auseinander, ob es nicht doch eine Berufs- oder Personengruppe geben sollte, die eine Art Hauptverantwortung für Spiritual Care zu übernehmen hat. Monika Renz sieht gegenwärtig v.a. zwei Berufsgruppen im Rennen: „Wer, welche Berufsgattungen – Seelsorge, Psychotherapie, Pflege, Ärzte, andere – soll für diese spirituelle Begleitung zuständig sein? Je nach Autor wird die Nähe zur ***Seelsorge*** (Weiher, 2012) oder zur ***Medizin*** (Frick, 2009) betont."[59]

In einem Punkt jedoch sind sich alle theoretisch einig: (Tod)kranke Menschen dürfen selbst darüber entscheiden, wen sie sich für Spiritual Care erwählen, wem sie ihre spirituelle Begleitung anvertrauen, wobei Eckhard Frick in Rekurs auf Gian Domenico Borasio hervorhebt: „Wahl und Rollenzuweisung nehmen die Patienten nicht in erster Linie nach der Berufszugehörigkeit vor, sondern auf relationaler Basis: ‚Diejenigen Menschen, zu denen eine Patientin, ein Patient das

54 Vgl. BORASIO, G. D. (2009): Spiritualität in der Palliativmedizin/Palliative Care, 113.

55 GRATZ, M./ T. ROSER (2014): Spiritualität in der Medizin, 236/237.

56 Exemplarisch: BORASIO, G. D. (2014): Spiritual Care: Eine Aufgabe für den Arzt?; FRICK, E./ C. BAUSEWEIN (2014): Sterbende begleiten. Spirituelle Perspektiven und ärztliches Handeln; KRUG, H. (2009): Spirituelle Dimensionen ärztlichen Handelns; BAUSEWEIN, C. (2009): Klassische Geistliche Begleitung und Spiritual Care aus ärztlicher Perspektive.

57 Exemplarisch: HELL, D. (2013): Die Sprache der Seele verstehen; SCHERNUS, R. (2013): Zum Umgang mit spirituellen Erfahrungen in der psychiatrischen Praxis; GODZIK, P. (2013): Spirituelle Dimensionen einbeziehen; UTSCH, M. (2014): Psychologie oder Spiritualität?; UTSCH, M. (2013): Spiritualität in der psychiatrisch-psychotherapeutischen Praxis; FREUND, H. (2014): Verhaltenstherapie und Spiritualität; GRAMM, J. (2012): Psychotherapie und Spiritualität; BARTHELWORTH, C./ C. ZWINGMANN (2013): Spiritualität in der Sozialen Arbeit; WASNER, M. (2009): Spiritualität und Soziale Arbeit.

58 Vgl. PENG-KELLER, S. (2012): Spiritualität im Kontext moderner Medizin, 93.

59 RENZ, M. (2014): Hoffnung und Gnade, 166.

größte Vertrauen spürt, werden auch mit diesen Fragen konfrontiert'."[60] Einschränkend fügt Frick an anderer Stelle jedoch hinzu, dass die Zuständigkeit für Spiritual Care nicht nur von den Präferenzen der PatientInnen/Angehörigen abhängt, sondern auch vom Vorhanden-Sein/Nicht-Vorhandensein von Zusatzqualifikationen im Bereich Spiritual Care sowie abgesprochener Aufgabenverteilungen im Team.[61] Desweiteren gibt er zusammen mit Claudia Bausewein zu bedenken: „Ein kranker oder sterbender Mensch kann sich seinen oder seine Begleiter oft nicht aussuchen. Eine Vielzahl von Professionellen umgibt ihn oft und nicht alle sind dazu bereit oder in der Lage, den Patienten in einem tieferen Sinn zu begleiten... Kümmert sich ein Team um ihn, hat ein Sterbender in gewissem Maß die Möglichkeit, sich seinen Gesprächspartner zu wählen."[62]

Axiom 3:

Weil alle Menschen spirituell veranlagt sind, aber jeder dies auch im Kontext von Krankheit und Sterben auf andere Art und Weise erlebt/auslebt, braucht Spiritual Care ein ***Mit-Einander*** unterschiedlichster Berufsgruppen auf der Basis unterschiedlichster Spiritualitäten.[63]
Spiritual Care lebt von der Einbindung in die Palliative Care-Philosophie, genauer gesagt von der Einbettung in ein ***multiprofesssionelles Setting***, das Multiperspektivität, Multidimensionalität und Mehrsprachigkeit nicht nur zulässt, sondern einfordert, wie in der Charta zur Betreuung schwerstkranker und sterbender Menschen in Deutschland nachlesbar ist: „Jeder schwerstkranke und sterbende Mensch hat ein Recht auf eine angemessene, qualifizierte und bei Bedarf multiprofessionelle Behandlung und Betreuung... Erforderlich in der Betreuung schwerstkranker und sterbender Menschen ist ein integratives Hand-in-Hand-Arbeiten zwischen ehrenamtlich und hauptamtlich Tätigen der verschiedenen Professionen."[64]

Welche Art des Miteinander, welche ***methodische Form der Zusammenarbeit*** wird nun aber konkret für Spiritual Care favorisiert? Die Antworten, die gegeben werden, lassen sich unter drei Stichworten bündeln:

---

60 FRICK, E. (2009): Seelsorge und Medizin, 4.

61 Vgl. FRICK, E. (2012): Wie arbeitet Spiritual Care, 71. Traugott Roser und Margit Gratz betonen daher, dass zwar prinzipiell alle für Spiritual Care ansprechbar sein sollen, aber eigens dafür „geschultes Personal aller Berufsgruppen" erforderlich ist. ROSER, T./ M. GRATZ (2011): Spiritualität in der Sterbebegleitung, 57.

62 FRICK, E./ C. BAUSEWEIN (2014): Sterbende begleiten, 431.

63 Eine Sichtweise, für die Cicley Saunders bereits vor Jahrzehnten eintrat, indem sie das gesamte Betreuungsteam, das sie im Blick auf die persönliche Spiritualität jedes Einzelnen als ‚community of the unlike' bezeichnete, in die spirituelle Begleitung einbezogen wissen wollte. Vgl. HOLDER-FRANZ, M. (2014): Cicley Saunders, 229. Vgl. auch: FRICK, E. (2011): Spiritual Care – eine gemeinsame Aufgabe.

64 CHARTA (2010), 6/11. Vgl. auch HELLER, A. (2014): Die Spiritualität der Hospizbewegung, 207.

1. Spiritual Care arbeitet ***multidisziplinär***, wobei zumeist der Begriff ***multiprofessionell*** verwendet wird. Was aber impliziert Multiprofessionalität bzw. Multidisziplinarität für die alltagspraktische Zusammenarbeit? Ralph Charbonnier gibt folgende Antwort: „‚Multiprofessionalität' kann man das bloße Nebeneinander der Arbeit verschiedener Professionen verstehen, deren Ergebnisse gegenseitig dargestellt werden, so dass man ‚voneinander weiß', ohne dass aber die Konsequenzen für das professionsspezifische Handeln gemeinsam besprochen werden."[65] Eine Kooperationsform, die weder dem Anliegen von Palliative Care noch dem von Spiritual Care gerecht wird, weshalb es erstaunt, dass dieser Begriff dennoch oft Verwendung findet.[66]

2. Spiritual Care arbeitet ***interdisziplinär***, wobei oftmals auch von ***interprofessionell*** gesprochen wird.[67] Ralph Charbonnier beschreibt diese Form der Kooperation auf Augenhöhe folgendermaßen: „Bei ‚interprofessioneller Zusammenarbeit' geht man einen Schritt weiter: jede Profession bleibt bei ihrer professionellen Identität, richtet aber die eigene Arbeit auch an den Erfahrungen anderer Professionen aus."[68] Interdisziplinäre Teamarbeit fordert jedoch von allen (!) Teammitgliedern folgende Voraussetzungen ein: Verständigung über eine gemeinsame Zielsetzung; Respekt und Akzeptanz; Gegenseitiges Vertrauen; Offenheit und Toleranz; transparente Kommunikation; Kooperationsbereitschaft; Koordination durch Aufgabenteilung und gegenseitige Unterstützung.[69] Eine Arbeitsweise, für die im Blick auf Spiritual Care v.a. im US-amerikanischen Raum (z.B. Christina Puchalski), aber auch im deutschsprachigen Raum (z.B. Traugott Roser, Margit Gratz und Eckhard Frick) plädiert wird.[70]

3. Spiritual Care arbeitet ***transdisziplinär*** bzw. transprofessionell: „Transprofessionelle Zusammenarbeit ist dann notwendig, wenn sich Problemstellungen nicht einer Profession zuordnen lassen, so dass mehrere Professionen die Problemlage aus ihrer professionsspezifischen Perspektive wahrnehmen müssen, um anschließend eine gemeinsame Problembeschreibung und Problemlösung entwerfen zu können. Palliativversorgung ist demnach i.R. trans-

65 CHARBONNIER, R. (2010): Seelsorge in der Palliativversorgung, 183.

66 Vgl. z.B. HAGEN, T. u.a. (2011): Qualifizierungskurs Palliative Care, 25; SEEGER, C. (2011): Multidisziplinäres Arbeiten im Team.

67 Vgl. HIRSMÜLLER, S./ M. SCHRÖER (2014): Interprofessionelle Teamarbeit als Ausgangspunkt für Palliativmedizin; MÖSLI, P./ S EYCHMÜLLER (2014): Chancen der interdisziplinären Zusammenarbeit; HAIT, B./ T. SITTE (2013): Teamarbeit und Selbstreflexion.

68 CHARBONNIER, R. (2010): Seelsorge in der Palliativversorgung, 183.

69 Vgl. KUNZ, R. (2014): Interdisziplinäre Betreuung und Integrierte Versorgung, 113.

70 Vgl. PUCHALSKI, C. (2006): Interdisciplinary spiritual care; FRICK, E. (2009): Spiritual Care, 150; ROSER, T./ M. GRATZ (2011): Spiritualität in der Sterbebegleitung, 56. Und auch Michael Klessmann behauptet: „Ein interdisziplinärer Ansatz ist hier unbedingt geboten." KLESSMANN, M. (2014): Im Strom der Zeit, 15.

professionell.“[71] Eine Sichtweise, die z.B. Eckhard Frick im Blick auf Spiritual Care zu teilen scheint, da er ausdrücklich die Bezeichnung ‚transdisziplinäres Spiritual Care‘ verwendet.[72] Damit lehnt sich Frick weit aus dem Fenster, denn faktisch beschränkt sich Teamarbeit im Palliativkontext gemäß Ralph Charbonnier zumeist auf die interdisziplinäre Kooperationsvariante: „Insbesondere bei arzt-zentrierten Versorgungsmodellen (wie es z.B. in der Spezialisierten ambulanten Palliativversorgung (SAPV) vorgesehen ist), wird es meist bei einer interprofessionellen Zusammenarbeit bleiben.“[73]
Auf ihrem persönlichen Erfahrungshintergrund als Palliativmedizinerin kommt Thela Wernstedt im Jahr 2010 sogar zum Schluss, dass selbst Interdisziplinarität mehr Wunschdenken als Alltagsrealität darstellt: „Ein Zauberwort in der Palliativmedizin heißt Interdisziplinarität. Dieses Wort erweist sich im Alltag immer mehr als unzulängliche Blackbox… In der Praxis der Palliativversorgung wächst die Einsicht, dass Interdisziplinarität bislang eine leere Hülse ist, und der Begriff wird fröhlich durch den der Multiprofessionalität ersetzt.“[74]

Axiom 4:

Weil alle Menschen spirituell veranlagt sind und an *unterschiedlichen Orten* leben bzw. sterben, findet auch Spiritual Care an ***unterschiedlichen Orten*** statt: „Die Begleitung im Kontext von Spiritual Care ist geprägt von der jeweiligen Situation des begleiteten Menschen. Zunächst findet Spiritual Care dort statt, wo der Schwerkranke oder Sterbende sich befindet, also häufig Zuhause beim Patienten, aber auch im Krankenhaus, auf der Palliativstation oder im Hospiz.“[75]

Die Skizze auf der folgenden Seite soll einen schnellen Überblick über die Orte ermöglichen, wo ***Spiritual Care im Palliativkontext*** im Jahr 2015 entweder in multi-, inter- oder transdisziplinärer Zusammenarbeit ihren Platz hat:

---

71 CHARBONNIER, R. (2010): Seelsorge in der Palliativversorgung, 183.

72 Vgl. FRICK, E. (2009): Spiritual care, 148.

73 CHARBONNIER, R. (2010): Seelsorge in der Palliativversorgung, 184.

74 WERNSTEDT, T. (2010): Kritik aus Sicht der Palliativmedizin, 28.

75 FRICK, E./ C. BAUSEWEIN (2014): Sterbende begleiten, 432. Inzwischen gibt es sogar Überlegungen dazu, ob Spiritual Care auch über das Medium Internet angeboten werden kann/sollte. Vgl. KÖGLER, M./ FEGG, M. (2009): Spiritual Care im virtuellen Raum des Internet.

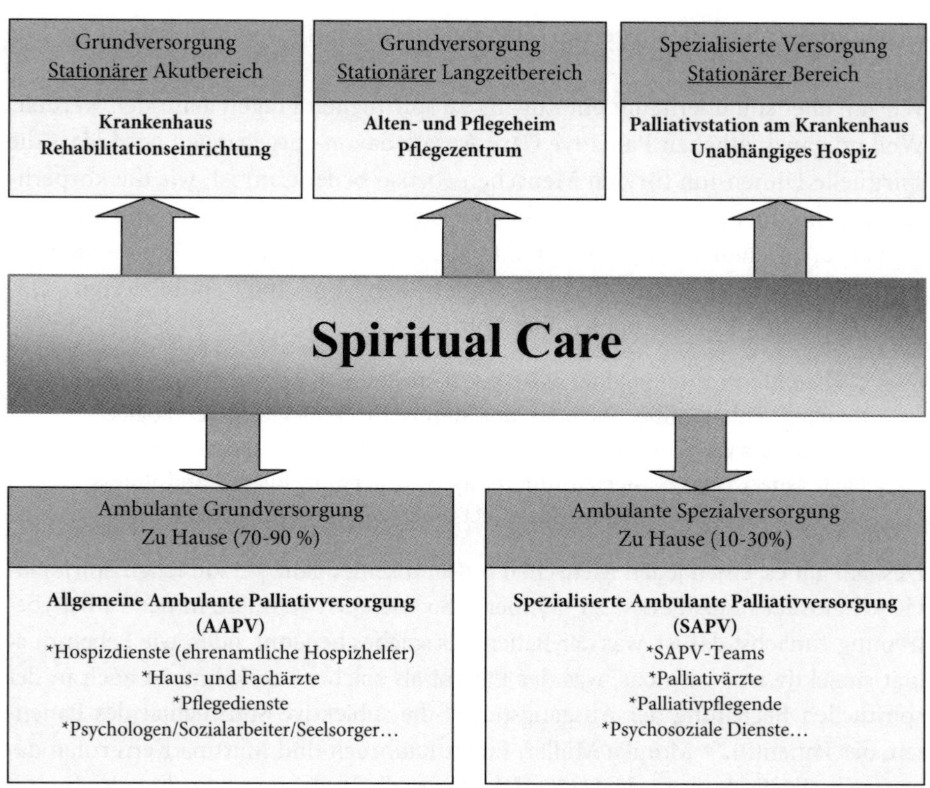

Worum geht es eigentlich?

5. Inhalte und Zielsetzungen von Spiritual Care

Spiritual Care zeichnet sich durch die starke Orientierung am Subjekt und an individuellen persönlichen Erfahrungen aus."[76] In der Konzeptionierung von Spiritual Care werden zwar auch Angehörige und MitarbeiterInnen als potentielle AdressatInnen von Spiritual Care mitgedacht, bei der inhaltlichen Umschreibung von Spiritual Care wird jedoch zumeist auf die kranken Menschen fokussiert, wobei vorausgesetzt wird: „Der Zustand des Patienten wird viele Aspekte der Begleitung bestimmen. Schwäche, Schmerzen oder andere unkontrollierte Symptome können zunächst so im Vordergrund stehen, dass der Kranke zu längeren Gesprächen gar nicht in der Lage ist oder nicht die Kraft hat, sich mit existentiellen Fragen auseinanderzusetzen. Dann steht die Kontrolle der körperlichen und psychischen Beschwerden im Vordergrund. In vielen Fällen muss der Patient erst eine gute Symptomlinderung erfahren und sich in seiner Situation

76 HELLER, B./ A. HELLER (2014): Spiritual Care, 24.

angenommen wissen, um einen Zugang zu seinen spirituellen Fragen zu finden."[77]
Warum aber soll überhaupt ein Zugang zu spirituellen Fragen gefunden werden? Weil im ganzheitlichen Palliative Care Ansatz davon ausgegangen wird, dass die spirituelle Dimension für den Menschen ebenso bedeutsam ist, wie die körperliche, psychische und soziale, weshalb eine explizit Spirituelle Begleitung als unerlässlich anzusehen ist. Eine prägnante Zusammenfassung der Grundannahme, auf der Spiritual Care beruht, findet sich im 2009 publizierten US-amerikanischen Konsenspapier über Spiritual Care:

> „When life-threatening illness strikes, it strikes each person in his or her totallity. This totallity includes not simply the biologic, psychological, and social aspects of the person, but also the spiritual aspects as well... Each aspect can be affected differently by a person's history and illness and each aspect can interact and affect other aspects of the person."[78]

Deshalb gilt es, einen jeden Menschen mitsamt seiner ganz persönlichen Spiritualität/Religiosität radikal ernst zu nehmen: „So wie auch Schmerz in der Palliativbetreuung zunächst das ist, was der Patient als solches benennt, oder, wie Lebensqualität subjektiv ist – also das, was der Patient als solches anerkennt, ist auch in der spirituellen Begleitung der Ausgangspunkt die subjektive Spiritualität des Patienten, der Patientin."[79] Monika Müller, Lukas Radbruch und Martina Kern rufen daher (selbst)kritisch ins Gedächtnis: „Die spirituelle Begleitung erfordert also immer die Wahrnehmung der spezifischen Bedürfnisse der Betroffenen als wesentliche Voraussetzung. Wenn die Bedürfnisse des Patienten und der Angehörigen nicht beachtet werden, wird die spirituelle Begleitung zum Selbstzweck, indem die Behandler und Begleiter sich besser fühlen, nicht aber die Behandelten und Begleiteten."[80] Spiritual Care impliziert somit nicht, kranke/sterbende/leidende Menschen spirituell-religiös beeinflussen, manipulieren oder gar religiös-kirchlich missionieren zu wollen. Spiritual Care zielt vielmehr darauf ab, herauszufinden, ob die Spiritualität/Religiosität des kranken Menschen für diesen eine Ressource darstellt, die ihm leben und sterben hilft, ob spirituelle Wünsche bestehen, die erfüllt, ob vielleicht auch spirituelle Defizite aufscheinen, die evtl. behoben oder bearbeitet wer-

---

77 FRICK, E./ C. BAUSEWEIN (2014): Sterbende begleiten, 431. Ähnlich argumentiert auch Christina Puchalski: „Das Leiden Todkranker ist mehr als psychisches Ringen – Verlust der Kontrolle über Darm- und Blasenfunktionen und die Auseinandersetzung mit steigendem Schmerz... Ohne medikamentöse Schmerzbehandlung jedoch gibt es keine schnellen oder standardmäßigen Lösungen für spirituelle Fragen der Menschen." PUCHALSKI, C. (2014): Spiritual Care, 254.

78 PUCHALSKI, C. et al. (2009): Improving the quality of Spiritual Care, 890.

79 Vgl. ROSER, T./M. GRATZ (2011): Spiritualität in der Sterbebegleitung, 57. Vgl. auch WINTER-PFÄNDLER, U. (2011): Gesellschaftliche Veränderungen und Palliative Care, 77.

80 MÜLLER, M. u.a. (o. Jahr): Spirituelle Begleitung in Hospiz- und Palliativkontext.

den können. Eckhard Frick legt daher eine recht weite (und zugleich trotz aller anvisierten Generalisierung auf die ärztliche Perspektive fokussierte) Definition von Spiritual Care vor:

> „Was heißt nun Spiritual Care? Ganz allgemein kann man das so formulieren: ***A***(rzt) ***k***(ümmert) sich um ***P***(atient). In dieser Formulierung ist ‚A' Platzhalter für alle Gesundheitsberufe, ‚P' für alle Patientinnen und Patienten, ‚k' für jegliche therapeutische Zuwendung. Spiritual Care heißt also: auf das eingehen, was an P spirituell ist."[81]

Was aber hat man sich unter ‚Eingehen auf das, was an einem Menschen spirituell ist', genau vorzustellen? Hier helfen die Überlegungen Erhard Weihers weiter. Nicht hochkompliziertes theologisch-spirituelles Disputieren, nicht spektakuläres religiös-spirituelles Inszenieren oder selbstaufopferungsvolles Den-Nächsten-Lieben-Müssen ist vorausgesetzt, sondern unspektakuläres Da-Sein, Sich-Zeit-Nehmen und Nicht-Allein-Lassen. Durch schlichte Nähe soll eine Begegnung stattfinden, die es einem kranken/sterbenden Menschen ermöglicht, sich für die eigene Spiritualität zu öffnen: „Im Modus der Begegnung ist für beide Seiten spirituelle Erfahrung möglich. Hier kann der Schwerkranke erleben, dass er als einmalige Person mit einmaligen Beziehungen und Geschichten wahrgenommen und geachtet wird."[82] Dementsprechend kurz und prägnant definieren Christine Jung-Borutta und Thomas Sitte:

> „Spiritual Care ***ist Begegnung***."[83]

Heilsame zwischenmenschliche Begegnung und Begleitung impliziert, wohl wissend, dass niemand einem sterbenden Menschen seinen Weg/seine Last abnehmen kann, dennoch ein Stück Weg mitzugehen, Nähe und Distanz immer neu auszubalancieren, die Geheimnishaftigkeit menschlicher Existenz zu wahren und gerade dann dabeizubleiben, wenn es schwierig wird. Als Beziehungsgeschehen muss spirituelles Begleiten als ein wechselseitiges Geschehen verstanden werden, weshalb sowohl die begleitende als auch die begleitete Person einen aktiven Part innehaben und beide davon auszugehen haben, dass sie einander verändern, weshalb Christina Puchalski schreibt: „Wir können unglaublich viel lernen von Menschen, in welchem Lebensstadium sie sich auch befinden, und lernen, sie zu schätzen und als aktiv mitwirkende Mitglieder unserer Gesellschaft zu respektie-

---

81 FRICK, E. (2014): Pausen und Noten, 16.

82 Weiher, E. (2014): Spiritualität und Würdeempfinden, 415. Cicley Saunders bezeichnete diese Grundhaltung in Rekurs auf Jesu Bitte, bei ihm zu bleiben und mit ihm zu wachen (Markus 14,34) als eine Form von ‚Weggemeinschaft', Christina Puchalski als liebevolle begleitende ‚Partnerschaft'. Vgl. HOLDER-FRANZ, M. (2012): „…daß Du bis zuletzt leben kannst", 108; PUCHALSKI, C. (2014): Spiritual Care, 251.

83 JUNG-BORUTTA, C./ T. SITTE (2013): Spiritual Care, 214.

ren."[84] Spiritual Care setzt gegenseitigen Respekt und mitmenschliches Interesse, Wertschätzung und Akzeptanz, Achtsamkeit und Wachheit, empathische Einfühlung unter Wahrung von Unterschieden, Bodenständigkeit und Humor, nicht Mit-Leid und Mit-Leiden, sondern Compassion/Leidenschaft im Sinne engagierter Präsenz voraus, denn: „Die besondere Situation der Patienten und ihrer Angehörigen führt besonders bei existentiellen und spirituellen Fragen immer wieder zu großer Betroffenheit bei den Begleitern. Gefühle von Mitleid und Überwältigtsein sind aber für Schwerkranke und Sterbende nicht sehr hilfreich, da ein zu starkes Mitleiden durch Professionelle die Patienten eher zusätzlich belastet und keine Hilfe für sie ist."[85]

In schwerer Krankheit geraten bis dahin selbstverständliche Gewissheiten ins Schwanken und angesichts der Erfahrung von der eigenen unleugbaren Be-Grenztheit und offensichtlichen End-Gültigkeit des Todes stellen sich automatisch existentielle Fragen nach dem Warum (ich), Woher (komme ich) und Wohin (gehe ich)? Fragen, die nicht verdrängt, sondern denen mit Hilfe von Spiritual Care ausdrücklich Raum gegeben werden soll, ohne dass dabei vorschnelle Antworten vor-gesprochen oder gar verordnet/verschrieben werden sollen.[86] Spiritual Care zielt somit darauf ab, Menschen einen geschützten Raum im Sinne eines Begegnungs-, Verstehens-, Resonanz- und Aufatem-Raums[87] zu eröffnen, in dem existentielle Fragen ohne Erzeugung von Scham- und Schuldgefühlen zwanglos ausgesprochen werden können und dürfen, denn Palliative Care braucht „Orte zum Atemholen, zum Ausatmen, Aussprechen, Hinstellen, Wahrnehmen, Würdigen – und zum Einatmen, Kraftschöpfen, Aufrichten. Orte, um auch das eigene Nicht-Weiter-Wissen aussprechen… zu können.".[88] Martina Holder-Franz hat aufgezeigt, dass die Raum-Metapher bereits vor über 50 Jahren von Cicley Saunders, der Pionierin der Hospizbewegung, zur Charakterisierung der spezifischen Arbeitsweise von Spiritual Care benutzt worden ist, wobei sie

84 PUCHALSKI, C. (2014): Spiritual Care, 246.

85 FRICK, E./ C. BAUSEWEIN (2014): Sterbende begleiten, 431. Vgl. auch PUCHALSKI, C. (2006): Spiritual-Care: Compassion and Service to Others.

86 Vgl. FEINENDEGEN, N./ A. SCHAEFFER (2014): Spiritualität, 179.

87 Stephan Dinges bringt die Atem-Losigkeit, die einen Aufatemraum erforderlich macht, äußerst treffend auf den Punkt: „Viele PatientInnen im Krankenhaus, vielen BewohnerInnen in den Altenpflegeeinrichtungen geht… buchstäblich die Luft aus: Die Angst zu ersticken, prägt immer wieder den Alltag. Andere PatientInnen kommen ob ihrer oft chronischen Schmerzen erst gar nicht zum Durchatmen, aus Angst vor der nächsten Schmerzattacke: Wer, was kann mir helfen? ist die bange Frage. Wieder andere werden kurzatmig, ob der schlechten Nachrichten, die das ärztlich-pflegerische Team überbringt… Auf den Krankenhäusern und den Pflegeeinrichtungen lastet ein großer Druck: Lange Dienste, knappe Personalausstattung bei den ärztlichen und pflegerischen Berufen erzeugen weitere Atemlosigkeit… Keinen Raum zum Atmen zu haben ist auch die Erfahrung von An- und Zugehörigen wie auch vieler MitarbeiterInnen, die in den unterschiedlichen Einrichtungen des Gesundheitswesens Menschen in ihrer letzten Lebensphase unterstützend begleiten wollen." Vgl. DINGES, S. (2014): Dem Lebensatem Raum schaffen, 478/479/471.

88 SEELSORGE IN PALLIATIVE CARE (2009), 29.

Saunders Anliegen folgendermaßen umschreibt: „Spiritual Care möchte nach Saunders schwer erkrankten Personen Räume öffnen, sich mitzuteilen, selbst zu erzählen, sich zu erinnern und somit etwas von der eigenen ‚story' zu teilen... Spiritual Care heißt auch, Raum zu schaffen, um Ängste äußern zu dürfen, Trauer, Sorge und Wut, Verzweiflung, Schuld nicht verstecken zu müssen."[89] Spiritual Care schafft den notwendigen Frei-Raum, damit banale und weniger banale Fragen und Themen, die oftmals sowohl im Alltagsleben als auch im Gesundheitswesens tabuisiert sind, aus- und besprechbar werden:

- *Wie mit meinem Verlust von Normalität, Kontrolle und Autonomie, meiner Hilflosigkeit und Ohnmacht, meiner Verzweiflung, Trauer und Wut, meiner Angst vor Sterben und Tod umgehen?*
- *Werde ich Demütigungen erleben und würdelos dahinvegetieren? Soll ich wach bleiben oder mich sedieren lassen? Soll ich weitermachen und weiterleiden oder mein Leben beenden? Kann mir jemand dabei helfen?*
- *Macht das alles noch Sinn? Hat es überhaupt jemals Sinn gehabt?*
- *Habe ich mein Leben gelebt oder habe ich es verfehlt? Bin ich meinem Lebensentwurf gerecht geworden oder habe ich ein fremdbestimmtes ‚Second-Hand-Leben' geführt?*
- *Was ist mir gelungen, worauf schaue ich mit Freuden zurück? Was bleibt mir positiv in Erinnerung?*
- *Habe ich andere Menschen geliebt oder habe ich alle Chancen verpasst, zu lieben und geliebt zu werden?*
- *Bin ich den Menschen in meiner Umgebung gerecht geworden, oder habe ich mich schuldig gemacht? Ist Versöhnung/Vergebung noch möglich?*
- *Wie mit meiner Einsamkeit, meiner sozialen Isolation zurechtkommen?*
- *Wie soll ich mit dem Nichtwahrhabenwollen und der Trauer meiner Angehörigen/Freunde umgehen?*
- *Wer kümmert sich nach meinem Tod um meine Angehörigen? Was passiert mit meinem Hund/meiner Katze?*
- *Ist mit dem Tod alles zu Ende oder geht es danach weiter? Muss ich Angst vor dem ‚Danach' haben oder darf ich mich darauf freuen?*
- *Gibt es eine Höhere Macht/Göttliches/Gott/Götter?*
- *Warum lassen diese ‚Mächte und Gewalten' zu, dass ich so leiden muss? Wollen sie mir damit etwas sagen, oder mich sogar für etwas bestrafen?*
- *Gibt es Teufel und Dämonen, die mich besessen und krank machen?*
- *Hilft mir mein Glaube/meine religiöse Überzeugung, oder macht er mir meinen Abschied vom Leben noch schwerer?*
- *Wie halte ich es mit meiner Kirche? Bin ich mit ihr (noch) zufrieden oder ist es Zeit, aus der Kirche auszutreten? Wie mit meinen negativen Erfahrungen mit Kirche und Glaube umgehen?*

---

89 HOLDER-FRANZ, M. (2014): Cicley Saunders, 225/226.

- *Gibt es religiöse/spirituelle Angebote (Gespräche, Rituale, Symbole, Texte etc.), die mir in meiner jetzigen Situation hilfreich erscheinen?*
- *Wie kann Kontakt zu spirituell-religiösen Persönlichkeiten/Institutionen hergestellt werden, die mir in meinem Leben wichtig waren?*
- *Will ich Abschiedsrituale wie z.B. eine Krankensalbung?*
- *Wie und wo möchte ich beerdigt werden? Will ich eine Trauerfeier?...*

Komplexe Fragen, die auf der Basis eines zwischenmenschlichen Vertrauensverhältnisses mit-geteilt, d.h. miteinander geteilt werden können. Oftmals werden Menschen dafür ausdrücklich auf spirituell-religiöse Begrifflichkeiten zurückgreifen, oftmals aber auch nicht. Aufgabe des Spirituellen Begleiters ist es daher, hinter alltäglicher Sprache tiefgehende spirituelle Sehnsüchte, Themen und Fragen zu identifizieren und – wenn gewünscht – äußerst behutsam ansprechbar zu machen. Erhard Weiher unterscheidet deshalb zwischen einer impliziten ‚Spiritualität erster Ordnung', die er als relativ unscheinbare ‚Alltagsspiritualität' bezeichnet, und einer ‚Spiritualität höherer Ordnung', die sich zumeist in ersterer verbirgt und mit Hilfe von Spiritual Care als heilsame Ressource erschlossen werden kann.[90] Dabei gilt jedoch prinzipiell: „Spirituelles und Religiöses sollte aus dem Menschen herausgehört und nicht in die Menschen hineingeredet werden."[91] Christina Puchalski ermutigt zudem Spirituelle BegleiterInnen dazu, sich nicht unter Antwort-Druck zu setzen, denn für die meisten existentiellen Fragen „lassen sich keine spezifischen Antworten finden, aber sie führen oft zu anderen Fragen, welche die Patienten für sich selbst beantworten können."[92] Eine Sichtweise, die Erhard Weiher teilt, weshalb er davon überzeugt ist: „Wenn ein Patient spürt, dass er auf dieser Ebene respektiert und verstanden wird, dann wird er auch Arzt, Krankenschwester und Physiotherapeutin seine tieferen existentiellen Fragen anvertrauen, auch wenn er weiß, dass diese seine letzten Fragen nicht beantworten können."[93] Manche Menschen werden ausdrücklich über religiös-spirituelle Inhalte reden, ja sogar streiten wollen. Andere wiederum, die dies nicht gewohnt sind oder keine Sprache dafür finden, brauchen eine Art Hebammendienst. Sie brauchen Spirituelle BegleiterInnen, die sowohl in anscheinend banalen Alltagsgesprächen als auch bei tiefgehenden Lebenserzählungen kranker Menschen und deren Angehörigen genau hinsehen und hinhören. Sie brauchen Mit-Menschen, denen es gelingt, Erzähltes, Umkreistes und Nicht-Gesagtes, verwendete Worte und Symbolsprache behutsam auf ihre spirituelle Aussagekraft hin zu entschlüsseln. Gelingt dies, dann besteht die Möglichkeit,

90 Vgl. WEIHER, E. (2014): Spiritualität und Würdeempfinden, 420.

91 GLAWISCHNIG-GOSCHNIG, M. (2014): Brauchen wir ein bio-psycho-sozio-spirituelles Modell?, 32.

92 PUCHALSKI, C. (2014): Spiritual Care, 258.

93 WEIHER, E. (2014): Spiritualität und Würdeempfinden, 421. Vgl. Ders. (2009): Spirituelle Ressourcen erschließen.

dass sich zwischen Spirituellem Begleiter und krankem Menschen eine Art ‚spiritueller Resonanzraum' auftut, der es beiden ermöglicht, ihren ureigenen tiefsten Fragen und Hoffnungen nachzuspüren. Unter Verweis auf Erhard Weiher und seinen jesuitischen Mitbruder Karl Rahner umschreibt Eckhard Frick dieses Geschehen, das er in Anlehnung an das medizinische Sprachspiel als ‚spirituelle Intervention' ausweist, als die gemeinsame Wahrnehmung der Geheimnisdimension menschlicher Existenz mitten in der Alltagsroutine.[94]

An welchen Zielsetzungen wird Spiritual Care im Gesundheitssystem – genauer gesagt im Palliative Kontext – aber letztlich gemessen? Eine prägnante Zusammenfassung bzw. Maximaldefinition für den deutschsprachigen Raum findet sich in den Schweizer ‚Nationalen Leitlinien Palliative Care':

> „Die spirituelle Begleitung leistet einen Beitrag zur Förderung der subjektiven ***Lebensqualität*** und zur Wahrung der ***Personenwürde*** angesichts von Krankheit, Leiden und Tod. Dazu begleitet sie die Menschen in ihren existentiellen, spirituellen und religiösen Bedürfnissen auf der Suche nach ***Lebenssinn***, ***Lebensdeutung*** und ***Lebensvergewisserung*** sowie bei der ***Krisenbewältigung***."[95]

In der Definition wird interessanter Weise zwischen existentiellen, spirituellen und religiösen Bedürfnissen unterschieden, wobei Spirituellen BegleiterInnen (die jedoch nicht als Existentielle BegleiterInnen oder als Religiöse BegleiterInnen bezeichnet werden) die Aufgabe zugewiesen wird, auf alle drei Bedürfnisarten einzugehen, um zum Erhalt oder zur Verbesserung der Lebensqualität (tod) kranker Menschen und deren An- und Zugehörigen aktiv beizutragen. Die Definitionshoheit darüber, was unter Lebensqualität zu verstehen ist, soll zwar ausschließlich beim kranken Menschen und dessen Angehörigen liegen, in der Literatur wird Lebensqualität jedoch zumeist eng mit den weiter unten in der Definition angeführten Zielsetzungen der Suche nach Lebenssinn, Lebensdeutung und Lebensvergewisserung gleichgesetzt. Diese Sichtweise deckt sich mit der von Traugott Roser, der in seinem Grundlagenwerk zu Spiritual Care an zwei Stellen folgende Definition von Spiritual Care vorlegt:

> „Spiritual Care ist die Sorge um die individuelle Teilnahme und Teilhabe an einem als ***sinnvoll*** erfahrenem Leben ***im umfassenden Verständnis***."[96]

---

94 Vgl. FRICK, E. (2014): Spiritual Care – ein Zeichen der Zeit?, 284. Vgl. auch: WEIHER, E. (2008): Das Geheimnis des Lebens berühren; Ders. (2012): Wenn das Geheimnis die Lösung ist.

95 NATIONALE LEITLINIEN PALLIATIVE CARE (2010), 14.

96 ROSER, T. (2007): Spiritual Care, 9/277. Martina Kern legt unterschiedlichen Berufsgruppen professionsspezifische Definitionen von Lebensqualität in den Mund, wobei sie im Blick auf Spirituelle BegleiterInnen schreibt: „Lebensqualität bedeutet für mich, das sich das Leben abschließend ordnet und dass der/die Patien-

Eine Interpretation von Spiritual Care, die sich mit der von Christina Puchalski trifft, die v.a. in den Vereinigten Staaten und Kanada weit verbreitet ist. Kennzeichnend für diese Sicht ist der hohe Anspruch bzw. die Höhe der Messlatte, die im Blick auf die Zielsetzung von Spiritual Care angelegt wird, was sich auch daran zeigt, dass Begriffe wie ***Heilung (Healing)***[97] benutzt werden:

> „Denn Ziel dieser Begleitung ist Heilung ***im umfassenden Sinn***: als ***Wiederherstellung von Ganzheit, Hoffnung und Sinn***."[98]

Im Blick auf die Zielsetzung ‚Hoffnung' fügt Puchalski jedoch modifizierend hinzu: „Ich kann meinen Patienten keine Verordnung schreiben, die ausgeführt sofortige Hoffnung für sie/ihn bietet. Aber durch Liebe und begleitende Partnerschaft auf ihrem Weg kann ich meinen Patienten helfen, für sich selbst Hoffnung zu finden. Wenn wir für andere sorgen, bedeutet das nicht, dass wir dadurch auch in der Lage wären, jener Person Hoffnung zu geben, denn Hoffnung ist etwas, das jeder für sich selbst finden muss... Für einen Sterbenden ist Hoffnung ein integrales Moment, um mit dem Sterben leben zu können."[99]

Dass Spiritual Care für die MitarbeiterInnen des Gesundheitswesens immer auch eine protektive ***Selbst-Sorge Dimension*** umfasst, wird zunehmend in der Spiritual Care Literatur thematisiert. Was damit gemeint ist, lässt sich bei Walter Schaupp nachlesen: „Zu fragen ist, ob die Bedeutung des Religiösen nicht auch mehr im Blick auf Angehörige der Gesundheitsberufe thematisiert werden müsste. Auch sie werden ja mit Krankheit und Tod, mit Scheitern ihrer Bemühungen und mit Fragen nach Warum und Wieso von Schicksalsschlägen konfrontiert. Auch sie werden spüren, dass es in vielen Situationen Antworten anderer Art als rein medizinischer Natur verlangt."[100] Spiritual Care als Selbst-Sorge zielt darauf ab, tiefgehende Gedanken und Fragen nicht nur mitten im alltäglichen Berufsleben bei sich und anderen zuzulassen, sondern auch selbst aus den ureigenen persönlichen spirituellen Quellen Kraft für den eigenen Berufsalltag und das eigene Leben zu schöpfen. Spiritual Care ist ein Angebot für die Mitarbeitenden, um an den komplexen Herausforderungen nicht zu scheitern, sondern trotz aller Probleme Spaß und Freude am Beruf zu haben.

---

tIn *seine/ihre letzte Lebensphase innerhalb eines Sinnzusammenhanges sieht.* (Schmerzen in einem gewissen Maß könnten auch da einen Sinn haben)." KERN, M. (2002): Multiprofessionalität im Behandlungsteam, 52.

97 Im amerikanischen Konsens-Papier von 2009 findet sich folgende Definition von ***Healing***: „Healing is distinguished from cure in this context. It refers to the ***ability of a person*** to find solace, comfort, connection, meaning, and purpose in the midst of suffering, disarray, and pain." PUCHALSKI, C. et al. (2009): Improving the Quality of Spiritual Care, 890.

98 PUCHALSKI, C. (2014): Spiritual Care, 241.

99 A.a.O., 251/250.

100 SCHAUPP, W. (2014): „Wiederkehr des Religiösen", 26.

Wie methodisch vorzugehen ist?

6. Spirituelles Assessment

„Der spirituell/religiöse Bereich kann eine bedeutsame Ressource zur Verbesserung der Behandlungsergebnisse darstellen, seine Erhebung ist daher klinisch nützlich.“[101] Wenn dem so ist, dann braucht es ein wissenschaftlich fundiertes methodisches Instrumentarium zur Erfassung (assessment) spiritueller Bedürfnisse, Nöte, Themen und Ressourcen, denn: „Failure to access spiritual needs may potentially neglect an important patient need.“[102]

Wie aber soll dies geschehen? Indem sich Spiritual Care methodisch der Vorgehensweise von Palliative Care anschließt, weshalb Margit Gratz und Traugott Roser 2014 postulieren: „Für Spiritual Care gilt der gleiche Dreischritt, den die WHO-Definition von Palliative Care für alle Formen der Begleitung vorsieht: ***Anamnese - Indikation - Intervention.***“[103]

Eckhard Frick hebt daher in medizinischer Fachsprache ausdrücklich hervor, dass sich Spiritual Care im modernen medizinischen Setting nur dann bewähren und langfristig behaupten kann, wenn sie im Rahmen bewährter Grundsätze – sprich der ‚Evidence Based Medicine‘ (EBM) – etabliert/implementiert wird, wobei er hervorhebt: „Vor die Therapie haben die Götter die Diagnose gestellt! Das Schema ***Diagnose - Indikationsstellung - Intervention - Outcome - Evaluation*** ist aus unserer evidenzbasierten Medizin nicht mehr wegzudenken. Für Spiritual Care gilt es in diagnostischer Hinsicht. Die Spirituelle Anamnese ist bereits eine Intervention. Auch der sich aus ihr ergebende therapeutische Dialog und die ‚Überweisung‘ an einzelne ‚Leistungserbringer‘ sind noch (EBM-) systemkonform und auch im Sinne eines ökonomischen Outreachs zu operationalisieren.“[104]

Evidence-Based ist Spiritual Care dann, wenn nicht nur durch empirische Studien im Vorfeld nachgewiesen werden konnte, dass Spiritualität/Religiosität die Qualität eines Health-Factors besitzt, sondern auch im konkreten Einzelfall *diagnostisch* zutage tritt, dass ein(tod)kranker Mensch/Angehöriger diesbezüglich spirituell-therapeutische Unterstützung braucht, weshalb spirituelle Interventionsformen auf der Basis folgender drei Rahmenbedingungen moderner Medi-

---

101 GLAWISCHNIG-GORSCHNIG, M. (2014): Brauchen wir ein bio-psycho-sozio-spirituelles Modell?, 46.

102 PUCHALSKI, C. et al. (2009): Improving the Quality of Spiritual Care, 891.

103 GRATZ, M./ T. ROSER (2014): Spiritualität in der Medizin, 211. Bereits 2007 definierte Traugott Roser „spiritual care als Diagnose der spirituellen Bedürfnisse in einer lebensbedrohlichen Situation sowie der Erschließung spiritueller Bedürfnisse.“ ROSER, T. (2007): Spiritual care, 278.

104 FRICK, E. (2009): Seelsorge und Medizin, 4. Vgl. auch FRICK, E. (2014): Spiritual Care. Eine neue Querschnittsaufgabe entsteht, 61. Fricks Sichtweise trifft sich mit der nordamerikanischen Sichtweise Christina Puchalskis, die ebenfalls deutlich macht, dass Spiritual Care in die gängige medizinische Praxis zu integrieren und zu implementieren ist. Vgl. PUCHALSKI, C. (2014): Spiritual Care, 243.

zin in den palliativ-medizinischen Therapieplan zu integrieren, zu dokumentieren und zu evaluieren sind:[105]

1. **Wohlwollende weltanschauliche Neutralität**
2. **Respekt vor den Werten des Patienten**
3. **Aufklärerisch-rationaler Umgang mit dem Spirituellen**

Unter Bezugnahme auf bisherige Forschungsergebnisse postuliert Frick:[106]

1. **Es ist sinnvoll und im Hinblick auf die praktischen Konsequenzen des Spiritual-Care Ansatzes hilfreich, Spiritualität als Bedürfnis zu messen.**
2. **(Spirituelle) Merkmale können durch die spirituelle Anamnese erhoben oder durch validierte Skalen gemessen werden.**

Im nordamerikanischen Kontext ist bereits im Jahr 2009 eine Art *standardisiertes Spirituelles Assessment* im Sinne eines *Drei-Stufenplans*, der unter Beibehaltung der original englischen Begrifflichkeit im Schaubild visualisiert werden soll, als konsensfähig ausgewiesen worden:[107]

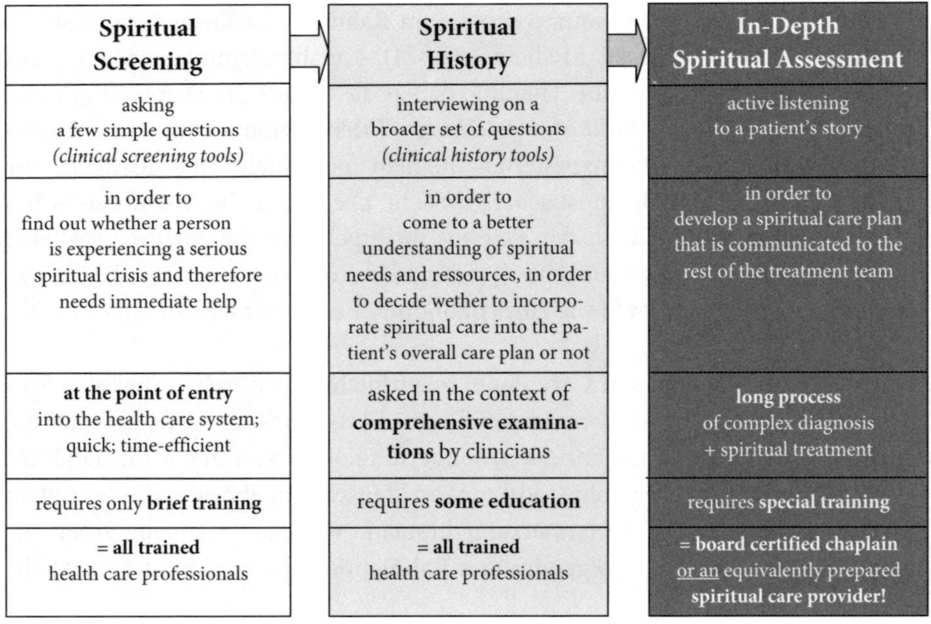

105 Vgl. FRICK, E. (2014): Spiritual Care. Eine neue Querschnittsaufgabe entsteht, 61.

106 FRICK, E. (2014): Spiritual Care – ein Zeichen der Zeit?, 288/285 Vgl. BÜSSING, A. (2012): Messverfahren für die Bedürfnisse chronisch Kranker; ZWINGMANN, C./ C. KLEIN (2012): Deutschsprachige Fragebögen zur Messung von Religiosität/Spiritualität; HEFTI, R. (2012): Quantitative Erhebung von Religiosität und Spiritualität im klinischen Alltag; KÖGLER, M./ M. FEGG (2009): Kann man Spiritualität messen? Operationalisierung des Begriffs.

107 Vgl. PUCHALSKI, C. u.a. (2009): Improving the Quality of Spiritual Care, 891-895: PUCHALSKI, C. (2000): Taking a spiritual history.

Im deutschsprachigen Raum fällt auf, dass die Bezeichnungen ‚Spirituelles Screening' und ‚Spirituelle Anamnese' nicht prinzipiell differenziert werden, was darauf hinweist, dass das amerikanische Modell in Europa nicht 1:1 übernommen worden ist. So verweist z.B. Gian Domenico Borasio auf eine Interviewform, die in Deutschland als ‚Tool/Handwerkszeug' zur Spirituellen Anamnese benutzt wird, bezeichnet das Verfahren aber als ‚Screening' und schlussfolgert: „Das Screening nach spirituellen Bedürfnissen – nicht deren Befriedigung – ist somit auch ärztliche Aufgabe."[108]
Was in Deutschland unter ‚Spiritueller Anamnese' verstanden wird, bringt Martina Glawischnig-Goschnik prägnant auf den Punkt: „Die spirituelle Anamnese stellt ein unkompliziertes und verfügbares Instrument dar, um über die verschiedenen Formen von Spiritualität der PatientInnen Informationen zu erhalten. Pflegende und ÄrztInnen können in einem kurzen Interview mit den PatientInnen über die Thematik ins Gespräch kommen und stärkende so wie auch belastende spirituelle und religiöse Erfahrungen erkunden. PatientInnen fühlen sich durch dieses Interview so auch in ihren spirituellen Fragestellungen ernst und wahrgenommen. Die weitere Betreuung, wenn erwünscht, kann dann von SeelsorgerInnen und anderen kompetenten Menschen geleistet werden."[109]
Carola Riedner und Thomas Hagen wollen zudem berücksichtigt wissen: „Es ist von großer Bedeutung, das Interview mit einer möglichst offenen Frage zu beginnen, etwas nach dem ‚Gläubigsein im weitesten Sinne'. Damit wird vermieden, dass es zu frühen – oft emotionalisierten – Abwehrreaktionen kommt, z.B. durch einen antikirchlichen Affekt."[110] Der Patient/Angehörige soll zudem im Interview nicht nur selbst darüber entscheiden dürfen, ob seine Spiritualität Relevanz für den auf ihn zugeschnittenen Behandlungsplan haben soll, sondern auch, wen er als potentiellen Spiritual Care Ansprechpartner bevorzugt.

Während englischsprachige ProtagonistInnen von Spiritual Care empfehlen, sich für die Erhebung spiritueller Bedürfnisse an sogenannten ‚Stufenmodellen spiritueller Entwicklung' wie z.B. dem Modell LIFE (Life Review; Identity; Forgiveness; Eternity) zu orientieren, um der aktuellen Spiritualität eines jeden Menschen tatsächlich gerecht werden zu können, sind derartige Modell gerade im deutschsprachigen Raum aufgrund ihrer inhärenten Normierungsdynamik eher umstritten.[111]

---

108 BORASIO, G. D. (2014): Spiritual Care, 125.

109 GLAWISCHNIG-GOSCHNIG, M. (2014): Brauchen wir ein bio-psycho-sozio-spirituelles Modell?, 46-47. Vgl. auch BIRKHOLZ, C. (2009): Spiritualität, 198; Ingrid Hametner definiert ‚Spirituelle Anamnese' ausdrücklich als „Erarbeitung der spirituellen Geschichte". Vgl. HAMETNER, I. (2011): 100 Fragen, 78.

110 RIEDNER, C./ T. HAGEN (2009): Spirituelle Anamnese, 235.

111 Vgl. PUCHALSKI, C. (2014): Spiritual Care, 258-259; Dies. (2006): Spiritual stages of dying; HELLER, B./ A. HELLER (2014): Spiritual Care, 37.

Assessment-Modelle zur Erfassung von *Spiritual Pain* im Sinne der Erhebung einer Spirituellen Anamnese sind inzwischen auch in Deutschland nicht nur rezipiert bzw. (weiter)entwickelt worden, sondern werden alltagspraktisch bereits seit einigen Jahren eingesetzt. Weil die im nordamerikanischen Raum entwickelte Variante **FICA** (**F**aith and Belief; **I**mportance; **C**ommunity; **A**ddress/ Action in Care) im Umfeld des ersten Spiritual Care Lehrstuhls in München unter der Abkürzung **SPIR** übernommen und von vielen ProtagonistInnen von Spiritual Care inzwischen empfohlen wird, soll sie an dieser Stelle exemplarisch vorgestellt werden.[112] Bei SPIR handelt es sich um eine standardisierte diagnostische Methodik zur Erhebung spiritueller Bedürfnisse. Folgende vier Fragestellungen (halbstrukturiertes Interview) sollen mit relativ wenig Zeitaufwand eine spirituelle Anamnese z.B. im Rahmen der ärztlichen Anamnese ermöglichen und den Weg für mögliche Behandlungsschritte ebnen:[113]

S	**Spirituelle und Glaubensüberzeugungen**	Würden Sie sich im weitesten Sinne als gläubigen (religiösen/spirituellen) Menschen betrachten?
P	**Platz und Einfluss dieser Überzeugungen im Leben des Patienten**	Sind die Überzeugungen, von denen Sie gesprochen haben, wichtig für Ihr Leben und ihre gegenwärtige Situation?
I	**Integration in spirituelle, religiöse, kirchliche Gemeinschaft/Gruppe**	Gehören Sie zu einer spirituellen/religiösen Gemeinschaft (Gemeinde, Kirche, spirituelle Gruppe)?
R	**Rolle des Arztes**	Wie soll ich als Arzt/ Seelsorger/ Krankenschwester usw. mit diesen Fragen umgehen?

Das Ergebnis der Spirituellen Anamnese ist *schriftlich zu dokumentieren* (Vermerk in der Krankenakte) und dem interdisziplinären Team zu kommunizieren, damit alle Teammitglieder über den gleichen Kenntnisstand verfügen. Auf dem Anamneseergebnis aufbauend gilt es, gemeinsam einen *spirituellen Therapieplan* zu entwickeln und gegebenenfalls *Kontakt* zu einem Religions-/Seelsorgeprofi herzustellen. Die *Outcomes* der spirituellen Begleitung sind regelmäßig zu *evaluieren*, der spirituelle Behandlungsplan gegebenenfalls zu *modifizieren*.

112 Im US-amerikanischen Konsens-Papier wird dafür plädiert, dass, wann immer es möglich ist, ein ***standardisiertes Instrument*** wie ***FICA***, ***SPIRIT*** (**S**piritual Belief System, **P**ersonal Spirituality, **I**ntegration, **R**ituals/restrictions, **I**mplications, and **T**erminal Events) oder ***HOPE*** (**H**ope, **O**rganized religion, **P**ersonal spirituality, **E**ffects of care and decisions) zum Einsatz kommen sollte. Vgl. PUCHALSKI, C. u.a. (2009): Improving the Quality of Spiritual Care, 893.

113 Vgl. GRATZ, M./ T. ROSER (2014): Spiritualität in der Medizin, 239.

Was PatientInnen von der SPIR-Befragung halten, ist bereits exemplarisch am Universitätsklinikum München evaluiert worden, wobei Gian Domenico Borasio als Palliativmediziner v.a. auf folgendes Evaluationsergebnis hinweist: „Sehr interessant ist, dass die meisten Patienten das SPIR-Interview als sehr hilfreich bezeichneten, unabhängig davon, ob sie vom Seelsorger oder vom Arzt befragt wurden."[114]

Aufmerksam gemacht werden soll an dieser Stelle zudem auf ein spirituelles Assessment-Instrument zur Erfassung von *religiös-spiritueller Befindlichkeit* und *Spiritual Pain*, das von Spitalseelsorgenden des Kantons Zürich in der Schweiz für kurzzeitig im Akutspital (!) hospitalisierte PatientInnen entwickelt worden ist und innerhalb der ersten drei Aufenthaltstage zur Anwendung kommen soll. Als Qualitätsmerkmal dieses Instrumentes wird hervorgehoben: „Es berücksichtigt die dort gegebenen schnellen Abläufe und die kurze Hospitalisationsdauer, aber auch den Anspruch der Pflegenden, dass ein solches Modell *aussagekräftig* und zuverlässig, jedoch *nicht aufwendig und zeitintensiv* sein sollte."[115] Obgleich konzeptionell betont wird, dass spirituelle Ressourcen entdeckt werden sollen, springt bereits durch die dominante Verwendung des Wortes *Verlust* in den Überschriften von den drei vorgegebenen Frage-Clustern eine ausgeprägte Defizitorientierung ins Auge:[116]

1.	**Verlust des Lebens**
2.	**Verlust von Verwurzelung und Identität**
3.	**Verlust der Gottesbeziehung und des Transzendenzbezugs**

Im Unterschied zur Situation im deutschsprachigen Raum ist in angloamerikanisch geprägten Ländern nicht nur die Thematik Spiritualität, sondern auch das Erlernen einer spirituellen Anamnese bereits in Ausbildungscurricula von Health Care Professionals integriert, wie Heike Schneidereit-Mauth z.B. im Blick auf Ärzte erläutert: „In den USA lernen Medizinstudenten daher neben der Kranken- auch die Glaubensgeschichte eines Patienten aufzunehmen. Die Spiri-

114 BORASIO, G. D. (2014): Spiritual Care, 124. Vgl. auch ROSER, T./ M. GRATZ (2011): Spiritualität in der Sterbebegleitung, 58: „Studien zeigen (Frick, Clinical Interview 2005, S. 240) dass Patienten die Fragen als hilfreich und nicht belastend empfinden." SPIR wurde im Rahmen eines Forschungsprojektes des Arbeitskreises ‚Medizin und Spiritualität' Mitte 2000 an der Ludwig-Maximilian Universität München erprobt und evaluiert, wobei 70% der befragten PatientInnen (Auswertung von 113 Fragebögen) der christlichen Religion zugehörten (!). Das Ergebnis fasst Traugott Roser folgendermaßen zusammen: „Patienten wünschten sich, eher von ärztlichem Personal als von Seelsorgepersonen auf spirituelle Fragen angesprochen zu werden. Damit ist aus der Sicht der Forschungsgruppe die Akzeptanz für ein Assessment (Erhebung) spiritueller Bedürfnisse und Ressourcen hoch." ROSER, T. (2007): Spiritual Care, 248.

115 PALM, L. (2012): Religiös-spirituelle Begleitung, 80.

116 A.a.O., 80-82.

tuelle Anamnese als Standard, um den Glauben des Kranken zu erfassen und sinnvoll in die Behandlung zu integrieren."[117] Und auch Elisabeth Aberer bestätigt: „In den USA und in England ist es Teil der Ausbildung, nach spirituellen Bedürfnissen der Patienten zu fragen und eine spirituelle Anamnese zu erheben, und zwar mit folgenden drei wichtigen Fragen: Ist Glaube für Sie in der Krankheit wichtig? Spielt Glaube in Ihrem Leben eine entscheidende Rolle? Möchten Sie religiöse Anliegen mit jemandem besprechen?"[118]

Gemäß den Beobachtungen Christina Puchalskis erweisen sich Assessment-Instrumente zur Erfassung persönlicher Spiritualität gerade für ÄrztInnen als ein echter Mehr-Wert im Blick auf ihre eigene medizinische Professionalität, denn: „Allzu oft sind Mediziner zwar unzufrieden, wenn sie Screeningverfahren und/oder History-Tools verwenden, die den Fokus auf die spirituellen Belange eines Patienten legen. Aber die Methode zur Erfassung der spirituellen Historie benutzt ein Set an Fragen, das *nicht als eine Checkliste* gemeint ist, sondern als *Anleitung zur Gesprächsführung* mit Patienten."[119]

Welche Fähigkeiten es für Spiritual Care braucht?

7. Kompetenzprofil

„Spiritual Care arbeitet in einem Netzwerk von Kompetenzen."[120] Alle Berufsgruppen bringen *berufsspezifische*, jeder haupt- und ehrenamtlich Tätige bringt zudem *persönlichkeitsspezifische Kompetenzen* in das interdisziplinäre Team ein. Braucht es darüber hinaus den Erwerb spezifischer Kompetenzen, um sich als Spiritueller Begleiter engagieren zu können? An diesem Punkt scheiden sich die Geister! Unterschiedliche Interessen, (Wunsch)Vorstellungen und Positionen treffen aufeinander, was eine Systematisierung erschwert.

Exemplarisch für die erste Position steht folgende These Stefan Stieglers, die er im Blick auf die Berufsgruppe Pflege formuliert hat: „Das größte Missverständnis in Sachen Spiritual Care ist die Vermutung oder Unterstellung, es handle sich dabei um etwas Zusätzliches zum normalen Pflegealltag in einer Klinik oder Altenhilfeeinrichtung, das nur mit viel Mühe und extra Aufwand umgesetzt werden müsse, neben all dem, was die Arbeitsabläufe sowieso schon sehr dicht macht."[121] Spiritual Care erfordert demnach keine zusätzlichen Praxisformen, für die es zusätzliche Kompetenzen zu erwerben gilt, sondern setzt eine Art *professi-*

117 SCHNEIDEREIT-MAUTH, H. (2013): Spiritualität als heilsame Kraft, 415.
118 ABERER, E. (2014): Die spirituelle Dimension, 95.
119 PUCHALSKI, C. (2014): Spiritual Care, 247-248.
120 FRICK, E. (2012): Wie arbeitet Spiritual Care?, 71.
121 STIEGLER, S. (2012): Spiritual Care – eine Haltungsfrage, 249.

onsübergreifende Grund-Haltung voraus, wie Traugott Roser hervorhebt: „Das Zentrale dabei ist die Haltung, aus der heraus der Mitarbeiter dem Menschen begegnet."[122] Eine Haltung, die sich v.a. durch das Vorhandensein folgender Merkmale und Fähigkeiten auszeichnet:[123]

- Akzeptanz aller Mit-Menschen trotz ihrer Unterschiedlichkeit
- Empathie/Einfühlungsvermögen in andere Menschen
- Transparenz, Ehrlichkeit und Authentizität statt Distanziertheit
- Leidenschaftliche Präsenz im Hier und Jetzt
- Menschen begegnen, mit ihnen reden/kommunizieren können
- Ohnmacht, Leiden, Sterben und Trauer aushalten können
- Begleiten und Loslassen können
- Bereitschaft zur Teamarbeit
- Prinzipielle Offenheit gegenüber der Dimension des Spirituellen/Religiösen
- Respekt gegenüber spirituell-religiösen Bräuchen/Handlungen/Ritualen

Deckt sich die dem Arbeitsalltag entstammende Sichtweise Stieglers jedoch mit dem Theoriedesign von Spiritual Care? Reicht eine gemeinsame Grundhaltung aller Teammitglieder tatsächlich aus? Wenn, wie im letzten Kapitel aufgezeigt wurde, spezifische Praxisformen wie das Erheben einer Spirituellen Anamnese unverzichtbar zu Spiritual Care dazugehören, dann braucht es spezifischere spirituelle Kompetenzen, die MitarbeiterInnen nicht automatisch mitbringen, sondern, die *erlernt, trainiert* und *bewahrt* werden müssen. Eine Position, die in zwei voneinander abweichenden Spielarten vertreten wird:

Zum einen wird dafür plädiert, dass alle MitarbeiterInnen eine *spirituelle Basiskompetenz* im Sinne einer spirituellen *Wahrnehmungskompetenz* benötigen. Im Idealfall bedeutet dies: „Alle, die in Pflege, Medizin und sonstigen Heilberufen arbeiten, haben eine spirituelle Basiskompetenz: Alle sind sensibel für spirituelle Wünsche, Bedürfnisse, Krisen kranker Menschen. Sie brauchen Unterstützung dabei, sensibel zu bleiben, sensibler zu werden."[124]

Demnach braucht es den Erwerb, den Ausbau und die Pflege spezifischer Kompetenzen, die im Folgenden zumindest angedeutet werden sollen:

---

122 ROSER, T. (2007): Spiritual Care, 287.

123 Vgl. NASSEHI, A. (2009): Spiritualität, 40-41; FRICK, E. (2012): Wie arbeitet Spiritual Care?, 69; FRICK, E. (2002): Glauben ist keine Wunderdroge, 46; HAMETNER, I. (2011): 100 Fragen, 77; RENZ, M. (2010): Grenzerfahrung Gott, 31, WEIß, U. (2014): Der Beitrag der Seelsorge, 83-84; SCHAUPP, W. (2014): „Wiederkehr des Religiösen", 24.

124 FRICK, E. (2014): Pausen und Noten, 16. Vgl. auch GRATZ, M./ T. ROSER (2011): Spiritualität in der Sterbebegleitung, 57; HAGEN, T./ J. RAISCHL (2009): Allgemeine und Spezielle Kompetenzen, 281.

- Spirituelle Selbstsorge-Kompetenz: „Team members should have training in self-care, self-reflection, contemplative practice and spiritual self-care.“[125]
- Spirituelle Assessment-Kompetenz: „All health care professionals should be trained in doing a spiritual screening or history.“[126]
- Interkulturell-interreligiöse Kompetenz: „Health care professionals should be trained in the tenets of different faiths and in different cultures in order to provide culturally and spiritually competent care. As part of their training in cultural competency, all team members should have a broad minimum level of training in the spiritual/religious values and beliefs that may influence patient and family decisions regarding life-sustaining treatment and palliative care.“[127]

Zum anderen wird aber auch dafür plädiert, dass alle Teammitglieder nicht nur über eine basale spirituelle Wahrnehmungskompetenz, sondern auch über sehr spezielle spirituelle Kompetenzen verfügen sollten, denn: „Weitere Handlungsmöglichkeiten spiritueller Begleitung (z.B. Beratung und Deutung spiritueller Aspekte der Erkrankung und rituelle Begleitung) hängen von einem Auftrag durch den Patienten ab, dem es frei steht, wem er die Aufgabe der spirituellen Begleitung anvertraut.“[128] Soll Spiritualität als Ressource/Kraftquelle erschlossen werden, dann darf nicht bei der spirituellen Anamnese stehengeblieben werden. Vielmehr gilt es, qualifiziert spirituell zu begleiten, weshalb zusätzlich folgende Spezialkompetenzen erforderlich sind:

- Spirituelle Versprachlichungs-, Dialog- und Deutungskompetenz
- Spirituelle Erschließungs-, Vertiefungs- und Bearbeitungskompetenz
- Rituell-liturgische Kompetenz
- Theologisch-seelsorgliche Kompetenz

Während manche VertreterInnen von Spiritual Care dafür votieren, allen Teammitgliedern den Erwerb spezieller spirituell-seelsorglicher Fähigkeiten zu ermöglichen, plädiert z.B. Erhard Weiher für folgende Aufgabenteilung: „Alle Begegnungsberufe haben die Aufgabe dieser spirituellen Wahrnehmung. Aber nicht alle Berufe haben die Aufgabe der spirituellen Erschließung und Vertiefung. Es ist zunächst Aufgabe aller beruflichen und ehrenamtlichen Begleiter, diese implizite, in die Lebens- und Identitätserzählungen eingewobene Spiritua-

125 PUCHALSKI, C. et al. (2009): Improving the Quality of Spiritual Care, 900. Eine Sichtweise, die bereits Cicley Saunders als Pionierin der Hospizbewegung teilte. Vgl. HOLDER-FRANZ, M. (2014): Cicley Saunders, 22.

126 PUCHALSKI, C. et al. (2009): Improving the Quality of Spiritual Care, 893.

127 A.a.O., 900.

128 ROSER, T./ M. GRATZ (2011): Spiritualität in der Sterbebegleitung, 57.

lität nicht zu ‚bearbeiten', sondern zuallererst zu ‚berühren'."[129] Alles, was über spirituelle Wahrnehmung und Berührung hinausgeht, liegt demnach im Aufgabenbereich religiös-spiritueller SpezialistInnen wie z.B. christlicher SeelsorgerInnen, die über die dafür notwendigen Spezialkompetenzen verfügen und deshalb in den spirituellen Therapieplan einbezogen werden sollten.

Ungeachtet dessen, ob ein komplexes oder weniger komplexes Kompetenzprofil für Spiritual Care eingefordert wird – in einem Punkt scheinen sich alle ProtagonistInnen von Spiritual Care einig zu sein: „Alle professionellen Kompetenzen in Spiritual Care sind gegenüber der zentralen Kompetenz der Patientin/des Patienten für die eigene Spiritualität nachgeordnet."[130]

Uneinigkeit besteht jedoch bereits darin, von wem, wie und wo die jeweils als notwendig erachteten Kompetenzen für Spiritual Care erworben werden sollen. Die Angebotspalette reicht gegenwärtig von Wochenendseminaren und Online-Kursen bis hin zu Zusatzqualifikationskursen und äußerst anspruchsvollen Intensiv-Lehrgängen im Rahmen beruflicher Aus-, Weiter- und Fortbildung. Im nordamerikanischen Kontext wurde bereits 2009 ausdrücklich als landesweite Empfehlung formuliert: „*All members of the palliative care team* should be trained in spiritual care. This training should be required as part of *continuing education* for all clinicians."[131] Dementsprechend wurde in englischsprachigen Ländern bereits früh damit begonnen, professionsspezifische Curricula für Spiritual Care zu entwickeln.[132] Auch im deutschsprachigen Raum wird inzwischen an verschiedenen Stellen darüber nachgedacht, wie spirituelle Kompetenzen v.a. im Palliative Care Kontext gefördert werden können, wobei dem Aspekt der *spirituellen Selbst-Sorge* eine Schlüsselfunktion zugewiesen wird: „Wenn spirituelle Bedürfnisse eines Patienten oder Angehörigen in einen spiritualitätsfernen, spiritualitätsfremden oder spiritualitätsfeindlichen Raum hinein geäußert werden, verhallen sie ungehört oder fallen un- oder missverstanden durch ein Assessmentraster. Spirituelle Äußerungen benötigen einen Resonanzraum, in dem sie zum Klingen gebracht werden bzw. zum Tragen kommen. Die Auseinandersetzung von Mitarbeitenden mit der je eigenen Spiritualität ist unabdingbar für die Herstellung oder Erweiterung eines Resonanzraums für Patienten und Klienten. Die

129 WEIHER, E. (2014): Spiritualität und Würdeempfinden, 419.

130 FRICK, E. (2012): Wie arbeitet Spiritual Care?, 71.

131 PUCHALSKI, C. et al. (2009): Improving the Quality of Spiritual Care, 900. Michael Balboni et al konnten empirisch nachweisen, dass immer dann, wenn keine kontinuierlichen Weiterbildungsmaßnahmen für Spiritual Care implementiert werden, der Effekt auftritt, dass sich Spirituelle BegleiterInnen überfordert fühlen. Vgl. BALBONI, M. et al. (2013): Why is spiritual care infrequent at the end of life? Vgl. auch: WASNER, M. (2005): Effects of spiritual care trainings for palliative care professionals.

132 Vgl. PUCHALSKI, C. et al. (2012): Curriculum development in spirituality and health; TAYLOR, E. (2014): Teaching spiritual care to nursing students.

Bildung eines eigenen Spiritualitätskonzeptes von Behandlern und Begleitern ist generell als Beitrag zur Qualitätsentwicklung zu würdigen, zu fördern und zu stärken."[133] Und auch Monika Glawischnig-Goschnik gibt deutlich zu verstehen: „Balintgruppen, Intervisions- und Supervisionsangebote für alle HelferInnen sind Grundvoraussetzung, die eine Diskussion über die Bedeutung von spirituellen Fragen überhaupt erst in Bewegung bringen können. Ethische, philosophische, kommunikative, psychologische und spirituelle Fragen brauchen Räume und Zeiten für Resonanz! Sowohl HelferInnen als auch PatientInnen benötigen sorgsame und *differenzierte Angebote* für diese Themen."[134]

Was konkret zu tun ist?

8. Alltagspraxis

Spiritual Care als Angebot aller Teammitglieder, das von PatientInnen und deren Angehörigen zwanglos angenommen oder unbegründet abgelehnt werden kann, gestaltet sich alltagspraktisch in einer Vielfalt von Handlungsmöglichkeiten, die im Alltag fließend ineinander übergehen können. Weil Spiritual Care als eine prinzipiell individuumszentrierte Vorgehensweise verstanden wird, gilt in allen Spiritual-Care-Settings folgende, auf die Autonomie und Handlungsfähigkeit der PatientInnen/Angehörigen setzende normative Vorgabe:[135]

„Der Patient, die Patientin und gegebenenfalls seine bzw. ihre Angehörigen bestimmen **Zeitpunkt**, **Länge**, **Inhalt** und **Intensität** der Begleitung".

Im Schaubild auf der nächsten Seite soll die Alltagspraxis ohne Anspruch auf Vollständigkeit im Sinne eines komprimierten Überblicks zusammengefasst werden:

133 MÜLLER, M. u.a. (o.J.): Spirituelle Begleitung, 8.

134 GLAWISCHNIG-GOSCHNIG, M. (2014): Brauchen wir ein bio-psycho-sozio-spirituelles Modell?, 49. Vgl. auch DINGES, S. (2014): Dem Lebensatem Raum schaffen, 475; FRICK, E./ C. BAUSEWEIN (2014): Sterbende begleiten, 425.

135 PALM, L. (2012): Religiös-spirituelle Begleitung, 78.

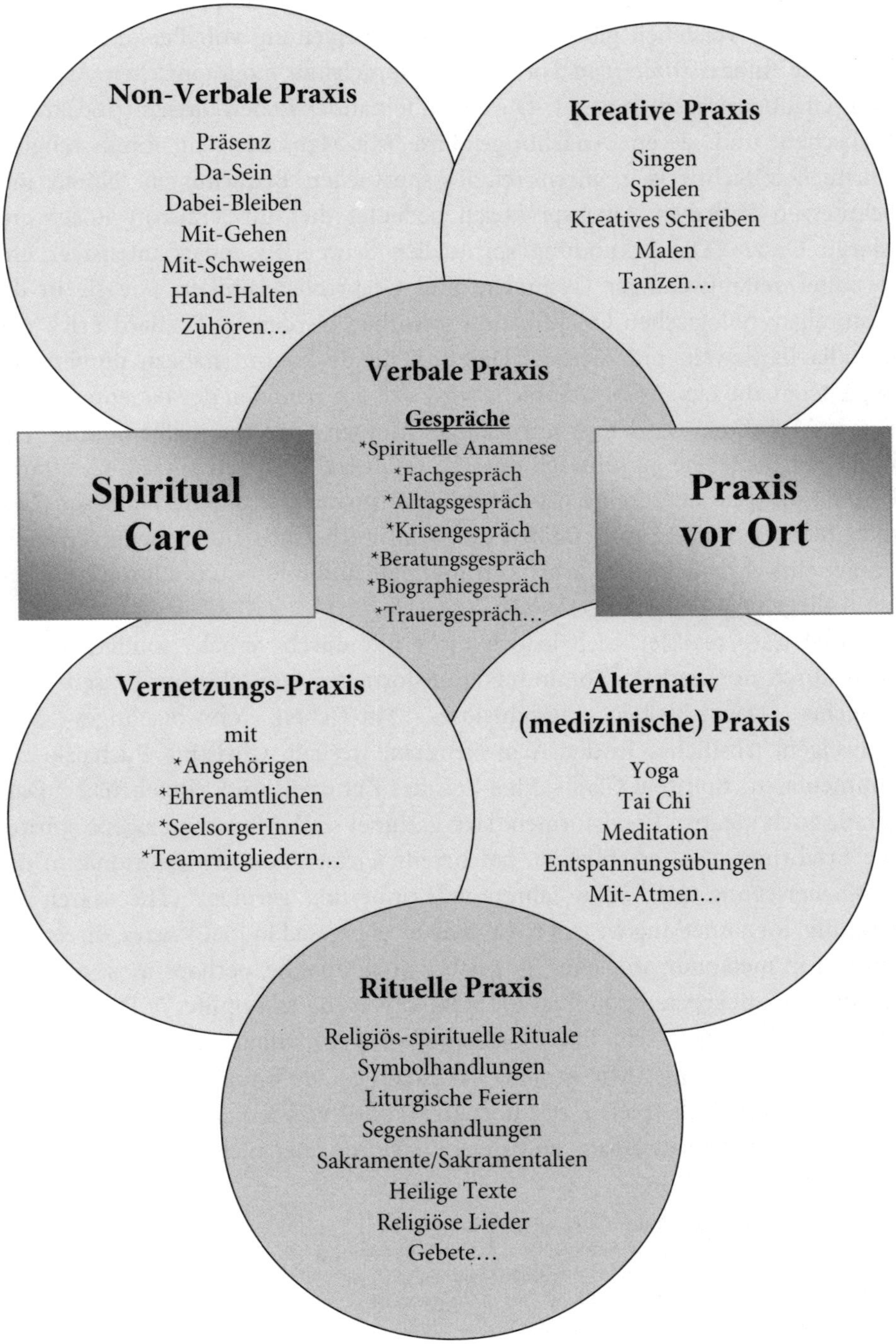

Non-Verbale Praxis
Präsenz
Da-Sein
Dabei-Bleiben
Mit-Gehen
Mit-Schweigen
Hand-Halten
Zuhören…
Kreative Praxis
Singen
Spielen
Kreatives Schreiben
Malen
Tanzen…
Verbale Praxis
Gespräche
*Spirituelle Anamnese
*Fachgespräch
*Alltagsgespräch
*Krisengespräch
*Beratungsgespräch
*Biographiegespräch
*Trauergespräch…
Spiritual Care
Praxis vor Ort
Vernetzungs-Praxis
mit
*Angehörigen
*Ehrenamtlichen
*SeelsorgerInnen
*Teammitgliedern…
Alternativ (medizinische) Praxis
Yoga
Tai Chi
Meditation
Entspannungsübungen
Mit-Atmen…
Rituelle Praxis
Religiös-spirituelle Rituale
Symbolhandlungen
Liturgische Feiern
Segenshandlungen
Sakramente/Sakramentalien
Heilige Texte
Religiöse Lieder
Gebete…

Spiritual Care hat eine offensichtliche Affinität zum Gespräch, wie Hartmut Remmers zu verstehen gibt: „Die spirituelle Begleitung von Personen am Lebensende findest *zumeist* in Form des Gesprächs zu biographischen Aspekten und Glaubensfragen statt."[136] Durch Miteinander-Reden lassen (tod)kranke Menschen und deren Angehörige ihre Mit-Menschen an ihren religiös-spirituellen Sichtweisen, ihren religiös-spirituellen Bedürfnissen, Nöten und Schmerzen teilhaben Alltagspraktisch bedeutet dies für Traugott Roser und Margit Gratz: „Die Erkundung spirituellen Schmerzes bedarf intensiver und mitunter zeitaufwendiger Gespräche und Gesprächstechniken, wie sie in der pastoralpsychologischen Qualifikation erworben werden."[137] Eckhard Frick und Claudia Bausewein präzisieren: „Der Begleitende kommt nahezu immer zum Begleiteten, die Länge des Gesprächs wird sich am Befinden des Patienten orientieren. Manchmal werden es nur wenige Minuten oder eine halbe Stunde sein, wenn der Begleitete zu schwach oder zu müde ist."[138] Spiritual-Care-Gespräche können, müssen aber keine explizit religiös-spirituellen Inhalte umfassen. Oftmals tauchen letztere nur implizit auf. Und auch ChristInnen benutzen nicht immer eine christlich eingefärbte Terminologie und Bildwelt, um ihren spirituellen Anliegen Ausdruck zu verleihen.

Spiritual Care realisiert sich jedoch nicht nur durch verbale, sondern gerade auch durch non-verbale Kommunikationsformen[139] wie schlichte Präsenz, verlässliches Dabei-Bleiben, absichtsloses Mit-Gehen, ohn-mächtiges Mit-Schweigen, tröstliches In-den-Arm-Nehmen, weshalb Christina Puchalski zusammenfasst: „Spiritual Care – Eine Zeit des Zuhörens und Mitgehens."[140] Dass gerade auch kreative Praxisformen dazu geeignet sind, Menschen eigene spirituelle Erfahrungen zu erschließen, hat bereits Cicley Saunders als Pionierin der Hospizbewegung vor vielen Jahren in Erinnerung gerufen: „The search for meaning, for something we can trust, may be expressed in many ways, direct and indirect in metaphor or silence, in gesture or symbol or, perhaps most of all, in art and the unexpected potential for creativity at the end of life."[141] Dasselbe gilt für alternativmedizinische Praxisformen wie Yoga, Meditation, Entspannungsübungen oder schlichtes Mit-Atmen.[142] Weshalb gerade Rituale für Spiritual Care eine besondere Rolle spielen, erläutert uns Erhard Weiher: „Zu den Möglichkeiten, Spiritualität in Resonanz zu bringen, gehören aber nicht nur die verständ-

136 REMMERS, H. (2014): Palliative Care und Spiritual Care, 712.

137 ROSER, T./ M. GRATZ (20119: Spiritualität in der Sterbebegleitung, 57.

138 FRICK, E./ C. BAUSEWEIN (2014): Sterbende begleiten, 432.

139 Vgl. GLAWISCHNIG-GORSCHNIK, M. (2014): Klageweiber? Verbales, Nonverbales, Weibliches und Leibliches in Resonanz; HELLER, B. (2014): Eine Zeit zum Reden, eine Zeit zum Schweigen.

140 PUCHALSKI, C. (2014): Spiritual Care, 235.

141 SAUNDERS, in: HOLDER-FRANZ, M. (2014): Cicley Saunders, 225.

142 Vgl. PUCHALSKI, C. et al. (2009): Improving the Quality of Spiritual Care, 895.

nisvolle Beziehung und das Gespräch. Gerade an den Grenzen des Lebens rückt das im Schwerkranken nicht Aktivierbare und Unsagbare vom Hinter- in den Vordergrund. Zudem haben das Sterben und der drohende Tod nicht nur ihre Faktizität, sondern auch ihr Geheimnis. Das Geheimnis aber will nicht besprochen oder erklärt, sondern begangen werden. Es sind Rituale und symbolische Handlungen, die es gestatten, das Geheimnis, das Unverfügbare zu begehen... Sie (Rituale) gelten also auch Menschen im Koma, Demenzkranken, verwirrten, psychiatrisch Eingeschränkten, Sterbenden, die sich kaum noch mitteilen können, sowie Kleinkindern und zeigen, dass auch diese ihre Würde haben... Das Ritual signalisiert zudem, dass es nicht banal und belanglos ist, was die Betroffenen durchzustehen haben. Auch das Leidvolle hat vielmehr Bedeutung und Würde."[143] Herwig Hohenberger hebt zudem noch einen weiteren wichtigen Aspekt hervor, weshalb sich rituelle Handlungen auch christlicher Art wie z.B. Segnungen, Sakramentenspendung oder auch liturgische Feiern (einschließlich Beerdigungen/Bestattungen) als hilfreich erweisen können: „Grundsätzlich sind Rituale Handlungen, die strengen Regeln folgen. Sie sind nach vorgegebenen Regeln ablaufende, feierlich-festliche Handlungen mit hohem Symbolgehalt und machen sich dadurch unabhängig von Raum und Zeit, weil sie wiederholbar sind, zugleich aber auch Vergangenheit, Gegenwart und Zukunft in sich vereinen... In Ritualen geht es darum, etwas zu tun, das den Betroffenen bekannt und vertraut ist, das die Betroffenen mitnimmt und Hoffnung gibt, das noch einmal Raum lässt zum Rückwärts-Schauen in die Vergangenheit, das in die Zukunft blickt und in der Gegenwart nicht alleine lässt!"[144] Trotz der als hilfreich postulierten Vertrautheit und Regelhaftigkeit von Ritualen, ist dennoch folgender Hinweis des nordamerikanischen Konsens-Papieres zu Spiritual Care radikal ernst zu nehmen: „Professional and institutional use of religious/spiritual symbols is sensitive to cultural and religious diversity. The patient and family are encouraged to display their own religious/spiritual or cultural symbols. The palliative care service facilitates religious or spiritual rituals or practices as desired by patient and family, especially at the end of death."[145]

Alltagspraktisch umfasst Spiritual Care zudem eine Fülle an interpersonellen und institutionellen Vernetzungstätigkeiten. Spirituelle BegleiterInnen bringen, wenn gewünscht, nicht nur PatientInnen und deren Angehörige zusammen, sie begleiten/schulen nicht nur ehrenamtlich Engagierte, sondern tragen auch aktiv zur Team-Vernetzung und zur interdisziplinären Kooperation bei.

143 WEIHER, E. (2014): Spiritualität und Würdeempfinden, 422/423.

144 HOHENBERGER, H. (2014): Die Bedeutung und der Ort von Gebeten und Ritualen, 189/194. Vgl. auch HAGEN, T./ E. FRICK (2009): Rituale, Zeichen und Symbole.

145 PUCHALSKI, C. et al. (2009): Improving the Quality of Spiritual Care, 887.

Welche Rolle SeelsorgerInnen zugedacht ist?

9. Der Beitrag professioneller christlicher SeelsorgerInnen

Wenn alle Teammitglieder potentielle Spiritual Care Givers/Spirituelle BegleiterInnen/Seelsorgende im weiten Sinn sind, braucht es dann überhaupt noch ***professionelle*** kirchliche *SeelsorgerInnen*, die auch ***professionelle*** *Seelsorgende* bzw. ***professionelle*** *spirituelle BegleiterInnen* genannt werden? Wenn ja, welcher Beitrag bzw. welche Rolle ist ihnen dann zugedacht?

Obgleich in Spiritual Care Konzepten durchaus eine unterschiedlich stark ausgeprägte Abgrenzungstendenz von Religion, Christentum, Kirchen und kirchlicher Seelsorge durchscheint, wird der professionellen Seelsorge dennoch mehrheitlich zugetraut, einen wichtigen, wesentlichen, ja sogar zentralen Beitrag zu Spiritual Care zu liefern, weshalb Eckhard Frick 2014 folgende Einschätzung wagt: „Spiritual Care entwickelt sich langsam innerhalb der Gesundheitsberufe, im Kontakt mit der Krankenhausseelsorge, aber weder als *Ersatz* für noch in *Konkurrenz* zur Pastoral."[146]

Eine Sichtweise, die bereits vor Jahrzehnten von Cicley Saunders geteilt wurde, wobei Saunders jedoch davon ausging, dass kirchliche Seelsorger/Priester nur dann kompetent in der spirituellen Begleitung mitwirken können, wenn sie spezifische Fähigkeiten mitbringen, weshalb Martina Holder-Franz kommentiert: „Obwohl sie die spirituelle Begleitung (Spiritual Care) als Aufgabe des gesamten Begleitungsteams versteht, vertritt Saunders die Auffassung, dass dem Seelsorger oder der Seelsorgerin, wenn sie mit den besonderen Anforderungen der Palliative Care vertraut ist, eine *besondere Aufgabe* zukommt. Als Seelsorgerin und Seelsorger stellt Saunders sich jemand vor, der im christlichen Glauben verankert und für diese Aufgabe ausgebildet und eingesetzt ist. Sie macht deutlich, dass sie keine Person möchte, die ausschließlich religiöse Riten oder Gottesdienste gestaltet, sondern eine, die fähig ist, Kontakte zu den Patienten und Angehörigen aufzubauen sowie zu pflegen und das Team bei seinen Aufgaben zu unterstützen."[147]

Im US-amerikanischen Konsenspapier zu Spiritual Care wird qualifizierten kirchlichen SeelsorgerInnen (board certified chaplains) aufgrund ihrer spezifischen Qualifikation im spirituell-religiösen Bereich im Jahr 2009 sogar die Expertenrolle für Spiritual Care (experts in spiritual care) zugestanden: „While all team members have some responsibility for spiritual care, board-certified chaplains play a key role as the team member most directly responsible for spir-

146 FRICK, E. (2014): Spiritual Care, 65. Für Frick steht zudem fest: „Bezeichnenderweise ist die Kooperation mit der Seelsorge in der Palliativmedizin am weitesten gediehen." FRICK, E. (2009): Spiritual Care, 149.

147 HOLDER-FRANZ, M. (2014): Cicley Saunders, 219.

itual care…This model is based on a generalist-specialist model of care in which board-certified chaplains are considered the trained spiritual care specialists."[148]

Wenn professionelle SeelsorgerInnen als SpezialistInnen ausgewiesen werden, tragen sie dann mehr Verantwortung für Spiritual Care als andere Berufsgruppen? Ist ihre Aufgabe weniger die einer Mit- als vielmehr die einer *Letzt-Verantwortung*, wie in folgender Textpassage anklingt?: „Die qualifizierten Seelsorgenden in der Palliativversorgung sind zuständig dafür, dass die spirituellen Nöte, Bedürfnisse, Ressourcen eines Patienten, seiner An- und Zugehörigen und des gesamten Behandlungsteams wahrgenommen und entsprechend begleitet werden."[149] Sollen SeelsorgerInnen sozusagen stellvertretend für alle anderen darüber wachen, dass die Grundanliegen von Palliative Care im Alltagsgeschäft gewahrt bleiben, wie in folgendem Geleitwort suggeriert wird?: „Professionelle, qualifizierte Seelsorgende tragen im Betreuungsteam aber darüber hinaus Verantwortung dafür, dass die Grundfragen menschlichen Lebens und die spirituelle Dimension in ihrer grundlegenden Bedeutung in der Begleitung beachtet werden, Lebensqualität bis zum Schluss erhalten und ein Sterben in Würde ermöglicht werden kann."[150] Wenn dem so ist, dann wäre Michael Klessmann zuzustimmen, der folgende Rollenzuschreibung identifiziert: „Seelsorge könnte die Hintergrundorganisation übernehmen und sicherstellen, dass kranke Menschen die Art spiritueller Begleitung erhalten, die sie wünschen."[151] Nicht die direkte Patientenbegleitung, sondern eine Art katalysatorisch-koordinierende Hintergrundarbeit wäre dann kennzeichnend für das Rollenprofil professioneller SeelsorgerInnen, weshalb Traugott Roser favorisiert: „Die Konsequenz für Krankenhausseelsorge ist deshalb gerade nicht ein konkurrierendes Buhlen um verbesserte Raten oder höhere Anteile am Patientenkontakt, sondern vielmehr kritisch-solidarische Hintergrundarbeit als Unterstützung der Spiritual-Care-Kompetenz der anderen Berufsgruppen und insbesondere die Unterstützung der Angehörigen, die in den seltensten Fällen bewusst Seelsorge treiben, sondern ‚einfach nur da sein' wollen. Im Sinne eines empowerment helfen Krankenhausseelsorger Angehörigen oder Gesundheitspersonal, sich den tiefgehenden spirituellen Fragen und Bedürfnissen eines Patienten zu stellen, sich darauf einzulassen und – im Zusammenhang mit ihrer eigenen Spiritualität – damit auseinanderzusetzen."[152]

148 PUCHALSKI, C. et al. (2009): Improving the quality of Spiritual Care, 898/891.

149 HAGEN, T. u.a. (2009): Qualifizierungskurs Palliative Care, 19.

150 WEIHRAUCH, B. (2011): Geleitwort, 11.

151 KLESSMANN, M. (2014): Im Strom der Zeit, 15.

152 ROSER, T. (2013): Seelsorge und Spiritual Care, 74. An anderer Stelle beschreibt Roser Seelsorgende als Katalysatoren, die Spiritualität anfragbar, besprechbar, argumentierbar machen. A.a.O., 73.

Wann aber haben SeelsorgerInnen auf den Plan zu treten und worin sollen ihre Hauptaufgaben bestehen?

- Sind sie – wie alle anderen – zuständig für *spirituelles Screening* und die Erhebung einer *spirituellen Anamnese*, weshalb sie möglichst früh in Kontakt mit PatientInnen und Angehörigen zu treten haben?
- Oder kommen sie dann ins Spiel, wenn auf der Basis einer durch andere Berufsgruppen bereits erhobenen Anamnese ein *spiritueller Behandlungsplan* zu erstellen ist?
- Oder werden sie erst dann hinzugezogen, wenn auf der Basis der interdisziplinär festgelegten Behandlungsstrategie eine *vertiefte spirituelle Intervention/ Begleitung* vorgesehen ist, wie Traugott Roser skizziert?[153] Wie passt dies aber mit Rosers Votum zusammen, dass die vertiefte spirituelle Begleitung nicht prinzipiell, sondern nur i.d.R. (in der Regel!) durch professionelle SeelsorgerInnen zu erfolgen hat?[154] Eine ähnliche Vagheit findet sich auch bei Erhard Weiher. Obgleich er vorschlägt, eine klare Differenzierung zwischen Seelsorge im engeren Sinn (professionelle Fachseelsorge) und Seelsorge in einem weiteren Sinn (Sorge für die Seele als Aufgabe aller haupt- und ehrenamtlich Tätigen) vorzunehmen, und obgleich er dafür votiert, die Aufgabenstellung der Bearbeitung spiritueller Bedürfnisse der professionellen Seelsorge zuzuweisen, finden sich auch Aussagen wie diese: „Die Spiritualität höherer Ordnung zu erschließen, sein Leben in ein großes – zunächst noch namenloses – ‚Woher' und ‚Wohin' zu stellen, ist Aufgabe der Seelsorge *und* der ausdrücklich spirituellen Begleiter."[155] Letztere scheinen nicht mit den professionellen SeelsorgerInnen identisch zu sein, weshalb unklar bleibt, ob nur sie für die intensive spirituelle Begleitung zuständig sind oder nicht.
- Oder sollen SeelsorgerInnen weniger direkt mit PatientInnen und deren Angehörigen unterwegs sein, sondern ihre Tätigkeit stärker indirekt im Hintergrund verrichten, indem sie haupt- und ehrenamtliche MitarbeiterInnen schulen, wie z.B. Uwe Weiß konzeptionell einfordert?: „Neben der Begleitung selbst stellt die Vermittlung spezifischer Kompetenzen innerhalb des multiprofessionellen Hilfesystems eine der künftigen Hauptaufgaben der konfessionellen Seelsorge dar."[156] Während Weiß SeelsorgerInnen als *MultiplikatorInnen* betrachtet, die haupt- und ehrenamtlich Tätige dazu befähigen sollen, nicht nur spirituelle Signale von PatientInnen und Angehörigen entziffern,

153 Vgl. ROSER, T. (2013): Seelsorge und Spiritual Care, 68.

154 Vgl. ROSER, T./ M. GRATZ (2011): Spiritualität in der Sterbebegleitung, 55.

155 WEIHER, E. (2014): Spiritualität und Würdeempfinden, 420. Eckhard Frick versucht folgende Unterscheidung: „Man kann in ähnlicher Weise vom ‚gemeinsamen Priestertum' aller und vom ‚speziellen Priestertum' des Spitalseelsorgers sprechen. FRICK, E. (2014): Spiritual Care, 59.

156 WEIß, U. (2014): Der Beitrag der Seelsorge im palliativen Versorgungsteam, 80.

sondern auch selbst spirituell begleiten zu können, werden SeelsorgerInnen im Konzeptpapier ‚Seelsorge in Palliative Care' als MultiplikatorInnen betrachtet, die MitarbeiterInnen so schulen, dass diese dazu befähigt werden, spirituelle Bedürfnisse wahrzunehmen, ein intensives Eingehen darauf jedoch an Seelsorge-Profis delegieren.[157]

- Oder werden SeelsorgerInnen künftig als einrichtungsübergreifend tätige *Netzwerk-KoordinatorInnen* gefragt sein? Soll ihre Aufgabe darin bestehen, in komplexen Palliative Care Netzwerken Sorge dafür zu tragen, dass spirituelle Anfragen in Seelsorge-Stützpunkten gebündelt und von dort aus an externe kompetente SeelsorgerInnen (z.B. GemeindepfarrerInnen; Spezialseelsorgende etc.) weitergeleitet werden? Ein Modell, das auf die neu zu erschließenden Möglichkeiten großer Pastoralräume und eine intensivierte ökumenische Zusammenarbeit setzt.[158]

Wie auch immer die Rollen- und Arbeitsschwerpunkte definiert werden – in einem Punkt stimmen alle Konzeptentwürfe von Spiritual Care überein: Professionelle SeelsorgerInnen, die im Palliative Care Kontext tätig sein wollen, brauchen spezifische *Zusatzqualifikationen*! In ihrem wegweisenden Abschlussbericht von 2010 hebt daher die von der Deutschen Gesellschaft für Palliativmedizin (DGP) ins Leben gerufene ökumenisch besetzte ‚Kommission Qualität Spiritualität' ausdrücklich hervor: „Ein spezifisches Fachwissen in Palliative Care, das Feldkompetenz, Multiprofessionalität und Vernetzungskompetenz mit einer Vertiefung der theologischen, pastoralen und rituellen Kompetenz verbindet, ist für diejenigen Seelsorger notwendig, die einen speziellen Auftrag für die spirituelle Begleitung in einem Palliative-Care-Team haben – sowohl stationär als auch ambulant. Diese vertieften Kenntnisse werden im Rahmen einer zertifizierten Weiterbildung erworben".[159] Die Kommission entwickelte daher ein elaboriertes Kurs-Konzept mit einem Kursumfang von 120 Stunden und maximal 24 TeilnehmerInnen, dem ein ökumenisch verbindlicher Status zukommen soll. Voraussetzung zur Kursteilnahme ist nicht nur der Nachweis Pastoralpsychologischer und Hermeneutischer Kompetenz, sondern auch das Vorhandensein Spiritueller Kompetenz, die an der ausdrücklichen Zustimmung zur extrem weiten

157 Vgl. SEELSORGE IN PALLIATIVE CARE (2009), 24.

158 Vgl. a.a.O., 27. Ein Modell, das v.a. den ambulanten Sektor im Blick hat. Auf der Basis einer breit angelegten empirischen Studie kam ans Tageslicht, dass in der ambulanten Palliativversorgung hauptamtliche kirchliche SeelsorgerInnen nur noch eine Randbedeutung haben (13%). Vgl. BAUMGARTNER, I. u.a. (2010): Ambulante Palliativversorgung und Seelsorge.

159 KOMMISSION QUALITÄT SPIRITUALITÄT (2010), 1. Die Kommission war hochkarätig besetzt: D. Haart (Deutsche Bischofskonferenz, Arbeitskreis Palliative Care); M. Brevier (Deutsche Gesellschaft für Pastoralpsychologie); T. Hagen und T. Roser (Deutsche Gesellschaft für Palliativmedizin); P. Otto (Deutscher Hospiz- und Palliativverband); M. Rosenau (Nordelbische Evangelisch-Lutherische Kirche); K. Labitzke (Evangelisch-Lutherische Kirche in Bayern).

Spiritualitätsdefinition der Deutschen Gesellschaft für Palliativmedizin festgemacht wird. Das vorgeschlagene Fortbildungskonzept zeigt erstaunliche Übereinstimmungen mit zwei bereits existierenden Fortbildungskursen:

- Mit dem auf katholischer Seite bereits vor Jahren am Klinikum der Universität München ins Leben gerufenen überkonfessionellen *‚Qualifizierungskurs Palliative Care für Seelsorgende'*, dessen Erarbeitung auf Mitglieder der ‚Kommission Qualität Spiritualität' zurückgeht.[160]
- Mit dem auf evangelischer Seite ebenfalls bereits seit Jahren existierenden überkonfessionellen Kursangebot ‚Palliative Care' des Seelsorgeinstituts Bethel.[161]

Qualifizierte feldkompetente SeelsorgerInnen sind im Konzept von Spiritual Care erwünschte KooperationspartnerInnen, die sich in Palliative Care Teams für Spiritual Care engagieren sollen, wie Pascal Mösli und Steffen Eychmüller auf den Punkt bringen: „Aus dem bisher Gesagten ist deutlich geworden, dass die Palliativmedizin und Seelsorge (natürlich mit vielen anderen Disziplinen!) eng zusammenarbeiten müssen, um den PatientInnen sowie den Angehörigen bestmöglich zu dienen."[162] Welche Folgewirkungen struktureller Art bringt dies aber für SeelsorgerInnen mit sich? Welche Modelle der Kooperation sind denkbar? Gegenwärtig zeichnen sich konzeptionell und alltagspraktisch drei relativ inkompatible strukturelle Verhältnisbestimmungen ab:

1. Radikale Nicht-Integration

Professionelle SeelsorgerInnen, die unter den Vorgaben christlicher Kirchen ausgebildet worden sind, werden von diesen beauftragt, in Palliative Care Einrichtungen tätig zu werden, weshalb sie entsprechend von ihren Kirchen dafür bezahlt werden. Gesetzlich garantiert haben sie zwar Zugang zu den Einrichtungen, sind jedoch strukturell nicht eingebunden, weshalb sie hauptsächlich über inoffizielle Strukturen und persönliche Kontaktpflege in den Einrichtungen Fuß fassen können. Als institutionelle Zaungäste, GrenzgängerInnen, Randfiguren, Vogelfreie, Außenseiter und Bedeutungslose bewegen sie sich mehr oder minder wahrgenommen und mehr oder minder distanziert im *strukturellen ‚Zwischenraum'*.[163] Eine Positionierung, die einerseits enorme Möglichkeits- und Freiräume eröffnet, da SeelsorgerInnen aufgrund ihrer finanziellen und strukturellen Unabhängigkeit nicht nur gängigen hierarchischen Kontrollmechanismen entzogen sind, sondern auch eine inhaltlich kritische Distanz zum System wahren

160 Vgl. HAGEN, T. u.a. (2011): Qualifizierungskurs Palliative Care für Seelsorgende.

161 Vgl. www.seelsorgeinstitut-bethel.de (eingesehen September 2014).

162 MÖSLI, P./ S. EYCHMÜLLER (2014): Chancen der interdisziplinären Zusammenarbeit, 150.

163 Vgl. KLESSMANN, M. (2013): Seelsorge im Zwischenraum/Möglichkeitsraum.

können. Eine Positionierung, die aber andererseits nicht nur eine persönliche Beheimatung im System erschwert, sondern auch dazu führen kann, als systemischer Störenfried und/oder Repräsentant einer oftmals unglaubwürdig erlebten Kirche wahrgenommen, abgelehnt oder gar bekämpft zu werden. Teamintegration ist in diesem Modell nicht vorgesehen, weshalb SeelsorgerInnen letztlich als EinzelkämpferInnen wahrgenommen werden. Für Traugott Roser kann das Nicht-Integrationsmodell den komplexen Anforderungen von Seelsorge im Palliative Care Kontext nicht gerecht werden.[164] Und auch Eckhard Frick merkt trotz möglicher Vorteile kritisch an: „Dieses Modell schützt die Privatheit/Intimität des seelsorglichen Kontakts und die Unabhängigkeit der Seelsorgenden vom medizinischen System. Es beinhaltet jedoch die Gefahr ‚externer Delegation' von Spiritual Care."[165] Würde Spiritual Care nämlich einer von außen kommenden Profession überantwortet werden, wäre absehbar, dass das Kernanliegen der gemeinsamen Verantwortlichkeit verlorengeht. Deshalb schlussfolgert Eckhard Frick 2014: „Spitalseelsorge alleine ist freilich ein viel zu enges Gefäß für Spiritual Care."[166]

2. Team-Teil-Integration

Professionelle SeelsorgerInnen werden zwar weiterhin von ihren Kirchen entsandt und bezahlt, zugleich aber wird ihnen Mitgliedschaft in Palliative Care Teams zugestanden. Dies impliziert: „Spirituelle Begleiter arbeiten mit anderen Mitarbeitenden der Palliativversorgung innerhalb einer *festen Teamstruktur* zusammen… Seelsorger sind damit in doppelter Weise verankert: Zum einen innerhalb des Palliative-Teams, zum anderen innerhalb der entsendenden Kirche. Diese feste Verankerung ermöglicht Integration unter Wahrung prinzipieller Unabhängigkeit."[167] Ralph Charbonnier erkennt darin folgenden gewichtigen Vorteil: „Seelsorge kann hiernach als kirchlicher Dienst und als Dienstleistung einer Organisation des Gesundheitssystems angesehen werden."[168] Einen weiteren nicht zu unterschätzenden Vorteil benennt Stefan Dinges: „Integriert in Bezug auf das Behandlungsteam meint, dass neben den Kontakten zu PatientInnen und Angehörigen auch eine regelmäßige Kommunikation zu den Mitarbeitenden auf Station stattfindet… Das Mit-teilen dieser Erfahrungen ist ein wichtiger Baustein alltäglicher Psychohygiene."[169] Im Konzeptpapier ‚Spirituelle Begleitung in der Palliativversorgung' wird daher programmatisch festgehalten: „Spirituelle

164 ROSER, T. (2007): Spiritual Care, 262.
165 FRICK, E. (2012): Wie arbeitet Spiritual Care?, 70.
166 FRICK, E. (2014): Spiritual Care. Eine neue Querschnittsaufgabe entsteht, 60.
167 HAGEN, T. u.a. (2011): Qualifikationskurs Palliative Care für Seelsorgende, 19-20.
168 CHARBONNIER, R. (2010): Seelsorge in der Palliativversorgung, 188.
169 DINGES, S. (2014): Dem Lebensatem Raum schaffen, 497.

Begleitung bzw. Seelsorge braucht... eine entsprechende Beauftragung, personelle Besetzung und Ausstattung mit Sachmitteln. Sie ist in die institutionelle Infrastruktur integriert und vernetzt sich mit lokalen, regionalen und bundesweiten Verbänden und Vereinigungen der Palliativversorgung."[170] Eine Vernetzung, die auch ökumenische und inter-religiöse Zusammenarbeit konstitutiv voraussetzt.[171] Urs Länzlinger berichtet von einem in der Schweiz vorangetriebenem Pilotprojekt, in dem unter der Bezeichnung ‚Integrierte Spitalseelsorge' das Integrations-Modell bereits seit Jahren praktisch umgesetzt wird: „Derzeit sind 37 – meistens teilzeitangestellte – katholische Spitalseelsorgende im Kanton Zürich tätig. Sie sind als Seelsorgerin, als Seelsorger jeweils im interdisziplinär besetzten Care Team integriert und sorgen sich um die religiös-spirituelle Begleitung aller Beteiligten und um die Bedingungen einer menschlichen Sterbekultur."[172]
Trotz aller Vorteile der Teil-Integration gibt Eckhard Frick zu bedenken: „In diesem Modell repräsentieren die Seelsorgenden Spiritual Care exemplarisch, nicht exklusiv. Dennoch beinhaltet das Modell die Gefahr der ‚internen Delegation'."[173] Eine Gefahr, die ebenfalls nicht einfach von der Hand zu weisen ist, da das Vorhandensein einer zwar von extern kommenden, aber Team-integrierten Profession dazu verführen könnte, Spiritual Care in deren Verantwortungsbereich ‚abzuschieben'.

3. Systemische Voll-Integration

Professionelle SeelsorgerInnen werden analog zu niederländischen, kanadischen und US-amerikanischen Rahmenbedingungen organisational voll in das System integriert: „Im dritten Modell akzeptieren Krankenhäuser und öffentliche Institutionen keine Beauftragung durch Kirchen und Religionsgemeinschaften mehr. Vielmehr wählen sie selbst geeignete Bewerber aus, die aus dem Krankenhaus- oder Forschungsetat bezahlt werden."[174] Wie aber wäre dies unter deutschen Bedingungen realisierbar? Eine originelle Lösung hält Traugott Roser parat. In Anschluss an Christoph Schneider-Harpprecht und Sabine Allwinn plädiert er da-

170 SPIRITUELLE BEGLEITUNG IN DER PALLIATIVVERSORGUNG (2009).

171 Vgl. HAGEN, T. (2009): Wie lässt sich Spiritual Care christlich-ökumenisch praktizieren?; ELIBOL, Z. (2009): Was kann die muslimische Tradition zu Spiritual Care beitragen?; SAALFRANK, E. (2009): Was können buddhistische Traditionen zu Spiritual Care beitragen?; WALDENFELS, H. (2014): Spiritualität in der Begleitung Sterbender. Buddhistische Perspektiven.

172 LÄNZLINGER, U. (2012): Ein bewährtes Modell, 176. Das Modell der ‚Teilanstellung' entspricht jedoch nicht der Grundidee von Spiritual Care, denn konzeptionell anvisiert ist, dass Spirituelle BegleiterInnen als feste Teammitglieder durchgehend präsent sein sollen: „Spiritual Care models should be interdisciplinary and clinical settings should have a Clinical Pastoral Education-trained board certified chaplain as part of the interprofessional team." PUCHALSKI, C. et al. (2009): Improving the quality of Spiritual Care, 891. Es „bedarf in jedem Betreuungsteam eines Seelsorgenden". HAGEN, T. u.a. (2011): Qualifizierungskurs, 19.

173 FRICK, E. (2012): Wie arbeitet Spiritual Care?, 70.

174 A.a.O., 71.

für, Seelsorge und Psychosoziale Dienste strukturell zu fusionieren und als ‚Vierte Säule' neben die bisherigen drei Säulen Medizinische Versorgung, Pflege und Verwaltung zu stellen. Dies würde (langfristig) implizieren, dass SeelsorgerInnen einrichtungsintern finanziert werden und dadurch ihre strukturell marginale Rolle verlieren. Volle Integration in die institutionelle Infrastruktur würde jedoch von SeelsorgerInnen – wie auch von allen anderen Berufsgruppen – nicht nur Teamintegration, regelmäßige Präsenz und Einfügung in die betriebswirtschaftliche Logik der Einrichtung verlangen, sondern auch Dokumentations- und Evaluationspflicht, aktive Mitarbeit im Qualitätsmanagement und Leitbildentwicklung/Unternehmenskultur, sowie aktive Beteiligung an Lehre, Forschung und Öffentlichkeitsarbeit.[175] Dass auch in diesem Modell durchaus Gefahren stecken, lässt sich ebenfalls bei Eckhard Frick nachlesen: „Aus kirchlich-theologischer Sicht birgt dieses Modell die Gefahr in sich, dass die kirchliche Seelsorge sich aus dem Gesundheitswesen zurückzieht, und damit ein wichtiges Engagement vernachlässigt (Nauer 2012)."[176]

Welches der drei Modell im deutschen Kontext zukunftsfähig ist, lässt sich gegenwärtig nicht voraussagen. Und auch im Blick auf die gesamteuropäische Situation lässt sich aufgrund unterschiedlichster kirchen- und sozialpolitischer Rahmenbedingungen keine eindeutige Präferenz für eines der drei angedeuteten Modelle ausmachen. Adrian Kerkhoven will daher als ein Ergebnis der 12. ENHCC-Konsultation (European Network of Health Care Chaplaincy) in Mennorode für alle Europäischen (Krankenhaus)SeelsorgerInnen festgehalten wissen: „Seelsorgende arbeiten im Spektrum von Integration und Isolation. Sie sollten ins Gesundheitswesen eingebettet sein, allerdings variiert der Grad der Integration. Der Art der Integration ist abhängig vom Kontext und den daran teilhabenden Personen. Auf jeden Fall ist die Vertraulichkeit in Bezug auf Seelsorge unabdingbarer Bestandteil."[177]

175 Vgl. ROSER, T. (2011): Spiritual Care. Herausforderungen im Gesundheitssystem für (kirchliche) Seelsorge. Vgl. auch ROSER, T. (2009): Vierte Säule im Gesundheitswesen?; SCHNEIDER-HARPPRECHT, C./ S. ALLWINN (2005): Psychosoziale Dienste im Krankenhaus. Im Standardwerk ‚Lehrbuch Palliative Care' von Cornelia Knipping wurde die Spirituelle Begleitung bereits 2007 unter der Rubrik ‚Psychosoziale Aspekte' geführt! Vgl. KNIPPING, C. (2007): Lehrbuch Palliative Care.

176 FRICK, E. (2012): Wie arbeitet Spiritual Care?, 71.

177 KERKHOVEN, A. (2012): Bericht, 2.

Teil 4

Kritische Anfragen
an
Spiritual Care

1. Verengter oder zu weiter Spiritualitätsbegriff?

Weil das Wort ‚Spiritualität' in Deutschland gegenwärtig Konjunktur hat, zieht die Begriffskombination Spiritual Care auch bei uns folgerichtig viel Aufmerksamkeit auf sich. Als Religionspsychologe attestiert Bernhard Grom dem Terminus Spiritualität zwar bereits im Jahr 2009 eine erstaunliche Karriere, weist aber zugleich darauf hin, dass die epidemische Verbreitung des Begriffs bei vielen Menschen bereits ein ähnliches Unbehagen auslöst wie die pausenlose Medienpräsenz mancher PolitikerInnen.[1] Eine Reaktion, die natürlich auch Eckhard Frick nicht entgeht, weshalb er durchaus einräumt, dass das schillernde Modewort Spiritualität „vielleicht auch wieder außer Mode kommen kann".[2] Hätte dies auch entsprechende Konsequenzen für Spiritual Care?

Fakt ist, wie Michael Klessmann auf den Punkt bringt, dass die oftmals kritisierte begriffliche Unschärfe des Wortes Spiritualität[3] vielleicht sogar gerade wegen ihrer kaleidoskopischen Unbestimmtheit und nahezu grenzenlosen inhaltlichen Offenheit für viele heutige Menschen, die mit einer nahezu unüberschaubaren Vielzahl und Unterschiedlichkeit an individuellen Glaubens- und Lebensentwürfen konfrontiert sind, besonders anziehend wirkt.[4]

Fakt ist aber auch, dass durchaus (selbst)kritisch[5] moniert wird, dass ein inhaltlich *zu weit* gefasstes Spiritualitätsverständnis dazu führt, dass disparate Inhalte wie in einem Sammelcontainer unverbunden nebeneinanderliegen. Ulrich Körtner sieht sich daher zu folgender kritischen Stellungnahme herausgefordert: „Wenn Spiritualität oder auch Religion alles ist, was Religionsforscher oder die von ihnen befragten Personen dafür halten, ist am Ende alles und nichts religiös oder spirituell."[6] In bildreichen Vergleichen kommentieren daher auch Birgit und Andreas Heller: „Der Begriff droht zu einer leeren Hülse zu verkommen oder wird als eine Art Stopfgans benutzt."[7] Birgit Heller macht zudem darauf aufmerksam, dass die extrem voneinander abweichenden Spiritualitätsdefinitionen immer auch als Resultate persönlicher Vorentscheidungen zu werten sind: „Die verschiedenen Definitionen von Spiritualität sind keineswegs ‚objektiv' im Sinne einer rein sachlichen Beschreibung, die unabhängig von den involvierten Subjekten zustande kommt. Sie geben vielmehr Auskunft über die weltanschau-

---

1 Vgl. GROM, B. (2009): Spiritualität, 14; ROTH, M. (2013): Überlegungen zum eigenen Unbehagen mit dem Ruf nach Spiritualität.

2 FRICK, E. (2013): Zwischen engem und weitem Spiritualitätsbegriff, 40.

3 Vgl. z.B. FEINENDGEN, N./ A. SCHAEFFER (2014): Spiritualität, 163; KÖRTNER, U. (2009): Spiritualität, 5; MÜLLER, M. u.a. (2014): Spirituelle Begleitung, 2; GIEBEL, A. (2012): Spiritualität, 48.

4 Vgl. KLESSMANN, M: (2014): Im Strom der Zeit, 14.

5 Vgl. FRICK, E. (2009): Seelsorge und Medizin, 1; ROSER, T. (2007): Spiritual Care, Fußnote 736.

6 KÖRTNER, U. (2009): Spiritualität, Religion und Kultur, 7.

7 HELLER, B./ A. HELLER (2011): Spiritualität und Spiritual Care, 16.

liche Position derer, die sich damit auseinandersetzen. Die jeweiligen Definitionen sind nicht nur Ausdruck von Erkenntnis, sondern privilegieren bestimmte Perspektiven, dienen bestimmten Interessen und begründen teilweise auch Kompetenzansprüche professioneller Zuständigkeit."[8] Birgit Heller zieht daher den nüchternen Schluss: „Die Definitionen von Spiritualität klaffen jedenfalls so weit auseinander, dass die daraus resultierende Begriffsunschärfe zwar vielleicht der Vielfalt individueller Spiritualitätsentwürfe entsprechen mag, aber einem schlüssigen Konzept von Spiritual Care hinderlich ist."[9]
Am Versuch, dieses Manko zu beheben, mangelt es bereits seit Jahren wahrlich nicht! VertreterInnen unterschiedlichster Disziplinen leisten nahezu unermüdlich Definitionsarbeit.[10] Fakt aber ist, dass sich gegenwärtig noch immer kein inhaltlicher Konsens abzeichnet. Fakt ist, dass ein extrem weites Spiritualitätsverständnis vor der Gefahr steht, entweder in soziologischer Manier auf eine bloße Weltanschauung oder in psychologisierender Manier auf eine Statuserhebung psychischer Befindlichkeiten, existentieller Lebenseinstellungen und hantierter Wertesysteme reduziert bzw. wie Allan Kellehear aus angloamerikanischer Perspektive bedauernd feststellt, ‚herabdefiniert' zu werden.[11] Birgit und Andreas Heller rufen uns daher ins Gedächtnis: „Nicht alles ist spirituell."[12]

Auf diesem Hintergrund lässt sich schlussfolgern, dass die eigentliche Problematik vielleicht gar nicht darin besteht, dass der Spiritualitätsbegriff zu weit, sondern dass er zu eng gefasst ist! Zu eng in dem Sinn, dass er ausschließlich auf rein innerweltliche, sprich horizontale Inhalte begrenzt wird. Weit wäre er demnach erst dann, wenn ausdrücklich die außerweltlich-vertikale Perspektive, sprich der persönliche Bezug zum Transzendenten, Göttlichen, Heiligen, Numinosen und Geheimnisvollen mit ins Spiel kommt. Auf den ersten Blick scheint sich die Definitionsproblematik dadurch noch mehr zu verkomplizieren, denn es gilt, die oftmals synonym gebrauchten Begriffe ‚Spiritualität' und ‚Religiosität' voneinander abzugrenzen bzw. sinnvoll zueinander ins Verhältnis zu setzen. Ein

---

8 HELLER, B. (2014): Spiritualität versus Religion/Religiosität?, 50.

9 A.a.O., 50.

10 Vgl. z.B. POLAK, R. (2006): Megatrend oder Megaflop? Zur Wiederentdeckung von Spiritualität; BÜSSING, A, (2006): „Spiritualität" – Worüber reden wir?; KNOBLAUCH, H. (2006): Soziologie der Spiritualität; DERS. (2012): Der Topos der Spiritualität; HILPERT, K. (2009): Spiritualität; CEMING, C. (2012): Spiritualität im 21. Jhdt.; MÖDE, E. (2014): Spiritualität ein ‚weites Land'.

11 Vgl. KELLEHEAR, A. (2013): Geleitwort, 13.

12 HELLER, B./ A. HELLER (2011): Spiritualität und Spiritual Care, 16.
Sowohl auf katholischer als auch auf evangelischer Seite wird daher seit Jahren danach gefahndet, an welchen Kriterien eine spezifisch christliche Spiritualität erkennbar ist. Vgl. exemplarisch: BENKE; C. (2013): Was ist katholische Spiritualität?; SATTLER, D. (2012): Auf dem Weg zu einer ökumenischen Spiritualität; DAHLGRÜN, C. (2012): Die Gabe, die Geister zu unterscheiden. Von den Kriterien christlicher Spiritualität; UTSCH, M. (2012): Zum Profil christlicher Spiritualität; ZIMMERLING, P. (2012): Das evangelische Profil christlicher Spiritualität; SCHMUCKER, K. (2009): ist Spiritualität katholisch?

Unterfangen, das ebenfalls seit Jahren unermüdlich, aber ohne bisherige Konsensfindung angegangen wird.[13] Norbert Feinendegen und Andrea Schäfer konnten jedoch aufzeigen, dass sich im Spiritual Care-Diskurs folgende folgenreiche Tendenz ausmachen lässt: „Dabei wird ‚Spiritualität' zumeist als *Oberbegriff* verwendet, dem ‚Religion' als aktive Teilnahme am Glaubensleben einer organisierten Glaubensgemeinschaft als ein Teilbereich untergeordnet wird."[14] Während Religiosität v.a. mit der Einhaltung religiös-kirchlich organisierter mehr oder minder formaler, dogmatischer, kultischer und moralischer Vorgaben, Rahmenbedingungen und Ritualen assoziiert wird, wird dem übergeordneten Begriff Spiritualität eine aus religiös-kirchlichen Bindungen befreite Form der Selbst-Überschreitung/Selbst-Transzendenz zuerkannt. Nicht selten wird Spiritualität daher als eine Art aufgeklärter und freisetzender *Gegenbegriff* zu institutionell verkrusteter Religiosität verstanden.
Für Birgit Heller eine extrem kurzschlüssige, ja sogar paradoxe Denkweise, der ein radikal verkürztes Verständnis von Religiosität zugrunde liegt. In allen Religionen lasse sich nämlich nachweisen, dass nicht primär Glaubensüberlieferung und Ritus, sondern Spiritualität im Sinne individueller Selbst-Transzendenz und persönlicher Gottesbegegnung den Kern der religiösen Tradition ausmacht. Die großen Fragen nach dem Woher, Warum und Wohin spiegeln daher urreligiöse Fragestellungen wieder. Wenn dem so ist, dann bedeutet dies, dass trotz der Absicht, Spiritualität befreit von religiösen Engführungen definieren zu wollen, de facto ungewollt auf religiöse Definitionen zurückgegriffen wird.[15]
Wenn aber, wie Birgit Heller nachzuweisen versucht, Spiritualität und Religiosität tatsächlich enger beieinander liegen, als in der Spiritual Care Diskussion suggeriert wird, dann verbietet es sich nahezu, im Spiritualitätsverständnis die *vertikale* Linie der Erfahrung von Transzendenz/Gott/Göttlichem zu vernachlässigen oder gar auszublenden. Das, was Spiritualität (spiritus) von rein *horizontalen* intra- und interpersonellen Erfahrungsdimensionen (psyche) unterscheidet, wäre dann gerade die außer-gewöhnliche vertikale Erfahrung des Darüber-Hinaus im Sinne der persönlichen Erspürung eines Göttlichen Seins oder personalen Gottes, wodurch im Menschen Kraftreserven zur Bewältigung seiner Lebens- und Sterbesituation im Hier und Jetzt freigesetzt werden.

13 Vgl. z.B. HELLER, B. (2014): Spiritualität versus Religion/Religiosität?; UTSCH, M. (2014): Begriffsbestimmungen: Religiosität oder Spiritualität?; KNOBLAUCH, H. (2013): Religion, Spiritualität und die Popularität; KÖRTNER, U. (2009): Spiritualität, Religion und Kultur.

14 FEINENDEGEN, N./ A. SCHAEFFER (2014): Spiritualität, 164.

15 Vgl. HELLER, B. (2014): Spiritualität versus Religion/Religiosität?, 51/58/59/60. Dementsprechend kritisch setzt sie sich z.B. mit der Position von Arndt Büssing auseinander, der Spiritualität und Religion einander gegenüberstellt und zugunsten von Spiritualität priorisiert. Vgl. BÜSSING, A. (2006): „Spiritualität", 11/23.

Auf diesem Hintergrund plädiert Eberhard Hauschildt als Theologe vehement dafür, den Spiritualitätsbegriff nicht der inhaltlichen Beliebigkeit preiszugeben, sondern kriteriologisch am Transzendenzbezug festzumachen: „Spiritualität wäre dann erst da gegeben, wo Transzendenz erfahren und als Kraft eigener Art gedeutet wird.“[16]

Eine Position, die auch Giovanni Maio teilt. Als Mediziner bringt er (selbst)kritisch und weitsichtig auf den Punkt, welch heilsame Sprengkraft in einem vertikal geweiteten Spiritualitätsverständnis im Blick auf die heutige (Palliativ)Medizin und das Gesundheitssystem insgesamt schlummert: „Spiritualität als Ausrichtung auf Transzendenz kann den Menschen öffnen für das Grundgefühl der Dankbarkeit für das Leben schlechthin, sie kann zur Folge haben, dass das Leben als Geschenk betrachtet wird, als eine Gabe, die eben in sich Sinn stiftet. Spiritualität als Ausrichtung auf das Transzendente kann gerade die Engführung des Blicks auf das Materiell-Leibliche sprengen und damit den Menschen weniger abhängig machen von den Heilungserfolgen der somatischen Medizin. Genau an diesem Punkt kann Spiritualität so etwas wie eine Distanz zu den gegenwärtigen Ideologien der Machbarkeit herstellen. Spiritualität in der Medizin kann von diesem Ausgangspunkt aus auch verstanden werden als ein Sichöffnen für die Begrenztheit des Machbaren und Wissbaren… Das Heilsame der Spiritualität wäre aber gerade nicht die in veränderten Funktionen sich niederschlagende Wirksamkeit, sondern die Kraft, die allein aus der akzeptierenden Grundhaltung erwächst.“[17]

Findet sich in Definitionen von Spiritualität kein ausdrücklicher Hinweis mehr auf den Transzendenzbezug/Gott – wie dies z.B. ausgerechnet in der Definition der ‚Sektion Seelsorge‘ der Deutschen Gesellschaft für Palliativmedizin der Fall ist,[18]– dann stellt sich die Frage, ob in der Seelsorge und/oder in Spiritual Care überhaupt noch mit der heilsamen Kraft Gottes gerechnet wird. Genau an diesem Punkt setzt die Kritik Hauschildts ein, der sichergestellt wissen will, dass alten, kranken und sterbenden Menschen, deren Angehörigen und allen MitarbeiterInnen unter dem Label Spiritual Care der Transzendenzbezug/Gott/das Göttliche nicht vorenthalten werden darf. Wenn nämlich Spiritualität mit Hilfe psychologischen Vokabulars fokussiert auf eine rein immanente Selbst- und Sinnfindung ‚herabdefiniert‘ wird, dann macht eine explizit religiöse Begleitung in Rückgriff auf eine transzendente, explizit religiöse Sprache, Tradition und Symbolik letztlich keinen Sinn mehr und folgende These liefe wortwörtlich ins Leere: „Dabei haben Menschen ein Grundrecht auf freie Religionsausübung, und dazu

16 HAUSCHILDT, E. (2013): ‚Spiritual Care‘ – eine Herausforderung für die Seelsorge?, 83.
17 MAIO, G. (2013): Ökonomisierte Spiritualität, 33.
18 Vgl. dgpalliativmedizin.de (eingesehen September 2014).

gehört auch das Recht, Zugang zu religiösen Personen und Traditionstexten zu haben, auch wenn sie in einer Institution des Gesundheitssystems versorgt werden. Und das schließt ein, dass Menschen die Möglichkeit haben müssen, beim Gegenüber auch auf aktive religiöse Deutungs- und Handlungsangebote begründet hoffen zu können."[19] Eine Sichtweise, die auch die evangelische Theologin Isolde Karle teilt, weshalb sie zu bedenken gibt: „Den größten Verlust, der mit einem vagen, unbestimmten Religions- oder Spiritualitätsbegriff einhergeht, sehe ich darin, dass er zu einer Entkonkretisierung und inhaltlichen Entleerung religiöser Sprache beiträgt."[20] Obgleich Michael Klessmann als Praktischer Theologe zwar auch eingesteht, dass für Spiritual Care die Gefahr besteht, dass jede herausgehobene Lebenserfahrung mit dem Etikett ‚spirituell' versehen wird, liebäugelt er dennoch mit der inhaltlichen Offenheit des Spiritualitätsbegriffs. Dementsprechend kritisch und im Blick auf seinen protestantischen Kontext nahezu schwärmerisch setzt er sich von den Thesen seiner Kollegin ab: „Andererseits enthält das Phänomen Spiritualität Elemente dessen, was dem Protestantismus verlorenzugehen droht: Eine Betonung der Erfahrung, der Ganzheitlichkeit und der pathischen Dimension des Lebens und des Glaubens. Darin ist Spiritualität mit Mystik verwandt und als solche zu schätzen. Die exklusive Betonung des Wortes, wie sie Karle gut protestantisch wiederholt, geht an der Lebenswirklichkeit vieler Zeitgenossen schlicht vorbei."[21] Ob Klessmann mit seiner Replik dem Anliegen Karles tatsächlich gerecht geworden ist, muss an dieser Stelle offen bleiben.

2. Neutralitäts-Vorteil?

Besticht das Konzept Spiritual Care durch seine behauptete religiös-weltanschauliche Neutralität? Bernd Beuscher zumindest stellt aus evangelischer Perspektive die These auf, dass die stringent vorgebrachte Forderung nach einer möglichst neutralen Form von Spiritual Care zu kurz greift, denn: „Man kann sich nicht heraushalten, weil ‚sich Heraushalten' selbst eine Position ist, die die Patienten sofort spüren und verstehen... Neutralität ist keine Option. Unsere Weltanschauungen fließen – so oder so – in unser Hilfehandeln ein. Professionelle Beziehungsarbeit kommt ohne reflektierte Grundannahmen über den Menschen, Gott und die Welt und eine Reflexion der humanen existentiellen Ausgangssituation nicht aus."[22]

---

19 HAUSCHILDT, E. (2013): ‚Spiritual Care' – eine Herausforderung für die Seelsorge?, 86.
20 KARLE, I. (2010): Perspektiven der Krankenhausseelsorge, 552.
21 KLESSMANN, M. (2014). Im Strom der Zeit, 16.
22 BEUSCHER, B. (2014): Opium fürs Volk oder Balsam für die Seele?, 561.

Rührt die Attraktivität von Spiritual Care also wirklich daher, dass das Konzept aufgrund der maximalen Definitions-Offenheit von Spiritualität Menschen unabhängig von überkommenen Religions- und Konfessionszugehörigkeiten alltagspraktisch entgegenkommt? Trägt Spiritual Care tatsächlich dazu bei, dass heutige Menschen in angeblich zunehmend religions- und konfessionsneutralen westlichen Gesellschaften spirituell (wieder) sprachfähiger werden?
Uwe Weiß zumindest hegt als evangelischer Theologe diesbezüglich große Zweifel. In Rekurs auf aktuelle sozialphilosophische Reflexionen von Hans Joas gibt Weiß zu bedenken: „Weiterhin ist selbstverständlich auch unsere konfessionsneutrale und in Teilen zunehmend religionsfeindliche Gesellschaft kein leeres, weißes Blatt. Die Werte, von denen die konfessionsneutrale Gesellschaft heute getragen wird, sind größtenteils biblisch-theologisch herleitbar und verdanken und speisen sich bis heute aus der jüdisch-christlichen Tradition. Selbst wer letzteres bestreitet, kommt nicht umhin, eine mehr als zweitausendjährige ‚jüdisch-christliche' Prägung von Kultur, Kommunikations- und Denkstrukturen ins Kalkül zu ziehen. In besonders schmerzlicher Weise deutlich wird die Naivität einer postulierten konfessionsneutralen und -freien Gesellschaft, wenn überzeugte Atheisten meinen, sich gegen religiöse Vorstellungen zur Wehr setzen zu müssen, die selbst innerhalb konfessioneller Theologien seit der frühen Neuzeit ihre Geltung verloren haben… Die schleichende Verdrängung der Konfessionalität aus der Öffentlichkeit bewirkt weniger den Gewinn zunehmender Toleranz, sondern vornehmlich den Verlust von Kompetenz und Sprachfähigkeit in Dingen der Religion oder Spiritualität."[23] Hat demnach Michael Utsch Recht, der als Referent der Evangelischen Zentralstelle für Weltanschauungsfragen 2012 die Vermutung äußert, dass Spiritual Care als ein Folgeprodukt des unaufhaltsamen Säkularisierungstrends westlicher Gesellschaften zu begreifen ist?[24] Wäre es demnach denkbar, dass die in den letzten 20 Jahren wahrnehmbaren Entkonfessionalisierungs- und Entchristlichungstendenzen innerhalb der Hospizbewegung im palliativmedizinischen Kontext mit Hilfe von Spiritual Care endgültig zum Durchbruch kommen? Andreas Heller zumindest identifiziert diesbezüglich als Feldkundiger vor Ort bereits eindeutige Hinweise: „Der Selbstanspruch ‚für alle offen' zu sein, führt heute zu einer spezifischen Praxis des Spirituellen, etwa Rituale und Symbolhandlungen, aber auch die Redeweisen und Semantiken weitgehend zu entkonfessionalisieren. Selbst ein Hospiz in kirchlicher Trägerschaft stellt sich ein und um. Die ehemalige Kapelle wird zum Gebetsraum für alle, zum ‚Raum der Stille', zum ‚Abschiedsraum', zum ‚Mediationsangebot'. Elemente islamischer und jüdischer Symbolik, multikonfessionelle und interreligiöse Texte

23 WEIß, U. (2014): Der Beitrag der Seelsorge im palliativen Versorgungsteam, 85/86.
24 Vgl. UTSCH, M. (2012): Wer sorgt für die Seele eines kranken Menschen?, 344.

und Gebetbücher akzentuieren den Ort ‚plural-religiös'. Anklänge an konfessionelle Symboliken werden vermieden, mindestens aber relativiert oder nivelliert. Universalisierung und Religionstranszendenz sind wichtiger. Es finden sich verschiedene Zeichen verschiedener weltreligiöser Traditionen oder Natursymboliken (Licht-Dunkel). Im Zuge einer weiteren Professionalisierung der Hospizarbeit und einer fachlich ökonomischen Dominanz durch Palliative Care und Palliativmedizin wird das Konfessionelle ‚anthropologisiert'."[25]
Sind derartige Entwicklungen, die durch Spiritual Care aktiv befördert werden, prinzipiell als ‚Zeichen der Zeit', sprich als zeitgemäße Reaktion auf gottgewollte gesellschaftliche Transformationsprozesse zu begreifen, oder sind sie sowohl aus theologischer als auch aus kirchlicher Perspektive – unter Aufgabe geschichtlich überholter Bestandssicherungsideologien – konfessionsübergreifend doch eher mit Sorge zu beurteilen?

3. Anthropologisches Defizit?

Dass dem Konzept Spiritual Care ein anthropologisches Defizit anhaftet, lässt sich gegenwärtig kaum verleugnen. Ob es in naher Zukunft beseitigt werden kann, oder ob das Fehlen einer in sich kohärenten Anthropologie als Hintergrundfolie für das Verständnis von Spiritual Care elementar zum Theoriedesign selbst gehört, kann an dieser Stelle nicht beantwortet werden. Fakt ist, dass der hohe Pluralitätsanspruch des Konzeptes es äußerst schwierig bis unmöglich machen wird, ein in sich schlüssiges anthropologisches Fundament entwickeln zu können. Ob es gelingen kann, aus unterschiedlichsten Weltanschauungen, philosophischen Strömungen und religiösen Traditionen anthropologische Theorieelemente nicht nur extrahieren, sondern auch miteinander schlüssig synthetisieren zu können, scheint mir äußerst fraglich. Wie soll z.B. die für den christlichen Kontext zentrale Vorstellung einer einmaligen gottgewollten Person, die zwar als ‚Staub-Wesen' durch den irdischen Tod begrenzt ist, der aber dennoch ein quantitativ andersartiges Leben nach dem Tod bei Gott versprochen ist, mit anthropologischen Vorstellungen von Reinkarnation und kosmischer Auflösung zusammengedacht werden? Auf der Basis welcher Vorannahmen soll die unantastbare Würde eines jeden Menschen begründet sein? Wenn - wie bisher - die persönliche Kenntnis und/oder Vorliebe eines Autors für ein bestimmtes Menschenbild den Ausschlag für die Erarbeitung anthropologischer Grundlagen gibt, dann wird der Vorwurf ‚steinbruchartiger' Willkürlichkeit kaum aus der Welt zu schaffen sein.

25 HELLER, A. (2014): Die Spiritualität der Hospizbewegung, 198.

Wenn es zudem nicht gelingt, einen Konsens darüber formulieren zu können, was unter *spiritus* zu verstehen ist, dann lässt sich letztlich auch kein Konsens darüber finden, worauf Spiritual Care inhaltlich abzielen soll. Ist *spiritus* eine allen Menschen angeborene Fähigkeit, die jeder Mensch selbst pflegen und die im zwischenmenschlichen Umgang gefördert werden kann? Oder handelt es sich um eine Art göttlichen Funken/Lebensodem/Hauch im Menschen, der ihn mit dem Transzendenten verbindet und letztendlich menschlicher Mach- und Beeinflussbarkeit entzogen ist? Oder handelt es sich um eine psychische Kraft/Ressource, die durch bestimmte Interventions- und Behandlungsstrategien aktiviert werden kann, um das eigene Leben bewältigen zu können? Oder markiert *spiritus* ein grundlegendes Verhältnis, in das sich der einzelne Mensch zur gesamten Welt setzt? Oder handelt es sich um eine Art Be-Geisterung, die nicht nur ein Individuum, sondern eine ganze Einrichtung inspirieren und verändern kann? Oder....?

Eine besonders weitreichende Anfrage an Spiritual Care findet sich bei Birgit Heller, die auf der Ebene anthropologischer Grundsatzüberlegungen folgende These aufstellt: „Die Behauptung, ein jeder Mensch besitze – bewusst oder unbewusst – eine spirituelle Dimension... ist problematisch... Wenn ein erheblicher Teil der Menschen sich selbst als weder religiös noch spirituell bezeichnet, sollten sie weder religiös noch spirituell vereinnahmt werden.“[26] Indem Heller prinzipiell infrage stellt, dass Menschen von Natur aus spirituelle Wesen sind, stellt sie indirekt den gesamten Ansatz von Spiritual Care zur Disposition.

Dass *spiritus* im Theoriedesign von Spiritual Care bisher hauptsächlich individuumszentriert unter weitgehender Ausblendung sozialer, struktureller und organisationaler Dimensionen reflektiert worden ist, wird inzwischen selbst von Spiritual Care Protagonisten wie Eckhard Frick und Traugott Roser selbstkritisch zur Kenntnis genommen.[27] Ulrich Körtner ermutigt deshalb dazu, einen mehrdimensionalen Spiritualitätsbegriff zu entwickeln, um der Gefahr zu entgehen, Spiritual Care als eine ausschließlich auf den einzelnen Menschen fokussierte eindimensionale Sorge-Strategie auszuweisen. Für ihn steht daher fest: „Zur Dimension der Spiritualität gehört eben auch die Frage nach den Strukturen, den Arbeits- und Lebensbedingungen in einer Klinik oder einem Pflegeheim.“[28] Ein Anliegen, das auch Stefan Dinges teilt, weshalb er für eine organisational verankerte Spiritualität plädiert, die die gesamte Einrichtungsstruktur durchtränkt.[29]

26 HELLER, B. (2014): Spiritualität versus Religion/Religiosität?, 68.

27 Vgl. ROSER, T. (2009): Innovation Spiritual Care, 53; FRICK, E. (2009): Seelsorge und Medizin, 3.

28 KÖRTNER, U. (2009): Spiritualität, 17. Vgl. DERS: (2009): Für einen mehrdimensionalen Spiritualitätsbegriff.

29 DINGES, S. (2010): Dem Lebensatem Raum schaffen. Strukturelle und organisationale Verankerung von unterstützender Spiritualität am Lebensende.

4. Instrumentalisierung von Spiritualität als Behandlungsstrategie?

Was wäre, wenn man zwar in weltweiten empirischen Studien nachweisen könnte, dass sich die Spiritualität/der Glaube eines Menschen positiv auf seine medizinische Behandlung bzw. palliative Begleitung auswirken würde, man aber zugleich zur Kenntnis nehmen müsste, dass spirituelle Interventionen im Sinne einer Spirituellen Begleitung von außen keinen derartigen Effekt auslösen oder verstärken können? Und was wäre, wenn sich sogar herausstellen würde, dass Spiritualität von kranken, leidenden und sterbenden Menschen zwar subjektiv als hilfreich erlebt wird, aber letztlich daraus kein Vorteil im Sinne einer besseren Heilungs- oder größeren Überlebenschance einherginge? Wäre Spiritual Care dann ein unnötiges, ja sogar sinnloses Angebot?
Michael Utsch und Sabine Kersebaum geben 2011 zu bedenken: „Obwohl man von präzisen Erklärungen und Theorien weit entfernt ist, legt der gegenwärtige Stand der Forschung nahe, dass sich der Glaube nicht funktionalisieren lässt."[30] In Rekurs auf Dietrich Bonhoeffer will daher auch die katholische Theologin Eva-Maria Faber in ihrer Auseinandersetzung mit Spiritual Care festgehalten wissen, dass es keinen Sinn macht, Spiritualität/Glaube auf die Funktion der Kontingenzbewältigung reduzieren zu wollen.[31] Spiritual Care sollte also nicht darauf abzielen, Spiritualität im Sinne einer bloßen Coping-Strategie zur Bewältigung von Stress, Alt-Werden, Krank-Sein und Sterben-Müssen aktivieren und therapeutisch nutzen zu wollen. Für Heike Schneidereit-Mauth, evangelische Pfarrerin und erfahrene Coachin, steht daher fest: „Der Glaube ist nicht die bessere Medizin. Spiritualität kann nicht auf Rezept verordnet werden oder gar infundiert werden. Religion und Spiritualität lassen sich therapeutisch nicht instrumentalisieren."[32] Eine Position, die auch der evangelische Theologe Ulrich Körtner vertritt: „Eine Spiritualität, die positives Denken als Wunderwaffe gegen alle somatischen Krankheiten propagiert, verkennt den Unterschied zwischen Heil und Heilung und ist nach meinem theologischen Verständnis ebenso reduktionistisch wie der neuzeitliche Materialismus."[33] Isolde Karle, die sich als Praktische Theologin intensiv mit dem Spiritual Care Ansatz auseinandergesetzt hat, hebt zwar positiv hervor, dass im hochtechnisierten Medizinbetrieb des 21. Jhdts. die heilsame Dimension von Spiritualität/Glaube im Kontext eines holisti-

30 UTSCH, M./ S. KERSEBAUM (2011): Hilfe von oben, 47. Bereits 2007 gestand selbst Traugott Roser ein: „Der Zusammenhang von Gesundheit und Spiritualität entzieht sich jedoch auch nach Erkenntnissen nordamerikanischer Untersuchungen funktionaler kausaler Zuschreibungen". ROSER, T. (2007): Spiritual Care, 245.

31 Vgl. FABER, E.M. (2012): Die Grenzen in der Mitte des Lebens, 15.

32 SCHNEIDEREIT-MAUTH, H. (2013): Spiritualität als heilsame Kraft, 415. Vgl. auch: GROM, B. (2011): Wie gesund macht der Glaube?; HAUSCHILDT, E. (2013): Glaube – ein Heilmittel?

33 KÖRTNER, U. (2009): Spiritualität, 14.

schen Palliative Care Ansatzes wiederentdeckt worden ist. Zugleich aber warnt sie ebenfalls energisch davor, heilsame Wirkungen, die sozusagen als ,Nebenwirkung' mitlaufen, offensiv herbeiführen und am Ende auch noch dokumentieren und evaluieren zu wollen. Weil sich individueller Glaube nicht behandlungsstrategisch verwenden, nutzen, instrumentalisieren und funktionalisieren lässt, gelte es, von der Vorstellung Abstand zu nehmen, Spiritual Care als eine diagnostisch abgesicherte, multidisziplinär vereinbarte, effizient durchführbare Behandlungsstrategie und damit im Rahmen eines ganzheitlichen Behandlungs- und Betreuungsplans als eine Therapieform von vielen begreifen zu wollen.[34]
Eine Sichtweise, die von Giovanni Maio geteilt wird. Unter dem provokativen Stichwort ,ökonomisierte Spiritualität' wagt er als medizinischer Insider eine verschärfte Kritik, die an dieser Stelle wegen ihres fundamentalen Charakters nicht vorenthalten werden soll: „Spiritualität wird zum bloßen Instrument eines reinen Nutzenkalküls in einem auf Effizienz ausgerichteten Dienstleistungsunternehmen Krankenhaus. Wenn man die Spiritualität nur danach bemisst, welche Wirkung sie auf das Befinden, ja sogar auf den Körper des Menschen entfalten kann, hat dies zur Folge, dass Spiritualität nur dann für relevant gehalten wird, wenn sie positive und nachweisbare Wirkungen im Individuum hervorruft. Diese funktionalistische Perspektive aber kehrt das Eigentliche der Spiritualität in ihr Gegenteil… Wer im Kontext der Spiritualität nur von Wirksamkeit spricht, macht sich eigentlich zum Opfer eines Machbarkeitsglaubens, zum Opfer einer Grundhaltung, nach der die Krankheit grundsätzlich steuerbar, behandelbar, behebbar ist, vorausgesetzt man wendet die richtigen Mittel an, und sei es das Mittel der Spiritualität. Nimmt man Spiritualität ernst, wird man diese Machbarkeitsideologie zu allererst ablegen müssen, um sich überhaupt öffnen zu können für die Tiefenschichten der Spiritualität."[35]
Dass Spiritual Care vor der Gefahr steht, Spiritualität für den Gesundungsprozess instrumentalisieren zu wollen, wurde gerade im deutschsprachigen Kontext von Protagonisten wie Eckhard Frick früh erkannt. Bereits im Jahr 2002 formulierte er in Rekurs auf US-amerikanische Einwände gegen Spiritual Care nahezu programmatisch, dass kranken Menschen nicht suggeriert werden darf, dass Spiritualität/Glaube/Gebet als eine Art hochwirksamer Heildroge Wirksamkeit entfaltet, weshalb Spiritualität nicht wie ein Antibiotikum verordnet werden kann.[36] 2011 stellte er ausdrücklich fest: „Es ist deshalb nicht möglich, Glauben als ,therapeutische Intervention' einzusetzen, wie ein Medikament, eine Strahlenbe-

34 Vgl. KARLE, I. (2010): Perspektiven der Krankenhausseelsorge, 544-545/548.
35 MAIO, G. (2013): Ökonomisierte Spiritualität, 32/33.
36 FRICK, E. (2002): Glauben ist keine Wunderdroge. Vgl. SLOAN, R. et al. (2000). Should physicians prescribe religious activities?

handlung oder eine Chirurgische Operation."[37] Im Gleichen Jahr wandte er sich zudem gegen die Vorstellung, dass sich mit Hilfe von Spiritualität Lebens-Sinn analog zu Blutkonserven als Sinnkonserve verabreichen lässt.[38] Eine Sichtweise, die er auch im Jahr 2014 beibehielt: „Spiritualität kann nicht auf ein Bedürfnis reduziert werden, das gestillt werden kann, wie Hunger, Durst oder Müdigkeit."[39] In Übereinstimmung mit den kritischen Anmerkungen Isolde Karles legte er im gleichen Jahr folgende Schlussfolgerung vor: „Es geht also nicht darum, Spiritual Care im DRG-System abzubilden, abzurechnen und in eine von vielen therapeutischen Tätigkeiten umzuwandeln."[40] Im Blick auf den erhobenen Instrumentalisierungsvorwurf von Spiritual Care gab Frick daher klipp und klar zu verstehen: „Spiritual Care will jedoch die Spiritualität nicht instrumentalisieren, um bestimmte gesundheitsbezogene Ziele zu erreichen, so erstrebenswert diese auch sind."[41] Interessanter Weise argumentiert Frick zuweilen stringent theologisch, wenn er z.B. festgehalten wissen will, dass Spiritualität nicht als eine menschliche Leistung begriffen werden kann, die z.B. durch einen Heilungserfolg institutionell verrechnet oder von Gott angerechnet werden könne. Derartige Versuche würden lediglich dazu führen, durch die Hintertür eine neue Art der ‚Werkgerechtigkeit' salonfähig zu machen, „die an die Stelle bedingungslosen Glaubens spirituelle Leistungen setzt. Ähnlich wie diätisch durch Gewichtsreduktion, Sport und Schlafhygiene oder therapeutisch durch Medikamente, Physio- und Psychotherapie oder Chirurgie soll Gesundheit ‚bewirkt' werden."[42] An anderer Stelle bezeichnet Frick jedoch Menschen, die sich für Spiritual Care engagieren als *spirituelle Leistungserbringer*, wodurch er, entgegen seiner eigenen Logik, Spiritualität und Leistung (wenn auch diesmal auf Seiten der Spirituellen BegleiterInnen) miteinander verknüpft.[43] Unkommentiert übernimmt er im gleichen Beitrag zudem eine in vielen Veröffentlichungen zitierte Graphik von L.C. Hanson, in der Personal, Angehörige und SeelsorgerInnen bedenkenlos als *Spirituelle Leistungserbringer bei schwerer Krankheit* bezeichnet werden.[44]

Noch interessanter aber ist, dass Frick in Rekurs auf den US-amerikanischen Forscher Harold Koenig im Jahr 2014 (plötzlich) die These aufstellt, dass selbst dann, wenn kein empirischer Nachweis für eine gesundheitsförderliche Wirkung von Spiritualität erbracht werden kann, die Notwendigkeit von Spiritual Care

37 FRICK, E. (2011): Spiritual Care in der Humanmedizin, 415.

38 FRICK, E. (2011): „Keine Transfusion aus der Sinn-Konserve".

39 FRICK, E. (2014): Spiritual Care. Eine neue Querschnittsaufgabe entsteht, 62.

40 FRICK, E. (2014): Pausen und Noten, 18. An anderer Stelle formuliert er programmatisch: „Spiritual Care arbeitet über klinische Ziele hinaus." DERS. (2012): Wie arbeitet Spiritual Care?, 70.

41 FRICK, E. (2012): Wie arbeitet Spiritual Care, 70.

42 FRICK, E. (2009): Spiritual Care. Ein neues Fach der Medizin, 146.

43 FRICK, E. (2011): Spiritual Care in der Humanmedizin, 411. Vgl. auch a.a.O., 412.

44 Vgl. HANSON, C.L. et al. (2008). Providers and types of spiritual care during serious illness.

nicht in Frage steht: „Das umfangreiche Wissen über die Zusammenhänge von spirituellen Einstellungen, Praktiken, Religionszugehörigkeiten einerseits und Gesundheits-Outcomes andererseits bildet nicht die ‚ratio essendi' für Spiritual Care. Auch wenn es überhaupt *nichts* nützten würde zu beten und völlig irrelevant wäre, auch dann wäre Spiritual Care etwas, worum wir uns kümmern müssen, *und zwar weil es zum Menschsein gehört.*"[45] Mit dieser programmatischen Grundsatzaussage entkoppelt Frick äußerst geschickt Spiritual Care von den Ergebnissen empirischer Grundlagenforschung. Unabhängig davon, ob vergangene, gegenwärtige oder zukünftige Forschungsergebnisse einen Zusammenhang zwischen Glaube/Spiritualität und Gesundheit nachweisen können oder nicht – die Existenzberechtigung von Spiritual Care wird dadurch nicht tangiert! Zugleich heißt dies aber auch, dass der anthropologischen Fundierung künftig ein weitaus höheres Gewicht als bisher beizumessen ist. Die Notwendigkeit der Erarbeitung einer in sich stimmigen anthropologischen Begründung rückt dadurch mehr und mehr in den Mittelpunkt.

5. Spirituelles Assessment?

Obgleich Monika Renz Spiritual Care als Psychoonkologin durchaus positiv gegenübersteht, gibt sie zu bedenken: „Trotzdem gibt es berechtigte Zweifel, ob Assessmentinstrumente in der Spiritual Care angemessen und sinnvoll sind."[46] Tatsächlich sind im englisch- und deutschsprachigen Raum diesbezüglich immer häufiger (selbst)kritische Anfragen zu vernehmen,[47] weshalb im Folgenden clusterhaft näher auf sie eingegangen werden soll:

- ***Vertrauensbasis***? Für Spiritual Care gilt eine Voraussetzung, die Ingrid Hametner als Palliative Care Spezialistin auf den Punkt bringt: „Es ist unbestritten, dass es einer vertrauensvollen Beziehung zwischen den professionell tätigen Berufsgruppen und den Klienten/Patienten bedarf, um spirituelle Bedürfnisse ansprechen zu können."[48] Oder, wie Birgit und Andreas Heller es formulieren: „Spiritual Care ist keine planbare Technik, sondern wächst aus Beziehungen."[49] Weil dem so ist, gestehen Margit Gratz und Traugott Roser offen ein: „Die Begrenzung – und hier unterscheidet sich Spiritual Care von Palliativmedizin – besteht darin, dass in der ersten Begegnung nicht unmittel-

---

45 FRICK, E. (2014): Spiritual Care. Eine neue Querschnittsaufgabe entsteht, 62. Vgl. FRICK, E. (2012): Spiritual Care zwischen Kirche, Theologie und Medizin, 22-23.

46 RENZ, M. (2014): Hoffnung und Gnade, 165.

47 Vgl. z.B. ROSS, L./ W. McSHERRY (2010): Considerations for the future of spiritual assessment; JOHNSON, C. (2010): Dilemmas of spiritual assessment.

48 HAMETNER, I. (2011): 100 Fragen zu Palliative Care, 78.

49 HELLER, B./ A. HELLER (2011): Spiritualität und Spiritual Care, 17.

bar erkennbar ist, was das spirituelle Leiden ausmacht. Die Behandlung physischer Schmerzen kann kurzfristig nach Leitlinien und Erfahrungswerten unverzüglich und verhältnismäßig regelhaft erfolgen. Die Erkundung eines spirituellen Schmerzes bedarf intensiver und mitunter zeitaufwendiger Gespräche. Sie ist nur schwer in Leitlinien zu fassen."[50] Wenn dies zutrifft, wie kann dann in Erstkontakten/Erstgesprächen eine sich an formalisierten Leitlinien entlanghangelnde spirituelle Anamnese erhoben werden? Ist es wirklich sinnvoll, dass ein fremder Mensch in einer vielleicht einmaligen Begegnungssituation (z.B. Aufnahmegespräch) den Versuch unternimmt, den spirituellen Status eines kranken, sterbenden oder trauernden Menschen erheben, sprich eventuell vorhandene spirituelle Leiden wahrnehmen, spirituelle Bedürftigkeiten feststellen und für KollegInnen nachvollziehbar dokumentieren zu wollen? Besteht nicht sogar die Wahrscheinlichkeit, dass ein derartiges Vorgehen Verwirrung, Aufregung, ja vielleicht sogar inneren und äußeren Widerstand erzeugt?[51] Als Therapeutin weist Monika Müller daher gemeinsam mit Lukas Radbruch und Monika Kern darauf hin, dass ein spirituelles Assessment gerade bei der ersten Kontaktaufnahme auf beiden Seiten dazu führen kann, dass durch das Ansprechen der intimen und oftmals lebensgeschichtlich nicht unbelasteten spirituellen Thematik die Unvoreingenommenheit und Unbeschwertheit der Beziehungsaufnahme verlorenzugehen droht. Im Blick auf Mitarbeitende, die dazu angehalten sind, spirituelle Fragebögen auszufüllen, warnen sie zudem davor, dass „Fragebögen bestenfalls zu einem Alibi für die Behandler werden („Bei uns wird Spiritualität erfasst"), schlimmstenfalls aber zu einer Belastung für den Patienten, der zu Antworten auf private und persönliche Fragen aufgefordert wird, ohne davon Nutzen zu ziehen."[52] Als evangelische Theologin ermutigt deshalb Isabelle Noth dazu, eine Art spirituelle Verweigerungshaltung einzunehmen: „Wenn ich Messinstrumente wie SPIR anschaue… so ist meine spontane Reaktion als Seelsorgerin: Hoffentlich getraut sich die Person angesichts der Asymmetrie von Arzt und PatientIn, die Auskunft auch zu verweigern. Gerne möchte ich von Seiten der Seelsorge sagen: Das sind Dinge, die man nicht abfragt, sondern erfährt, und zwar, wenn man das Vertrauen einer Person gewonnen hat."[53]

50 GRATZ, M./ T. ROSER (2014): Spiritualität in der Medizin, 237. Vgl. auch ROSER, T./ M. GRATZ (2011): Spiritualität in der Sterbebegleitung, 57.

51 Eine Gefahr, auf die Bruce Rumbold bereits vor Jahren im nordamerikanischen Kontext aufmerksam gemacht hat. Vgl. RUMBOLD, B. (2002): Summary, 223.

52 MÜLLER, M. u.a. (o. J.): Spirituelle Begleitung.

53 NOTH, I. (2014): Seelsorge und Spiritual Care, 113.

- ***Schutz-Raum?*** „Wie kann ein Anamnesegespräch in einem Großklinikum tatsächlich der Ort spiritueller Selbstmitteilung sein?“[54] Eine kritische Anfrage, die nicht einfach von der Hand zu weisen ist! Damit Menschen sich gegenüber sich selbst und anderen spirituell öffnen können, braucht es gerade in einer hochbeschleunigten Klinik einen ent-schleunigten Frei- und Schutzraum, der möglicherweise in palliativen Einrichtungen wie Hospizen eher gewährleistet ist. Gegen das vorgebrachte Orts-Argument wäre einwendbar, dass KlinikseelsorgerInnen doch auch mitten in der hochkomplexen Organisation Krankenhaus spirituell unterwegs sind. Im Unterschied zu MitarbeiterInnen, die zusätzlich zum alltäglichen Zeitdruck auch noch spirituelle Fragebögen ausfüllen sollen, stehen diese jedoch ausdrücklich für Ent-Schleunigung. Als nicht zum System Gehörige betreten sie mit den kranken Menschen und deren Angehörigen sozusagen einen Ausnahme-Raum, in dem unstandardisiert alle Themen mit entsprechendem Zeitaufwand besprechbar werden, die ein Mensch *von sich aus (!)* besprechen möchte.
- ***Abfragbarkeit?*** Erhard Weiher stellt als Priester die Frage in den Raum, ob spirituelle Anamnesebögen vielleicht prinzipiell der falsche Weg sind, um individuellen spirituellen Bedürfnissen auf die Spur zu kommen. Er vermutet, „dass solche ausdrücklichen Befragungen eher die abfragbare und von den Klienten benennbare (‚objektivierbare‘) Seite ihrer Spiritualität zum Vorschein bringen. Bei weitem nicht alle Menschen aber können über ihren ‚Glauben‘ zureichend Auskunft geben. Und bei weitem nicht alles, was für einen Menschen zutiefst bedeutsam und erfüllend ist, was ihm letztlich ‚heilig‘ ist, kann mit ausdrücklichen Befragungen (‚spirituelle Anamnese‘) hinreichend benannt werden.“[55] Ebenso wie der Caritaswissenschaftler Klaus Baumann ist ihm daran gelegen, den Glauben nicht zu ‚vermessen‘, sondern den Geheimnischarakter menschlicher Spiritualität so gut es geht zu schützen.[56] Aus der Perspektive der Klinikseelsorge macht Uwe Weiß zudem darauf aufmerksam, dass Spiritualität keine statische Größe ist, die individuell wählbar und von anderen abfragbar ist. Gerade in Krisensituationen darf nicht erwartet werden, dass Menschen bereits von Anfang an wissen, woran sie genau glauben, was ihnen spirituell fehlt oder gut tut. Gerade diejenigen, die alle Fragen nach Spiritualität/Glaube als nicht relevant abtun, könnten diejenigen sein, die in der Krise spirituell zutiefst erschüttert werden oder plötzlich Entdeckungen spiritueller Art machen. Ein auszufüllender Anamnese-Bogen geht

54 HELLER, B./ A. HELLER (2011): Spiritualität und Spiritual Care, 18.

55 WEIHER, E. (2014): Spiritualität und Würdeempfinden, 417.

56 Vgl. BAUMANN, K. (2011): „Vermessung des Glaubens“ und Geheimnis des Menschen.

an dieser Wirklichkeit seines Erachtens geradezu naiv vorbei.[57] Folgende Fragestellung behält daher auch künftig ihren Stachel: „Lassen sich spirituelle Einstellungen abfragen wie Diätbesonderheiten?“[58]

- ***Erfassbarkeit?*** Falls man Menschen tatsächlich zum rechten Zeitpunkt nach ihren spirituellen Einstellungen, Leiden, Schmerzen, Ressourcen und Bedürfnissen fragen kann, dann gilt es, über die dafür geeignete methodische Vorgehensweise nachzudenken. Birgit und Andreas Heller fragen daher kritisch an: „Wie kann das, was Menschen als Grundlage ihrer Existenz erfahren, statistisch erfasst, zahlenmäßig operationalisiert und gemessen werden?“[59] Auf dem Hintergrund ihres reichen Erfahrungsschatzes mit kranken und sterbenden Menschen hat bereits Cicley Saunders vor Jahrzehnten nüchtern konstatiert: „Time at the end of life is often a matter of depth rather than of length and some experiences are impossible to evaluate or quantify.“[60] Ist diese Sichtweise inzwischen überholt? Michael Utsch und Sabine Kersebaum, die sich mit empirischen Forschungsdesigns auseinandergesetzt haben, können dies zumindest im Jahr 2011 nicht bestätigen: „Intime religiöse Erfahrungen unterliegen offenbar Gesetzmäßigkeiten und Mechanismen, die wir mit herkömmlichen, funktionell orientierten Methoden nicht erfassen können.“[61] Helfen spirituelle Anamnesebögen hier weiter? Eckhard Frick, der diesbezüglich im deutschsprachigen Raum unbestritten Pionierarbeit geleistet hat, gestand 2002 selbst ein: „Ist ein Mensch erst einmal erkrankt, können seine von der Krankheit unabhängigen Persönlichkeitseigenschaften nur mehr im Rückblick (‚retrospektiv‘) erfasst werden, was den Blick erheblich trübt: Es kommt zu einer Vermischung von spirituellen Fragen mit Einflussfaktoren der Krankheitsverarbeitung, Veränderungen der Lebensqualität durch die Erkrankung... Viel wichtiger (allerdings methodisch auch sehr schwer zu erfassen) ist die Frage, wie sich seine Spiritualität angesichts einer schweren Erkrankung entwickelt, ob sie gegebenenfalls eine Ressource der Krankheitsbewältigung darstellt.“[62] Wenn dem so ist, wie sinnvoll ist dann aber die methodische Vorgehensweise einer Befragung mit Hilfe eines standardisierten Fragebogens im Erstkontakt?

---

57 WEIß, U. (2014): Der Beitrag der Seelsorge im palliativen Versorgungsteam, 85.

58 HELLER, B./ A. HELLER (2014): Spiritual Care, 37.

59 A.a.O., 37.

60 SAUNDERS, in: HOLDER-FRANZ, M. (2012): „...dass du bis zuletzt leben kannst“, Fußnote 17.

61 UTSCH, M./ S. KERSEBAUM (2011): Hilfe von oben, 47.

62 FRICK, E. (2002): Glaube ist keine Wunderdroge, 42. 2009 vertrat Frick in einem Vortrag folgende These: „Hingegen sind Gebet, Rituale, liturgische Feiern und kirchliche Verkündigung höchstens indirekt ‚messbar‘. Wie die Kunst, gehören sie zur Ontologie des Spiels, das sich unserer Objektivierung und Manipulation entzieht.“ FRICK, E. (2009): Seelsorge und Medizin.

- ***Defizitorientierung?*** Ein weiterer, immer wieder auftauchender Einwand gegen spirituelle Assessmentverfahren ist der, dass das gesamte Vorgehen als stark Defizit-orientiert und weniger als Ressourcen-orientiert ausgewiesen wird.[63] Standardisiert erfasst würden spirituelle Defizite wie fehlendes Kohärenzgefühl, fehlender Sinn und fehlender Gottesbezug. Können Defizite identifiziert und dokumentiert werden, gilt es, analog zu physischen und psychischen Defiziten, Defizit-Beseitigungsmaßnahmen effizient in die Wege zu leiten. Für Birgit und Andreas Heller eine paternalistisch anmutende Vorstellung, weshalb sie spirituelle Assessmentverfahren prinzipiell als obsolet einstufen: „Die Vorstellung, dass die festgestellten spirituellen Bedürfnisse eines Kranken zu einer Kategorie der Pflegeplanung werden, die dann bei der Dienstübergabe im Schichtwechsel zu bedienen ist, mutet eigenartig instrumentalisierend an… Spiritual Care als Haltung der Resonanzfähigkeit und Offenheit für existentielle Nöte und Wünsche, für Fragen oder Entschiedenheiten bedarf keines Assessments."[64]

6. Spirituelle Kompetenz?

Ein gravierender Einwand gegen Spiritual Care besteht darin, dass bisher (weltweit) nicht eindeutig geklärt werden konnte, *wer* sich *welche* spirituellen Kompetenzen *wie* aneignen soll, um wirklich kompetent als Spiritueller Begleiter/ Begleiterin tätig werden zu können.

Wenn tatsächlich, wie es konzeptionell vorgesehen ist, alle Teammitglieder spirituell sensibilisiert sein sollen, die meisten aber eine Sensibilisierung für Spiritualität/Glaube/Religion aufgrund der vorherrschenden gesellschaftlichen Rahmenbedingungen heutzutage nicht mehr automatisch mitbringen, müssen dann nicht nahezu alle mit entsprechendem Zeit- und Finanzaufwand spirituell zusatzqualifiziert werden? Gilt dann nicht folgendes Szenario, das Andreas Heller skizziert?: „Also werden alle zu Experten und Expertinnen von Spiritual Care, geschult in Schnellverfahren, ausgestattet mit Assessment-Instrumenten in Sachen Spiritualität, im Erbringen von ‚spirituellen Zusatzleistungen."[65] Nach welchen Kriterien wäre dann aber zu entscheiden, wer zur Mehrzahl derer gehört, die lediglich eine vielleicht sogar hausintern organisierte ‚spiritual-light' Basis-Schulung durchlaufen, und welche Personengruppe auf eine Art extern durchgeführte ‚spiritual-kompakt' Spezial-Schulung geschickt wird? Sollte die Entscheidung darüber ausschließlich bei den betroffenen Personen selbst oder im Ermes-

63 Vgl. HELLER, B./ A. HELLER (2011): Spiritualität und Spiritual Care, 17.

64 HELLER, B./ A. HELLER (2014): Spiritual Care, 37/40.

65 HELLER, A. (2014): Christliche Krankenhausseelsorge, 91.

sen der zuständigen Leitung liegen? Verfügt dann lediglich die zweite Personengruppe über die notwendige Qualifikation zur offiziellen Spirituellen Begleitung? Welche Konsequenz hat es dann aber, wenn ein Patient oder Angehöriger von seinem konzeptionell zugedachten Recht Gebrauch macht, seinen spirituellen Begleiter selbst auswählen zu dürfen und sich lediglich einen Basis-qualifizierten Mitarbeiter erwählt? Darf dieser, wenn er/sie für Spiritual Care nicht freigestellt ist, vielleicht noch den spirituellen Anamnesebogen ausfüllen, die spirituelle Begleitung muss er aber den ausdrücklich dafür Zusatzqualifizierten überlassen?

Heike Schneidereit-Mauth meldet zudem grundsätzliche Bedenken an, ob in mehr oder minder kurzen Schulungen und Zusatzqualifikationskursen MitarbeiterInnen jeglicher Fachrichtung tatsächlich die notwendigen Kompetenzen angereicht werden können, dass diese weder sich noch anderen Menschen im spirituellen Bereich (zusätzlichen) Schaden zufügen, denn: „Die spirituellen Bedürfnisse von Patienten und Patientinnen sind oft sehr komplex und verlangen ebenso wie andere medizinische Spezialgebiete eine fundierte Ausbildung. Eine professionelle theologische und seelsorgliche Qualifikation garantiert zwar kein religiöses Coping, erhöht aber die Wahrscheinlichkeit, dass Spiritualität als gesundheitsfördernde Ressource entdeckt und erlebt wird.“[66]

Wer soll zudem nach welchen Kriterien darüber entscheiden können, welche Einrichtungen (Aus- und Fortbildungsinstitute, Hochschulen, Universitäten etc.) in welcher Trägerschaft (staatlich, privat, religiös, verbandlich etc.) welche Zusatzqualifikationskurse in Spiritual Care/Spirituelle Begleitung anbieten dürfen? Braucht es demnach künftig einen berufsverbandlichen Zusammenschluss aller Spirituellen BegleiterInnen, wo verbindliche Qualifikationsanforderungen formuliert und Ausbildungswege evaluiert werden? Könnte es sein, dass Spiritual Care einen völlig neuartigen Ausbildungssektor mit entsprechenden Berufskarrieren schafft, obgleich bisher völlig offen ist, ob es überhaupt möglich ist, ‚spirituell-religiös unmusikalische Menschen‘ in relativ kurzer Zeit spirituell-religiös kompetent zu machen? Zumindest Birgit und Andreas Heller führen kritisch ins Feld, dass spirituelles Lernen als ein lebenslanger Prozess zu begreifen ist, der vielleicht so etwas wie Spirituelle Lehrer/Meister braucht, die jedoch persönlich zu suchen und nicht leicht zu finden sind.[67]

Dass spirituelle Kompetenz etwas anderes beinhaltet als medizinische Kompetenz und Pflege-Kompetenz ist evident. Ebenso offensichtlich ist aber auch, dass die konzeptionell eingeforderten spirituellen Kompetenzen und Vorgehensweisen sich häufig mit psychologisch-psychotherapeutischen Kompetenzen und

66 SCHNEIDEREIT-MAUTH, H. (2013): Spiritualität als heilsame Kraft, 418.

67 Vgl. HELLER, B./ A. HELLER (2011): Spiritualität und Spiritual Care, 17.

Vorgehensweisen überschneiden, wodurch alltagspraktisch Rollenvermischungen, Zuständigkeits- und Kompetenzrangeleien nahezu vorprogrammiert sind. In der Literatur wird zwar immer wieder darauf hingewiesen, dass die Aneignung spiritueller Kompetenz nicht nur den PatientInnen/Angehörigen, sondern im Sinne einer (spirituellen) Burnout-Prophylaxe auch den MitarbeiterInnen selbst zugutekommt.[68] Zugleich aber geht kein Weg daran vorbei, ebenfalls darauf hinzuweisen, dass Spiritual Care tatsächlich ein hohes Maß an spiritueller Kompetenz einfordert, weshalb Birgit und Andreas Heller kritisch in die Waagschale legen: „Spiritual Care verfolgt hohe Ziele und kann zu einem Überforderungsprogramm für alle Beteiligten ausarten."[69]

7. Unzulässige Systemvermischung?

Im Kontext systemtheoretischer Theoriebildung stellt sich Isolde Karle aus theologischer Perspektive die Frage, welche Möglichkeiten und Grenzen der Systemkompatibilität zwischen den Funktionssystemen *Religion* und *Medizin* gegenwärtig ausmachbar sind. Beide Systeme treffen sich ihrer Beobachtung nach in der (Wieder)Entdeckung der Bedeutsamkeit von Religiosität und Spiritualität. Während die (christliche) Religion den Zusammenhang von Heil und Heilung und damit die therapeutische Qualität von Religiosität unter spätmodernen Bedingungen neu entdeckt, öffnet sich die Medizin parallel dazu für die therapeutische Qualität von Spiritualität, weshalb sich zumindest im Palliativsektor über Spiritual Care eine Integration spiritueller Diagnostik und Therapie in den Behandlungsplan abzeichnet. Für Karle lässt sich daraus ableiten: „Beide Funktionssysteme reagieren auf je ihre Weise mit Amalgierungen von Religion und Gesundheit."[70] Karle behauptet nicht (!), dass beide Funktionssysteme prinzipiell inkompatibel sind. Dass beide Systeme jedoch oftmals relativ inkompatibel erscheinen, weil unterschiedliche Menschenbilder, Werte, Verständnisse von Krankheit, Gesundheit und Heilung aufeinandertreffen, gilt es aus systemischer Perspektive zur Kenntnis zu nehmen. Weder unreflektierte Amalgierung noch strikte Systemtrennung lassen sich demnach als zeitgemäße Strategien qualifizieren. Eine folgenreiche Beobachtung, denn dies impliziert, dass sich weder Seelsorge noch Spiritual Care dem medizinischen System und dessen Spielregeln totaliter ausliefern darf, wie Karle ausführlich erläutert. Folgende ironisch bis scharf formulierte Replik Eckhard Fricks auf Karles Positionierung scheint mir daher an der kritischen Position Karles im Kern vorbeizugehen: „Innerhalb von

68 Vgl. KRÖLL, W./ S. RITTER (2014): Mitarbeiterzufriedenheit, 112-113.

69 HELLER, B./ A. HELLER (2014): Spiritual Care, 38.

70 KARLE, I. (2010): Perspektiven der Krankenhausseelsorge, 539.

Kirche und Theologie gibt es markante Positionen derjenigen, die auf der Unverbundenheit der Systeme mit ihren jeweiligen binären Codierungen bestehen. Der medizinische Code ‚gesund versus krank' gilt als unübersetzbar gegenüber dem religiösen Code ‚immanent versus transzendent'. Spiritual Care erscheint so als unzulässige Vermischung beider Systeme, semantisch als unbrauchbares spirituelles Esperanto und fachlich als seelsorgliches Dilletantentum."[71]
Interessanter Weise scheint jedoch weniger in theologischen als vielmehr in bestimmten medizinischen Kreisen die Behauptung der Systeminkompatibilität argumentativ benutzt zu werden, um Spiritual Care zu diskreditieren. Frick selbst verweist z.B. auf US-amerikanische Positionen wie die seines Kollegen P. Salander, Claudia Kohl-Reichenbach dagegen auf den im Schweizer Ärzteblatt publizierten Beitrag von Erhard Taverna, in dem der Vermischungsversuch von Religion/Spiritualität und Medizin in Form von Spiritual Care sogar als ‚Hexengebräu' diffamiert wird.[72]
Dass gerade ÄrztInnen oftmals Schwierigkeiten mit Spiritual Care haben, mag Folge dessen sein, dass innerhalb der säkularisierten Europäischen Medizin ÄrztInnen professionelle Neutralität im Blick auf weltanschauliche und religiöse Positionen abverlangt wird. Eine Sichtweise, die Eckhard Frick teilt, wie folgende Textpassage belegt: „Das Neutralitäts-Prinzip ist eine unaufgebbare regulative Idee, damit der Patient nicht normativ manipuliert wird, damit Wertdiskurse offen deklariert werden."[73] Zugleich aber postuliert er: „Das Neutralitätsprinzip muss gegen Patienteninteressen abgewogen werden, insbesondere dürfen die spirituellen Bedürfnisse und Optionen nicht im Namen der Neutralität vernachlässigt werden."[74] Eine hierzu diametral entgegengesetzte Position nimmt eine Forschergruppe um Hilarion Petzold ein, die sich aus psychotherapeutischer Sicht entschieden, aber unpolemisch, dagegen zur Wehr setzt, dass die Systeme Wissenschaft und Glaube z.B. durch eine Spirituelle Psychotherapie oder Spiritual Care vermischt werden.[75]
Angesichts der zunächst unversöhnlich erscheinenden Positionen hat vor kurzem Walter Schaupp aus theologischer Perspektive einen zeitgemäßen Vermittlungsvorschlag zur Diskussion gestellt. Seines Erachtens besteht die Gefahr,

71 FRICK, E. (2014): Spiritual Care – ein Zeichen der Zeit, 285-286. In der dazugehörigen Fußnote des wiedergegebenen Zitates führt Frick auch meinen Namen an. Zur Klarstellung betone ich an dieser Stelle ausdrücklich, dass auch ich (als Theologin und Medizinerin in Personalunion) nicht (!) die markante Position vertrete, dass beide Systeme inkompatibel sind!

72 Vgl. FRICK, E. (2014): Spiritual Care – ein Zeichen der Zeit?, 287; KOHLI-REICHENBACH, C. (2014): Spiritualität im Care-Bereich, Fußnote 3; TAVERNA, E. (2012): Mehrwert ‚Spiritualität'.

73 FRICK, E. (2009): Spiritual Care – Nur ein neues Wort?, 234.

74 A.a.O., 234.

75 PETZOLD, H. u.a. (2010): Psychotherapie und ‚spirituelle Intervention'? Eine ähnliche Position vertritt auch Anton Leitner: LEITNER, A. (2010): Handbuch Integrative Therapie, 119.

„dass auf der Linie der klassischen Säkularisierungsidee das Krankenhaus als ein möglichst neutraler Ort angesehen wird, wo Religion öffentlich und intersubjektiv nicht, oder möglichst wenig präsent sein soll. Kommunikation und Handeln aller Beteiligten sollen möglichst vollständig durch die Rationalität der medizinischen Wissenschaft bestimmt werden, um den Heilerfolg zu optimieren. Religiös-spirituelle Anschauungen und Bedürfnisse erscheinen unpassend und stören, sobald sie geäußert werden, weil sie mit einem rationalen und aufgeklärten Welt- und Menschenbild als nicht vereinbar gelten… Eine solche Marginalisierung des Religiösen kann die sichtbare Ebene der Gegenstände und Räume betreffen, die von aller religiöser Symbolik freigehalten werden, sie kann aber auch die Kommunikationsprozesse zwischen Ärzten, Pflegenden, PatientInnen und Angehörigen betreffen, aus denen religiös-spirituelle Fragen ausgeklammert werden.“[76] Alternativ hierzu votiert er dafür, die Vorstellung aufzugeben, beim Religionssystem handle es sich um ein unwissenschaftliches irrationales und deshalb für das medizinische System inkompatibles System. Er schlägt vor, Spiritualität/Glaube nicht einfach als irrational abzustempeln, sondern als eine andere Form der Weltdeutung mit eigener Logik ernst zu nehmen: „Die gesellschaftlichen Entwicklungen zeigen, dass beide Formen von Weltdeutung, nämlich wissenschaftliche und spirituell-religiöse, langfristig in ein Verhältnis gebracht werden müssen, wo sie einander nicht bekämpfen bzw. auf das Verschwinden des jeweils anderen hoffen, sondern, trotz aller Verschiedenheit, positiv ergänzen… Dass Menschen ganz allgemein, besonders aber im Umgang mit Krankheit, Leid und Tod nach etwas suchen, das über die nüchterne Logik empirischer Evidenz und technischer Effizienz hinausgeht, sollte als etwas Normales anerkannt und respektiert und nicht als irrational oder unaufgeklärt abgewertet werden. Andererseits müssen natürlich offensichtlich schädliche Auswirkungen alternativer Heilverfahren oder fragwürdiger spirituell-religiöser Praktiken verhindert werden.“[77]

8. Beitrag zum gesellschaftlich erwünschten normierten Sterben?

Spiritual Care im Kontext von Palliative Care ist automatisch mit Krankheit, Sterben und Tod konfrontiert. Weil sich in palliativen Einrichtungen gesamtgesellschaftliche Entwicklungen und Erwartungen brennpunktartig verdichten, wird Spiritual Care in den Sog einiger grundlegender kritischer Anfragen, die im Folgenden angedeutet werden, ebenfalls automatisch mit hineingesogen.

76 SCHAUPP, W. (2014): „Wiederkehr des Religiösen“, 24.

77 A.a.O., 25/26.

Soziologische Forschungsergebnisse bescheinigen westlich geprägten spätmodernen Gesellschaften eine eigentümlich ambivalente Grundhaltung im Umgang mit dem Tod.[78]

Einerseits ist eine erstaunliche *Enttabuisierung*, ja sogar eine Art neue Popularität der Thematik Tod feststellbar. Über Sterben und Tod wird zunehmend öffentlich diskutiert, wobei Sterben immer weniger als schicksalhaftes, sondern als selbstbestimmtes, systematisch geplantes und zeitlich terminiertes Geschehen betrachtet wird. Zunehmend wird davon ausgegangen, dass Menschen ihr Sterben wortwörtlich ‚selbst in die Hand nehmen', d.h. dass sie nicht nur über ihr Leben, sondern auch über ihr Sterben selbst ‚verfügen' und beides unter nicht unbeachtlichem gesellschaftlichem Druck aktiv ‚gestalten'.[79] Dadurch aber geraten Sterbende und deren Angehörige in eine Dilemma-Situation, die Andreas Heller als Palliative Care Spezialist in Analogie zur soziologisch gewonnenen Klassifizierung unserer auf Individualität und Pluralität gründenden westlichen ‚Multioptionsgesellschaft' forsch als ‚Multioptionsdilemma des Sterbens' bezeichnet, wobei er pointiert hervorhebt: „Wir werden gezwungen, über die Dramaturgie unseres Altwerdens und Sterbens zu ‚verfügen', den Ort und das Wie des Sterbens zu wählen. Letztlich sollen wir Vorsorge dafür treffen, wer wie für uns sorgt, wenn wir es allein nicht mehr vermögen: Maximaltherapie versus Minimaltherapie, kurativ versus palliativ, palliativ sediert oder terminal sediert, mit Suizidassistenz, hier oder anderswo und so weiter. Wir sollen das Projekt unseres Lebens und Sterbens zu Ende planen, bis in die Bestattungsform hinein: Erd-, Feuer-, Luft-, Wasserbestattung, anonyme Bestattung oder diamantene Bestattung und was es sonst an pluralen Möglichkeiten gibt – exquisit oder zu Discountpreisen... Sterben, Tod und Bestattung gelten als ein Kleinunternehmen der Selbstinszenierung – das letzte private Theater auf der Bühne des verlöschenden Lebens, sorgfältig choreographiert, mit entsprechenden Regieanweisungen, um vielleicht ein letztes Mal die Aufmerksamkeit des betroffenen Publikums zu binden."[80]

Trotz des neu erwachten öffentlichen Interesses am Tod, zeichnet sich zugleich aber auch die Tendenz ab, dass immer mehr Menschen davor zurückschrecken, ihre Mit-Menschen mit ihrem Tod zu belasten bzw. zu belästigen. Die drastisch steigende Zahl von Anonymbestattungen scheint darauf hinzuweisen, dass immer mehr Menschen sich selbst entsorgen, wodurch sie auf gesellschaftlicher Ebene den Tod durch seine Unsichtbarmachung letztlich nicht nur verharmlo-

78 Vgl. KNOBLAUCH, H. (2011): Der populäre Tod?; KRÄMMER, J. (2014): Vom Wandel des Umgangs mit den Themen Tod und Sterben.

79 Vgl. DANIELS, A. (2014): Wie wollen wir sterben?; BREDOW, R. u.a. (2012): Zu blau der Himmel.

80 HELLER, A. (2014): Wider die Verobjektivierung des Sterbens!, 34/35.

sen, sondern einer neuartigen Form gesellschaftlicher *Tabuisierung* von Sterben und Tod Vorschub leisten.[81]

Nimmt man zudem ernst, dass wir gegenwärtig auch in Deutschland unter gesellschaftlichen Bedingungen leben (müssen), die immer komplexer und undurchschaubarer werden, weshalb wir nahezu reflexhaft in allen Arbeits- und Lebensbereichen immer mehr Normierungs- und Kontrollmechanismen einbauen, um der Komplexität Herr zu werden, dann wird sich auch der Palliativsektor, in dem sich neben Krankenhäusern und Altenheimen institutionalisiertes Sterben unter der Prämisse gesellschaftlich gewünschter Plan- und Machbarkeit abspielt,[82] dem gesellschaftlich um sich greifendem Kontroll- und Normierungsdruck kaum entziehen können. Eine Annahme, die gemäß Birgit und Andreas Heller längst die Alltagsrealität wiederspiegelt: „In einer Gesellschaft und erst recht in Krankenversorgungssystemen, die danach trachten, alles unter Kontrolle zu haben, ist es üblich, Sterben und Trauern zu domestizieren, in Phasen einzuteilen oder durch Qualitätskontrollen einzuhegen. Es erleichtert den Umgang mit dem Unkontrollierbaren, wenn Ordnungsschablonen zur Verfügung stehen."[83] Hellers attestieren nicht nur der Gesellschaft als Ganzer, sondern gerade auch dem Gesundheitssystem eine Art flächendeckenden Normierungszwang: „Eine Kontrollsucht, die natürlich auch den Bereich des Sterbens dem Qualitätsmanagement unterwirft, ihn normiert, definiert und das Sterben zu einer behandlungspflichtigen Diagnose macht."[84]

Fakt jedoch ist, dass weder individuelles Leben, noch individuelles Sterben im Sinne eines normierten ‚gelingenden Lebens' oder eines normierten ‚gelingenden Sterbens' vollständig unter Kontrolle gebracht werden können. Volkmar Schmuck ruft deshalb dazu auf, sich gegen eine gesellschaftlich sanktionierte ‚Tyrannei des gelingenden Sterbens' aktiv zur Wehr zu setzten.[85] Und Andreas Heller ruft in Erinnerung: „Die semantischen Surrogate von Symptomkontrolle, von ‚total pain management', Anleihen an eine sozialtechnologische Managementsprache, die unterstellt, man würde das Problem mit dem Sterben schon in den Griff kriegen, brechen sich an der Realität. Das Sterben von Menschen ist eben nicht fabrikmäßig, im Modus eines omnipotenten Qualitätsmanagements planbar. Es ist immer auch anarchistisch, unheimlich, eben nicht herstellbar, es sei denn um den fürchterlichen Preis einer auf Sterbeproduktion angelegten, bürokratisch inszenierten Entsorgungspraxis."[86]

81 Vgl. HELLER, B./ A. HELLER (2014): Spiritual Care, 22.

82 Vgl. FINK, M. (2012): Vom Schicksal zum ‚Machsal'. Beobachtungen zur Institutionalisierung des Sterbens.

83 HELLER, B./A. HELLER (2014): Spiritual Care, 36.

84 A.a.O., 24.

85 Vgl. SCHMUCK, V. (2014): Wider die Tyrannei gelingenden Sterbens.

86 HELLER, A. (2014): Die Spiritualität der Hospizbewegung, 208.

Was aber bedeutet dies für Spiritual Care? Trägt Spiritual Care gesellschaftlichen Bedürfnissen und Erwartungen Rechnung, die eigentlich um aller Beteiligten willen zu kritisieren wären? Soll, wie Ralph Charbonnier anfragt, mit Hilfe von Spiritual Care besonders im Kontext von Palliative Care das Sterben im Sinne eines ‚gelingenden Sterbens' durch Planung, Kontrolle, Harmonisierung und Ästhetisierung, die den ‚Stachel des Todes' herunterspielt, unter Kontrolle gebracht werden?[87] Für Andreas Heller ein nicht einfach von der Hand zu weisender Verdacht angesichts folgender persönlicher Wahrnehmung: „Der individuelle Tod, ruhig, friedlich, sanft, mit entsprechender Abschiedsbereitschaft, hat sich sozusagen als normative, soll man sagen ‚spirituelle Leitfigur' herausgeschält."[88] Eine Wahrnehmung, die Frank Mathwig durchaus teilt. In seiner theologischen Auseinandersetzung mit Spiritual Care kritisiert er ebenfalls das ‚Harmoniediktat' der ‚neuen Spiritualität' und plädiert in Rekurs auf Sigmund Freud dafür, in der spirituellen Begleitung von Menschen die Grausamkeit des Schicksals, Erfahrungen von abgrundtiefer Sinnlosigkeit, trostloser Verzweiflung, unverständlichen Brüchen, schmerzhaftem Abbruch und tränenloser Unversöhnlichkeit nicht harmonisierend spirituell bändigen zu wollen.[89] Die Zielsetzung, mit Hilfe von Spiritual Care zu einem optimalen, d.h. friedlichen, harmonischen, versöhnten, sinnerfüllten Sterben beitragen zu wollen, könnte sich demnach als eine gesellschaftlich forcierte Zwangsvorstellung erweisen, der sich Spiritual Care unkritisch ausliefert.

Wäre es dagegen denkbar, dass Spirituelle BegleiterInnen schwerkranke und sterbende Menschen dazu ermutigen, das eigene Sterben auf ganz eigene, d.h. auf nicht-normierte und nicht-optimale Weise auszuleben? Könnte Spiritual Care entgegen aller Normierungstendenz im Gesundheitssystem Raum schaffen für unangepasstes Sterben, für laute Klage, verstocktes Schweigen oder zwecklosen Widerstand? Wäre es denkbar, dass Spirituelle BegleiterInnen Angehörige darin unterstützen, ihre Trauer und Wut auf ganz eigene, d.h. nicht-normierte und nicht-optimale Weise unerlöst, unfriedlich und unversöhnt hinauszuschreien?[90] Eckhard Frick und Claudia Bausewein sehen diese Möglichkeit zumindest im Einzelfall durchaus, weshalb sie vorsichtig anmahnen: „In der Sterbebegleitung wird es oft als hohes Gut gesehen, dass die Sterbenden ihre Situation akzeptieren und mit sich und der Welt in Frieden sterben... Es gibt Menschen, die wollen bis zum Lebensende kämpfen und können ihre Situation nicht akzeptieren oder verdrängen die Realität so sehr, dass sie nie mit jemandem über ihr

87 Vgl. CHARBONNIER, R. (2010): Seelsorge in der Palliativversorgung.
88 HELLER, A. (2014): Die Spiritualität der Hospizbewegung, 195.
89 Vgl. MATHWIG, F. (2014): Worum sorgt sich Spiritual Care?, 24/37.
90 Vgl. FECHTNER, C. (1999): Sich nicht beruhigen lassen; EZNER-PROBST (2002): Schreien lernen.

Sterben sprechen können. Auch wenn es für die Umstehenden schwer auszuhalten ist und man scheinbar doch nur das Beste für den Patienten wünscht, kann dieser Weg für einzelne Patienten der ‚richtige' sein."[91] Für Ernst Engelke, einen der Wegbereiter der deutschen Hospiz- und Palliativbewegung, gilt diese Annahme nicht nur für einzelne PatientInnen, sondern prinzipiell für alle Sterbenden! Unter Verweis auf die Diskrepanz zwischen der Lehrmeinung der international renommierten Sterbeforscherin Elisabeth Kübler-Ross (1926-2004), dass Sterbende ihren Sterbeprozess friedlich zu akzeptieren haben und der real existierenden Nicht-Akzeptanz ihres eigenen Todes, plädiert Engelke dafür, sich und andere von überholten Klischees, Vorurteilen, Idealisierungen, Verklärungen und (Phasen)Ideologien über Sterben und Tod zu befreien, denn: „Idealisierte Vorgaben stehen fast immer im Widerspruch zum konkreten Erleben der Sterbenskranken und den realen Möglichkeiten der Helfer und lösen Versagens- und Schuldgefühle aus."[92] Eine Sichtweise, die auch Birgit Heller teilt. Sterbende gilt es ihrer Meinung nach sogar aktiv davor zu schützen, sich (spirituell) mitteilen oder sich an Phasenabläufe friedlich halten zu müssen. Ihrer Beobachtung nach gibt es gute Gründe, „warum Kranke sich nicht aussprechen wollen oder können. Das ist für Angehörige und Pflegende manchmal schwer. Aber das muss okay sein… Wir Betreuende hätten es vielleicht gerne, dass ein Leben am Ende aufgeht und sich ganzheitlich, harmonisch rundet. Sterbende jedoch müssen uns keine Lebensernte bieten… Sterbende dürfen nicht zu Objekten unserer Betreuung werden, sondern bleiben Subjekte, Pionierinnen, Kundschafter auf einem noch nie betretenen Weg. Sie haben uns, die wir auch Sterbende sind, wenn auch nicht im akuten Zustand, etwas voraus. Sie gehen diese Passage in eigener, einzigartiger Gangart."[93]

Wenn nun aber in einem Kurz-Lehrbuch ‚Palliative Care' unter dem Stichwort ‚*Spirituelle Kompetenz*' im Jahr 2011 die Fähigkeit hervorgehoben wird, *„einen ruhigen, friedvollen Gemütszustand herbeiführen zu können"*,[94] damit Sterbende optimal, d.h. nicht systemstörend sterben können, dann steht Spiritual Care in der Gefahr, sich für gesellschaftliche und/oder institutionelle Interessen instrumentalisieren zu lassen, wogegen aus christlicher Sicht ein klares Veto einzule-

91 FRICK, E./ C. BAUSEWEIN (2014): Sterbende begleiten, 433. An anderer Stelle hebt Frick in kritischer Auseinandersetzung mit der Position *Isolde Karles* hervor, dass gerade die biblisch begründete Klage elementar zu Spiritual Care gehört. Inwiefern Frick der Sichtweise Karles tatsächlich gerecht wird, kann hier, auch wenn ich diesbezüglich große Zweifel hege, nicht abschließend geklärt werden: „Karles Bild von Spiritual Care ist allerdings sehr anpasslerisch, als wäre die einzige Möglichkeit von Spiritualität eine zustimmende, bejahende. Als wäre nicht auch die Klage, die ja ihre durchaus biblischen Fundamente hat, eine Weise, die Spiritualität und die Bewältigung der Krankheit zu leben." FRICK, E. (2014): Spiritual Care. 60.

92 ENGELKE, E. (2014): Sterbe-Ideologien, 7.

93 HELLER, B. (2014): Eine Zeit zum Reden, eine Zeit zum Schweigen, 18.

94 HAMETNER, I. (2011): 100 Fragen zu Palliative Care, 77.

gen ist! Ein Veto, das auch Eckhard Frick und Traugott Roser bereits im Jahr 2012 erhoben, indem sie eindeutig zu verstehen gaben: „Spiritual Care darf sich nicht... durch mehr oder minder bewusste gesellschaftliche Normierung des Sterbens instrumentalisieren lassen."[95]

9. Sinn-Fixierung?

Folgende Anfrage an Spiritual Care, die eng mit der zuletzt dargestellten kritischen Anfrage zusammenhängt, bezieht sich auf die von vielen KritikerInnen als dominant bewertete inhaltliche Zielsetzung Sinngebung/Sinnfindung.
Im Jahr 2014 haben Pascal Mösli und Steffen Eychmüller darauf hingewiesen, dass in der aktuellen Diskussion um Spiritual Care die *therapeutische Dimension* der Spirituellen Begleitung zunehmend an Bedeutung gewinnt.[96] Birgit und Andreas Heller erklären dies im gleichen Jahr mit der beobachtbaren Psychologisierung und Horizontalisierung des Verständnisses von Spiritualität, weshalb Begrifflichkeiten wie gelingendes Leben, Selbstfindung, Lebensqualität und Lebenssinn in den Mittelpunkt rücken.[97] Damit einher geht die Entwicklung von naturwissenschaftlich geprägten Stufenschemata spiritueller Entwicklung, die eine lineare Ideal-Entwicklung von Spiritualität (einschließlich der Fähigkeit zur Sinnfindung) suggerieren, die durch entsprechende Maßnahmen, Interventionen und Therapien befördert werden kann. Für Birgit und Andreas Heller ein Ansatz, den es kritisch zu hinterfragen gilt, denn: „Die beliebten Stufenschemata einer spirituellen Entwicklung führen zu normativen Idealbildungen und moralischen Bewertungen. Menschen, die auf den unteren Stufen einer so gedachten Entwicklung stehen bleiben, sind zu bedauern oder zu erziehen."[98]
Dass Menschen gerade in Situationen von Krankheit und Tod massiv mit der Frage von Sinn und Sinnhaftigkeit konfrontiert sind, ist unbestritten. Dass sie sich aber erst dann als spirituell reif erweisen, wenn sie diesen finden oder akzeptieren können, ist durchaus hinterfragbar. In der Literatur schwankt die Umschreibung der Zielsetzung von Spiritual Care zwischen persönlicher *Sinnfindung*, professioneller *Sinnvermittlung* und gezielter *Sinngebung*. Jeder dieser Begriffe steht nicht nur für unterschiedliche, sondern für konträre Vorgehensweisen. Allen gemeinsam ist jedoch, dass die zwischenmenschliche Begleitung unter

95 FRICK, E./ T. ROSER (2012): „Spiritual Care", 538.

96 MÖSLI, P./ S. EYCHMÜLLER (2014): Chancen der interdisziplinären Zusammenarbeit, 129.

97 Vgl. HELLER, B./ A. HELLER (2014): Spiritual Care, 27. Hellers machen zudem auf folgendes belangreiche Faktum aufmerksam: „Für die Entwicklung von Fragebogenskalen und Messverfahren zur Erfassung der Bedeutung von Religiosität/Spiritualität im Gesundheitswesen sind weitgehend Konzepte, Definitionsansätze und Operationalisierungen aus der psychologischen Forschung maßgebend." A.a.O., 27.

98 HELLER, B./ A. HELLER (2014): Spiritual Care, 38.

das Paradigma „einer beinahe krampfhaften Suche nach dem individuellen *Lebenssinn*“ gestellt wird.[99] Birgit und Andreas Heller bewerten dieses Vorgehen in polemisch zugespitzten Worten als ‚Sinnfindungsterrorismus‘ und schlussfolgern: „Professionelle Sinnvermittlung wird zur Karikatur Spiritueller Begleitung, wenn Sinn und Hoffnung wie Beruhigungsmittel verfügbar gemacht werden sollen.“[100] Eine Position, die keine Einzelmeinung darstellt, wie z.B. bei Martina Holder-Franz als Cicley Saunders Expertin pointiert nachlesbar ist: „Seelsorge oder Spiritual Care stehen unter dem Verdacht, für alle Menschen Sinn-Antworten anbieten zu wollen. Menschen sind gerade in Notsituationen und bei schwerer Krankheit darauf angewiesen, dass sie nicht mit einem spirituellen ‚Sinnschleier‘ umgeben werden, sondern vielmehr Freiraum erhalten, selbst über das Leben, Sinn oder Sinnlosigkeit, über Gott und seine Beziehung zu den Menschen nachzudenken. Spiritual Care kann daher nicht mit *Sinn-Sorge* gleichgesetzt werden. Seelsorge oder Spiritual Care können weder Sinn produzieren, noch erschöpfen sie sich in der Sinndimension.“[101] Alternativ hierzu rufen KritkerInnen wie Frank Mathwig und Isolde Karle dazu auf, Sinnloses, Fragmentarisches und Bruchstückhaftes als solches zu akzeptieren und gemeinsam auszuhalten.[102] Eine Sichtweise, die auch Erhard Weiher teilt: „Spiritual Care achtet besonders auch das Fragmenthafte, das Unversöhnte, die Trauer. Es gehört zur spezifischen Logik der Spiritualität, dass in ihrer Perspektive auch das Nichtgelungene und Unvollkommene seine Würde hat - nicht nur das Gelungene.“[103] Mit dieser Position grenzt sich Weiher von der im Kontext von Spiritual Care auftauchenden Vorstellung ab, dass es Menschen gelingen muss, ihr Leben als gelungenes zu qualifizieren.

10. Staatlicher Versorgungsauftrag für Mitmenschlichkeit?

Sowohl gegenüber Palliative Care als auch gegenüber Spiritual Care als Bestandteil von Palliative Care wird zunehmend der Verdacht geäußert, gerade im Palliativsektor gewinnbringende Prozesse der Institutionalisierung, Hospitalisierung, Ökonomisierung, Merkantilisierung, Medikalisierung, Pathologisierung Spezialisierung und Professionalisierung (un)gewollt voranzutreiben. In der Folge würde helfendes Handeln auf der Basis nicht abrechenbarer zweckfreier Mit-

99 HELLER, B. (2014): Spiritualität versus Religion/Religiosität, 60.

100 HELLER, B./ A. HELLER (2014): Spiritual Care, 40 (vgl. auch a.a.O., 39).

101 HOLDER-FRANZ, M. (2014): Cicley Saunders, 228.

102 Vgl. MATHWIG, F. (2014): Worum sorgt sich Spiritual Care?, 36-37; KARLE; I. (2009): Sinnlosigkeit aushalten; MERLE, K. (2013): Die Seelsorge vor der Sinnfrage.

103 WEIHER, E. (2014): Spiritualität und Würdeempfinden, 420. Vgl. auch DRECHSEL, W. (2006): Der lange Schatten des Mythos vom gelingenden Leben.

Menschlichkeit durch staatlich geförderte professionelle Versorgungsleistungen an Bedeutung verlieren. Entspricht der kritische Einwand der Realität?

- *Institutionalisierung* des Sterbens: Fakt ist, dass in Deutschland jährlich ca. 1% der Gesamtbevölkerung (d.h. ca. 800.000 Menschen) in zumeist hohem Alter verstirbt. Obgleich über 90% aller Menschen am liebsten zu Hause sterben möchten, trifft dies nur auf ca. 25% zu. Ca. 75% sterben in Institutionen wie Krankenhäusern (50%) und Pflegeheimen (25%), wobei der Prozentanteil in Großstädten noch etwas höher liegt. Nur ein sehr geringer Teil aller Sterbenden wird gegenwärtig palliativ versorgt. Fakt ist zudem, dass auch stationäre und ambulante palliative Einrichtungen institutionalisierte und standardisierte Dienstleistungen anbieten.[104]
- *Pathologisierung/Medikalisierung* des Sterbens: Fakt ist, dass Sterben in Deutschland zunehmend pathologisiert, d.h. nicht als zum Leben dazugehöriges alltägliches Geschehen, nicht als Ausdruck der Vergänglichkeit allen Lebens, sondern als eine behandlungsbedürftige Krankheit angesehen wird. Sterben – ein ‚Betriebsunfall des Lebens' im Sinne eines ‚korrigierbaren Defektes', dem hauptsächlich mit medizinischen, im Endstadium v.a. mit medikamentösen Mitteln zu begegnen ist.[105]
- *Ökonomisierung/Merkantilisierung* des Sterbens: Fakt ist: Sterben in Deutschland kostet (viel) Geld. Da hauptsächlich im Krankenhaus gestorben wird, fallen im Schnitt mehr als zweidrittel aller Krankenhauskosten in den letzten Lebensmonaten eines Menschen an. Und auch Palliativeinrichtungen kosten Geld. Hilfeleistungen, die dort erfolgen, werden bis auf ehrenamtliches Engagement selbstverständlich mit Geld (in der Regel durch Kranken- und Pflegekassen) abgegolten. Für Pharmaunternehmen künftig ein äußerst lukratives Geschäft.[106]
- *Spezialisierung/Professionalisierung* des Sterbens: Fakt ist, dass Sterbende in Deutschland zunehmend nicht von Angehörigen/Zugehörigen, sondern trotz der Beteiligung ehrenamtlich Engagierter von hochspezialisierten Professionellen auf ihrem letzten Weg begleitet werden: „Füllte in früheren Zeiten die Familie das Sterbezimmer, so sind es heute die Spezialistinnen und Spezialisten rund um Sterben und Tod… Um einen professionell betreuten Sterbenden kümmern sich direkt oder indirekt rund fünfzig Personen. Die Folge davon ist, dass die Familie immer mehr in den Hintergrund tritt. Sterben wird zum Geschehen, dass der Einzelne mit den Spezialisten bewältigen muss."[107]

---

104 Vgl. BORASIO, D. (2011): Über das Sterben, 29; Seelsorge in Palliative Care (2009), 10.
105 Vgl. MATHWIG, F. (2014): „Will you still need me, will you still feed me?", 91-92.
106 Vgl. DINGES, S. (2014): Dem Lebensatem Raum schaffen, 481-482.
107 BANDIXEN, C. (2012): Sterben ist ein Prozess, 9.

Fakt ist aber auch, dass sterbende Menschen sich gerade in spiritueller Hinsicht oftmals nicht den Sterbe-ExpertInnen zuwenden, sondern sich alltagsnah und niedrigschwellig gerade solchen Menschen öffnen, die nicht als ausgewiesene Spirituelle BegleiterInnen und Sterbe-ExpertInnen auftreten, wie folgendes Erlebnis einer Klinikpfarrerin aus der Schweiz anschaulich belegt:

„Ich erinnere mich an eine junge Krebspatientin, Mutter von zwei kleinen Kindern, die zum Sterben ins Kantonspital Winterthur kommt. Die Pflegefachfrauen dieser Station sind zutiefst betroffen, ist doch die Patientin im gleichen Alter wie sie selber. Es entsteht fast ein Wettstreit unter den Pflegenden, wer von ihnen wohl das Vertrauen der Patientin gewinnen würde. Alle sind in Sterbebegleitung ausgebildet und möchten sich nun engagiert der Patientin anbieten. Die Kranke aber zeigt sich verschlossen und abweisend. In einer Fallbesprechung wird uns deutlich, dass die Patientin ihren Mann und ihre beste Freundin als Gesprächspersonen ausgewählt hat. Sie will von uns keine Betroffenheit, keine Empfehlungen zum Loslassen, keine psychologische oder seelsorgliche Begleitung. Sie will von den Pflegefachfrauen ausschließlich eine qualifizierte körperliche Pflege. Die hat sie liebevoll erhalten. Uns hat dieser Klärungsprozess geholfen, uns selbst in unserem gut gemeinten Angebot zu begrenzen.“[108]

Von einer ähnlichen Alltagserfahrung im Hospiz- und Palliativkontext berichten uns Monika Müller, Lukas Radbruch und Martina Karn: „Patienten und Familien können ihre eigene Spiritualität auch ohne professionelle Begleitung als Ressource nutzen… Das Miteinander der Kinder und Eltern, von Geschwistern und engen Freunden, kann Spiritualität stiften durch das gemeinsame Erleben und das Da-Sein im Leiden... Das Empfinden einer ‚Seelenverwandtschaft‘ mit einem Freund oder Bekannten kann für den Betroffenen wichtiger sein, als die Kompetenz einer Ausbildung als Seelsorger, Psychologe oder ehrenamtlicher Sterbebegleiter.“[109]

Birgit und Andreas Heller, die ähnliche Erfahrungen gemacht haben, heben deshalb ausdrücklich hervor, dass gerade in der Sterbebegleitung nicht von vorneherein ausgemacht ist, wer wem zur Hilfe wird. Auf einfühlsame Art und Weise postulieren sie: „Wie in jeder Phase des Lebens, können Menschen auch am Ende einander den Rücken stärken, achtsam und mitleidenschaftlich füreinander da sein. *Spirituelle Angebote von Professionellen müssen nicht bedeutsam werden…* Wann immer Menschen spirituell füreinander sorgen wollen, tun sie dies in redlicher Weise auf Augenhöhe, vereint in dem menschlichen Wissen, dass wir diesen letzten Tanz mit dem Tod alle tanzen müssen, jede/r auf ihre/seine

108 BÜCHS, U. (2014): Proviant für die letzte Reise, 18-19.
109 MÜLLER, M. u.a. (2014): Spirituelle Begleitung, 4/2.

Weise… Alle teilen das ausrinnende gemeinsame Leben miteinander in dem Bewusstsein, Gäste des Lebens zu sein."[110]

Wenn sich Spiritualität in der Spätmoderne tatsächlich gerade dadurch auszeichnet, dass Menschen sich zunehmend unabhängiger von Expertenwissen und damit auch von religiösen-spirituellen ExpertInnen fühlen, dann stimmt folgende Kritik von Birgit und Andreas Heller aus dem Jahr 2014 äußerst nachdenklich: „Gerade diese Menschen, die den Kontakt mit traditionellen religiösen ExpertInnen und damit auch den klassischen Formen der Krankenhausseelsorge nicht suchen, brauchen auch keine Spiritual-Care-ExpertInnen. Sie werden sich standardisierten Assessment-Verfahren verweigern und lassen sich von institutionellen spiritual care givers weder leiten noch belehren."[111] Einige Jahre zuvor kritisierten sie noch provokativer: „Die vorherrschende Tendenz, alle Kranken und Sterbenden mit einem neuen Angebot, eben mit Spiritual Care zu beglücken, stellt eine unzulässige, ja respektlose Vereinnahmung dar. Es ist eine Variante der Missionierung am Krankenbett."[112]

Frank Mathwig plädiert dafür, sterbenden Menschen keine Vielzahl an Sterbebegleitungs-Profis (inklusive derer, die sich speziell für die spirituelle Dimension zuständig fühlen) an die Seite zu stellen, sondern Sterbenden inmitten der eigenen Lebenswelt mehr unprofessionelle mit-menschliche Erfahrungen zu ermöglichen, denn: „Gewisse Güter lassen sich deshalb nicht auf dem Markt handeln: Empathie, Begegnung, Freundschaft oder Liebe sind tauschresistent, nicht handelbar und unbezahlbar. Es gibt sie weder auf Rezept noch als Versicherungsleistung."[113] Hinter diesem Plädoyer steckt die Einsicht, dass der Tod jedem Expertentum eine Grenze setzt. Gefragt sind demnach letztlich nicht Fach-ExpertInnen für Spiritualität und Sterben, sondern Menschen, die Sterbenden zu unaufdringlichen, aufrichtigen, achtsamen, sensiblen und wenn nötig auch kämpferischen Mit-Menschen im Modus der ‚Nächstenliebe' und ‚Umsonstigkeit' werden. Birgit und Andreas Heller fragen sich daher, ob es tatsächlich notwendig ist, das Ethos mitmenschlicher Zuwendung und achtsamer Offenheit mit dem Etikett ‚Spiritual Care' zu versehen und daraus einen eigenständigen Versorgungsauftrag für spirituelle ExpertInnen zu machen: „Braucht das Gesundheitssystem also tatsächlich einen eigenen Versorgungsauftrag für Menschlichkeit, der an die Implementierung von Spiritual Care geknüpft ist? Es besteht die Gefahr, dass damit die positive Dynamik, die hinter dem starken Interesse für

110 HELLER, B./ A. HELLER (2014): Spiritual Care, 28.
111 A.a.O., 35.
112 HELLER, B./ A. HELLER (2011): Spiritualität und Spiritual Care, 16.
113 MATHWIG, F. (2014): Will you still need me, will you still feed me?, 92/91/97.

Spiritual Care streckt, institutionell eingefroren wird"[114] Ihrer Meinung nach macht Spiritual Care erst dann wirklich Sinn, wenn sich mehr dahinter verbirgt, als ein professionalisierter Ersatz für alltägliche Mit-Menschlichkeit: „Um Spiritual Care von körperbezogener und psycho-sozialer Begleitung und Sorge abzuheben, muss Spiritualität mehr sein, als ein Platzhalter für Menschlichkeit."[115] Dementsprechend offensiv schlussfolgern sie: „Vielleicht wäre es besser, die Sorge um den konkreten Menschen nicht generell in die Stopfgans Spiritual Care zu packen."[116]

11. Humanisierungspotential für das Gesundheitswesen?

In der Literatur wird zwar immer wieder die These aufgestellt, dass sich die Existenz von Spiritual Care aufgrund der Berücksichtigung der spirituellen Dimension sowohl in der paradigmatischen Grundlegung als auch in der konkreten Alltagspraxis bereits positiv auf die (Palliativ)Medizin ausgewirkt habe. So konstatiert z.B. der evangelische Theologe Michael Klessmann im Jahr 2014 relativ euphorisch: „Dieser Ansatz stellt einen deutlichen Fortschritt dar im Blick auf eine Schulmedizin, die ansonsten seelische, soziale und spirituelle Belange überhaupt nicht berücksichtigt."[117] Stimmt aber die von Traugott Roser bereits 2009 vorgetragene optimistische Einschätzung, dass mit Hilfe von Spiritual Care enthumanisierenden Tendenzen im medizinisch-klinischen Apparat effektiv entgegengewirkt werden kann?[118] Ist Spiritual Care tatsächlich das Potential inhärent, eine als notwendig erachtete Humanisierung unseres Gesundheitswesens voranzutreiben?

Für Andreas Heller zumindest lässt sich das Phänomen Spiritual Care überhaupt erst vor dem Hintergrund eines dehumanisierenden Gesundheitssystems begreifen, wobei er im Jahr 2014 sogar folgende radikale Zeitdiagnostik wagt: „Die Diskussion um Spiritualität und Ethik offenbart die Notwendigkeit einer humanen Re-Orientierung der gesamten Grundlagen und Ausrichtung unseres derzeitigen Systems."[119] Dass dieses in manchen Punkten im Argen liegt, ist gegenwärtig weitgehend unbestritten. Unbestritten ist aber auch, „dass die naturwissenschaftlich-technisch orientierte Medizin bislang große Fortschritte erzielte und für den Menschen viel Erfreuliches hervorbrachte und weiter bringt. Viele Krankheiten können geheilt werden oder mindestens gelindert werden. Die

114 HELLER, B./ A. HELLER (2014): Spiritual Care, 28.

115 A.a.O., 27.

116 A.a.O., 28.

117 KLESSMANN, M. (2014): Im Strom der Zeit, 15.

118 Vgl. ROSER, T. (2009): Innovation Spiritual Care, 53.

119 HELLER, A. (2014): Christliche Krankenhausseelsorge, 72.

Kehrseiten sind, dass sich die Grenzen gerade an den sensiblen Orten von Beginn und Ende des Lebens immer mehr verschieben und neue komplexe Problemsituationen geschaffen werden."[120] Unbestritten ist zudem, dass sich besonders unsere Krankenhäuser zu hochtechnologischen Dienstleistungszentren entwickelt haben, die eine enorme Erfolgsgeschichte verzeichnen. Eine Erfolgsgeschichte, die unter anderem dazu geführt hat, dass sich die Lebenserwartung eines heute Geborenen gegenüber einem um 1900 Geborenen nahezu verdoppelt hat!

Trotz allen positiv zu bewertenden Fortschritts sind wir aber dennoch mit einer Entwicklung konfrontiert, die Andreas Heller prägnant auf den Punkt bringt: „Die gegenwärtige Situation im Krankenhaus ist empirisch dadurch geprägt, dass der Druck auf die KrankenhausmitarbeiterInnen ständig zunimmt. Die ökonomische Rationalität formt Alltagshandeln, Abläufe, Prozesse und Strukturen. Die Rahmenbedingungen machen es immer schwerer, entsprechend dem eigenen professionellen und ethischen Selbstverständnis zu handeln. Pflegepersonal wird aus Kostengründen systematisch abgebaut. Dienstleistungen werden outgesourced. Die Medizin gilt als erfolgreich, wenn sie sich seriell fließbandmäßig organisiert. Die Austauschbarkeit und Reproduktion, die industrielle Wiederholbarkeit von Interventionen charakterisiert immer mehr den Alltag medizinischen Handelns… Das Gesundheitssystem ist weitgehend am maximalen Gewinn orientiert."[121] Eine Sichtweise, die Gian Domenico Borasio als Palliativmediziner durchaus teilt. In einem Geleitwort zu einem 2014 erschienenen Standardwerk seines Faches spitzt er deshalb radikal zu: „Es ist fünf vor Zwölf. Die Ökonomisierung der Medizin, gekoppelt mit der demographischen Entwicklung und dem alles durchdringenden Profitstreben in einer globalisierten Weltwirtschaft drohen die Deutungshoheit über grundsätzliche Entscheidungen im Gesundheitswesen schleichend zu übernehmen. Zunehmend werden sämtliche Bestandteile des Gesundheitssystems – einschließlich der Patienten – primär auf ihr ökonomisches Wertschöpfungspotential hin analysiert. Dies zeigt sich besonders in der letzten Lebensphase."[122] Für den Mediziner Giovanni Maio ist daher folgende Schlussfolgerung unvermeidlich: „Die moderne Medizin ist in der Krise; die Krise liegt an der Orientierung der Medizin an den Kategorien der Naturwissenschaft, an dem Gehorchen eines technologischen Imperativs, an der Glorifizierung des Zweckrationalen und nicht zuletzt daran, dass sich die Medi-

120 SIEGMANN-WÜRTH, L. (2014): Palliative Care, 44.
121 HELLER, A. (2014): Christliche Krankenhausseelsorge, 71/72.
122 BORASIO, G. D. (2014): Geleitwort, 11. Vgl. auch DÖRNER, K. (2003): Die Gesundheitsfalle. Woran unsere Medizin krankt.

zin in ihrem Selbstverständnis als angewandte Naturwissenschaft den Sinnfragen komplett verschlossen hat."[123]

Weil sich die vom Individuum entfremdete Humanmedizin Themen wie Sinn und Spiritualität nicht (mehr) stellt, es ihr zugleich aber auch (noch) nicht gelingt, Erfahrungen von Leiden, Sterben und Tod aus der Welt zu schaffen (da bisher keine medizinische Therapie und kein pharmakologisches Kraut dagegen gewachsen sind), könnten – so vermutet der Theologe Frank Mathwig – MedizinerInnen dazu neigen, sich mehr und mehr für Spiritual Care zu öffnen. Für Mathwig offenbart sich in der Öffnung eine ‚Inkompetenz-Kompensations-Kompetenz', also die Fähigkeit, eine Inkompetenz (Spirituelles Defizit) dadurch kompensieren zu können, dass mit Hilfe einer neu einzuführenden medizinischen Subdisziplin feigenblattartig ein Defizit verdeckt wird, was eigentlich im Selbstverständnis der Medizin selbst zu beseitigen wäre. Mathwig geht sogar so weit, dass er die Frage aufwirft, ob mit Hilfe von Spiritual Care letztlich nicht der alte Leib-Seele-Dualismus, dessen Überwindung sich Palliative Care auf die Fahne geschrieben hatte, in modernem Gewand wieder rehabilitiert wird. Medizin für den Körper und Spiritual Care für die Seele? Nur dass diesmal nicht primär SeelsorgerInnen den Seelen-Part übernehmen, sondern die MedizinerInnen selbst, die sich dafür eine eigene multiprofessionell aufgestellte, aber letztlich medizinisch dominierte Sub-Disziplin einrichten, die am Rande der klassischen medizinischen Fächer angesiedelt ist? Was aber wären die Konsequenzen? „Bleibt die etablierte Aufgabenteilung nicht bestehen, mit dem kleinen Zugeständnis, dass eine ‚Spiritualität light' (Franz Segbers) zukünftig eventuell auch über die Krankenversicherung abgerechnet werden kann? Wie kann eine, der cartesisch imprägnierten Medizin subsumierte Spiritual Care jenen Einheitsfokus auf den Menschen als Mitmenschen herstellen, sichern oder garantieren, wenn dieser Horizont einer funktional ausdifferenzierten Medizin systembedingt verborgen bleibt?"[124] Mathwig votiert deshalb dafür, das bestehende System Medizin/Gesundheitswesen nicht mit Hilfe von Spiritual Care im Sinne einer oberflächlichen Defizitkompensation stabilisieren zu wollen, sondern im Sinne der ursprünglich medizinkritischen Hospizbewegung an den Wurzeln in Richtung Humanisierung zu sanieren.

Eine Position, die sich mit der von Giovanni Maio trifft, der Spiritual Care innerhalb der Medizin nur dann eine Chance einräumt, wenn sich Spiritual Care nicht den vorherrschenden naturwissenschaftlich dominierten Paradigmen und Ökonomie-Diktaten unterwirft bzw. wenn die Medizin selbst sich paradigma-

123 MAIO, G. (2013): Ökonomisierte Spiritualität, 34. Vgl. auch Ders. (2010): Warum eine ethische Infragestellung der Paradigmen der modernen Medizin Not tut; Ders. (2011): Heilen als Management?

124 MATHWIG, F. (2014): Worum sorgt sich Spiritual Care?, 31.

tisch hin zur authentischen Sorge um den ganzen Menschen weiterentwickelt.[125] Dementsprechend pointiert behauptet er: „Genauso wenig, wie die moderne Medizin besser wird, wenn neben 1000 High-Tech-Betten mancherorten noch 8 High-Touch-Betten auf neuen Palliativstationen dazugestellt werden, genauso wenig wird die Medizin humaner, wenn man im Aufnahmebogen noch eine Frage zur Spiritualität beantworten kann."[126]

12. Instrumentalisierung für institutionelle Eigeninteressen?

Wenn ein Mensch tatsächlich ein spirituelles Wesen ist, dann wird sich seine Spiritualität immer auch auf andere Dimensionen seines Seins auswirken. Seine spirituelle Gefühls- und Bedürfnislage wird daher Einfluss darauf haben, welche Therapiemaßnahmen ein Mensch in großer Hoffnung trotz aller Hoffnungslosigkeit erfleht oder in Akzeptanz seines Sterben-Müssens ablehnt. Der Zusammenhang von Spiritualität und elementaren Bewältigungs- und Entscheidungsprozessen darf nun aber nicht von außen dahingehend manipuliert werden, dass durch die Intervention Spiritueller BegleiterInnen, bestimmte Zielsetzungen erreicht werden sollen, die im Extremfall sogar anderen Interessen als denen des Patienten und seiner Angehörigen dienen. Wie aber lässt sich prinzipiell verhindern, dass die Spiritualität/Religiosität eines kranken oder sterbenden Menschen für welche zwischenmenschlichen oder institutionellen Interessen auch immer funktionalisiert bzw. instrumentalisiert wird? Oder anders gefragt: Wem dient Spiritual Care? Dient Spiritual Care wirklich in erster Linie den Interessen der PatientInnen und deren Angehörigen? Was, wenn die Interessen der Institution (Krankenhaus, Pflegeheim, Hospiz, Palliativstation etc.) im Vordergrund stünden? Steht Spiritual Care also in der Gefahr, sich für institutionelle Eigeninteressen instrumentalisieren zu lassen?

Der evangelische Theologe Eberhard Hauschildt setzt sich mit dieser Möglichkeit kritisch auseinander und kommt zu folgendem Ergebnis: „Die funktionale Abdeckung von Religion durch das allgemeine Spiritual Care entspricht also den vorrangigen Interessen des Gesundheitssystems, damit aber noch nicht unbedingt denen des Individuums."[127] Hauschildt geht davon aus, dass Spiritual Care in Einrichtungen des gegenwärtigen Gesundheitswesens dazu gezwungen ist, sich der dort vorherrschenden Systemlogik anzupassen. Auf Akzeptanz wird

---

125 Eine Sichtweise, die durchaus geteilt wird. So stellt z.B. Gian Domenico Borasio als Arzt folgende These auf: „Wir brauchen vor allem *eine hörende Medizin*. Das ist meine feste Überzeugung: Die Medizin der Zukunft wird eine hörende sein, oder sie wird nicht mehr sein. Wir müssen auf die Patienten und auf ihre Bedürfnisse hören, bevor wir überhaupt anfangen, irgendetwas zu tun." BORASIO, G. D. (2014): Spiritual Care, 126.

126 MAIO, G. (2013): Ökonomisierte Spiritualität, 34; vgl. auch MAIO, G. (2012): Mittelpunkt Mensch, 394.

127 HAUSCHILDT, E. (2013): ‚Spiritual Care', 86.

Spiritual Care seines Erachtens langfristig nur dann stoßen, wenn es einen erkennbaren Beitrag dazu beisteuert, das System zu optimieren. Wann aber ist dies der Fall? Immer dann, wenn Spiritual Care bewirkt, dass PatientInnen und Angehörige den Betriebsablauf nicht behindern.

Hauschildts Überlegungen konvergieren mit denen von Birgit und Andreas Heller, die bereits 2011 kritisch anmerkten: „Bemühungen um Spiritual Care müssen sich daher kritisch befragen lassen, ob sie nicht zum Instrument werden, Menschen in eine letzte Anpassungs- und Unterwerfungsbereitschaft an Therapie und Organisation zu bringen.“[128] Ein Instrument, das sicherlich auch Krankenkassen und deren Interessen nicht ungelegen käme! Seitdem nämlich empirische Studien zu belegen scheinen, dass spirituell sinnerfüllte Menschen therapeutisch belastbarer, anpassungsfähiger, konsensbereiter, pflegeleichter und deshalb weniger kostenintensiv sind, steigt auch das Interesse für Spiritual Care nicht nur in den Einrichtungen selbst, sondern auch bei den finanzierenden Kranken- und Pflegekassen. Frank Mathwig fragt sich daher Folgendes: „Komplettiert… Spiritualität nicht nur die medizinischen Gaben von Morphium und Sedativa mit einer religiösen Dosis ‚Opium‘ (Wladimir Iljitsch Lenin) – nicht ‚für das Volk‘, aber für die Patientin und den Patienten?“[129] Spiritual Care – also eine institutionsinterne Strategie zur Entlastung und Ruhigstellung vielleicht sogar nicht nur von PatientInnen und Angehörigen, sondern auch von MitarbeiterInnen? Eine Gefahr, die zumindest erkannt werden sollte.

Ebenso ernst zu nehmen ist die Gefahr, dass Spiritual Care institutionell gewollt dazu beitragen kann, systemisch bedingte Probleme/Konflikte aufgrund eines rein individuumszentrierten Spiritualitätsverständnisses ausschließlich individuell angehen zu wollen. Wäre dies der Fall, gerieten systemisch bedingte Zusammenhänge automatisch aus dem Blick und Spirituelle BegleiterInnen stünden in der Gefahr, sich trotz bester Absichten für organisationale Interessen als ‚Schmieröl‘ im techniklastigen Getriebe instrumentalisieren zu lassen.[130]

Da alle Einrichtungen des Gesundheitswesens zunehmend unter Konkurrenzdruck geraten, besteht schließlich auch die Gefahr, dass Spiritual Care aus rein betriebswirtschaftlichen Überlegungen heraus in das Leistungsspektrum einer Einrichtung aufgenommen wird. Spiritual Care – ein sich rechnender Wettbewerbsvorteil am hart umkämpften Markt? Ebenso wie Cornelia Knipping als Palliative Care Expertin (selbst)kritisch anfragt, ob das Pallium, also der Mantel, der schützend über eine sterbende Person gelegt wird, nicht bereits zu einem Deckmantel dafür geworden ist, dass eine Institution werbeträchtig von sich be-

128 HELLER, B./ A. HELLER (2011): Spiritualität und Spiritual Care, 18.
129 MATHWIG, F. (20149: Worum sorgt sich Spiritual Care?, 25.
130 Vgl. DINGES, S. (2014): Dem Lebensraum Atem schaffen, 474.

haupten kann, auch Palliative Care im Angebot zu haben, ließe sich auch (selbst)kritisch fragen, ob im Blick auf Spiritual Care nicht berechnend damit zu rechnen ist, „dass die spirituelle Begleitung im Wettbewerb missbraucht wird (‚wir begleiten Patienten auch in der spirituellen Dimension'!)"?[131] Wenn Urs Länzlinger als Klinikseelsorger/Spiritueller Begleiter z.B. stolz darauf hinweist, dass es im Rahmen von Spiritual Care nachweislich gelungen ist, zu einer Verbesserung der medizinischen Versorgung im Gesundheitswesen des Kantons Zürich beigetragen zu haben, dann ist dies sicherlich kranken Menschen zugutegekommen.[132] Für das Spital bedeutet es aber in erster Linie, dass sich Spiritual Care/Seelsorge als ein lohnendes und deshalb finanziell zu unterstützendes Angebot erwiesen hat. Das Spital hat folgerichtig ein hohes Interesse daran, dass mit Spiritual Care Markt-Bedürfnisse zugunsten einer langfristigen finanziellen Sicherstellung des Spitals befriedigt werden. Für die Klinikseelsorgerin Dorothee Haart stehen wir inzwischen nicht nur in den Vereinigten Staaten, sondern auch in Deutschland vor folgender Situation: „Krankenhausseelsorge wandelt sich in den USA zunehmend von einer ‚pastoral care' zu einer ‚spiritual care', dient also in erster Linie der Befriedigung spiritueller Bedürfnisse... Seelsorge kann hier neben dem Heilungs- und Gesundheitsmarkt auch die wachsende Nachfrage eines spirituellen Wellness-Marktes bedienen und wird aus Unternehmerperspektive zum lohnenden Serviceangebot des Krankenhauses an seine KundInnen."[133]

13. Berufspolitische Monopolisierungstendenzen?

Obgleich Eckhard Frick hervorhebt, dass es sich bei Spiritual Care um eine Querschnittsaufgabe handelt, die alle Berufsgruppen gleichermaßen betrifft, und im Blick auf interprofessionelle Teamarbeit darauf hingewiesen wird, dass es gerade im Palliativkontext keine allein bestimmende Disziplin geben kann, weil alle Berufsgruppen gemeinsam zum Wohle der PatientInnen und deren Angehörigen zusammenwirken, sind wir gegenwärtig dennoch mit tradierten hierarchischen Hürden konfrontiert, die eine faktische Umsetzung der gemeinsamen Aufgabe auf Augenhöhe erschweren.

Und obgleich Traugott Roser als Theologe die These aufstellt, dass die Berücksichtigung spiritueller Aspekte eine prinzipielle Relativierung des klassischen Hoheitsanspruchs der Medizin durch andere Formen des Berufswissens mit sich bringt[134] – weshalb z.B. die Deutsche Gesellschaft für Palliativmedizin als erste

131 MÜLLER, M. u.a. (2014): Spirituelle Begleitung, 2. Vgl. auch KNIPPING, C. (2012): Menschenwürdig leben und sterben, 53.

132 Vgl. LÄNZLINGER, U. (2012): Ein bewährtes Modell, 176.

133 HAART, D. (2007): Seelsorge im Wirtschaftsunternehmen Krankenhaus, 253.

134 Vgl. ROSER, T. (2009): Innovation Spiritual Care, 52; Ders. (2010): Anforderungen zur Feldkompetenz, 14.

medizinische Fachgesellschaft sogar Spirituellen BegleiterInnen/SeelsorgerInnen den Status von Vollmitgliedern einräumt und einen eigenen *Arbeitskreis Spirituelle Begleitung* eingerichtet hat – zeigen sich faktisch dennoch berufspolitisch motivierte Monopolisierungstendenzen, wie bereits an folgenden zwei Beobachtungen exemplarisch aufleuchtet:

- In einem aktuellen Aufsatz, der ausdrücklich die geforderte interdisziplinäre Kooperation zum Inhalt hat, zeigt sich bereits in der Reihenfolge der Auflistung der beteiligten Berufsgruppen eines Palliative Care Teams die klassische Zuweisung hierarchisch dominierter Rollenvorgaben: ***Ärzte***, Pflegepersonen, Psychologen/Psychotherapeuten, Seelsorger/innen, Sozialberater, Physio- und Ergotherapeuten, Ernährungsberater, Freiwillige.[135]
- In einem aktuellen palliativmedizinischen Standardwerk des Springer Verlags sind im Autorenverzeichnis ***10 ÄrztInnen***, 1 Apotheker, 1 Jurist, 1 Psychologe, 1 Pfarrerin und ***keine Pflegekraft*** verzeichnet! Im umfangreichen, 315 Seiten umfassenden Repetitorium, das Medizinstudierenden als Lehrbuch dient, werden zum Ende hin gerade mal 16 Seiten (Kapitel 12) der Thematik Spiritual Care und 14 Seiten (Kapitel 16) dem Thema Teamarbeit gewidmet![136]

Interessanter Weise ruft gerade ein Arzt, der Palliativmediziner Gian Domenico Borasio, seinen KollegInnen in Erinnerung, dass es im Kontext von Spiritual Care nicht darum gehen darf, eigene Disziplin- und Professionsinteressen verteidigen sowie Macht- und Statusvorteile absichern zu wollen.[137] Faktisch lässt es sich aber nicht leugnen, dass derartige Tendenzen immer wieder aufflackern. Dass Monopolisierungstendenzen ausgerechnet von der bisher dominantesten Berufsgruppe der (Palliativ)MedizinerInnen ausgehen, lässt sich m.E. schlagwortartig an folgenden drei Beobachtungen ablesen:

- Obgleich Eckhard Frick als Mediziner im Jahr 2014 selbst eingesteht, dass es Pro- und Contra-Argumente dafür gibt, Spiritual Care als ‚evidence-based' und damit als dem naturwissenschaftlich-medizinischen Paradigma untergeordnet auszuweisen,[138] zeugen seine Veröffentlichung bereits seit Jahren davon, dass sein Denken in diese Richtung weist. Dass dadurch nicht nur medizinische Rationalitäten, sondern auch medizinisches Effizienzdenken (dass z.B. gesundheitsbezogene Outcomes und Kosten im Vergleich zu guter/schlechter Spiritual Care zu evaluieren sind) in Spiritual Care eingeschleust werden, gab Frick im Jahr 2011 noch unumwunden zu: „Glauben, Religion und Spiritualität werden nunmehr unter dem Blickwinkel der evi-

135 Vgl. KUNZ, R. (2014): Interdisziplinäre Betreuung und Integrierte Versorgung.
136 Vgl. THÖNS, M./ T. SITTE (2013): Repetitorium Palliativmedizin.
137 Vgl. BORASIO, G. D. (2014): Spiritual Care, 126.
138 Vgl. FRICK, E. (2014): Spiritual Care. Eine neue Querschnittsaufgabe entsteht, 62.

denzbasierten Medizin mit ihren ökonomisierenden und technisch-rationalen Tendenzen gesehen."[139] Dass die Medizin und damit auch die Gruppe der MedizinerInnen durch die Dominanz des medizinischen Paradigmas automatisch eine Art Vormachtstellung auch im Blick auf Spiritual Care einnehmen, wird sich auf diesem Hintergrund kaum vermeiden lassen.

- Wie sehr sich medizinisches Denken und Handeln bereits auf Spiritual Care ausgewirkt hat, zeigt sich schon am Sprachspiel. Nahezu selbstverständlich werden Begrifflichkeiten benutzt, die der medizinischen Sprachwelt entlehnt sind. Im deutschen Sprachgebrauch ist die Rede von spiritual pain, spirituellen Symptomen, Leiden und Schmerzen, von spiritueller Diagnostik und spirituellem Screening und spiritueller Anamnese, vom Assessment spiritueller Bedürfnisse, von spirituellen Belastungsfaktoren und Ressourcen, von spiritueller Therapie und spirituellen tools, von spiritueller Symptomkontrolle und spirituellem Symptommanagement, von spirituellen skills, von spiritueller Überweisung, und von der Evaluation spiritueller Interventionen, weshalb Allan Kellehear, Professor für Community Health in England, im Geleitwort des Buches ‚Spiritualität und Spiritual Care' von Birgit und Andreas Heller 2014 kritisch anmerkt: „Da ist die Rede von den Krisen in der Zeit der Krankheit oder von den Symptomen des spirituellen Schmerzes, als ob es sich um irgendein medizinisches Problem handeln würde, das durch ein Arsenal an Interventionen in Angriff genommen werden könnte oder vielmehr sollte… Im klinischen Ansatz liegen die Betonung und Sprache auf Diagnose und Management, auf Symptomkontrolle oder Assessment von Bedürfnissen."[140]
- Die dritte Beobachtung bringen Monika Müller, Lukas Radbruch und Martina Kern auf den Punkt: „Ebenso kann es problematisch werden, wenn Berufsgruppen, die sich bislang eher wenig mit Spiritualität beschäftigt haben, diesen Bereich auch für sich neu entdecken und zusätzlich thematisch besetzen wollen. Dabei wird oft nicht realisiert, dass es durchaus systematische Überlegungen und Theorien zu Spiritualität in der Begleitung von Schwerkranken und Sterbenden gibt, die allerdings eher von philosophischer oder theologischer Seite kommen und z.B. in den medizinischen Veröffentlichungen nur am Rande sichtbar werden."[141]

Weil nicht nur meine eigenen Erfahrungen im medizinischen Arbeitskontext, sondern auch meine Literaturrecherche den Schluss nahe legen, dass MedizinerInnen in der Regel eher nicht dazu neigen, fachfremdes Wissen zu rezipieren, tritt der Umstand ein, dass sie Spiritualität nicht nur als (quasi)medizinische

139 FRICK, E. (2011): Spiritual Care in der Humanmedizin, 412.
140 KELLEHAER, A. (2014): Geleitwort, 12.
141 MÜLLER, M. u.a. (2014): Spirituelle Begleitung, 2.

Kompetenz für sich entdecken, sondern auch dazu neigen, im Blick auf Spiritual Care eine dominante Führungs-Rolle zu reklamieren, wie selbst Eckhard Frick in Rekurs auf Guy Jobin durchaus einräumt: „Eine große Gefahr besteht darin – da sind wir als Ärzte teilweise ein wenig blind – dass die Medizin ein so mächtiges System ist, dass alles unter die medizinischen Fittiche genommen wird, die dadurch eine gewisse ‚Pastoralmacht' ausübt."[142] Einige Jahre zuvor formulierte Frick noch in Frageform: „Verwandeln sich auch die Ärzte in neue ‚Hirten' im Sinne von Foucaults Pastoralmacht, wenn sie das Spirituelle messen, verschreiben und kontrollieren?"[143] Allan Kellehear fragt daher: „Bedeutet die zeitgenössische Betonung der medizinischen Sprache und psychologischen Zugänge zu Spiritual Care, dass Spiritualität zu einer weiteren klinischen Größe in Palliative Care geworden ist?"[144] Bedeutet dies, so könnte man präzisierend nachfragen, dass die Medizin entgegen der Ursprungsidee von Cicley Saunders und entgegen dem multiprofessionellen Theoriedesign von Spiritual Care dabei ist, sich aus berufspolitischen Interessen ein ärztliches Monopol im Sektor Spiritual Care zu sichern? Könnte Frank Mathwig recht haben, wenn er mit ironischem Unterton kommentiert: „Strukturell und politisch geht es hier im Grunde um das bekannte Spiel: Egal wie schnell der sorgende Hase auch rennt, der medizinische Igel ist immer schon vor ihm da."[145]

14. Unbezahlbarer Luxus und Implementierungsprobleme?

Ein gravierender, nicht einfach von der Hand zu weisender Einwand gegen Spiritual Care ist die schlichte Frage nach der Bezahlbarkeit. Handelt es sich um einen unnötigen und unbezahlbaren Luxus, den sich westliche Länder gegenwärtig noch leisten können bzw. könnten, oder um eine Notwendigkeit, für die es sich allemal lohnt, finanzielle Mittel bereitzustellen?[146] Bereits vor Jahrzehnten hat Cicley Saunders deutlich zu verstehen gegeben, dass für die spirituelle Begleitung kranker und sterbender Menschen ausreichende finanzielle Mittel aufzubringen sind.[147] Wenn aber tatsächlich, wie gegenwärtig konzeptionell angedacht ist, in jedem Palliativteam ein Experte für Spiritual Care integriert sein müsste, wer sollte dies aus welchen Budgets bezahlen? Bisher wird Spiritual Care im ambulanten Bereich hauptsächlich von ehrenamtlich Engagierten,[148] im stationären

142 FRICK, E. (2014): Spiritual Care. Eine neue Querschnittsaufgabe entsteht, 59.
143 FRICK, E. (2009): Spiritual Care. Ein neues Fachgebiet der Medizin, 153.
144 Vgl. KELLEHEAR, A. (2013): Geleitwort, 13.
145 MATHWIG, F. (2014): Worum sorgt sich Spiritual Care?, 30-31.
146 Vgl. CARREL, T./ R. MOSER (2013): Spiritualität in der hochspezialisierten Medizin.
147 Vgl. HOLDER-FRANZ, M. (2012): „...dass du bis zuletzt leben kannst", 144.
148 Vgl. BAUMGARTNER, I. (2009): Ambulante Palliativversorgung, 43.

Bereich hauptsächlich von christlichen SeelsorgerInnen geleistet, deren Finanzierung von den großen christlichen Kirchen sichergestellt wird.[149]
Eckhard Frick nimmt im Blick auf die Finanzierbarkeit von Spiritual Care eine klare Position ein: „Das Vorurteil, Spiritual Care sei ein nicht finanzierbarer Luxus, lässt sich nicht aufrechterhalten.“[150] Im Gegenteil! Frick stellt sogar die These auf: „Spiritual Care hilft, Zeit, Geld und Ressourcen zu sparen.“[151] Wie aber belegt er diese steile Behauptung? Durch Verweis auf zwei neuere empirische Untersuchungen aus dem englischen Sprachraum. Seines Erachtens belegt sowohl die Studie Tracy Balbonis als auch die Philippe Huguelets, dass eine gute spirituelle Begleitung zu finanziellen Einsparungen führt.[152] Im Blick auf BrustkrebspatientInnen fasst Frick das Ergebnis folgendermaßen zusammen: „Wer über unzureichendes Spiritual Care klagte, hatte eine höhere Wahrscheinlichkeit, im fortgeschrittenen Stadium einer Tumorerkrankung auf die Intensivstation verlegt zu werden und dort zu versterben, als zufriedenstellend betreute Patienten. Die finanziellen Aufwendungen waren für die schlecht spirituell betreuten Patienten zwei- bis dreimal höher als für die gut betreuten. Wie sind diese Befunde zu erklären? Die Kostenexplosion bei mangelhaftem Spiritual Care hängt in der zitierten Studie mit den gewählten Behandlungs-Settings (Intensivmedizin statt Palliative Care) zusammen.“[153] Weil hohe Kosten eingespart werden, so könnte man schlussfolgern, werden sogar finanzielle Mittel für Spiritual Care frei!
Für Frick steht jedenfalls fest, dass die Implementierung von Spiritual Care nicht am Geld scheitert, sondern nur deshalb weltweit langsam voranschreitet, weil die notwendige spirituelle Sensibilisierung aller Berufsgruppen noch viel Zeit und Aufwand erfordert: „Die Implementierung innerhalb der Kultur von Medizin, Pflege und Psychotherapie usw. steht noch am Anfang. Sie ist weniger eine Frage finanzieller oder zeitlicher Ressourcen als vielmehr einer fachlichen und persönlichen Befähigung helfender Berufe (Spiritual Empowerment).“[154]
Um Spiritual Care flächendeckend implementieren zu können, ist nicht nur eine individuelle Sensibilisierung der diversen Berufsgruppen, sondern auch eine sys-

149 Vgl. CHARBONNIER, R. (2010): Seelsorge in der Palliativversorgung, 177. Inzwischen zeigt sich jedoch eine neue Entwicklung: Die Deutsche Gesellschaft für Palliativmedizin fordert in ihrer Stellungnahme zur *Relevanz des seelsorglichen Beitrags für die palliativmedizinische Komplexbehandlung* vom 9. Mai 2012 eine Abrechenbarkeit seelsorglicher Leistungen als Bestandteil des palliativmedizinischen Therapieplans ein. Vgl. http://www.dgpalliativmedizin.de/images/stories/stellungnahme%20Seelsorge%2009052012.pdf, eingesehen Januar 2015.
150 FRICK, E. (2014): Spiritual Care – ein Zeichen der Zeit?, 287.
151 FRICK, E. (2014): Spiritual Care: Eine neue Querschnittsaufgabe entsteht, 64.
152 Vgl. BALBONI, T. u.a. (2011): Support of cancer patients' needs; HUGUELET, P. (2011): A randomized trial of spiritual assessment of outpatients with schizophrenia.
153 BALBONI, T. u.a. (2011): Support of cancer patients' needs, 64.
154 FRICK, E. (2014): Spiritual Care: Eine neue Querschnittsaufgabe entsteht, 65.

temische Herangehensweise unverzichtbar. Soll Spiritual Care strukturell verankert werden, dann braucht es gemäß Frick eine Verknüpfung von ‚top-down' und ‚bottom-up' Implementierungsstrategien, wobei ihm v.a. die Berufsgruppe der MedizinerInnen vor Augen steht: „Wenn wir nicht mit den Chefärzten reden, dann werden diese alles torpedieren, weil sie beleidigt sind, dass sie nicht gefragt worden sind. Wenn wir aber nur mit den Chefärzten reden, werden die Assistenzärzte bocken und bei den Fortbildungen mit ihrem Handy spielen und ständig den Piepser gehen lassen. Wir brauchen also eine systemische Sichtweise, um die verschiedenen Hierarchiestufen und auch die verschiedenen Gruppen zu berücksichtigen, wenn wir Spiritual Care eine Chance geben wollen."[155] Frick votiert für das Implementierungsinstrument ‚Einsetzung von Arbeitsgruppen': „Ähnlich wie die Bioethik inzwischen in der Medizin Fuß gefasst hat, durch klinische Ethik-Komitees, so bilden sich langsam auch Arbeitsgruppen ‚Medizin und Spiritualität'. Diese Gruppen sind Anker für Spiritual Care in Spitälern und anderen Gesundheitsorganisationen."[156]

Dass die Implementierung von Spiritual Care trotz großer Bemühungen nicht linear voranschreitet, zeigt die Entwicklung in den englischsprachigen Ländern. Obgleich Spiritual Care dort bereits Jahrzehnte früher vorangetrieben worden ist, gesteht selbst ein Pionier wie Steve Nolan ein: „Despite the fact, that spiritual needs are part of the WHO definition of palliative care, spiritual issues are still poorly adressed."[157]

Für Birgit und Andreas Heller ist daher noch nicht ausgemacht, ob sich „tatsächlich ein Spiritual-Care-Markt im Gesundheitswesen etablieren wird".[158] Hellers weiten den Blick und stellen die Frage nach der Zukunft von Spiritual Care in den Fragehorizont nach der Zukunft von Palliative Care insgesamt: „Die ‚Gretchenfrage' an die Politik lautet: Wie hälst du es mit den schwer Kranken und Sterbenden, wie geht eine Leistungsgesellschaft mit den von ihrer Leistung her ‚Unproduktiven' um? Wie können Kriterien der Gerechtigkeit im Krankheitsfall und am Lebensende wirksam werden? Oder setzt sich ein Erste-, Zweite- und Dritte-Klasse-Sterben durch (in der Behandlung von Krankheit ist die Klassengesellschaft – trotz gegenteiliger Behauptungen – ohnehin bereits Realität)?"[159]

Wenn aber fraglich ist, ob selbst Palliative Care/ Palliativmedizin eine bezahlbare (politische) Zukunft hat, was bedeutet das dann für Spiritual Care als essentieller Bestandteil von Palliative Care?

155 A.a.O., 63.
156 A.a.O., 63.
157 NOLAN, S. u.a. (2011): Spiritual care in Palliative Care.
158 HELLER, B./ A. HELLER (2014): Spiritual Care, 25.
159 A.a.O., 21.

15. Begriffliche Unschärfe und Verwirrung?

Im Kontext von Spiritual Care werden für diejenigen, die Spiritual Care anbieten (sollen), im englisch- und deutschsprachigen Raum verschiedene Worte und Begriffskombinationen verwendet:

Spiritual Care	Spiritual Care Spirituelle Begleitung Spirituelle Betreuung
Spiritual Care **Giver** Spiritual Care **Provider**	Spiritueller **Begleiter** Spiritueller **Betreuer**
Board-Certified **Chaplain**	**Seelsorgender** **Seelsorger**

Die erste Frage, die sich stellt, ist die, ob der inhaltliche Kern von Spiritual Care in der deutschen Übersetzung Spirituelle Begleitung und Spirituelle Betreuung[160] richtig wiedergegeben ist. Ist das Wort *Begleitung* geeignet, sowohl die geforderte passive spirituelle Grundhaltung/Grundkompetenz als auch die geforderte aktive Vorgehensweise (spirituelles Assessment, spirituelle Therapieplanung etc.) zum Ausdruck zu bringen? Legt die Bezeichnung *Betreuung* nicht die Assoziation einer paternalistisch anmutenden asymmetrischen Beziehungsgestaltung zwischen einem (spirituell kompetenten) Betreuer und einem (spirituell unmündigen) Betreuten nahe?

Die zweite Frage, die sich aufdrängt, ist die, ob die Bezeichnungen *Spirituelle Begleiter*, *Professionelle Spirituelle Begleiter,*[161] *Seelsorger* und *Seelsorgende*, die zumeist synonym verwendet werden, alltagspraktisch nicht sowohl bei PatientInnen und deren Angehörigen, als auch bei MitarbeiterInnen Verwirrung hervorrufen, da sie letztlich nicht exakt für das Gleiche stehen:

Spirituelle Begleiter = Potentiell alle Teammitglieder.
Professionelle Spirituelle Begleiter = Spirituell zusatzqualifizierte Teammitglieder.
Seelsorger = Kirchlich beauftragte professionelle christliche SeelsorgerInnen
Seelsorgende = Oberbegriff für alle, die Spiritual Care leisten: MitarbeiterInnen, kirchliche SeelsorgerInnen, Angehörige.

160 Eine Formulierung, die z.B. vom ‚Europäischen Netzwerk für Klinikseelsorge' in ihrem offiziellen Internetauftritt verwendet wird: http://enhcc.eu/2014_salzburg_statement_deutsch.pdf

161 Im Konzeptpapier ‚Spirituelle Begleitung in der Palliativversorgung' findet sich folgender, m.E. recht verwirrend Differenzierungsversuch: „Neben der *professionellen spirituellen Begleitung* hat auch jede Tätigkeit der anderen an der Palliativversorgung Mitarbeitenden eine spirituelle Dimension." Ist die Tätigkeit der anderen dann als unprofessionell zu qualifizieren? Vgl. SPIRITUELLE BEGLEITUNG (2007).

Eine andere, nicht weniger bedeutsame Unschärfe findet sich im Kontext von Spiritual Care bezüglich der Verwendung der Begriffe *spirituell/geistig (Geist), seelisch (Seele)* und *psychisch (Psyche).*

Obgleich in der Bezeichnung Spiritual Care, der Terminus *spiritual* von zentraler Bedeutung ist, wird er oftmals mit geistig, seelisch oder psychisch gleichgesetzt oder undifferenziert mit diesen Begriffen kombiniert. Daraus resultiert das Problem, dass Begriffe, die aus gutem Grund auch dazu verwendet werden, das Spezifikum von Berufen wie Psychologen, Psychotherapeuten, Psychiatern und Seelsorgern, die auch im Gesundheitswesen aktiv sind, zum Ausdruck zu bringen, verwässert werden. Dies wiederum hat im Extrem zur Folge, dass klar definierte Zuständigkeiten, Kompetenz- und Rollenzuschreibungen, die gerade in den hochkomplexen Organisationen/Diensten des Gesundheitswesens trotz aller alltäglichen Kooperation von eminenter Bedeutung sind, ebenfalls verwässert werden. Interessanter Weise wird, obgleich in der WHO-Definition von Palliativ Care auf die körperliche, soziale, psychische und spirituelle Dimension menschlicher Existenz verwiesen wird, oftmals eine seelische eingeführt, die dann mit der spirituellen und/oder geistigen verbunden wird, wobei die psychische oftmals einfach weggelassen wird. Verwirrungsmöglichkeiten scheint es viele zu geben. Folgende Beispiele sollen die vorfindbare Sprach-Verwirrung exemplarisch anschaulich machen:

Traugott Roser (2009): Spiritual Care – neue Ansätze seelsorglichen Handelns, 84.	„…weil Wohlbefinden durch Krankheit bedroht ist, kommt es zu Bedürfnissen auf 4 Ebenen: leiblich, ***seelisch***, sozial, ***spirituell***."
Thomas Hagen u.a. (2011): Qualifikationskurs Palliative Care, 41.	Kursinhalt: „Das Verständnis von ***Seele (Psyche)*** in Psychologie und Seelsorge."
Seelsorge in Palliative Care (2009), 31.	„***geistig-seelische*** Versorgung"
Birgit und Andreas Heller (2014), Spiritual Care, 24.	Es geht um den Zusammenhang von „Körper, ***Seele*** und ***Geist***/Bewusstsein"
Cornelia Knipping (2012): Menschenwürdig leben und sterben, 48/49/52/56/57.	„Und es kann sehr wohl jederzeit etwas getan werden: körperlich, ***seelisch***, sozial, kulturell, ***spirituell***." „Die salutogenetische Orientierung eröffnet den Blick für den ganzen Menschen mit seinen physischen, ***psycho***sozialen, kulturellen und ***spirituellen*** Leiden und Ressourcen." Der Mensch bedarf „der ***psychischen***, sozialen, kulturellen und ***spirituellen*** Betreuung und Begleitung"

16. Falsche Grundannahmen?

Am Ende der kritischen Anfragen an Spiritual Care gilt es, einige Einwände besonders hervorzuheben. Aufgrund ihres fundamentalen Charakters wird ihnen auf komprimierte Art und Weise ein eigenes Kapitel gewidmet:

- Wenn Josef Eggers Fundamentalkritik aus medizinisch-psychologischer Perspektive zutrifft, dass die WHO einer falschen Grundannahme aufgesessen ist, als sie die spirituelle Dimension im Kontext von Palliative Care in das bio-psycho-soziale Modell aufgenommen hat, weil das Spirituelle als eine Leistung bzw. als ein Produkt des Psychischen zu begreifen ist (was aktuelle neurowissenschaftliche Forschungsergebnisse seines Erachtens nahezulegen scheinen), dann braucht es auch keinen spezifischen Auftrag und keine gesonderte Ausbildungen für Spiritual Care![162]

- Wenn die Religionswissenschaftlerin Birgit Heller aufgrund sozialwissenschaftlicher Untersuchungsergebnisse, die belegen, dass sich nahezu die Hälfte aller EuropäerInnen weder als religiös noch als spirituell einschätzt, davon ausgeht, dass es sich um eine falsche Grundannahme handelt, wenn behauptet wird, dass alle Menschen explizit oder implizit religiös/spirituell sind, dann kann folgender Einwand nicht einfach abgetan werden: „Wenn ein erheblicher Teil der Menschen sich selbst als weder religiös noch spirituell bezeichnet, sollten sie weder religiös noch spirituell vereinnahmt werden... Es kann nicht sein, dass einerseits die religiöse oder spirituelle Selbsteinschätzung zu bestimmten Prognosen oder gar zur Legitimation von religiösen bzw. spirituellen Angeboten in Institutionen führt, andererseits das Selbstverständnis nichtreligiös/nichtspirituell heruntergespielt bzw. uminterpretiert wird, indem ein ‚säkularer Humanismus' zu einer Spielart von Spiritualität erklärt wird."[163]

- Wenn die evangelische Theologin Isolde Karle die These des Palliativmediziners Gian Domenico Borasio in Zweifel zieht, dass PatientInnen ihre spirituellen Belange im Sinne einer ganzheitlichen Behandlung am liebsten in die Hände des sie behandelnden Arztes legen möchten, dann liegt folgende fundamentale Überlegung nahe: „Es ist die Frage, ob ein holistisches Behandlungskonzept prinzipiell erstrebenswert ist. Das hieße ja, dass eine Patientin dem Arzt außer ihren körperlichen Beschwerden auch noch ihre psychischen Belastungen und religiösen Einstellungen bei der Anamnese zu kommunizie-

162 Vgl. EGGER, J. (2013): Zur spirituellen Dimension des biopsychosozialen Modells, 40.
163 HELLER, B. (2014): Spiritualität versus Religion/Religiosität, 67.

ren hätte. Gerade in einer Situation existentieller Abhängigkeit kann es sehr befreiend sein, dass der Arzt sich ‚nur' um meinen Körper kümmert und diesen auch nur technisch und nicht etwa ganzheitlich betrachtet und ich darüber hinaus nicht auch noch über meine religiösen und sonstigen Werthaltungen bei der Anamnese Rechenschaft ablegen muss. Ganzheitlichkeit kann beklemmende und totalitäre Züge annehmen, die die individuelle Selbstbestimmung empfindlich reduzieren… Ich muss kein religiöses Bekenntnis ablegen und zum Glück auch meine sexuellen Vorlieben nicht kommunizieren."[164]

- Wenn der katholische Theologe Walter Schaupp zu bedenken gibt, dass man auch in Einrichtungen des Gesundheitswesens wie Krankenhaus, Hospiz und Altenheim bei PatientInnen, Angehörigen und MitarbeiterInnen auf religiösen Fundamentalismus bis hin zu religiös motivierten aggressiven Eskalationen stößt, weshalb Wege zu finden sind, wie religiöse Haltungen und Werte auch ‚öffentlich' so gelebt werden können, dass die Freiheit auf religiöse Selbstbestimmung für jeden (!) Menschen gewahrt bleibt und religiösen Vereinnahmungen und Verletzungen ein Riegel vorgeschoben ist[165], und wenn – wie selbst Eckhard Frick eingesteht – auch auf Seiten der MitarbeiterInnen die Gefahr religiös-spiritueller Manipulation lauert[166], dann stellt sich die Frage, ob Spiritual Care tatsächlich eine Strategie darstellt, um derartige Gefahren in den Griff zu bekommen oder ob diese durch Spiritual Care erst an Bedeutung gewinnen werden.

- Wenn die evangelische Theologin Isabell Noth Spiritual Care als ein westlich-säkular und stark medizinisch geprägtes Phänomen beschreibt,[167] und Eckhard Frick hervorhebt, dass bei der Implementierung von Spiritual Care kultursensitiv soziale, politische, religiöse und sprachliche Besonderheiten des jeweiligen Landes zu berücksichtigen sind,[168] dann stellt sich die Frage, ob es sich bei Spiritual Care (nur) um ein Produkt des aktuellen Zeit-Geistes abendländischer Prägung handelt, das dann wieder vom Markt verschwinden wird, wenn sich entweder der Zeit-Geist ändert oder finanzielle Ressourcenknappheit im Gesundheitssystem eine Fokussierung auf das medizinische ‚Kerngeschäft' einfordert.

164 KARLE, I. (2010): Perspektiven der Krankenhausseelsorge, 551.
165 Vgl. SCHAUPP, W. (2014): „Wiederkehr des Religiösen", 25.
166 Vgl. FRICK, E. (2009): Spiritual Care. Ein neues Fachgebiet der Medizin, 153.
167 Vgl. NOTH, I. (2014): Seelsorge und Spiritual Care, 115.
168 Vgl. FRICK, E. (2012): Wie arbeitet Spiritual Care?, 72.

Teil 5

Verhältnisbestimmung Spiritual Care – Seelsorge

1. Identifizierung von (In)Kompatibilitäten

Wie verhält sich professionelle christliche Seelsorge zu Spiritual Care? Welche Gemeinsamkeiten und welche Differenzen lassen sich feststellen? Welche Theorieelemente und Praxisformen, welche strukturellen Schlussfolgerungen erscheinen trotz vielleicht unterschiedlicher Begründungslogik kompatibel, welche erscheinen mehr oder minder inkompatibel? Bei der Beantwortung dieses Fragekomplexes gilt es, vorab zwei Aspekte zu berücksichtigen:

I. Wenn im Folgenden grundsätzliche Aussagen über Seelsorge getroffen werden, dann wird sowohl auf katholische und evangelische theologische Fachliteratur als auch auf kirchliche Leitlinien, Arbeitspapiere sozialcaritativer Werke und Arbeitspapiere seelsorglicher Arbeitsgemeinschaften zurückgegriffen. Da im Jahr 2015 keine aktuelleren berufspolitischen Papiere fokussiert auf professionelle Krankenhausseelsorge vorliegen, wird v.a. auf die im Jahr 2004 erarbeiteten Papiere *‚Die Kraft zum Menschsein stärken. Leitlinien für die evangelische Krankenhausseelsorge‘ (= DIE KRAFT 2004)* und *‚Katholische Krankenhausseelsorge. Qualitätsstandards. Ziele – Aufgaben – Voraussetzungen‘ (= KKHS 2004)* sowie das 2009 erschienene Grundsatzpapier des Diakonischen Werkes *‚Seelsorge in Palliative Care‘* Bezug genommen.

II. Zwischen Theorie und Praxis klafft auch in der Seelsorge nicht selten eine große Lücke. Nicht alles, was bis heute konzeptionell erarbeitet worden ist, wird auch bereits alltagspraktisch umgesetzt! Fakt ist, dass SeelsorgerInnen vor Ort auf der Basis unterschiedlicher Konzepte von Seelsorge tätig sind, wobei das Alter des/der SeelsorgerIn nicht unbedingt etwas darüber aussagt, ob das eigene Seelsorgeverständnis und die eigene Seelsorgepraxis tatsächlich auf der Höhe der (theologischen) Zeit sind.

2. Inhaltliche und alltagspraktische Gemeinsamkeiten

Wenn Birgit und Andreas Heller einen gemeinsamen Aufsatz mit dem Titel: ‚Spiritual Care: Die Wiederentdeckung des ganzen Menschen‘[1] überschreiben, dann mag das im Blick auf das Gesundheitssystem tatsächlich mehr oder minder innovativ sein. Im Blick auf Seelsorge ist damit jedoch keine neue oder besonders originelle Aussage getroffen, denn gemäß Eberhard Hauschildt entspricht das Ganzheitspostulat einer Anthropologie, „wie sie die Theologie schon länger vertritt. Vertreter der Seelsorge registrieren das mit großer Freude.“[2]

1 Vgl. HELLER, B./ A. HELLER (2014): Spiritual Care, 19.
2 HAUSCHILDT, E. (2013): ‚Spiritual Care‘, 83.

Dass einem traditionsverwurzelten, d.h. sich der Nachfolge Jesu Christi verpflichtet wissenden Seelsorgeverständnis ein ***ganzheitliches Menschenbild*** zugrunde liegen muss, damit heutigen Menschen adäquat seelsorglich begegnet werden kann, ist zu Beginn des 21. Jhdts. konfessionsübergreifend längst Standardwissen.[3] Analog zum *mehrdimensionalen* Verständnis von Mensch-Sein, das die WHO als Standard für Palliative Care ins Spiel gebracht hat, wird auch in der Seelsorge der Mensch nicht (mehr) als ein dualistisches Wesen gesehen, das sich aus zwei einander widerstreitenden Substanzen (Körper und Seele) zusammensetzt. Nicht im Kern philosophisch-hellenistisch, sondern *bibel-theologisch begründet* wird er als ein ganzheitliches Wesen betrachtet (*Genesis 2,7: Da formte Gott den Menschen aus Staub vom Ackerboden und blies in seine Nase den Lebensatem. So wurde der Mensch zu einer lebendigen Näfäsch/Seele*). Demnach hat der Mensch keine vom Körper unabhängige Seele, sondern ist, weil er seine Existenz Gott verdankt, ein von Gott ganz und gar gewolltes ganzheitliches Seelenwesen.[4] Eine uralte jüdisch-christliche Sichtweise, die sich umgangssprachlich bis heute erhalten hat, wenn wir formulieren: „Du *bist* eine gute Seele!" Jeder Mensch eine ‚gute Seele' mit mehreren, ineinander verwobenen lebensnotwendigen Dimensionen, die alle gleich wichtig und wertvoll sind, und erst im komplexen Zusammenspiel Mensch-Sein in aller Fülle, d.h. in aller geschöpflich bedingten Grenzenlosigkeit und Begrenztheit ermöglichen:

- *Körper*: Jeder Mensch ein einmaliges Geschöpf Gottes mit einem kunstvollen, leider jedoch höchst störanfälligen Körper, den es nicht zu vernachlässigen, zu misshandeln oder gar abzutöten, sondern zu hegen und zu pflegen gilt.
- *Psyche*: Jeder Mensch ein einzigartiges Ebenbild Gottes mit einer Psyche, d.h. ausgestattet mit kognitiven Fähigkeiten, emotionalen Fähigkeiten, kreativen Fähigkeiten und Verhaltensfähigkeiten, die im Laufe des Lebens erworben, leider aber auch wieder verloren gehen können, weshalb es gilt, sich tagtäglich über die verbliebenen Fähigkeiten (z.B. denken, sich erinnern, lachen und lieben können) zu erfreuen.
- *Sozial*: Jeder Mensch ein freiheitsliebender (Bundes)Partner Gottes, der als soziales Wesen erst durch sein Mit-Mensch-Sein, sprich durch zwischenmenschliche Solidarität und gegenseitige Verantwortungsübernahme sein Mensch-Sein im Rahmen gesellschaftlicher, politischer, kultureller, ökologischer, ökonomischer und struktureller Rahmenbedingungen voll verwirklichen kann.
- *Spirituell (spiritus/Geist)*: Jeder Mensch ein spirituelles Wesen, das qua Menschsein in der Lage ist, sich selbst und die vorfindbare Wirklichkeit zu

---

3 Vgl. NAUER, D. (2014): Seelsorge, Kapitel Seele. Dort finden sich ausführliche Literaturangaben zum christlichen Seelenverständnis, das die Ausgangsbasis für die typisch ganzheitliche Sichtweise des Menschen bildet.

4 Vgl. JANOWSKI, B. (2005): Der Mensch im alten Israel, 156; KLESSMANN, M. (2009): Seelsorge, 29.

überschreiten, das ‚Mehr' der eigenen Existenz wahrzunehmen und Gott/das Göttliche als Kraftreserve im eigenen Leben zu erspüren.

Inhaltliche Gemeinsamkeiten zwischen Seelsorge und Spiritual Care sind jedoch nicht nur auf anthropologische Konvergenzen beschränkt. Sowohl Seelsorge als auch Spiritual Care fokussieren auf den einzelnen Menschen, auf ***subjektive Erfahrungen***, individuelle Lebensgeschichte, existentielle Bedürfnisse und persönliche Ressourcen v.a. in Grenz-, Krisen-, Krankheits-, Sterbens- und Trauersituationen, wie auch Ulrich Eibach hervorhebt: „Die Krankenhausseelsorge sucht Zugang zum kranken Menschen über die subjektive Seite des Menschseins und des Erlebens in der Krankheit."[5] Dementsprechend werden weder in der Seelsorge noch in Spiritual Care alte Menschen, Behinderte, PatientInnen und Sterbende lediglich als KundInnen, Fälle oder zu Entsorgende gesehen; Angehörige als störende Anhängsel oder instrumentalisierbare HelferInnen; MitarbeiterInnen als ausbeutbare Arbeitskräfte und Human Resources.
Seelsorge und Spiritual Care versteht sich als ein ***Beziehungs- und Begegnungsgeschehen*** auf Augenhöhe, das entsprechende Kompetenzen einfordert.[6] In beiden Fällen handelt es sich um ein zwischenmenschliches Geschehen, das elementare Basis-Haltungen wie Respekt, Akzeptanz, Einfühlung und die Ausbalancierung von Nähe-und Distanz voraussetzt.[7] Auch im Blick darauf, dass die (spirituelle) ***Begleitung*** eines Menschen sowohl ***verbal*** als auch ***nonverbal*** ablaufen kann, stimmt der Ansatz von Seelsorge und Spiritual Care überein. Begleiten impliziert demnach für beide Formen simples Da-Sein, Mit-Gehen, Dabei-Bleiben und Schweigen, aber auch wohlüberlegtes Reden, wohlwollendes Diskutieren, überzeugtes Beraten und humorvolles Intervenieren.[8]
Wenn Traugott Roser darüber nachdenkt, dass die Spitalseelsorge im Kontext von Spiritual Care künftig die Rolle eines Katalysators übernehmen könnte, um Spiritualität anfragbar, besprechbar und argumentierbar zu machen, dann hat er sicherlich recht, denn genau dies tun SeelsorgerInnen längst![9]
SeelsorgerInnen sind tatsächlich, wie Adrian Kerkhoven das Selbstverständnis heutiger SeelsorgerInnen, die sich im Europäischen Verband für Krankenhausseelsorge zusammengeschlossen haben, auf den Punkt bringt, ***„Spezialisten für***

5 EIBACH, U. (2014): Sterben, Tod und „ewiges Leben", 304. Vgl. auch: DIE KRAFT (2004) 14/15/18.; KKHS (2004) 1; SCHWINGHAMMER, J. (2010): Klientenzentrierte Begleitung Sterbender im Rahmen einer zeitgemäßen Krankenhausseelsorge.

6 Vgl. DIE KRAFT (2004) 2/15; KKHS (2004) 1; REUTER, W. (2012): Relationale Seelsorge.

7 Vgl. KKHS (2004) 1/2; DIE KRAFT (2004) 14/15.

8 Vgl. PFANDL-WAIDGASSER, A. (2011): Spielerischer Ernst. Clowneske Interventionen in der Krankenhausseelsorge.

9 Vgl. ROSER, T. (2013): Seelsorge und Spiritual Care, 73.

die spirituelle Dimension.“[10] Sowohl Spirituelle BegleiterInnen als auch haupt- und ehrenamtlich tätige christliche SeelsorgerInnen benötigen daher den Erwerb spezieller spiritueller Kompetenzen.[11] Auch bezüglich der Vorstellung der Art und Weise sowie der Zielsetzung ***spiritueller Begleitung*** weisen Spiritual Care und Seelsorge erstaunlich viele Gemeinsamkeiten auf. Diese sind jedoch nicht immer auf den ersten Blick erkennbar, weil noch immer Vorstellungen und Vorurteile über (Krankenhaus)SeelsorgerInnen kursieren, die diese gegenüber angeblich neutral eingestellten Spirituellen BegleiterInnen nahezu antiquiert und ungeeignet erscheinen lassen. An Hand einiger ausgewählter Beispiele soll dies im Folgenden zumindest angedeutet werden:

- Das durch Erfahrungsberichte von Menschen zunächst bestätigte (Vor)Urteil, dass SeelsorgerInnen im Gegensatz zu spirituellen BegleiterInnen dazu neigen, moralisierend zu belehren, weil sie sich mehr für die dogmatischen und normativen Vorgaben ihrer Religionsgemeinschaften interessieren, als für die spirituellen Bedürfnissen ihres Gegenüber.[12] Je mehr Menschen jedoch modernen SeelsorgerInnen vor Ort begegnen, die auf der Basis eines modernen glaubwürdigen Seelsorgeverständnisses geschult sind, desto seltener werden Alltagserfahrungen diese (Vor)Urteile bestätigen.
- Die noch immer kursierende Vorstellung, Seelsorge sei (als alleinige irdische Instanz) primär für das ewige Seelenheil ihrer (kranken und sterbenden) Mitmenschen zuständig, weshalb SeelsorgerInnen besonders dann hinzuzuziehen sind, wenn „ärztlicherseits nichts mehr zu tun ist, wenn nur noch Beten hilft.“[13] Eine Sichtweise, die längst überholt ist, denn ein zeitgemäßes Seelsorgeverständnis verlangt, dass es um den ganzen Menschen mit all seinen Bedürfnissen und Problemen bereits hier und jetzt auf Erden geht. Und dies gerade deshalb, weil die Möglichkeit eines über-irdischen Weiter-Lebens immer im Blick bleibt.[14]
- Die Vorstellung, SeelsorgerInnen zielten darauf ab, (wehrlose) Menschen missionieren, d.h. Nicht-Gläubige zum christlichen Glauben bekehren, oder bereits gläubige ChristInnen mit aller Gewalt im Glauben halten zu wollen. Ein Vorurteil, dass sich hartnäckig hält, obgleich Seelsorge im modernen Ver-

---

10 http://www.spitalseelsorge.ch/media/archive1/praxishilfen/verzeichnisse/international/ENHCC12 Mennorode Bericht.pdf. (eingesehen Januar 2015).

11 Vgl. DIE KRAFT (2004) 10; KKHS (2004) 1.

12 Vgl. SCHAUPP, W. (2010): Medizin, Spiritualität und Menschenbild, 249.

13 FRICK, E. (2009): Spiritual Care. Ein neues Fachgebiet der Medizin, 149. Eine Seite weiter verweist Frick noch deutlicher darauf, dass es der klassischen Seelsorge v.a. um das (Seelen-)Heil des Menschen geht.

14 Folker Siegert hat zudem nachgewiesen, dass der Terminus Seelenheil nur ein einziges Mal (1 Petrus 1,9) in der Bibel erwähnt wird. Für ihn ist daher evident, dass die Sorge um das ewige Seelenheil aus theologischen Gründen nicht das Kerngeschäft christlicher Kirchen sein darf. Vgl. SIEGERT, F. (2014): Von der Sterblichkeit der Seele zur Leiblichkeit der Auferstehung, 50-51.

ständnis nicht als ‚Zählsorge' im Sinne vereinsideologischer Rekrutierung verstanden wird, wie inzwischen sowohl auf katholischer als auch auf landeskirchlicher Seite immer wieder betont wird.[15]

- Die Vorstellung, christliche SeelsorgerInnen seien hauptsächlich bis ausschließlich mit Gottesdienstfeiern, Andachten, Krankensalbung, Segnungen, Bibelarbeit, Beten, Ritualen und Beerdigungen beschäftigt,[16] kann auf realen Erfahrungen basieren, erweist sich aber im Blick auf die Mehrheit professionell ausgebildeter SeelsorgerInnen als ein Vorurteil, wie Herwig Hohenberger im Jahr 2014 aus evangelischer Perspektive deutlich zu verstehen gibt: Derartige Praxisformen sind „nur ein kleines Spezialgebiet unserer Tätigkeit."[17]

3. Inhaltliche und alltagspraktische Differenzen

SeelsorgerInnen können nicht auf der Basis eines ***neutralen Spiritualitätsverständnisses*** tätig werden! Wenn Eckhard Frick als Jesuit hervorhebt, dass es ein positiv zu bewertendes Qualitätsmerkmal von Spiritual Care ist, der Definitionsmacht der Religionen (und Kirchen) entzogen zu sein,[18] dann mag das für die Ohren vieler PatientInnen, Angehöriger und MitarbeiterInnen im Gesundheitswesen verlockend klingen. Christliche SeelsorgerInnen jedoch können diese Sichtweise weder im Blick auf professionelle noch auf ehrenamtliche seelsorgliche Tätigkeit teilen. Sie verstehen sich per definitionem der Christlichen Religion zugehörig und wollen trotz aller konstruktiven Kritik an der Glaubens- und Sozialform Kirche ausdrücklich in der Traditionslinie derjenigen stehen, die sich seit über 2000 Jahren auf Jesus Christus berufen. Deshalb ist folgendes, etwas salopp formulierte, aber sicherlich die klinische Alltagsrealität wiederspiegelnde Beispiel, das der Palliativmediziner Gian Domenico Borasio im Jahr 2014 wiedergibt, um die angebliche religiöse Neutralität als Qualitätsmerkmal von Spiritual Care hervorzuheben, Anlass dafür, ein klares Veto einzulegen: „Wenn wir einen Patienten fragen, ob er mit dem Seelsorger sprechen möchte, dann ist häufig die sofortige Reaktion: ‚Ach wissen Sie, ich bin nicht sehr religiös.' Unsere Standardantwort lautet: ‚Unsere Seelsorger auch nicht.'"[19] In Übereinstimmung mit Eberhard Hauschildt soll deshalb an dieser Stelle entgegen allen religiösen, christlichen und kirchlichen Entwurzelungstendenzen ausdrücklich festgehalten

---

15 So z.B. in einem Arbeitspapier der EKD-Konferenz: „Eine Seelsorgesituation ist deshalb keine missionarisch ausnutzbare Gelegenheit." SEELSORGE – MUTTERSPRACHE DER KIRCHE (2010) 45.

16 Vgl. HIRSMÜLLER, S./ M. SCHROER (2014): Interprofessionelle Teamarbeit, 16.

17 HOHENBERGER, H. (2014): Die Bedeutung und der Ort von Gebet und Ritualen im modernen Krankenhaus aus der Sicht des Krankenhausseelsorgers, 182.

18 Vgl. FRICK, E. (2009): Spiritual Care. Ein neues Fachgebiet der Medizin.

19 BORASIO, G. D. (2014): Spiritual Care, 124.

werden, dass sich christliche SeelsorgerInnen durchaus als religiöse Menschen verstehen, weshalb für sie gilt: „Diejenigen, die als Krankenhausselsorger bzw. -seelsorgerinnen bezeichnet werden, stehen in Verbindung zu einer Kirche und ihrer konfessionellen Theologie.“[20] Eine Position, die in (inter) nationalen Arbeitspapieren zur christlichen Krankenhausseelsorge gegenwärtig konfessionsübergreifend geteilt wird. So wird im Grundsatzpapier des Europäischen Netzwerkes für Klinikseelsorge (European Network of Health Care Chaplaincy EN-HCC) festgehalten: „Angesichts des umfassenden Wandels müssen Klinikseelsorger und –seelsorgerinnen in ihrem eigenen Glauben verwurzelt sein und aus ihrem Glauben, aus den eigenen Überzeugungen und Werten heraus ihre Arbeit tun.[21] Im Bericht über die 12. Konsultation des ENHCC in Mennorode wird im Jahr 2012 sogar noch expliziter formuliert: „Das erfordert eine klare gemeinsame Identität als Seelsorgende, eine gelebte Beziehung mit Kirche, Glaubensgemeinschaft oder Organisation und ausreichende Gestaltungsfreiheit, um sich in der Arbeit zu organisieren.“[22] Christliche SeelsorgerInnen können nur auf der Basis ihrer christlichen Tradition tätig werden. Deshalb brauchen sie eine gelebte Verwurzelung in ihrer jeweiligen Kirche. Eine Verwurzelung, die jedoch keinen blinden Gehorsam einfordert, sondern ein mündiges, konstruktiv-kritisches Verhältnis, das immer neu zu gestalten ist! Gerade weil christliche SeelsorgerInnen sich ihrem Ursprungsauftrag durch Jesus Christus verpflichtet fühlen, sind sie dazu verpflichtet, trotz vieler Verirrungen und Fehlentwicklungen in der 2000-jährigen Kirchentradition, Seelsorge auf der Basis gelebter religiös-weltanschaulicher und kultureller Toleranz auszuüben!

Wenn sich christliche SeelsorgerInnen (wie in den Niederlanden) inhaltlich immer neutraler, d.h. immer unchristlicher aufstellen, um im Kontext von Spiritual Care (mehr) gesellschaftliche und institutionelle Anerkennung zu erringen, dann verliert Seelsorge ihre in der Gesellschaft durchaus noch geschätzte Erkennbarkeit und Unterscheidbarkeit z.B. gegenüber Islamischer Seelsorge, die sich auf der Grundlage eines klaren Profils zu Recht gegenwärtig im Gesundheitswesen auch in Deutschland immer selbstbewusster in Position bringt.

Wenn sich christliche SeelsorgerInnen immer neutraler aufstellen, dann verstärken sie zudem einen Trend, der gerade im Palliativ-Kontext zunehmend beklagt wird: „Palliative Care hat sich heute in vieler Hinsicht vom christlichen Hintergrund verabschiedet und damit auch von Cicley Saunders.“[23] Christliche SeelsorgerInnen tragen daher gerade durch ihre Nicht-Neutralität entscheidend dazu

20 HAUSCHILDT, E. (2013): ‚Spiritual Care‘, 84.

21 www.enhcc.eu, 1.Vgl. auch: DIE KRAFT (2004) 21; KKHS (2004) 2.

22 http://www.spitalseelsorge.ch/media/archive1/praxishilfen/verzeichnisse/international/ENHCC12 Mennorode Bericht.pdf.

23 MORGENTHALER, C. (2012): Palliative Care, 13.

bei, das christliche Erbe der Hospizbewegung, das sich durch prinzipielle Offenheit gegenüber allen Religionen und Weltanschauungen sowie durch prinzipiellen Verzicht auf missionarische Zielsetzungen auszeichnet, in Erinnerung zu halten.
Weil christliche SeelsorgerInnen sich nicht neutral aufstellen können ohne dabei ihr Ureigenstes zu verraten, sind noch einige nicht gerade unbedeutende Unterschiede zu einem neutral aufgestellten Spiritual Care zu benennen:

- Der *Motivationsgrund* für Seelsorge verdankt sich nicht primär humanistischen oder monetären Beweggründen. SeelsorgerInnen aller Konfessionen sehen sich in der Nachfolge Jesu Christi berufen. Sie wollen in Wort und Tat dazu beitragen, dass bereits auf Erden ‚Reich Gottes', d.h. etwas mehr Mitmenschlichkeit, Nächstenliebe, Barmherzigkeit, Solidarität, Gerechtigkeit und Friedfertigkeit spürbar wird. In Wort und Tat wollen sie dazu beitragen, dass Menschen die heilsame Nähe Gottes mitten in ihrem Alltagsleben, mitten in der Arbeit, mitten in Krankheit, Leiden, Sterben, Tod und Trauer spüren.
- *Inspirationsquelle* für Seelsorge ist nicht irgendeine, vielleicht sogar synkretistisch zusammengestellte Weltanschauung oder Religion, sondern die christliche Religion, die im jüdisch verwurzelten *christlichen Gottesbild* gründet. Aus dem christlichen Gottesverständnis leiten SeelsorgerInnen Kriterien ihres Denkens und Handelns ab. Handlungsleitend für sie ist deshalb der geheimnisvolle, nahe und ferne, sichtbare und unsichtbare offenbare und verborgene, mächtige und ohnmächtige Gott. Ein Gott, der sich Menschen seit Jahrtausenden als lebensförderlich, aber auch als fordernd erfahrbar gemacht hat, weshalb ihm menschliche Bilder wie Schöpfer, Vater, Bundespartner, Befreier, Retter und Richter zugeschrieben worden sind. Ein Gott, der als Mit-Mensch Jesus vor über 2000 Jahren in Palästina damaligen Menschen zum Anfassen nahe kam und nach seinem gewaltsamen Tod aufgrund seiner ‚Auferweckung von den Toten' von diesen als Christus, als Erlöser aller Menschen tituliert worden ist. Ein Gott, der auch heute noch als Heiliger Geist mitten in der Alltagswelt präsent ist, weshalb er von jedem Menschen aufgrund der spirituellen Dimension menschlicher Existenz (Geist-Dimension) erspürt werden kann.[24] Würden SeelsorgerInnen diese existentielle Glaubens- Überzeugung aufgeben, wäre der Boden für seelsorgliches Handeln entzogen.
- Christliche Seelsorge zeichnet sich deshalb dadurch aus, dass *Spiritualität* so weit gedacht wird, dass implizit oder explizit die transzendente Dimension/ Gott/das Göttliche stets mit im Spiel ist. Seelsorge rechnet fest mit einer spürbaren transzendenten Kraft, die in Menschen (Bewältigungs)Ressourcen zum

24 Vgl. NAUER, D. (2014): Seelsorge, Kapitel Gottesbild, 100-140 (mit ausführlichen Lieraturangaben).

(Über)Leben und Sterben freisetzen kann. Seelsorge hält daher entgegen aller Realitätserfahrung manchmal sogar stellvertretend für andere Menschen an der Vorstellung fest, dass es für jeden Menschen Hoffnung selbst über den Tod hinaus auf ein ‚Leben in Fülle' gibt.[25]

- Gerade weil Menschen heutzutage religiös-christliche *Sprache, Symbole, Riten* und *(biblische) Texte* oftmals nicht mehr kennen, dürfen SeelsorgerInnen aufgrund eines Neutralitäts-Postulats auf diese nicht prinzipiell verzichten, denn: „Religiöse Kommunikation erschließt das Gewohnte neu. Sie kann dies aber nur tun, wenn sie sich auf bewährte Traditionen, Symbole, Sprachformen, Riten, Gesten und Praktiken beziehen kann, auch auf die Gefahr hin, darin gelegentlich missverstanden zu werden. Die religiös-biblische Sprache hat gerade in ihrer Fremdheit eigene Artikulationskraft."[26] Nicht nur das Vorlesen biblischer Geschichten und Texte, sondern auch rituelle Zeichenhandlungen wie z.B. eine Segenshandlung oder gemeinsam erlebte Abendmahlsfeiern, Andachten und Gottesdienste können sich für Menschen jeglichen Glaubens als weiterhelfend, trostreich und kraftspendend erweisen.[27]
- Christliche SeelsorgerInnen orientieren sich nicht an irgendeinem Menschenbild, sondern am jüdisch verwurzelten *christlichen Menschenbild*. Demnach bewegt sich ein jeder Mensch sowohl in der aus dem jüdischen Denken übernommenen Ambivalenzerfahrung von *‚fast Gott gleich und Staub'*, als auch in der typisch christlichen Ambivalenzerfahrung von *‚sündig und erlöst'*. Eine äußerst realistische, zugleich aber auch zutiefst optimistische Sichtweise menschlicher Existenz, die sich direkt auf alltagspraktisches seelsorgliches Denken und Handeln auswirkt.

  Weil ausnahmslos alle Menschen ‚fast Gott gleich' sind, ist jeder Mensch ‚heilig'. Dies bedeutet, ein jeder Mensch ist als ein von Gott gewolltes, voraussetzungslos geliebtes, einmalig-einzigartiges, zutiefst geheimnisvolles, aufgrund seiner durch Gott verliehenen Würde unantastbares Wesen zu betrachten und auch entsprechend zu behandeln.[28]

---

25 Vgl. DYBOWSKI, S. (2013): Krankenhausseelsorge – Schnitzen an der Hoffnung; WESSEL, W. (2012): Im Tod die Vision vom Leben stärken. Ängste und Hoffnungen von Sterbenden; RIEGER, S. (2013): Dem Tod entgegenwachsen – Sterben als Abbruch oder Vollendung?; SCHULZ, M. (2013): Die Hoffnung stirbt zuletzt; DIE KRAFT (2004) 16; KKHS (2004) 1.

26 KARLE, I. (2010): Perspektiven der Krankenhausseelsorge, 552.

27 Vgl. DIE KRAFT (2004) 19/25; KKHS (2004) 2. JEGGLE-MERZ, B. (2012): „Ist einer von euch krank? Dann..." (Jak. 5,14). Zur Vielfalt, Bedeutung und Praxis liturgischer Formen in der Krankenpastoral; STOLLBERG, D. (2013): Seelsorge und Gottesdienst; ENZNER-PROBST, B. (2009): Rituale; RAU, A. (2009): Segensfeier.

28 „Als Ebenbild Gottes kommt jedem Menschen eine unbedingte, durch nichts aufzuhebende Würde zu. In dieser Hinsicht sind alle Menschen gleich, soziale Rangunterschiede werden nivelliert. Leider versäumen es die Kirchen nach meinem Eindruck weitgehend, aus dieser theologischen Einsicht deutlicher gesellschaftspo-

Weil aber auch alle Menschen ausnahmslos ‚Staub' sind und am Lebensende aufgrund ihrer geschöpflichen Begrenztheit wortwörtlich wieder zu Staub zerfallen, ist aus christlicher Sicht weder Gesundheit als höchster Wert einzustufen, noch der Tod als Todfeind zu betrachten, den es mit allen Mitteln zu besiegen gilt. Krankheit, Bruchstückhaftigkeit, Behinderung, Altern, Gebrech-lich-Sein und Sterben dürfen als Bestandteil menschlicher Existenz ihren Platz haben, weshalb Mensch-Sein und Begrenzt-Sein ohne Bedauern in einem Atemzug zu nennen sind.
Weil zudem ausnahmslos alle Menschen ‚sündig' sind, müssen alle damit rechnen, trotz bester Absicht sowohl auf individueller als auch auf strukturelle Ebene immer wieder hinter ihren geschöpflichen Möglichkeiten zurückzubleiben, im Großen und Kleinen aneinander sündig zu werden.
Weil aber, wenn Jesus wirklich der Christus, der Messias und Erlöser aller Menschen ist, ausnahmslos alle Menschen längst in den Worten Martin Luthers ohne zu erbringende Vor- und Gegenleistungen ‚gerechtfertigt', in den Worten von Papst Johannes XXIII aufgrund der bedingungslosen Gnade Gottes ‚erlöst' sind,[29] können tatsächlich alle Menschen aus gutem Grund darauf hoffen, im Sterbeprozess nicht in strafende, sondern in die liebenden Hände Gottes zu fallen – wie auch immer man sich dies als Mensch genau vorzustellen hat.

➢ Weil christliche SeelsorgerInnen sich im christlichen Menschenbild verwurzeln, können sie nicht wertneutral *ethisch beraten*. Sowohl auf individueller als auch auf organisationaler Ebene können sie nur auf dem Hintergrund ihrer eigenen christlichen Überzeugungen und Werte einzelne Menschen oder ganze Menschengruppen z.B. im Kontext eines Ethikkomitees beraten. Dies impliziert nicht, dass das Gegenüber oder andere Komitee-Mitglieder christliche Werte teilen müssen oder ihre Entscheidung an christlichen Maßstäben auszurichten haben. Es impliziert jedoch, dass SeelsorgerInnen ihre Position weder gegenüber sich selbst noch gegenüber anderen verleugnen, sondern transparent machen. Nur auf dieser nicht wertneutralen Basis können SeelsorgerInnen unter prinzipieller Achtung der Entscheidungsfreiheit eines jeden Menschen zur ethischen Entscheidungsfindung und Entscheidungsbewältigung aktiv beitragen.[30]

---

litische Konsequenzen zu ziehen." KLESSMANN, M. (2014): Im Strom der Zeit, 17. Vgl. auch: DIE KRAFT (2004) 18.

29 *„Gib unserem Apostolat Begeisterung, damit es alle Menschen und Völker erreicht, denn alle Menschen sind erlöst."* Papst Johannes XXIII (1881-1963), in: SUDBRACK, J. (1993): Entzünde in uns das Feuer, 53.

30 Vgl. SCHLAUDRAFF, U. (2013): Krankenhausseelsorge und Ethik; EHLERT, F. (2013): Ethik und Realität. Pastoralpsychologische Aspekte zur Ethikberatung; CHARBONNIER, R. (2010): Zur Entwicklung ethischer Kompetenz; BENTELE, K. (2010): Zur Rolle von Klinikseelsorgern in der klinischen Ethikberatung; FI-

Nicht nur das Neutralitätspostulat trennt Spiritual Care von Seelsorge. Eine zweite gewichtige inhaltliche Differenz offenbart sich im Blick auf die Definition von ***Sinnfindung und Sinngebung als Zielsetzung von Spiritual Care***. Selbstverständlich wollen auch christliche SeelsorgerInnen dazu beitragen, dass Menschen ihr Leben nicht als sinnlos, sondern als sinnvoll erleben. Daher findet sich im evangelischen Arbeitspapier zur Krankenhausseelsorge folgender Passus: „Die Seelsorge verhilft mit ihrem Angebot den Betroffenen zu ihrer individuellen Deutung und zur authentischen Sinnfindung in ihrer Situation.“[31]

Zugleich aber erweist sich Seelsorge als äußerst widerspenstig gegenüber Versuchen (sei es in den Niederlanden in Form von *Geestelijke Verzorging*, sei es in den USA, in Deutschland oder in vielen anderen Ländern in Form von *Spiritual Care*), Seelsorge auf die Dimension salutogenetischer Sinnfindung reduzieren zu wollen.[32] Das Besondere an Seelsorge ist ja, dass Menschen, die seelsorglich begleitet werden, trotz des überall spürbaren Drucks, den unsere Gesellschaft auf jeden einzelnen ausübt, überhaupt nichts leisten müssen. Seelsorge ist nämlich auch dann nicht als fehlgeschlagen einzustufen, wenn es einem Menschen nicht gelingt, ein Problem oder eine Krise zu meistern, sich weiterzuentwickeln, spirituelle Erfahrungen zu machen oder seinem Leben bzw. Sterben Sinn zu verleihen, wie Frank Mathwig pointiert zu verstehen gibt: „Wer, wenn nicht kirchliche Seelsorge, sagt den Menschen in einer Leistungsgesellschaft , die nichts mehr leisten können, dass es keine Leistung braucht, weil alles schon geleistet ist? Wer wenn nicht kirchliche Seelsorge sagt den Menschen, deren Energie und Geist zu schwach für Selbstfindung und spirituelle Erfahrung geworden ist, dass es beides nicht braucht?“[33] Wenn Pascal Mösli und Steffen Eychmüller die These aufstellen, dass eine Palliativstation sich als ‚eine Art biopsychosozialspirituelle Intensivstation‘ begreifen lässt, wo die dort Tätigen als Katalysatoren oder ‚change agents für Problemlösungen am Lebensende‘[34] zuständig sind, dann müssten sich zumindest christliche SeelsorgerInnen derartigen Rollenzuschreibungen letztlich verweigern, denn: „Die vertraglichen Verhältnisse liegen anders als in der therapeutischen oder in sonstiger sozialer Arbeit. In der Seelsorge muss nichts erreicht werden, es muss nichts verändert werden, man muss nicht an Problemen arbeiten… Seelsorge ist insofern nicht primär als Veränderungsarbeit, auch nicht im Dienst der Gesundheit zu verstehen. Die Grundlage von Seelsorge ist eine andere… Ihr erstes Ziel ist deshalb auch nicht die Sinnfindung in Krankheit

SCHER, J. (2006): Ethische Dimensionen in der Spitalseelsorge; KUNZ, R./ M. NEUGEBAUER (2006): Ethische Seelsorge und Orientierungshilfe; DIE KRAFT (2004), 24.

31 DIE KRAFT (2004) 24. Vgl. KKHS (2004) 2.

32 Vgl. z.B. ESCHMANN, H. (2014): Heilung durch Sinnfindung?

33 MATHWIG, F. (2014): Worum sorgt sich Spiritual Care?, 38.

34 MÖSLI, P./ S. EYCHMÜLLER (2014): Chancen der interdisziplinären Zusammenarbeit, 132.

und Leid oder die Steigerung der Lebensqualität. Seelsorge muss einer Krankheit keinen höheren Sinn beilegen."[35] Nicht Sinngebung, Lebensgewissheit und Leidensdeutung stehen bei Seelsorge im Vordergrund, sondern das Mit-Aushalten erfahrener Sinnlosigkeit, Trostlosigkeit und Ohnmacht.[36] Frank Mathwig plädiert deshalb dafür, Mut zur ‚Sinnlosigkeitstoleranz' aufzubringen, d.h. Sinnloses nicht zu harmonisieren, sondern als Sinnloses zu akzeptieren.[37] Ein Plädoyer, das sich auch im evangelischen Grundlagenpapier zur Krankenhausseelsorge wiederfindet, wo festgehalten wird: „Manche Schicksalsschläge halten dazu an, sich jeglicher Sinnsuche und Sinndeutung zu enthalten und stattdessen zum Offenhalten und einstweiligen Aushalten zu ermutigen."[38] Gerade dann, wenn nichts mehr zu machen ist, wenn kein Sinn mehr zu finden, kein Problem mehr zu lösen ist, verabschieden sich SeelsorgerInnen nicht, sondern halten Ohnmacht, Enttäuschung, Sprachlosigkeit und Wut mit aus. Natürlich wollen SeelsorgerInnen leidenden Menschen trostreich zur Seite stehen, denn immer dann, wenn sie die typisch christliche ‚Frohe Botschaft' nicht in eine unchristliche ‚Drohbotschaft' verzerren, haben SeelsorgerInnen ein enormes Tröstungspotential anzubieten. Zugleich aber sind sie gerade wegen ihrer Frohbotschaft dazu angehalten, sich billigen Vertröstungsstrategien zu enthalten und keinen „forcierten Schnelltrost unterzujubeln".[39] Statt zu (ver)trösten kann es daher sogar oftmals notwendig sein, Menschen in Not dazu zu ermutigen, sich nicht ergeben zu fügen, sondern sich trotzig aufzulehnen, rebellisch zu klagen, ja sogar Gott selbst gnadenlos anzuklagen, wobei der Seelsorger/die Seelsorgerin manchmal unter Hinzuziehung alttestamentlicher Klagepsalmen sogar als Mit-Ankläger/in aufzutreten hat. Auch Birgit Heller ruft biblische Psalmen in Erinnerung und ermutigt: „Da wird unzensiert gegen den Himmel gepocht, überhaupt nicht positiv gedacht, sondern trotzig und rebellisch, wenn es sein muss. Da wird mit Gott verhandelt und geschimpft. Bitterkeit und Groll werden geäußert. Gott muss nicht geschont werden."[40]

Eine weitere Differenz zu Spiritual Care zeigt sich daran, dass christliche SeelsorgerInnen, wollen sie in der Spur Jesu Christi verortet bleiben, im Unterschied zu Spiritual Care eine ***diakonisch-prophetische*** und deshalb immer auch ***systemkritische*** Aufgabe wahrzunehmen haben.

---

35 KARLE, I. (2010): Perspektiven der Krankenhausseelsorge, 547.

36 Vgl. MÖSLI, P./ S. EYCHMÜLLER (2014): Chancen der interdisziplinären Zusammenarbeit, 129.

37 Vgl. MATHWIG, F. (2014): Worum sorgt sich Spiritual Care?, 37.

38 DIE KRAFT (2004) 23. Vgl. auch CARSTENS, A. (2013): Ohnmachts-Erfahrungen in der Klinikseelsorge.

39 BEUSCHER, B. (2014): Opium für das Volk, 564. Vgl. auch: HOFER, P. (2011): Die Tröster und ihre Lügen; FEITER, R. (2006): Trösten – oder: Die Kunst nicht trösten können zu wollen; LUTHER, H. (1998): Die Lügen der Tröster.

40 HELLER, B. (2014): Eine Zeit zum Reden, eine Zeit zum Schweigen, 21.

Im Blick auf PatientInnen/Sterbende und deren Angehörige bedeutet dies, dass sie sich solidarisch zum Anwalt ihrer Interessen zu machen haben. Und zwar gerade dann, wenn Menschen verstummt oder systemisch stumm gemacht sind, wie auch Stefan Dinges uns einschärft: „So ist es eine wichtige Aufgabe, den Menschen anwaltschaftlich Stimme zu verleihen, die nicht mehr für sich selbst sprechen können."[41] Nimmt man die Aussagen der Charta zur Betreuung Schwerstkranker und Sterbender ernst, dass jeder Mensch ein Recht hat, unter würdigen Bedingungen zu sterben, dann sind besonders SeelsorgerInnen dazu aufgefordert, unwürdige Bedingungen zu identifizieren, beim Namen zu nennen und sich aktiv (am besten gemeinsam mit anderen) dafür einzusetzen, dass diese abgestellt werden.[42] Dass auch gegenwärtig oftmals unwürdig gestorben wird, ist wahrhaftig kein Geheimnis. Im Blick auf onkologische PatientInnen in der Endphase gesteht selbst Gian Domenico Borasio ein: „Zunehmend wird auch bekannt, dass gerade in dieser Lebensphase vielfach unnötige, mitunter sogar schädliche Therapieansätze, nicht nur pharmakologischer Art, propagiert werden, von denen vor allem die Aktionäre der produzierenden Firmen profitieren."[43] Kranke und sterbende Menschen sind vor entwürdigenden Zugriffen und vor Verrechenbarkeit zu schützen. Deshalb ist im Grundsatzpapier zur Katholischen Krankenhausseelsorge festgehalten: „Krankenhausseelsorge tritt dafür ein, dass Patienten in Würde sterben können."[44] Was dies ganz konkret bedeuten kann, lässt sich bei Birgit Heller nachlesen: „Sie (die Seelsorge) wird das Bewusstsein für die Schattenseiten und Grenzen medizinischer Anstrengungen wach halten. Sie wird Sprachrohr sein, wo Behandelnde von beruflichem Ehrgeiz, Profilierungsdruck und ökonomischen Zwängen geleitet sind."[45]

Der diakonisch prophetisch-kritische Auftrag gilt jedoch nicht nur im Blick auf PatientInnen und deren Angehörige, sondern auch im Blick auf MitarbeiterInnen, denn, wie es Dorothee Haart formuliert: „Unter den Schwachen im System sind auch MitarbeiterInnen auszumachen. Gemeint sind hier von Arbeitslosigkeit bedrohte, oder von Outsourcing und Lohndumping betroffene MitarbeiterInnen... Wenn Seelsorge etwa die Fairness von Arbeitsverhältnissen im Krankenhaus in den Blick nimmt, heißt das nicht, dass sie sich in Rettungsphantasien ergeht oder einen Kampf gegen Windmühlen wagt. Stattdessen versucht sie, gegen eine häufige z.T. beschämte Sprachlosigkeit bei den Betroffenen anzugehen, indem sie dazu ermutigt, eigene Unrechtserfahrungen im Krankenhaus kommunizierbar zu machen... Sie nimmt dafür in Kauf, bisweilen die betrieblichen

41 DINGES, S. (2014): Dem Lebensatem Raum schaffen, 473.
42 Vgl. CHARTA (2010), 8.
43 BORASIO, G. D. (2014): Geleitwort, 11.
44 KKHS (2004) 1.
45 HELLER, B. (2014): Eine Zeit zum Reden, 18.

Abläufe zu stören oder behindern zu müssen."[46] Im evangelischen Grundsatzpapier zur Krankenhausseelsorge ist deshalb hinterlegt: „Die Krankenhausseelsorge hat insbesondere auf diejenigen Patienten, Angehörigen und Mitarbeiter zu achten, die unter dem ökonomischen Druck des Klinikbetriebs besonders leiden. Entsprechend können ethische Handlungskonflikte, die Arbeitsbelastung der Mitarbeiterinnen und Mitarbeiter, Teamkonflikte, Erfahrungen von Gewalt etc. zum Thema werden."[47]Angesichts des zunehmenden Pflegenotstands und der Tatsache, dass sich Einrichtungen des Gesundheitssystems dem sozialpolitisch vorgegebenen ökonomischen Diktat zu beugen haben, gewinnt die systemdistanzierte prophetisch-kritische Dimension zeitgemäßer christlicher Seelsorge immer mehr an Bedeutung, weshalb Tony Jung-Hankel, Sabine Hofäcker und Harald Richter im Jahr 2014 schlussfolgern: „Krankenhausseelsorge erlebt und erleidet diese Veränderungen mit und hat jeweils theologisch zu entscheiden, ob sie dabei in tröstender, entlastender oder kritischer Funktion auftritt."[48] Vor Ort kann es daher vorkommen, dass trotz aller wünschenswerten Veränderungen MitarbeiterInnen sogar darin zu bestärken sind, mit (vorübergehend) unveränderbaren Konstellationen (über)leben und weiterarbeiten zu können. Fakt ist, dass das ‚Reich Gottes', also 100%ige Gerechtigkeit und Solidarität unter irdischen Bedingungen niemals voll erreichbar sein wird, weshalb leidenden Menschen auch von SeelsorgerInnen nicht suggeriert werden darf, dass alle strukturellen Probleme und Ungerechtigkeiten kurzfristig behebbar sind. Birgit Heller will daher festgehalten wissen: „So ist Seelsorge in den Institutionen manchmal sperrig und widerständig. Doch Seelsorge kritisiert nicht rechthaberisch und humorlos. Sie sieht in den Unzulänglichkeiten und Widersprüchen des Gesundheitsbetriebs nicht nur Schwäche und Versagen, sondern erkennt in interdisziplinärer Solidarität an, wo Betreuende sich redlich abmühen. Sie hat Hochachtung vor deren Hingabe, Treue und Mündigkeit."[49]

Aufgrund der unabdingbar zu einer zeitgemäßen Seelsorge gehörenden prophetisch-kritischen Dimension braucht es SeelsorgerInnen, die sich verantwortlich fühlen. Es braucht SeelsorgerInnen, die sich nicht nur als kompetente individuumszentrierte spirituelle BegleiterInnen Kranker, Sterbender und derer Angehöriger verstehen, sondern die das Gesamtsystem im Blick haben, weshalb der Erwerb systemischer Kompetenzen vorausgesetzt ist. Christliche Seelsorge, will sie

46 HAART, D. (2007): Seelsorge im Wirtschaftsunternehmen Krankenhaus, 276/263. Vgl. auch: SIEGRIST, J. (2013): Seelsorge im Krankenhaus – aus der Sicht der Krankenhaussoziologie; FEUERSTRÄTER, R./ H. HAMDORF-RUDDIES (2009): Zwischen System und Auftrag; EIBACH, U. (2010): Krankenhausseelsorge unter den Bedingungen medizinischer und ökonomischer Rationalität.

47 DIE KRAFT (2004) 19.

48 JUNG-HANKEL, T. u.a. (2014): Potentiale der Krankenhausseelsorge, 616. Vgl. auch HAUSCHILDT, E. (2013): ‚Spiritual Care', 89; DINGES. S. (2014): Dem Lebensatem Raum schaffen (498).

49 HELLER, B. (2014): Eine Zeit zum Reden, eine Zeit zum Schweigen, 18.

wirklich christlich sein, braucht SeelsorgerInnen, die nicht als ‚harmoniesüchtige Softis' und ‚unauffällige graue Mäuschen' auftreten. Benötigt werden konfliktfähige Frauen und Männer, die behutsam, taktvoll und stringent Defizite, Probleme, Missstände, Ungerechtigkeiten und Leiden im geschützten Zweiergespräch oder auch öffentlichkeitswirksam ansprechen, die sich nicht scheuen, andere Menschen dazu zu ermutigen, sich gegenseitig zu empowern und sich gegebenenfalls (gemeinsam) zur Wehr zu setzen.
Obgleich sich bei Eckhard Frick in einem Artikel 2009 der relativ unauffällige Hinweis findet, dass die Seelsorge ‚ihr *heilsam-kritisches Potential* in die Pluralität von Spiritual Care einbringen' soll und Eberhard Schockenhoff 2007 im Geleitwort zu Traugott Rosers Grundlagenwerk zu Spiritual Care die These aufstellt, dass ‚eine kompetente Krankenhausseelsorge gemäß dem Programm des spiritual care im Krankenhausalltag mitunter eine *unbequeme Mahnerin*' sein kann, hat gerade dieser Aspekt im Theorie- und Praxisdesign von Spiritual Care bisher keine stringent durchdachte Berücksichtigung gefunden.[50] Deshalb liegt m.E. genau an diesem Punkt eine der Hauptdifferenzen zwischen einer zeitgemäßen prophetisch-kritisch und deshalb systemisch agierenden Krankenhausseelsorge/Hospizseelsorge/Behindertenseelsorge/Altenheimseelsorge und einer individuumszentrierten Spiritual Care, die sich systemisch mehr oder minder unkritisch in das Gesamtsystem einpasst und deshalb systemstabilisierend „praktisch staubsaugerähnlich alles ansaugt, was in der ‚Gesundheitsfabrik Krankenhaus' nicht bearbeitet wird."[51]

4. Strukturelle Gemeinsamkeiten

Obgleich sich die Vermutung bzw. das Vorurteil hartnäckig hält, christliche (Krankenhaus)SeelsorgerInnen seien nur für ihre jeweiligen GlaubensgenossInnen zuständig, woraus dann geschlossen wird, dass Spiritual Care weitaus breiter aufgestellt sei als Seelsorge und deshalb den Bedürfnissen heutiger Menschen eher entgegenkomme,[52] entspricht diese Sichtweise nicht der Realität. Nicht nur Spiritual Care, sondern auch christliche Krankenhausseelsorge versteht sich heutzutage als Angebot für schlichtweg alle Menschen „und zwar unabhängig

50 Vgl. FRICK, E. (2009): Spiritual Care–nur ein neues Wort?, 236; SCHOCKENHOFF, E. (2007): Geleitwort, 12.

51 HELLER, A. (2014): Christliche Krankenhausseelsorge, 92.

52 So schreibt z.B. Traugott Roser: „Der Rahmen herkömmlicher Seelsorge ist zunächst ein dezidiert kirchlicher, konfessioneller. Seelsorge ist eine Grundfunktion von Kirche und gilt den Mitgliedern der eigenen Religionsgemeinschaft." ROSER, T. (2009): Spiritual care, 83. Seelsorge im säkularen Raum wie dem eines Krankenhauses sei dagegen ökumenisch aufgestellt (d.h. Adressat von Seelsorge sind alle ChristInnen: (Alt)KatholikInnen, ProtestantInnen, Orthodoxe, AnglikanerInnen).

von ihrer Religionszugehörigkeit“[53], wie im evangelischen Arbeitspapier zur Krankenhausseelsorge programmatisch festgelegt ist. Dementsprechend positioniert sich z.B. auch Erhard Weiher als katholischer Pfarrer, der 2014 zu verstehen gibt: „Krankenhausseelsorge ist ja im Prinzip allen Menschen verpflichtet, die sie in Klinik, Hospiz, Altenheim antrifft – ob diese im engeren Sinne religiös sind oder nicht.“[54] Aus ihrem seelsorglichen Praxisalltag berichten daher auch Tony Jung-Hankel, Sabine Hofäcker und Harald Richter: „Ein Vollzeit-Krankenhausseelsorger kommt grob geschätzt auf 1.500-2.500 Kontakte (mit ihm unbekannten Menschen) im Jahr... Wer heute in einem großstädtischen Klinikum Seelsorgebesuche macht, hat es mit ev. und kath. Christen ebenso zu tun wie mit Kirchenfernen, Ausgetretenen, Muslimen oder Angehörigen anderer Religionen. Christliche Seelsorge zeigt sich in der Offenheit für andere“.[55] Für Simon Peng-Keller steht deshalb gerade auch im Blick auf Palliative Care fest: „Spirituell erfahrene und gut ausgebildete Seelsorgerinnen und Seelsorger können Menschen bei solchen Aufgaben, vor die sie durch die Konfrontation mit Krankheit und Tod gestellt werden, auch dann kompetent begleiten, wenn sie nicht zu ihrer religiösen Gemeinschaft gehören oder sich nicht als religiös oder spirituell bezeichnen.“[56]

Adressat von Seelsorge und Spiritual Care sind somit Menschen jeglicher Religionszugehörigkeit[57], Weltanschauung und kulturellen Zugehörigkeit[58], die sowohl im Blick auf Spiritual Care als auch im Blick auf Seelsorge das zwanglose Angebot annehmen oder auch unbegründet ablehnen können. Wenn Traugott Roser als Spezifikum von Spiritual Care ausdrücklich hervorhebt, es handle sich um ein pluralismusfähiges Konzept mit Raum für Freiheit, dann lässt sich dies m.E. genauso als Charakteristikum moderner christlicher Krankenhausseelsorge aufführen.[59] Das sowohl 2011 als auch 2014 vorgebrachte Plädoyer von Traugott Roser und Margit Gratz, dass die christliche Seelsorge im Kontext spiritueller Begleitung unter multikulturellen Voraussetzungen eine neue Ausrichtung vor-

---

53 DIE KRAFT (2004) 30.

54 WEIHER, E. (2014): Spiritualität und Würdeempfinden, 412.

55 JUNG-HANKEL, T. u.a. (2014): Potentiale der Krankenhausseelsorge, 616/617/618.

56 PENG-KELLER, S. (2012): Spiritualität im Kontext moderner Medizin, 92.

57 Vgl. MUMMENHOFF, U. (2010): Interreligiöse Seelsorge im Arbeitsfeld Krankenhaus; LEUTHOLD; M. (2009): Unterschiedliche Facetten einer interreligiösen und interdisziplinären Seelsorgearbeit im Krankenhaus; JANIK, J. (2014): ‚Patients first‘ – Interreligiöse Klinikseelsorge; MÖSLI, P./ H. KÖßLER (2014): ‚Ferne aushalten‘ – Seelsorge im interreligiösen Feld; VOCK, F. (2009): Die interreligiöse und interdisziplinäre Zusammenarbeit am AKH Wien.

58 Vgl. KAYALES, C. (2013): Gemeinsam zu einer Balance finden. Interkulturelle Seelsorge im Krankenhaus; GILES, C. (2014): Die Sprache des Mitgefühls: Die Entwicklung interkultureller Kompetenz in der Klinikseelsorge; ZIEMER, J. (2000): Zur interkulturellen Seelsorge; GRÖZINGER, A. (1995): Seelsorge im multikulturellen Krankenhaus.

59 Vgl. ROSER, T. (2009): Spiritual Care – neuere Ansätze seelsorglichen Handelns, 88.

nehmen muss, scheint mir daher etwas zu hoch gegriffen.[60] Christliche KrankenhausseelsorgerInnen sind längst schon multikulturell und multireligiös aufgestellt! Der Annahme Birgit und Andreas Hellers, dass die traditionellen Formen christlicher Seelsorge den multikulturellen und multireligiösen Herausforderungen der Gegenwart nicht gerecht werden können, ist daher m.E. nur insofern zuzustimmen, als dass gegenwärtig noch immer viele SeelsorgerInnen nicht fundiert im Blick auf andere Religionen und Kulturen geschult sind, weshalb ihr Engagement alltagspraktisch oftmals an Grenzen stößt, die konzeptionell längst überwunden sind.[61]

Obgleich sich manche SeelsorgerInnen auch gegenwärtig noch immer als KrankenseelsorgerInnen und nicht als Kranken***haus***seelsorgerInnen begreifen, wie z.B. Astrid Giebel im Blick auf diakonische Einrichtungen betrübt wahrnimmt,[62] gilt prinzipiell für christliche Seelsorge, was auch im Grundsatzpapier ‚Seelsorge in Palliative Care' als gegenwärtiger Stand hervorgehoben wird: „Durch erfahrungsorientiertes Lernen, intensive Ausbildung und anderes mehr ist es beispielsweise gelungen, über eine bloße Krankenseelsorge hinaus eine Krankenhausseelsorge aufzubauen, die den inneren Kommunikationsbedingungen des modernen Krankenhaus-Betriebes besser gerecht wird. Sie wendet sich nicht nur an die Kranken, ihre Angehörigen und Zugehörigen, sondern ist auch für das Personal der Einrichtung ansprechbar."[63] Seelsorge ist demnach genauso wenig wie Spiritual Care ausschließlich auf kranke und sterbende Menschen fokussiert, sondern nimmt, weil sie sich im 21. Jhdt. dezidiert als Kranken*haus*seelsorge begreift, auch Angehörige, MitarbeiterInnen und ehrenamtlich Engagierte im Kontext des Gesamtsystems Krankenhaus in den Blick.[64]

Lassen sich noch andere strukturelle Gemeinsamkeiten zwischen Seelsorge und Spiritual Care feststellen? Die Frage ist eindeutig zu bejahen. Ebenso wie Spiritual Care begreift sich inzwischen auch die christliche Krankenhausseelsorge als eine Disziplin, die sowohl auf intradisziplinärer, als auch auf interdisziplinärer Ebene strukturelle ***Zusammenarbeit*** aktiv sucht.

Auf der *intra-disziplinären Ebene* zeichnen sich gegenwärtig zwei Entwicklungstendenzen ab, die noch vor Jahrzehnten undenkbar waren:

60 Vgl. GRATZ, M./ T. ROSER (2014): Spiritualität in der Medizin, 238; ROSER, T./ M. GRATZ (2011): Spiritualität in der Sterbebegleitung, 59.

61 Vgl. HELLER, B./ A. HELLER (2014): Spiritual Care, 23.

62 Vgl. GIEBEL, A. (2010): Zur Qualitätsentwicklung in diakonischen Einrichtungen, 35.

63 SEELSORGE IN PALLIATIVE CARE (2009), 7.

64 Vgl. KLESSMANN, M. (2013): Von der Krankenseelsorge zur Kranken*haus*seelsorge; MEIMENDAHL, A./ R. BUYER (2012): Von der Patienten- zur Mitarbeiter- zur Kranken*haus*seelsorge; STROHAL, W. (2013): Seelsorge mit Mitarbeiterinnen und Mitarbeitern; HEZSER, G. (2013): Seelsorge mit Angehörigen und Mitbetroffenen; DIE KRAFT (2004) 11; KKHS (2004) 1.

1. *Ökumenische Zusammenarbeit* (v.a. in größeren Häusern und Universitätskliniken), d.h. eine strukturell verankerte Teamarbeit von SeelsorgerInnen aller christlichen Konfessionen, die sich nicht nur Stationen oder Patientengruppen aufteilen, sondern gemeinsam das Profil christlicher Seelsorge entwickeln, Rufbereitschaftsdienst organisieren und vorhandene Räumlichkeiten und Kapellen miteinander teilen, wird kirchlich gewollt immer mehr zur Alltagsroutine.[65] Dass dies nicht immer vollkommen problemlos abläuft ist unvermeidbar, zumal bereits auf katholischer Seite Statusdifferenzen zwischen Klerikern und Laien, zwischen Männern und Frauen, zwischen höher und niedriger bezahlten seelsorglichen Berufsgruppen (Priester, Ordensleute, Diakone, PastoralreferentInnen, GemeindereferentInnen) Teamkonflikte inhaltlicher und struktureller Art begünstigen.[66]
2. *Interreligiöse Zusammenarbeit*, d.h. Kooperation mit nicht-christlichen SeelsorgerInnen v.a. islamischer und jüdischer Herkunft. Im Unterschied zur ökumenischen Kooperation steht diese Entwicklung noch ziemlich am Anfang. Ihr Fortschreiten wird nicht zuletzt davon abhängen, ob und wie es anderen Religionsgemeinschaften gelingen wird, sich im Gesundheitssystem etablieren zu können, ob und wie diese sich eine Kooperation mit christlichen SeelsorgerInnen vorstellen können, und nicht zuletzt davon, ob inhaltliche Differenzen auftauchen, die eine strukturelle Zusammenarbeit erschweren.

Auf der *inter-disziplinären Ebene* zeichnet sich ebenfalls eine gravierende Entwicklung ab, die Andreas Heller folgendermaßen charakterisiert: „Auch die Selbstorganisation der Krankenhausseelsorge hat sich geändert. War die Seelsorge früher eher ein ‚Alleingang des Pfarrers', so ist sie heute zur Mitspielerin im interprofessionellen Team und interdisziplinären Alltag des Krankenhauses geworden…Heute gilt christliche Krankenhausseelsorge als ein Beruf, der im interprofessionellen Team, im Konzert der Gesundheitsberufe zwar nicht die erste Geige spielt, aber Platz und Rolle behaupten kann und Teil der ‚Orchestrierung von Behandlung und Begleitung' ist."[67] Heller geht davon aus, dass christliche SeelsorgerInnen nicht nur aufgrund ihres theologischen Studiums, sondern auch

65 So behauptet mein evangelischer Kollege Michael Klessmann im Jahr 2014: Es setzt sich „eine ökumenisch verstandene Krankenhausseelsorge langsam aber sicher durch, sie ist inzwischen weitgehend selbstverständliche Praxis." KLESSMANN, M. (2014): Im Strom der Zeit, 11. Vgl. auch: DUESBERG, H. (2013): Ökumenische Zusammenarbeit im Krankenhaus; DIE KRAFT (2004) 20; KKHS (2004) 1.

66 Vgl. NAUER, D. (2010): Glaubwürdige Seelsorge im Team. Neben-Einander, Gegen-Einander, Für-Einander, Mit-Einander; GILSTER, R. (2014): Evangelische Seelsorge an einem katholischen Krankenhaus.

67 HELLER, A. (2014): Christliche Krankenhausseelsorge, 81/83. Vgl. auch KÜHNLE-HAHN, G. (2010): Auftrag und Identität der Krankenhausseelsorge im Zusammenspiel mit Mitarbeitenden; PADILLA, C./ W. MOCZYNSKI (2009): Klinikseelsorge als Teil des medizinischen (Behandlung)Teams; NELIUS, G. (2011): Hilfe, die wollen mich rausschmeißen. Interprofessionelle Zusammenarbeit als eine Kernkompetenz von Krankenhausseelsorge; DIE KRAFT (2004) 14/18/20/28; KKHS (2004) 1.

durch spezifische Zusatzqualifikationen, v.a. in Form der ‚Klinischen Seelsorgeausbildung' (KSA), durch Supervision und Intervision immer besser auf den interprofessionellen Dialog und konstruktive interdisziplinäre Teamarbeit vorbereitet sind. Auf struktureller Ebene engagieren sich daher KlinikseelsorgerInnen nicht nur in interdisziplinär besetzten Teams und Kommissionen, sondern übernehmen auch Aufgaben in der Schulung ehrenamtlicher MitarbeiterInnen, in der hausinternen Aus-, Weiter- und Fortbildung, wo sie ebenso wie in Ethik-Komitees oder in Qualitätsmanagementkommissionen mit anderen Berufsgruppen Hand in Hand zusammenarbeiten.
Prinzipielle Offenheit für intra- und interdisziplinäre Teamarbeit ist somit nicht nur für das Konzept von Spiritual Care, sondern auch für das Verständnis moderner christlicher Krankenhausseelsorge kennzeichnend.

5. Strukturelle Differenzen

Eine zentrale Differenz zwischen Seelsorge und Spiritual Care resultiert aus der Beantwortung der Frage nach der strukturellen Integration beider in das System Krankenhaus/Altenheim/Behinderteneinrichtung/Hospiz.
Während AnhängerInnen von Spiritual Care unterschiedliche ***Integrationsmodelle*** von Teil-Integration bis hin zur Voll-Integration über die sogenannte Vierte Säule vorschweben,[68] gibt es gute Gründe dafür, Krankenhausseelsorge nicht voll und ganz in das System integrieren zu wollen, weshalb sich Spiritual Care und Krankenhausseelsorge an diesem Punkt letztlich als nicht kompatibel erweisen. Obgleich es faktisch auch im 21. Jhdt. noch möglich ist, vor Ort auf christliche KrankenhausseelsorgerInnen zu treffen, die sich ausschließlich der Organisation Kirche (eventuell zusätzlich einem Orden) zugehörig fühlen und sich deshalb wie ein Fremdkörper, der oftmals systemisch als ein Störenfried wahrgenommen wird, unbeheimatet und relativ unwillkommen in säkular geprägten Einrichtungen mehr oder minder unauffällig und unkontrolliert bewegen, favorisieren die meisten christlichen SeelsorgerInnen ein Teil-Integrations-Modell, das sich folgendermaßen umschreiben lässt: Auf der Basis ihres institutionellen Doppel- bis Dreifachstatus (Kirche/Orden/Einrichtung) bewegen sie sich als institutionelle GrenzgängerInnen relativ eigenständig im spannungsreichen *‚institutionellen Zwischenraum'*, den Michael Klessmann relativ euphorisch als einen Möglichkeitsraum bezeichnet.[69] Obgleich SeelsorgerInnen aufgrund ihrer strukturellen Nicht-Integration gezwungen sind, sich institutionelle Akzeptanz v.a. bei wechselndem Personal immer wieder neu zu erarbeiten, kann es ihnen unter

68 Vgl. Teil 3, Kapitel 9: Integrationsmodelle von Spiritual Care.
69 Vgl. KLESSMANN, M. (2003): Seelsorge im Zwischenraum/Möglichkeitsraum.

Zuhilfenahme v.a. informeller Strukturen als Einzelpersonen und Seelsorgeteams sehr wohl gelingen, sich in der ‚fremden' Institution als geschätzte und gefragte KooperationspartnerInnen zu beheimaten, wie folgendes Zeugnis von KrankenhausseelsorgerInnen belegt: „In der Krankenhausseelsorge erleben und gestalten wir Kirche an einem Ort, an dem wir strukturell nicht direkt eingebunden und damit tendenziell machtlos sind. Dennoch erleben wir uns – auch – als wirkmächtig."[70] Nicht-Integration eröffnet nämlich auch Frei- und Handlungsspielräume, die voll integrierten MitarbeiterInnen versagt sind, weshalb Isolde Karle folgende Position bezieht: „Die besondere Stärke der Seelsorge im Krankenhaus ist insofern wesentlich mit der Eigenständigkeit und Unabhängigkeit ihres Auftrags verbunden...Die Eigenständigkeit der Krankenhausseelsorge ist ein hohes Gut."[71] Ein hohes Gut allein schon aufgrund folgender Funktion, die SeelsorgerInnen gerade deshalb ausüben, weil sie weder finanziell noch strukturell voll in das System integriert sind: „Klinikpfarrerinnen und –pfarrer suchen schwer kranke Patientinnen und Patienten im Krankenhaus auf und repräsentieren mit ihrem Besuch nicht nur das Religionssystem, sondern zugleich ein Stück Außenwelt, die so weit entfernt erscheint. Sie sind Kontaktfenster zum Leben draußen, von dem sich viele abgeschnitten erleben und stellen schon allein aus diesem Grund eine ganz besondere Kontaktmöglichkeit dar."[72] Karle stellt deshalb in den Raum: „Die Krankenhausseelsorge ist herausgefordert, behutsam darüber nachzudenken, inwiefern und unter welchen Bedingungen sie sich in ein multiprofessionelles Team zur Begleitung von Sterbenden integrieren lassen möchte."[73] Obgleich Karle prinzipiell Sympathie für das Argument aufbringt, dass eine stärkere Integration der Seelsorge in die Einrichtung SeelsorgerInnen aus der antagonistisch-subversiven Position des Gegenüber zugunsten einer stärkeren Identifikation mit dem System sowie einer wertgeschätzten Beheimatung im System ermöglicht, warnt sie dennoch vor einer derartigen Entwicklung. Als Argument führt sie v.a. ins Feld, dass Seelsorge ihr konstruktiv-distanziertes Verhältnis zur Einrichtung allein schon deshalb aufrechterhalten muss, weil sie sich aus theologisch-anthropologischen Gründen der im Gesundheitssystem dominanten Leitcodierung ‚gesund-krank' und daraus resultierenden (ökonomisch dominierten) Handlungsmaximen nicht unterwerfen darf. Eine Sichtweise, die auch Stefan Dinges teilt: „Seelsorge behandelt keine Krankheiten und ist auch nicht

70 JUNG-HANKEL, T. u.a. (2014): Potentiale der Krankenhausseelsorge, 615.

71 KARLE, I. (2010): Perspektiven, 550. Eine Sichtweise, die der des evangelischen Grundsatzpapieres zur Krankenhausseelsorge entspricht: „Für das Vertrauen, das den Seelsorgerinnen und Seelsorgern entgegengebracht wird, ist ungeachtet aller notwendigen Einbindung in die Krankenhausprozesse und Zusammenarbeit mit den anderen Professionen im Krankenhaus die Eigenständigkeit und Unabhängigkeit der Krankenhausseelsorge gegenüber den anderen Diensten im Krankenhaus wichtig." DIE KRAFT (2004) 11.

72 KARLE, I. (2010): Perspektiven der Krankenhausseelsorge, 541.

73 A.a.O., 555.

für Diagnosen zuständig. Hier sind eindeutig die Grenzen der Integration im Krankenhaus zu beschreiben und zu beachten."[74] Karle wendet sich daher dezidiert gegen die Strategie, Krankenhausseelsorge als sogenannte ‚Vierte Säule' im Gesundheitswesen etablieren zu wollen. Eine Strategie, die im Spiritual Care Diskurs dagegen viele AnhängerInnen findet. Interessanter Weise lässt sich für Eckhard Frick diesbezüglich eine Art Sinneswandel feststellen. Seit kurzem schließt er sich der Position Karles an und spricht sich dafür aus, dass Krankenhausseelsorge ihre Eigenständigkeit gegenüber dem medizinischen System zu bewahren hat, weshalb er 2014 in drastischen Worten zu verstehen gibt: „Wenn die Spitalseelsorge ein Teil des medizinischen Systems wird, dann hat sie ihren eigenen Auftrag verraten."[75] Frick votiert deshalb dafür, dass die Krankenhausseelsorge ihre ‚Anderheit' gegenüber dem System aufrechterhalten muss, denn nur so könne sie der Medizin als echtes Gegenüber nützlich sein.

Die Verfasserin dieses Buches schließt sich der Sichtweise Karles und Fricks an. M.E. braucht es systemische Distanz im kirchlichen Schutzraum, um den für Seelsorge unabdingbaren prophetisch-kritischen Aufgabenteil bewältigen zu können. Es braucht eine wohlwollende Distanz, um den prophetischen Blick auf die Einrichtung mitsamt ihren Licht- und Schattenseiten nicht aus dem Auge zu verlieren. Es braucht eine freisetzende Distanz, die es erlaubt, sich als SeelsorgerIn nicht festlegen zu müssen, sondern wechselnde Koalitionen eingehen und überall dort, wo Menschen in Not geraten, ohne Angst vor persönlichen Nachteilen solidarisch handeln zu können. SeelsorgerInnen dürfen kein Interesse daran haben, den Ast, auf dem sie sitzen (Krankenhaus, Altenheim, Hospiz etc.) zu beschädigen. Ihr Interesse muss es sein, den Ast um der PatientInnen und MitarbeiterInnen willen zu stärken. Dies darf jedoch nicht um jeden Preis geschehen. Ihr diakonisch prophetisch-kritischer Auftrag, der sie in die Traditionslinie Jesu Christi stellt, verlangt von ihnen, ein wachsames Auge auf den gesamten Baum, an dem der eigene Ast hängt, zu richten. In noch deutlicheren Worten behauptet daher selbst Traugott Roser, obgleich er für das Modell der Vollintegration über die ‚Vierte Säule' votiert: „Die Integration von Seelsorge in das Gesundheitswesen gerät dann schnell in den Verdacht, um der Akzeptanz im System willen das Anders-Sein, Anders-Denken und insbesondere ihr prophetisches Wächteramt aufzugeben und sich zu prostituieren."[76] Wie aber hat man sich eine Teil- oder Vollintegration der Klinikseelsorge unter Wahrung der notwendigen prophetischen Distanz, die auch Traugott Roser durchaus sieht, alltagspraktisch vorzustellen? Eine nicht leicht zu beantwortende Frage, denn um

---

74 DINGES, S. (2014): Dem Lebensatem Raum schaffen, 497.

75 FRICK, E. (2014): Spiritual Care. Eine neue Querschnittsaufgabe entsteht, 59.

76 ROSER, T. (2013): Seelsorge und Spiritual Care, 61.

sie beantworten zu können, müssten vorab folgende Fragen, auf die bisher keine zufriedenstellende Antworten gefunden worden sind, definitiv geklärt werden:

- Wie kann einerseits garantiert werden, dass ein Seelsorgegespräch in einem geschützten Raum stattfindet, in dem prinzipiell *Vertraulichkeit, Schweigepflicht* und Einhaltung des *Beichtgeheimnisses* gewahrt sind, zugleich aber dem im Konzept von Spiritual Care vorgesehenen intra- und interdisziplinären *Informationsaustausch* sowie der *Dokumentations- und Evaluationspflicht*, die für interprofessionelle Zusammenarbeit auf der Basis einer Finanzierung aus dem Gesundheitssystem unentbehrlich ist, Genüge getan wird?[77] Im Curriculum des ‚Qualifikationskurses Palliative Care für Seelsorgende' findet sich diesbezüglich folgende relativ unspezifische Überlegung: „Teamarbeit bedingt, andere zu informieren und mit ihnen verbindliche Absprachen zu treffen. Zudem erfordert Teamarbeit eine für Patienten erkennbare Zugehörigkeit der Seelsorgenden zum Behandlungsteam. Zu überprüfen ist, wie diese Herausforderungen die berufsspezifischen Forderungen nach Wahrung von Vertraulichkeit und Seelsorgegeheimnis tangieren. In Absprache mit den Trägern und Auftraggebern von Seelsorge sind notwendige Anpassungen und Vereinbarungen zu treffen."[78] Stefan Dinges dagegen schlägt angesichts des bestehenden Dilemmas folgende Differenzierungsmöglichkeit vor: „Die Integration in das medizinisch-pflegerische Behandlungsteam birgt aber auch zwei wesentliche Gefahren, denen im Seelsorgealltag begegnet werden soll. Auf der einen Seite muss für alle, für Patienten, Angehörige und MitarbeiterInnen klar sein, dass der Seelsorger/die Seelsorgerin nichts von dem Gesprochenen weitersagt, ohne dass es dafür eine explizite Zustimmung gibt. Hier ist von Seiten der Seelsorge für eindeutige Klarheit zu sorgen, um keinesfalls das Vertrauensverhältnis zu erschüttern. Etwas anderes ist es jedoch, anderen am Behandlungsprozess Beteiligten wichtige Beobachtungen wie z.B. über eine anhaltende Schmerzsituation oder einfach über Beschwerden und Unzufriedenheiten mitzuteilen und zur Verfügung zu stellen."[79]
- In welchem Verhältnis steht die Krankenhausseelsorge zu gesetzlich vorgesehenen *Qualitätsmanagementbemühungen* der Einrichtung? Hat sie eigenständig oder in Zusammenarbeit mit den anderen Berufsgruppen Kriterien für ihre Tätigkeit zu entwickeln, die dann Eingang finden in das Qualitätsmanagementhandbuch der Einrichtung? Oder gilt, was Andreas Heller entgegen allen QM-Bestrebungen als Spezifikum für Krankenhausseelsorge ausweist?: „Auf

77 Vgl. COORS, M./ D. HAART, D. DIETGARD (2014): Das Beicht- und Seelsorgegeheimnis im Kontext der Palliativversorgung.

78 HAGEN, T. u.a. (2011): Qualifizierungskurs, 26.

79 DINGES, S. (2014): Dem Lebensatem Raum geben, 497.

alle Fragen nach Wirkung, Effizienz und Erfolg, den Zumutungen des Qualitätsmanagements kann sie gelassen theologisch kontern mit dem Hinweis auf Martin Buber, demzufolge Erfolg keiner der Namen Gotte ist."[80] In den Leitlinien für die evangelische und katholische Krankenhausseelsorge finden sich zumindest diesbezüglich keine klaren Vorgaben. Auf katholischer Seite wird relativ unspezifisch konstatiert: „Krankenhausseelsorge ist integriert in das Informationssystem des Krankenhauses und nimmt teil an Maßnahmen zur Qualitätssicherung."[81] Auf evangelischer Seite wird keine Aussage getroffen, sondern lediglich eine offene Frage in den Raum gestellt: „Folgt sie (die Seelsorge) einem eigenen Qualitätsmanagement oder dem der Klinik?"[82]

❃ Lassen sich spezifische Aufgabenstellungen christlicher Klinikseelsorge, die nicht gerade zum Kernprofil von Spiritual Care zählen, mit letzterer verbinden? KrankenhausseelsorgerInnen haben aufgrund ihres diakonisch prophetisch-kritischen Auftrags auch folgende, über die alltägliche Stationsarbeit und über die Einrichtungsgrenzen – und damit auch über Spiritual Care – hinausgehenden Aufgaben zu erfüllen: 1. Regelmäßiger Austausch mit Führungs- und Leitungsverantwortlichen, weshalb in den Katholischen Leitlinien zur Krankenhausseelsorge ausdrücklich eingefordert wird: „Kontakt halten zu Krankenhausleitung und Verwaltung."[83] 2. Konstruktiv-kritische *Öffentlichkeitsarbeit*, der in den evangelischen Leitlinien zur Krankenhausseelsorge nicht nur eine periphere, sondern sogar eine zentrale Bedeutung beigemessen wird.[84] 3. *Vernetzungstätigkeiten* in Form aktiver Mitgliedschaft in diözesanen und landeskirchlichen Arbeitsgemeinschaften im Sinne einer berufspolitischen Vernetzung untereinander; Vernetzung von haupt- und ehrenamtlich tätigen SeelsorgerInnen über die Einrichtung hinaus; Vernetzung von Einrichtung und christlicher Pfarrgemeinde/Pastoralraum.[85]

Die Differenz, die sich zwischen Spiritual Care und Seelsorge im Blick auf die Integrationsfrage auftut ist jedoch nicht die einzig wahrnehmbare Differenz. Ein noch viel gravierenderer Unterschied besteht darin, dass Klinik-, Altenheim-, Hospiz und Behindertenseelsorge nicht nur wie Spiritual Care einen „erkennbaren Beitrag zu einer patientengerechten ganzheitlichen Versorgung im Kranken-

80 HELLER, A. (2014): Krankenhausseelsorge, 71.

81 KKHS (2004) 2.

82 DIE KRAFT (2004) 13.

83 KKHS (2004) 1.

84 Vgl. DIE KRAFT (2004) 35/20; KKHS (2004) 1. Eine Ausnahme bildet das Konzeptpapier der Deutschen Gesellschaft für Palliativmedizin, wo zu lesen ist: „Um die Palliativversorgung in der Öffentlichkeit und unter Mitarbeitenden des Gesundheitswesens bekannter zu machen, beteiligen sich spirituell Begleitende bzw. Seelsorgende als Initiatoren oder Gesprächspartner an Diskussionen und öffentlichen Veranstaltungen, in denen würdiges Sterben und Sterbebegleitung dargestellt werden." SPIRITUELLE BEGLEITUNG (2007).

85 Vgl. KKHS (2004) 1; DIE KRAFT (2004).

haus- und Gesundheitswesen“[86] beisteuern will, sondern bereits den eigenen Auftrag als einen ***ganzheitlichen Begleitungsauftrag*** begreift. Seelsorge in der Nachfolge Jesu Christi, die sich auf der Höhe der Zeit bewegt, ist gemäß moderner Seelsorgekonzeptionen in Theorie und Praxis ein zutiefst ***multidimensionales Geschehen***.[87] Selbst dann, wenn empirisch nachgewiesen wäre, dass heutige Menschen eine eindimensionale christliche Seelsorge wünschen, die sich auf eine rein individuumszentrierte, mehr oder minder systemstabilisierende Form ‚Spiritueller Begleitung' beschränkt, können christliche SeelsorgerInnen diesem Wunsch nicht entsprechen, denn was unter christlicher Seelsorge zu verstehen ist, kann sich nicht ausschließlich an (sich verändernden) Kundenwünschen und Marktbedürfnissen ausrichten. Im Unterschied zu Konzepten wie Spiritual Care, die im Rahmen eines ganzheitlichen Behandlungsplans ausschließlich auf die spirituelle Dimension fokussieren, kann christliche Seelsorge sich prinzipiell nicht eindimensional bescheiden!

6. Eine für alle Beteiligten verbindliche Verhältnisbestimmung?!

Zwischen Spiritual Care und christlicher Seelsorge lassen sich viele Gemeinsamkeiten feststellen. Viele Theorieelemente und Praxisformen von Spiritual Care entstammen sogar der Seelsorge. Zugleich gilt aber auch, dass sowohl inhaltliche als auch strukturelle Differenzen nicht zu übersehen sind, weshalb Eberhard Hauschildt nahelegt, „den Begriff ‚Spiritual Care' eben nicht von vorneherein mit dem der Seelsorge gleichzusetzen.“[88] Eine Sichtweise, die inzwischen auch Eckhard Frick teilt, der ausdrücklich darauf hinweist, dass Spiritual Care nicht als neumodischer Ausdruck für Krankenhausseelsorge missverstanden werden darf.[89]

In welchem Verhältnis stehen dann aber Spiritual Care und Seelsorge? Ist Spiritual Care tatsächlich breiter aufgestellt als Krankenhausseelsorge, wie Michael Utsch schlussfolgert?[90] Ist es wirklich so, dass Seelsorge Elementares von Spiritual Care lernen kann, wie Erhard Weiher suggeriert?: „Wenn sie (die Seelsorge) aber ihr Profil im Sinne von ‚spiritual care' erweitert und zugleich schärft, kann Seelsorge im multikulturellen und auch multiprofessionellen Feld im Spiel bleiben.“[91] Ist Spiritual Care demnach weit mehr als konfessionell geprägte Seelsorge,

86 DIE KRAFT, 20.
87 Vgl. die ausführlichen Erläuterungen in Teil 6, Kapitel 3.
88 HAUSCHILDT, E. (2013): ‚Spiritual Care', 84.
89 Vgl. FRICK, E. (2014): Spiritual Care. Eine neue Querschnittsaufgabe entsteht, 55.
90 Vgl. UTSCH, M. (2012): Wer sorgt für die Seele eines kranken Menschen?, 344.
91 WEIHER, E. (2009): Seelsorge und Spiritualität, 222.

wie Gian Domenico Borasio behauptet?[92] Oder ist Isabel Noth zuzustimmen, die in Abgrenzung von Borasio die These aufstellt, „dass Seelsorge noch bedeutend Anderes ist als medizinisch geprägte (westlich säkulare) Spiritual Care“[93]? Und wie genau soll man sich die Verhältnisbestimmung zwischen Spiritual Care/Spirituellen BegleiterInnen und Seelsorge/SeelsorgerInnen vor Ort vorstellen? Welches der folgenden Modelle erscheint auf dem Hintergrund der bestehenden Gemeinsamkeiten und Differenzen am wünschenswertesten bzw. am realistischsten?

- Spiritual Care ***und*** Seelsorge, d.h. beide Bereiche sind inhaltlich klar unterschieden und alltagspraktisch voneinander getrennt, so dass sich hausinterne Spirituelle BegleiterInnen und hausexterne (Krankenhaus)SeelsorgerInnen in Einzelfällen gegebenenfalls miteinander austauschen, prinzipiell aber unabhängig voneinander tätig sind?

- Seelsorge ***und*** Spiritual Care, d.h. SeelsorgerInnen verstehen sich aufgrund ihres eigenen Seelsorgeverständnisses auch beauftragt zu Spiritual Care, weshalb sie *zusätzlich zu ihren seelsorglichen Aufgaben* wie alle anderen Teammitglieder und ehrenamtlich Engagierten spirituelle Begleitungsaufgaben im Rahmen von Spiritual Care mit übernehmen. Eine Verhältnisbestimmung, die nicht nur Traugott Roser vorzuschweben scheint, der seinen wegweisenden Aufsatz im aktuellen ‚Handbuch der Krankenhausseelsorge‘ programmatisch mit dem Titel ‚Seelsorge und Spiritual Care‘ überschrieben hat, sondern auch Eckhard Frick, der festgehalten wissen will: „Spiritual Care ist ***nicht gegen*** die Spitalseelsorge gerichtet, sondern möchte ***mit*** der Spitalseelsorge gehen, ohne aber das ganze Feld zu delegieren… Spiritual Care entwickelt sich… im Kontakt mit der Krankenhausseelsorge, aber weder als Ersatz für noch in Konkurrenz zur Pastoral.“[94] Wie aber könnte dies faktisch aussehen? Müsste man es sich so vorstellen, wie Andreas Heller es durchspielt?: „Sind es ehemalige KrankenhausseelsorgerInnen, die einen neuen Spiritual-Care-Hut aufsetzen, oder dieselben Personen, die am Vormittag für ihre Landeskirche als KrankenhausseelsorgerInnen und am Nachmittag als Spiritual-Care-ExpertInnen im Auftrag der Klinik arbeiten, wie in einigen Kantonen in der Schweiz?[95] Wie aber könnte die zweite Variante konkret aussehen? Sollten christliche SeelsorgerInnen an einem Tag in zwei unterschiedlichen Rollen mit zwei unterschiedlichen Gewändern und Namensschildern auftreten? Am Vormittag als

92 Vgl. BORASIO, G. D. (2011): Über das Sterben, 93.

93 NOTH, I. (2014): Seelsorge und Spiritual Care, 115.

94 FRICK, E. (2014): Spiritual Care. Eine neue Querschnittsaufgabe entsteht, 57/65. Vgl. auch ROSER, T. (2013): Seelsorge und Spiritual Care.

95 HELLER, A. (2014): Christliche Krankenhausseelsorge, 91.

ausdrücklich kirchlich entsandte und kirchlich bezahlte KrankenhausseelsorgerInnen, die sich als ChristInnen zu erkennen geben und sich deshalb dem diakonisch prophetisch-kritischen Auftrag Jesu Christi verpflichtet fühlen, weshalb sie ebenso wie er auch heute noch unbequeme systemische Seelsorge betreiben? Am Nachmittag als möglichst neutral aufgestellte hausintern bezahlte Spirituelle BegleiterInnen, die ausschließlich individuumszentriert auf religiöse Bedürfnisse eingehen? Ist das von einer Person überhaupt leistbar? Ist die Rollen-Duplizität von christlichen SeelsorgerInnen PatientInnen und deren Angehörigen wirklich zumutbar? Wird sie Angehörigen anderer Berufsgruppen plausibel erscheinen?

- Seelsorge ***als*** Spiritual Care, d.h. christliche SeelsorgerInnen etikettieren sich selbst zu Spirituellen BegleiterInnen/Seelsorgenden um und konzentrieren sich zusammen mit anderen Spiritual-Care-ExpertInnen *ausschließlich* auf die individuelle spirituelle Begleitung von PatientInnen, Angehörigen und MitarbeiterInnen, wodurch der prophetisch-kritische Anteil von Seelsorge stillschweigend verlorengeht. Strukturell könnte dies dazu führen, dass christliche SeelsorgerInnen entweder weiterhin von ihren Kirchen entsandt und bezahlt werden, oder dass diese von den Einrichtungen selbst ohne direkte kirchliche Entsendung sozusagen vom ‚freien Theologenmarkt' eingekauft und bezahlt werden, wodurch eine Rückbindung der Seelsorgenden an ihre Kirchen (ähnlich wie in den Niederlanden) zunehmend verlorengeht.

- Spiritual Care ***statt*** Seelsorge, d.h. Spiritual Care als inhaltlich neutral aufgestellte Dienstleistung, die einrichtungsintern finanziert wird und nahezu ausschließlich von Nicht-SeelsorgerInnen geleistet wird, versteht sich als zeitgemäße Alternative zu einer kirchlich beauftragten und bezahlten christlichen Seelsorge, wodurch Seelsorge und christliche SeelsorgerInnen über kurz oder lang überflüssig werden.[96]

Im Jahr 2014 konstatiert Andreas Heller: „Wie sich das Zueinander und Gegeneinander von Krankenhausseelsorge und Spiritual Care entwickelt, ist offen."[97] Um aller Beteiligten Willen gilt es jedoch eine prinzipielle Klärung der Verhältnisbestimmung anzustreben, zu der nicht nur die christlichen KrankenhausseelsorgerInnen und deren Kirchen, sondern auch die Einrichtungen selbst sowohl in christlicher als auch in nicht-christlicher Trägerschaft m.E. aktiv beizutragen haben.

96 Vgl. WARMS, E. N. (2013): Krankenhausseelsorge oder ‚Spiritual Care'?

97 HELLER, A. (2014): Christliche Krankenhausseelsorge, 91.

Teil 6

Spiritual Care
Eine ernstzunehmende Herausforderung

1. Für alle MitarbeiterInnen des Gesundheitswesens
Plädoyer für (spirituellen) Enthusiasmus und Realismus!

„Spiritual Care bedeutet für alle beteiligten Berufsgruppen eine neue, in ihrer Tragweite noch nicht abschätzbare Herausforderung".[1] Alle MitarbeiterInnen des Gesundheitswesens stehen durch Spiritual Care vor neuartigen Herausforderungen, die nicht nur Fragen der eigenen Arbeitsmotivation, Arbeitshaltung und (spirituellen) Selbst-Sorge, sondern auch Fragen des beruflichen Rollen- und Kompetenzprofils, sowie der konkreten Alltagspraxis betreffen.
Als potentielle spirituelle Akteure finden sich MitarbeiterInnen aus unterschiedlichsten Fachrichtungen in einer fächerübergreifenden spirituellen Rollenzuweisung wieder, die Kompetenzen einfordert, die bis auf die Berufsgruppe der SeelsorgerInnen außerhalb der eigenen Fach-Kompetenz liegen. Gerade MitarbeiterInnen im Gesundheitswesen, die Hilfesuchenden gegenüber nicht als Privatperson, sondern in der professionellen Helferrolle auftreten, kommt nun aber eine ganz besondere gesellschaftliche Rollenzuweisung und Rollenerwartung zu, die Erhard Weiher folgendermaßen charakterisiert: „Sie sind Zeugen der Menschheitsgemeinschaft, denen man Menschen in Not und Leid anvertraut und die etwas Wesentliches von Leben und Sterben repräsentieren. Betroffene brauchen neben ihrer unmittelbaren sozialen und familiären Umgebung auch menschliche Zeugen für ihr Leid und Schicksal, damit dieses gesehen wird und Resonanz findet und nicht in einem ungeheuren Nichts verschwindet... Der Rollenträger verkörpert zudem etwas von der Wahrheit und der existentiellen Verfasstheit des Lebens, wozu auch Krankheit und Sterben gehört."[2] Wenn MitarbeiterInnen sich als Spirituelle BegleiterInnen begreifen, weshalb sie es wagen, sich auf spirituelle Bedürfnisse und Mitteilungen von PatientInnen und deren Angehörigen wohlwollend einzulassen, dann eröffnen sie eine Art *spirituellen Resonanz-Raum*, in dem die von Weiher postulierte *Zeugenschaft* von allen Beteiligten besonders heilsam erfahrbar wird. In Anlehnung an Armin Nassehi geht Eckhard Frick deshalb davon aus, dass nicht primär die religiöse, konfessionelle oder weltanschauliche Zugehörigkeit des Spirituellen Begleiters, sondern seine *Authentizität* der entscheidende Schlüssel dafür ist, ob Resonanzen entstehen können, wobei er betont: „Diese Perspektive ist für alle neu: Für die Seelsorger, weil sie sich nicht auf ihre kirchliche Sendung ‚verlassen' können. Für das säkularisierte Krankenhaus und seine Bediensteten, weil sie plötzlich denken und handeln müssen etsi deus daretur [als wenn es Gott gäbe] und doch ihre professionelle Neutralität zu wahren haben. Es entstehen neue spirituelle Leitbilder mit

1 FRICK, E. (2009): Spiritual Care. Ein neues Fachgebiet der Medizin, 153.
2 WEIHER, E. (2014): Spiritualität und Würdeempfinden, 423.

starker Leuchtkraft auch in Pflege, Medizin und Psychotherapie – allen voran Achtsamkeit (mindfulness).“[3] Daraus resultiert eine für MitarbeiterInnen des gegenwärtigen Gesundheitssystems unübliche Herausforderung: Von der aktiven, möglichst effektiven (Krisen)Intervention hin zur eher passiv-wahrnehmenden Resonanz-Einlassung: „Die Rolle des Begleiters zeichnet sich (mit Blick über die Krankheit hinaus) zunächst durch *Passivität* aus, denn Wahrnehmung und Verstehen gehen allem Tun, aller Aktivität… voraus.“[4] Eine Herausforderung, die nicht nur einzelne MitarbeiterInnen, sondern das Gesamtsystem Krankenhaus, Altenheim, Hospiz etc. betrifft, wie Simon Peng-Keller prägnant veranschaulicht: „Das Verhältnis zwischen Spiritualität und moderner Medizin ist angespannt und herausfordernd. Im schnellen und technisierten Alltags des Großspitals gleichen spirituelle Handlungen einem *Mahnmal der Langsamkeit* und des *Nichts-Tuns*, das je nach Standpunkt irritierend oder als wohltuend empfunden wird.“[5] Für Eckhard Frick zumindest steht fest, dass sich Spiritual Care trotz aller Irritationsmöglichkeiten letztlich wohltuend auf alle MitarbeiterInnen auswirken wird, weshalb er möglichen Einwänden gegenüber Spiritual Care entgegenhält: „An dieser Stelle wird vielleicht der eine oder andere aufstöhnen: Unsere Arbeit wird immer anstrengender! Durch die zunehmende Ökonomisierung, durch immer kürzere Taktung der Arbeit, nicht zuletzt durch das ständige Dokumentieren bleibt uns kaum Zeit für den direkten Patientenkontakt. Sollen wir jetzt noch eine zusätzliche Pflicht aufgedrückt bekommen? Doch gemach! Es geht nicht um eine zusätzliche Belastung, sondern um die Erschließung einer Ressource, also letztlich um eine Entlastung mitten im stressigen Alltag eines Spitals, einer Arztpraxis oder eines Pflegedienstes. Wie kann das geschehen? Durch *Unterbrechung*!“[6] Kann Spiritual Care bewirken, dass sich gestresste Pflegende, ÄrztInnen und TherapeutInnen in der Rolle von Spirituellen BegleiterInnen unterbrechen lassen, ihr Tempo verlangsamen und spirituelle Resonanz-Räume für sich selbst und andere erschließen lernen? Gian Domenico Borasio hält dies nicht für ausgeschlossen, konstatiert aber 2014 im Blick auf die dominanteste Berufsgruppe im Gesundheitswesen: „Die Ärzte sind noch auf der Suche nach ihrer Rolle in der Spiritual Care.“[7]

M.E. fordert Spiritual Care zwar alle MitarbeiterInnen des Gesundheitswesens zu spirituellem Enthusiasmus, zugleich aber auch zu einer realistischen spirituellen Selbstbeschränkung heraus, die nicht nur vor schädlicher Selbst-, sondern auch vor schädigender Fremdüberforderung schützen kann.

---

3 FRICK, E. (2009): Seelsorge und Medizin, 4. Vgl. auch NASSEHI, A. (2009): Spiritualität.

4 GRATZ, M./ T. ROSER (2014): Spiritualität in der Medizin, 238.

5 PENG-KELLER, S. (2012): Spiritualität im Kontext moderner Medizin, 87.

6 FRICK, E. (2014): Pausen und Noten, 18.

7 BORASIO, G. D. (2014): Spiritual Care, 118.

2. Für professionelle christliche (Krankenhaus)SeelsorgerInnen
Plädoyer wider eine Selbstabschaffung christlicher Seelsorge!

„Es ist anzunehmen, dass Spiritual Care die klassische, konfessionelle Seelsorge in Zukunft weiter verändern wird.“[8] Dass die Existenz von Spiritual Care eine ernstzunehmende Herausforderung für die Berufsgruppe der professionellen (Krankenhaus)SeelsorgerInnen bedeutet, ist längst kein Geheimnis mehr. Auf ihrer Homepage vermeldet das Europäische Netzwerk für Klinikseelsorge bereits seit langem nicht nur, dass sich die Klinikseelsorge welt- und europaweit im Wandel befindet, sondern auch, dass christliche KlinikseelsorgerInnen als ‚SpezialistInnen der spirituellen Begleitung (spiritual care)‘ zu betrachten sind.[9] Tatsächlich lässt sich feststellen, dass gegenwärtig immer mehr katholische und evangelische SeelsorgerInnen eine große Offenheit gegenüber Spiritual Care entwickeln. Für Birgit und Andreas Heller als Kenner des deutschsprachigen Feldes stellt sich die gegenwärtige Situation so dar: „Christliche Krankenhausseelsorge betrachtet die derzeit boomenden Spiritual-Care-Ansätze entweder als Konkurrenz oder versucht, sich selbst unter dem neuen Etikett zu präsentieren.“[10] Dass Spiritual Care von vielen SeelsorgerInnen als eine ***attraktive Alternative*** empfunden wird, ist äußerst verständlich, denn durch Spiritual Care könnte professionelle und ehrenamtliche Seelsorge aus diversen Gründen eine enorme ***Aufwertung*** erfahren, wie im Folgenden angedeutet werden soll:

- Da im Konzept von Spiritual Care festgeschrieben ist, dass auch religiös-spirituelle Bedürfnisse zu berücksichtigen sind, würde jede Form von Seelsorge, die sich dezidiert diesen Bedürfnissen zuwendet, prinzipiell an Bedeutung gewinnen.[11]
- Engagieren sich christliche SeelsorgerInnen in Spiritual Care, würde aufgrund der damit einhergehenden interprofessionellen Zusammenarbeit die Chance größer, dass sie von Mitgliedern anderer Berufsgruppen besser zwischenmenschlich und institutionell wahrgenommen, akzeptiert, wertgeschätzt und gewollt werden.
- Favorisieren SeelsorgerInnen aufgrund ihres Engagements in Spiritual Care eine Voll-Integration in das System Krankenhaus/Altenheim/Hospiz, würde sich automatisch ihr struktureller Status dahingehend verändern, dass sie nicht mehr gezwungen sind, sich über den informellen Weg im ‚institutionellen Zwischen-Raum‘ immer wieder neu beheimaten zu müssen.

---

8 REMMERS, H. (2014): Palliative Care und Spiritual Care 712.
9 Vgl. http://enhcc.eu/2014_salzburg_statement_deutsch.pdf.
10 HELLER, B./ A. HELLER (2014): Spiritual Care, 25.
11 Vgl. HAUSCHILDT, E. (2013): ‚Spiritual Care‘, 85; KARLE, I. (2010): Perspektiven, 546.

- Wertgeschätzt und strukturell beheimatet würden christliche SeelsorgerInnen, die sich ausschließlich auf die spirituelle Dimension konzentrieren, weniger unter Rollenunsicherheiten zu leiden haben, als dies im Moment aufgrund des komplexen inhaltlichen Seelsorgeverständnisses und der Vielfalt der daraus resultierenden Praxisformen notgedrungen immer wieder der Fall sein kann.
- Wenn praktisch eingelöst werden soll, was konzeptionell versprochen ist, dann müsste im Palliative Care Bereich in jedem Palliative Care Team Platz für einen/eine spirituelle BegleiterIn geschaffen werden und/oder darauf geachtet werden, dass einrichtungsübergreifende Spiritual Care Koordinationsstellen eingerichtet werden. Eine Öffnung der Seelsorge für Spiritual Care würde gerade im Palliative Care Kontext sowohl auf stationärer als auch auf ambulanter Ebene neue Tätigkeitsfelder für SeelsorgerInnen eröffnen, weshalb Isidor Baumgartner Spiritual Care ausdrücklich als Chance für die kirchliche Seelsorge ausweist.[12]

Trotz der vielen neuen Möglichkeiten gilt aber auch, dass durch Spiritual Care eine ***Abwertung*** kirchlicher Seelsorge einhergeht, die eine vorschnelle, zu euphorische Rezeption seitens christlicher SeelsorgerInnen zumindest fraglich erscheinen lässt:

- Weil Seelsorge im Vergleich zum weltanschaulich weit gefassten Spiritual Care auf religiös-spirituelle Erfahrungen fokussiert, muss sie gemäß Eberhard Hauschildt automatisch im Verdacht stehen, „weniger zu bieten, nämlich eine nur auf Religion begrenzte“[13] Begleitung.
- Sollte sich das Gesundheitssystem in den deutschsprachigen Ländern weiter in die Richtung entwickeln, dass finanzielle Ressourcen immer knapper werden, dann könnte ein Szenario drohen, das Herbert Anderson im Blick auf die nordamerikanische Situation bereits vor Jahren warnend an die Wand gemalt hat: Wenn auch künftig mit finanziellen Sparrunden zu rechnen ist, dann könnten gerade diejenigen Spiritual-Care-Profis, deren Klientel angeblich nur einen Teil aller möglichen Adressaten von Spiritual Care umfasst (z.B. ChristInnen) durch solche, die ein weiteres Spektrum abdecken oder schlichtweg ‚billiger‘ (z.B. ehrenamtlich Engagierte) sind, abgedeckt werden, denn: „Anyone can engage in spiritual care.“[14]

---

12 Vgl. BAUMGARTNER, I. u.a. (2010): Ambulante Palliativversorgung und Seelsorge, 10. Gleiches gilt für Markus Zimmermann-Acklin: ZIMMERMANN-ACKLIN, M. (2012): Palliative Care, 70; PFRANG, C. (2010): Ambulante Palliativversorgung und Spiritual Care.

13 HAUSCHILDT, E. (2013): ‚Spiritual Care‘, 85.

14 ANDERSON, H. (2001): Whatever happened to Seelsorge?, 37.

☞ Auf diesem Hintergrund lässt sich erahnen, dass die erhoffte Zielsetzung kirchlicher SeelsorgerInnen, sich mit Hilfe von Spiritual Care zukunftsfähiger aufstellen zu können, eine Art unerwünschten ‚Boomerang-Effekt' nach sich ziehen könnte. Einen Effekt, auf den bereits Isabel Noth im Jahr 2014 hinwies, indem sie auf die Gefahr aufmerksam machte, dass SeelsorgerInnen im Rahmen von Spiritual Care dazu neigen könnten, ihr komplexes Rollenprofil zugunsten einer Reduzierung auf den spirituellen Rollenanteil im Sinne von ‚Spiritualitätsbeauftragten' zu reduzieren, wodurch sie sich letztlich selber den Boden entziehen und dazu beitragen, dass sie langfristig wegrationalisiert werden. Eine nicht geringe Gefahr, denn durch ihre Selbst-Auslieferung an ein neutrales Spiritual Care könnte es durchaus passieren, dass SeelsorgerInnen den großen Vertrauensvorschuss, den gerade kirchliche Seelsorge in der breiten Bevölkerung noch immer besitzt, ungewollt aufs Spiel setzen.[15]

Angesichts der Auf- und Abwertungstendenzen, die im Kontext von Spiritual Care auf die kirchliche Seelsorge zukommen, stellt sich die Frage, ob professionelle SeelsorgerInnen aufgrund ihrer fundierten Ausbildung als spirituelle Expertinnen gerade im Gesundheitswesen langfristig tatsächlich, wie es konzeptionell durchaus angedacht ist, eine zentrale oder zumindest wichtige, weil unverzichtbare Rolle zugestanden werden wird. Lisa Palm jedenfalls wagt 2012 noch folgende optimistische Einschätzung: „Sorgfältig ausgewählte und fundiert aus- wie weitergebildete Theologinnen und Theologen werden auch in Zukunft die wichtigsten Experten in der religiös-spirituellen Begleitung von Patientinnen und Patienten und deren Angehörigen sein."[16] Zu einer etwas anderen Einschätzung gelangte fast zeitgleich Ingrid Hametner als Spezialistin für Palliative Care, die nahezu im Vorbeigehen konstatierte, dass künftig immer häufiger andere ExpertInnen als SeelsorgerInnen spirituelle Bedürfnisse auffangen werden.[17] Erstaunlicher Weise findet sich selbst bei Eckhard Frick, der sich immer wieder dezidiert für den Beitrag kirchlicher SeelsorgerInnen für Spiritual Care ausgesprochen hat, folgende, auf den ersten Blick harmlos klingende Formulierung: „Spiritual Care ist die Sorge der Gesundheitsberufe um die spirituellen Nöte, Krisen und Wünsche kranker Menschen."[18] Da SeelsorgerInnen zumindest gegenwärtig (noch) nicht zu den Gesundheitsberufen zählen, aber auch nicht ergänzend erwähnt werden, sind sie zumindest in dieser Definition Fricks noch nicht oder nicht (mehr) im Blick!

15 NOTH, I. (2014): Seelsorge und Spiritual Care, 114.
16 PALM, L. (2012): Religiös-spirituelle Begleitung, 85.
17 Vgl. HAMETNER, I. (2011): 100 Fragen zu Palliative Care, 78.
18 Vgl. FRICK, E. (2012): Spiritual Care zwischen Kirche, Theologie und Medizin, 20.

Birgit und Andreas Heller schätzen die Ausgangssituation für Seelsorge im Jahr 2014 folgendermaßen ein:

> „*Derzeit scheint ein interprofessioneller Wettbewerb, ein regelrechter Kampf zwischen den Konfessionen und Religionsgruppen, den Haupt- und Ehrenamtlichen ausgebrochen zu sein: Wer hat den besten Zugang zu den PatientInnen? Wer ist zuständig für Spiritual Care?*“[19]

Nahezu automatisch werden SeelsorgerInnen mit anderen AnbieterInnen von Spiritual Care in ***Konkurrenz*** treten: Mit *Ehrenamtlichen*, die v.a. im ambulanten palliativen Sektor bereits über 70% der Spirituellen BegleiterInnen stellen; Mit *MitarbeiterInnen* aus unterschiedlichsten Berufsgruppen, die sich für Spiritual Care zusatzqualifizieren; Mit *christlichen professionellen SeelsorgerInnen* aus jeweils anderen Konfessionen (katholisch, landeskirchlich, freikirchlich etc.); Mit SeelsorgerInnen anderer religiöser Herkunft, wobei es sich v.a. um *muslimische Seelsorger* handeln wird, da deren Verbände sich inzwischen für die Erarbeitung der dafür notwendigen Staatsverträge aktiv einsetzen und sich bereits entsprechende Ausbildungskurse ‚Islamische Seelsorge‘ etablieren.[20]

M.E. wäre es jetzt der falsche Weg, Ängste oder gar Abwehrreaktionen gegenüber anderen Spiritual Care Anbietern zu entwickeln. Ihr Engagement für Spirituelle Begleitung ist prinzipiell zu begrüßen! Zugleich gilt es aber auch, das eigene Produkt zu schützen! Damit ist nicht der unlautere Versuch gemeint, das Produkt ‚Kirchliche Seelsorge‘ im Sinne eines Superioritäts-Denkens gegenüber allen anderen Anbietern von Spiritual Care als das ausschließlich Wahre und Beste ausweisen zu wollen. Gemeint ist vielmehr, das eigene Licht nicht unter den Scheffel zu stellen, sprich selbstbewusst das Eigene in das plurale Feld einbringen zu wollen. Gemeint ist zudem, sich nicht vorschnell an aktuelle Zeit-Trends wie Spiritual Care auszuliefern und dabei Gefahr zu laufen, zur Selbst-Abschaffung des eigenen Berufsstandes aktiv beizutragen. Wenn TheologInnen, SeelsorgerInnen und deren kirchliche AuftraggeberInnen Seelsorge nicht überschwänglich mit Spiritual Care gleichsetzen wollen, dann sollte man sich m.E. davor hüten, nahezu reflexhaft konservativ-restaurative Gründe im Sinne einer fortschrittsresistenten Verteidigung des Produktes ‚Kirchliche Seel-

19 HELLER, B./ A. HELLER (2014): Spiritual Care, 31.

20 Vgl. HAUSCHILDT, E./ U. BÜLENT (2010): Islamische Seelsorge in Deutschland im Aufbruch; GÜLBAHAR, E. (2014): Vom Projekt zum Modell. Die muslimische Seelsorge im Aufbau; ELSDÖRFER, U. (2012): The Wiesbaden Experiment of Muslim Care; WEIß; H. (2012): Der Islamische Gruß. Der Beginn eines Ausbildungskurses in ‚Islamischer Seelsorge im Krankenhaus‘; WENZ, G. (2013): Wenn Seelsorge gelingt – Reflexionen zu den Ausbildungskursen islamischer Krankenhausseelsorge in Landau-Mannheim; ELSBACH, M./ F. ELGENDY (2009): Spiritualität im Krankenhaus aus der Sicht islamischer Seelsorge; SEYYAR, A. (2014): Spiritualität in der Begleitung Sterbender. Muslimische Perspektiven; BÜLENT, U./ M. BLASBERG-KUHNKE (2013): Islamische Seelsorge zwischen Herkunft und Zukunft.

sorge' und seines Marktanteils zu vermuten.[21] Es gibt, wie das letzte Kapitel zeigen sollte, durchaus gute Gründe, sich nicht mit Haut und Haar Konzepten und Begrifflichkeiten auszuliefern, die auf den ersten Blick zwar moderner anmuten als der antiquiert klingende Begriff ‚Seelsorge', die jedoch aus theologischen Gründen durchaus hinterfragbar sind. Im folgenden Kapitel soll deshalb aufgezeigt werden, dass es sich bei dem altmodisch klingenden Begriff ‚Seelsorge' inhaltlich nicht um ein vollkommen veraltetes, sondern um ein zeitgemäßes und deshalb für heutige ZeitgenossInnen glaub-würdiges Angebot für alle Menschen handelt, das selbstbewusst angeboten werden kann/sollte.
Letzteres setzt jedoch voraus, dass christliche SeelsorgerInnen sich wirklich als ***professionell*** erweisen, d.h. dass sie sich nicht nur fachlich kontinuierlich auf den neuesten Stand bringen, wie dies ausdrücklich vom Europäischen Netzwerk für Klinikseelsorge eingefordert wird,[22] sondern auch das leisten, was Thela Wernstedt aus palliativmedizinischer Sicht einfordert: „Seelsorge muss Auskunft über ihre theoretische Fundierung, ihre Methoden und Formen von Wirksamkeitsnachweisen geben, damit ihre Arbeit für andere Berufsgruppen greifbar wird."[23] Spiritual Care fordert SeelsorgerInnen zu Recht dazu heraus, ihr inhaltliches Profil sowohl nach innen in die Einrichtung hinein als auch nach außen in die Gesellschaft hinein in einfachen Worten transparent machen zu können. SeelsorgerInnen arbeiten dann auf professionellem Niveau, wenn sie sich nicht auf eine theologische Geheimsprache zurückziehen, sondern in der Lage sind, „die spezifische Art ihrer Arbeit in einer verständlichen Sprache darzulegen, respektive in den Sprachen, die anderen Berufsgruppen und verschiedenen Gesellschaftsschichten zugänglich sind."[24]

3. Für die christliche Seelsorgelehre
Plädoyer für ein zeitgemäßes Seelsorgekonzept!

„Seelsorge ist, seit es sie gibt, eine frag-würdige Unternehmung. Über ihre Voraussetzungen, ihre Möglichkeiten und Ziele sowie ihren Auftrag, legt sie sich immer neu Rechenschaft ab."[25] Weil dem so ist, gibt es innerhalb des theologi-

---

21 So unterstellt z.B. Eckhard Frick den christlich-evangelikalen Gruppierungen, dass diese jegliche Spiritualitäts-Euphorie vermeiden, um ihr (altmodisches) Produkt Seelsorge schützen zu wollen, wobei er sich auf folgenden, zugegebener Maßen etwas provokant formulierten Beitrag bezieht: ENGELHARDT, H./ C. DELKESKAMP-HAYES (2009): Der Geist der Wahrheit und die ‚Legion' der Spiritualitäten. Vgl. FRICK, E. (2011): Spiritual Care in der Humanmedizin, 412.

22 Vgl. http://enhcc.eu, 1. (eingesehen Januar 2015).

23 WERNSTEDT, T. (2010): Kritik aus Sicht der Palliativmedizin, 30.

24 KERKHOVEN, A. (2012): Bericht über die 12. ENHCC-Konsultation in Mennorode. Vgl. auch: SCHRAGE, B. (2014): Seelsorge – auch eine Frage des Konzeptes, 207-208.

25 WEIß, U. (2014): Der Beitrag der Seelsorge im palliativen Versorgungsteam, 80.

schen Fächerkanons die sogenannte Seelsorgelehre (Poimenik). Jede Generation von TheologInnen ringt konfessionsübergreifend um das rechte Seelsorgeverständnis und versucht, zeitgemäße ‚Updates' vorzunehmen. Spiritual Care fordert dazu heraus, erneut darüber nachzudenken, wie Seelsorge im 21. Jhdt. glaub-würdig konzipiert und praktiziert werden kann.[26] Als Experte evangelischer Seelsorgelehre ruft deshalb Michael Klessmann, der sicherlich nicht als rückwärtsgewandt und fortschrittsresistent einzustufen ist, dazu auf, sich auf das ureigene Proprium, sprich auf das spezifische Profil bzw. auf den erkennbaren Mehrwert christlicher Seelsorge zurückzubesinnen: „Es scheint mir heute wieder neu wichtig und reizvoll, die alte Propriumsfrage aufzugreifen."[27] Schaut man genau hin, dann zeigt sich schnell, dass die notwendige Profilschärfung bereits an vielen Orten durch unterschiedliche Gruppierungen vorangetrieben wird, wobei künftig eine (noch) engere Kooperation aller Beteiligten über alle Konfessionsgrenzen hinweg wünschenswert ist: An theologischen Fakultäten v.a. durch Praktische TheologInnen;[28] in Seelsorgeämtern durch kirchliche VerantwortungsträgerInnen für Seelsorge/Pastoral; vor Ort nicht nur in den Einrichtungen des Gesundheitswesens, sondern auch in christlichen Pfarrgemeinden und Pastoralräumen durch SeelsorgerInnen und deren Berufsverbände, Arbeitsgemeinschaften und Konvente.

Schon seit Jahren wird intensiv darüber nachgedacht, was aus der bisherigen Geschichte christlicher Seelsorge zu lernen ist[29], und welche Herausforderungen angesichts spätmoderner gesellschaftlicher Entwicklungen auf die Seelsorge zukommen.[30]

---

26 Dass Spiritual Care gerade im Rahmen von Palliative Care tatsächlich eine Herausforderung, ja sogar Provokation für kirchliche Seelsorge darstellt, lässt sich bereits an folgenden aktuellen Publikationstiteln zur Seelsorge ablesen: STAMPLER, T. (2011): ***Provokation*** Spiritual Care?; HAUSCHILDT, E. (2013): ‚Spiritual Care' - eine ***Herausforderung*** für die Seelsorge?; RUSSMANN, H. (2013): Spiritual Care als ***Herausforderung*** für das pastorale Handeln der Kirche; UTSCH, M. (2012): Wer sorgt für die Seele eines kranken Menschen? Das Konzept ‚Spiritual Care' als ***Herausforderung*** für die christliche Seelsorge; BELOK, M. (2014): ***Herausforderung*** Seelsorge; MORGENTHALER, C. (2012): Palliative Care – Chancen und ***Herausforderungen*** für die Seelsorge; WINTER-PFÄNDLER, U. (2011): Gesellschaftliche Veränderungen und Palliative Care. ***Herausforderungen*** für die Kirche und die Seelsorge; ROSER, T. (2011): Spiritual Care. ***Herausforderungen*** im Gesundheitssystem für (kirchliche) Seelsorge.

27 KLESSMANN, M. (2014): Im Strom der Zeit, 15.

28 Seelsorge-Konzeptarbeit nimmt zunehmend Fahrt auf, wie folgende Auswahl an aktuellen Grundlagenwerken deutlich macht: ENGEMANN, W. (Hg.) (2009): Handbuch der Seelsorge; KLESSMANN, M. (Hg.) (2013): Handbuch der Krankenhausseelsorge; NAUER, D. (2014): Seelsorge. Sorge um die Seele; KLESSMANN, M. (2009): Seelsorge; HEYL, A. (2014): Seelsorge; SCHNEIDER-HARPPRECHT, C. (2012): Seelsorge – Christliche Hilfe zur Lebensgestaltung; HERBST, M. (2012): beziehungsweise. Grundlagen und Praxisfelder evangelischer Seelsorge; MORGENTHALER, C. (2009): Seelsorge; ZIEMER, J. (2000): Seelsorgelehre.

29 Vgl. KLEIN, S. (2013): Die Entwicklung der Seelsorge in der Geschichte des Christentums; NAUER, D. (2012): Aus Fehlern lernen. Historische Hypotheken und glaubwürdige Neuaufbrüche in der Seelsorge.

30 Vgl. SCHNEIDER-HARPPRECHT, C. (2012): Seelsorge zu Beginn des 21. Jhdts.; NAUER, D. (2013): Keine Angst vor Komplexität! Glaubwürdige Seelsorge im 21. Jahrhundert; GÄRTNER, S. (2005): Seelsorger(in) sein im 21. Jahrhundert; BOBERT, S. (2011): Seelsorge in der Postmoderne.

Wann erweist sich nun aber christliche Seelsorge sowohl auf der Ebene der inhaltlichen Umschreibung als auch auf der Ebene der praktischen Umsetzung wirklich glaubwürdig für heutige Menschen? Oder anders gefragt: Wann erachten heutige Menschen christliche Seelsorge als ein für sie relevantes Angebot?

- Wenn Seelsorge radikal im ***christlichen Traditionsfundament*** verankert ist, d.h. wenn Seelsorge nicht je nach Zeit-Geist, externen Erwartungen oder persönlichen Vorlieben des/der SeelsorgerIn mehr oder weniger willkürlich definiert und praktiziert wird, sondern sich stringent aus dem zugrunde liegenden christlichen Gottes- und Menschenbild ableitet. Wenn also spürbar wird, dass das, was SeelsorgerInnen sagen und tun tatsächlich mit dem übereinstimmt, woran ChristInnen seit 2000 Jahren zutiefst glauben.
- Wenn Seelsorge ***nicht zeit- und kontextunabhängig*** konzipiert und praktiziert wird, sondern die ‚Zeichen der Zeit', d.h. ökonomische, ökologische, strukturelle, gesellschafts- und sozialpolitische Rahmenbedingungen mit bedacht werden. Wenn also Menschen spüren, dass sie in ihren Freuden, Hoffnungen, Nöten, Ängsten und Problemen ernstgenommen werden, weil ihre Alltags-, Lebens- und Arbeitswirklichkeit nicht ausgeblendet wird.

Glaubwürdig ist Seelsorge somit immer dann, wenn *Inhalte und Zielsetzungen* von Seelsorge sich direkt aus dem Traditionsfundament, d.h. aus dem *christlichen Gottes- und Menschenbild* ableiten, und wenn daraus konsequent Schlussfolgerungen für den festzulegenden *Adressatenkreis von Seelsorge*, für die Art der intra- und interdisziplinären *Zusammenarbeit,* für das vorausgesetzte seelsorgliche *Kompetenz- und Rollenprofil,* für die konkrete *Methodenwahl* und für *alltagspraktische Schwerpunktsetzungen* gezogen werden.

Bis in die 60iger Jahre des 20. Jhdts. war sowohl auf katholischer als auch auf evangelischer Seite kirchenamtlich vorgegeben, was unter Seelsorge zu verstehen und wie sie zu praktizieren war. Dies ist heute nicht mehr der Fall! SeelsorgerInnen sind mit einer nahezu unglaublich großen Vielfalt von Seelsorgekonzeptionen und möglichen Praxisformen konfrontiert, wie Uta Pohl-Patalong als evangelische Seelsorgeexpertin bereits 2004 zu verstehen gibt: „Seelsorge präsentiert sich gegenwärtig in einer Pluralität von Konzeptionen und methodischen Orientierungen."[31] Ein Sachverhalt, den auch Christian Albrecht ausdrücklich hervorhebt: „Über eines haben sich Seelsorgelehrer und Seelsorgepraktiker in der zweiten Hälfte des letzten Jahrhunderts niemals ernsthaft beklagen können: Über eine Uniformität der Konzepte für die Seelsorge. Vielmehr ist das Sortiment der Seelsorgelehre nun schon seit Jahrzehnten durch eine kaum je gesehene Vielfalt

31 POHL-PATALONG, U. (2004): Seelsorge. Konzeptionen und Methoden, 1115.

bestimmt."[32] Und auch Michael Klessmann konstatiert 2005: „Die Seelsorgeszene hat sich in einer kaum noch übersehbaren Weise pluralisiert."[33] Eine Pluralisierung, die sich der völlig neuartigen Situation verdankt, dass erstmals in relativ kurzer Zeit mehrere ***Paradigmenwechsel*** im Verständnis christlicher Seelsorge zu verzeichnen sind.[34] Das eine wahre, für alle verbindliche christliche Seelsorgeverständnis, an dem sich alle SeelsorgerInnen zu orientieren haben, gibt es demnach nicht mehr. Deshalb haben SeelsorgerInnen die Freiheit, aber auch die Verpflichtung, sich mit den bestehenden Konzeptionen auseinanderzusetzen und in einem lebenslangen Prozess ein eigenes Verständnis zu entwickeln.[35]
In der wissenschaftlichen Seelsorgediskussion des deutschsprachigen Raums zeichnet sich gegenwärtig eine erstaunliche Konvergenz zwischen katholischen und landeskirchlich-evangelischen Positionen ab.[36] Immer häufiger wird unter Einbeziehung internationaler Forschungsergebnisse und Praxiserfahrungen dafür plädiert, die unterschiedlichen Sichtweisen von Seelsorge nicht länger gegeneinander auszuspielen, sondern konfessionsübergreifend nach Synergien zu fahnden, um eindimensionale Engführungen zugunsten multidimensionaler Komplexitätswahrung zu sprengen. Die Ursache hierfür besteht hauptsächlich darin, dass eine Rück-Besinnung auf das ureigene christliche Gottes- und Menschenbild beobachtbar ist. Verankert man aber Seelsorge tatsächlich im höchst komplexen christlichen Gottes- und Menschenbild, dann gilt es, sie als ein ebenso komplexes multidimensionales oder multiperspektivisches Geschehen zu begreifen. Grabenkriege zwischen stärker biblisch, pastoralpsychologisch oder diakonisch ausgerichteten KonzeptvertreterInnen (und den dazugehörigen Ausbildungsinstituten) sind daher (weltweit) endgültig zu überwinden.[37] Eindimensionales simplifizierendes Denken widerspricht nämlich nicht nur dem modernen Lebensgefühl heutiger Menschen, sondern auch theologischen Grundannahmen.

Welche inhaltliche Umschreibung aber verbirgt sich hinter der zunächst rein formalen Bezeichnung ***Multidimensionale Seelsorge***? Im Folgenden werden drei gleichwertige, einander ergänzende, alltagspraktisch aber ineinander übergehende Dimensionen glaubwürdiger Seelsorge, die sich aus dem christlichen Gottes- und Menschenbild ableiten, stark komprimiert dargestellt:[38]

---

32 ALBRECHT, C. (2000): Systemische Seelsorge, 213.

33 KLESSMANN, M. (2005): Kirchliche Seelsorge - seelsorgliche Kirche, 250.

34 Vgl. NAUER, D. (2001): Seelsorgekonzepte im Widerstreit; NOTH, I. (2013): Seelsorge(konzepte) zwischen Modernität und religiöser Tradition; NAUER, D. (2014): „Weil nichts bleibt wie es war." Paradigmenwechsel im christlichen Seelsorgeverständnis.

35 Vgl. KÖHL, G./ P. MOOSMANN (2006): Das eigene Seelsorgeverständnis reflektieren lernen.

36 Vgl. z.B. Konvergenzen bei: KLESSMANN, M. (2009): Seelsorge. Ein Lehrbuch; ZIEMER, J. (2000): Seelsorgelehre; NAUER, D. (2014): Seelsorge. Sorge um die Seele.

37 Vgl. HERBST, M. (2012): beziehungsweise. Grundlagen und Praxisfelder evangelischer Seelsorge, 67.

38 Details finden sich in: NAUER, D. (2014): Seelsorge. Sorge um die Seele, Kapitel: Glaubwürdige Seelsorge.

► *Die spirituell-mystagogische Dimension glaubwürdiger Seelsorge*

Weil sich der geheimnisvolle allmächtige *Schöpfergott*, an den ChristInnen aufgrund ihres jüdischen Erbes bis heute glauben, vor über 2000 Jahren Menschen unter Verzicht auf all seine Macht konkret als Mit-Mensch erfahrbar gemacht hat; weil ChristInnen weltweit davon überzeugt sind, dass Gott sich konsequent hinter den vordergründig am Kreuz gescheiterten Menschen Jesus und seine Botschaft gestellt hat, weshalb er ihn ‚von den Toten erweckte' und Jesus deshalb tatsächlich der *Christus,* der erwartete Erlöser aller Menschen ist; weil Gott auch heute noch als *Heiliger Geist* (*ruach*) von allen Menschen aufgrund ihrer *Geist Dimension* (*spiritus*) mitten in ihrem Alltagsleben hautnah als Kraft- und Trostquelle erspürt werden kann, hat christliche Seelsorge eine spirituell-mystagogische Dimension.

In den 90iger Jahren des 20. Jhdts. ist im deutschsprachigen Raum zunächst auf katholischer Seite ein *Paradigmenwechsel* im Verständnis von Seelsorge eingeleitet worden, der sich bereits im Kontext des Zweiten Vatikanischen Konzils anbahnte, als Karl Rahner, angeregt durch seinen jesuitischen Ordensgründer Ignatius von Lojola, den theologischen Ansatz der ‚Mystagogie' wiederentdeckte und darauf hinwies, dass dieser entscheidende Folgewirkungen für ein zeitgemäßes Seelsorgeverständnis mit sich bringt.[39] Stringent durchdacht wurde dieser Neuansatz jedoch erst Jahrzehnte später, als Stefan Knobloch und Herbert Haslinger diesbezügliche Grundlagenarbeit leisteten und die Wortschöpfung ‚Mystagogische Seelsorge', die zeitverzögert auch im evangelischen Raum rezipiert wurde, ins Spiel brachten.[40] Obgleich der Begriff ‚Mystagogie' suggerieren könnte, dass durch Seelsorge (konfessionell) auserwählte Menschen in ein schwer zu verstehendes Glaubens-(Geheim)Wissen eingeführt und in eine eingeschworene (elitäre) Gemeinschaft integriert werden sollen, ist damit etwas ganz anderes gemeint: Die spirituelle Begleitung eines jeden dafür offenen Menschen auf dem Weg seines geheimnisvollen Lebens, das aus christlicher Überzeugung zutiefst mit dem geheimnisvollen Gott zu tun hat. Das paradigmatisch Neue an diesem Verständnis war, dass *Glaubenshilfe* nicht (mehr) primär auf Glaubens*wissen*, Glaubens*belehrung* oder Glaubens*normierung* von Kirchenmitgliedern abzielt. Anvisiert ist vielmehr, dass SeelsorgerInnen nicht nur Kinder und Jugendliche oder Senioren, sondern gerade auch Menschen mittleren Alters in ihren spirituellen Bedürfnissen nicht allein lassen, sondern sich mit ihnen gemeinsam auf

39 Vgl. ZULEHNER P. (2002): Im Gespräch mit Karl Rahner; ZINKEVICIUTE, R. (2007): Karl Rahners Mystagogiebegriff und seine praktisch-theologische Rezeption.

40 Vgl. KNOBLOCH, S./ H. HASLINGER (1991): Mystagogische Seelsorge; KNOBLOCH, S. (1991): Seelsorge als Mystagogie; HASLINGER, H. (1991): Was ist Mystagogie?; Ders. (2011): Mystagogie; DELGADO, M. (2012): Mystagogische Seelsorge.

den Weg machen, um Spiel-, Frei- und Zwischenräume zu eröffnen, in denen Spuren Gottes mitten in deren Alltags-, Lebens- und Arbeitswelt gesucht bzw. aufgedeckt werden können, so dass ChristInnen (z.B. in Kirchengemeinden), aber auch Nicht-ChristInnen (z.B. in Krankenhäusern) spüren, dass ein ‚Andocken' an den Heiligen Geist/Gott/Göttliches, enorme Kräfte sowohl zum (Über) Leben, als auch zum Sterben freisetzen kann. SeelsorgerInnen ermutigen Menschen deshalb dazu, ihre eigenen Erfahrungen der Gottesnähe, aber auch die der Gottesferne, ihre (kirchenkritischen) Fragen und Glaubenszweifel zuzulassen und bieten sich als dialogfähige Gesprächspartner auch für die Überwindung spiritueller Sprachlosigkeit an. Strategien wie die unhinterfragbare Weitergabe fest geschnürter dogmatischer Wahrheitspakete, das Erteilen biblischer Schnellratschläge, moralische Besserwisserei und Belehrung oder voyeuristische Sündenaufdeckung sind dabei ebenso obsolet, wie der Versuch, die Notlage von Menschen für vereinsideologische Rekrutierung im Sinne von Bekehrung und Missionierung auszunutzen.

Mystagogisch inspirierte SeelsorgerInnen wollen tatsächlich immer dann, wenn Menschen sich darauf einlassen, neugierig machen auf die christliche Sichtweise von Gott und Mensch. Wenn sie von Gott erzählen, dann allerdings nicht im Modus der Drohbotschaft, sondern im Modus der für den christlichen Glauben typischen *Frohbotschaft*, in der die bedingungslose Liebe Gottes zu allen Menschen im Zentrum steht. Deshalb stellen sie, wenn dies erwünscht ist, auch Erfahrungen längst verstorbener Menschen zur Verfügung, die in der Heiligen Schrift überliefert worden sind und trotz ihres oftmals auf den ersten Blick altmodisch erscheinenden Charakters bei genauerem Hinsehen bis heute nichts an Aktualität eingebüßt haben. SeelsorgerInnen widerstehen zudem nicht nur der Versuchung, das Geheimnis Gott enträtseln zu wollen, sondern auch der Versuchung, Menschen oberflächlich auf ein Jenseits zu vertrösten.

Ihr Ziel besteht vielmehr darin, das Schweigen Gottes, die Nichterfahrung der Gottesnähe oftmals ebenso sprachlos mit auszuhalten und trotz aller Hoffnungslosigkeit eine Perspektive der Hoffnung selbst über den Tod hinaus zu eröffnen. Sie unterstützen deshalb ihre Mitmenschen darin, sich dem gesellschaftlich vorherrschenden Zeit-Geist des jung, schlank und gesund bleiben Müssens zu entziehen. Sie bestärken sie darin, ihre Unvollkommenheit, ihre Anfälligkeit für Krankheit und Behinderung, ihr Alt-Werden, ihre Endlichkeit und Sterblichkeit als zum Leben gehörig zu akzeptieren, damit sie nicht krampfhaft an ihrem eigenen Leben und an dem ihrer Bezugspersonen festhalten, indem sie es mit allen zur Verfügung stehenden Mitteln zu verlängern suchen, sondern es im Vertrauen auf ein qualitativ neuartiges Leben bei Gott zur rechten Zeit loslassen.

Wenn dabei auf den reichen Schatz der katholischen und evangelischen Glaubenstradition zurückgegriffen wird, dann stellen SeelsorgerInnen z.B. religiöse Texte, Kirchenlieder, Symbole und Hilfsmittel wie Kerzen, Kreuz, Marienstatue, Heiligenbilder oder Rosenkranz zur Verfügung. Symbole, die für viele Menschen inzwischen antiquiert und überholt erscheinen, für andere dagegen von großem Wert sind. Wenn erwünscht, bieten sie auch Segensrituale an, geben Raum zum Beichtgespräch oder zum Bibellesen, salben Kranke, beerdigen Verstorbene, spenden Sakramente und laden zu gemeinsamen liturgischen Feiern unterschiedlichster Art ein. Letzteres nicht, damit z.B. KatholikInnen ihre Sonntagsflicht erfüllen, sondern damit aufgrund freudiger Anlässe, aber auch in und trotz aller Not Erinnerungs- und Feier-Räume für die heilsame Gottesnähe eröffnet werden.

Die spirituell-mystagogische Dimension verlangt SeelsorgerInnen ein komplexes Kompetenzprofil ab. Benötigt wird nicht nur *theologische* Fachkompetenz, sondern auch eine basale *interreligiöse* Kompetenz. Unabdingbar ist zudem eine durch lebenslange Übung entstehende *rituell-liturgische* Kompetenz, d.h. die Fähigkeit, sich dem Wagnis auszusetzen, Bewährtes zu bewahren und immer wieder Neues auszuprobieren. Obgleich, vielleicht auch weil immer weniger Menschen mit der Bibel vertraut sind, braucht es auch eine *bibelhermeneutische* Kompetenz, d.h. die Fähigkeit Bibeltexte mit aktuellen Lebensgeschichten in Verbindung bringen und Menschen davon erzählen zu können. Vorausgesetzt ist zudem, dass SeelsorgerInnen nicht nur über *spirituelle* Kompetenz verfügen, d.h. dass sie selbst an Gott glauben und ihnen dies vom Gegenüber abgenommen wird, sondern auch über *mystagogisch-spirituelle* Kompetenz, d.h. dass sie andere Menschen auf ihrem spirituellen Weg hilfreich begleiten können.

► *Die pastoralpsychologisch-heilsame Dimension glaubwürdiger Seelsorge*

Weil *Körper* und *Psyche* gottgewollte, aber äußerst störanfällige Konstitutionsmerkmale des ganzheitlichen Menschen sind; weil Menschen sowohl in körperlichen als auch in psychischen Krisensituationen den liebevollen *Schöpfergott* schon immer als hilfreich erfahren haben; weil *Jesus* durch sein heilsames zwischenmenschliches Reden und Tun seine Mitmenschen hat spüren lassen, was es bedeutet, wenn ‚Reich Gottes' mitten im (kranken) Leben anbricht; und weil der *Heilige Geist* auch heute noch Heilsames gerade auch für leidende und sterbende Menschen bewirken kann, hat Seelsorge eine pastoralpsychologisch-heilsame Dimension.

Obgleich in Nordamerika bereits in den 30iger/40iger Jahren des 20. Jhdts. ein *Paradigmenwechsel* im Verständnis von Seelsorge zu verzeichnen war, erreichte dieser erst Ende der 60iger Jahre Europa, wobei die Niederlande eine Vorreiterrolle einnahmen. Ausgehend von Seelsorgeerfahrungen in psychiatrischen Kliniken wurde dafür plädiert, eine radikale Wende hin zum Menschen in all seinen körperlichen und psychischen Problemlagen vorzunehmen. Sich für Menschen Zeit zu nehmen; wertschätzend für sie da zu sein; sie so zu nehmen, wie sie sind; eine Vertrauensbeziehung aufzubauen; in Krisensituationen dabei zu bleiben, ohne etwas machen oder verändern zu können; sensibel in den Arm zu nehmen; empathisch zuzuhören; gemeinsam der jeweiligen Lebensgeschichte nachzuspüren; humorvoll, kreativ, spielerisch und paradox intervenierend neue Sichtweisen einzuspielen; unaufdringlich (ethisch) zu beraten; eine eigene Position zu beziehen und dabei auch den Dissens nicht zu scheuen; Lebenskrisen ernst zu nehmen und zu deren Bewältigung aktiv beizutragen – all das sollte nicht länger als bloße Vorfeldarbeit für Glaubenshilfe, sondern als vollwertige Seelsorge im Sinne gottgewollter *Beratungs-, Identitäts- und Krisenhilfe* verstanden werden, selbst wenn dabei Gott, Glaube und Kirche überhaupt nicht thematisiert werden. Für evangelische SeelsorgerInnen hatte dies zur Folge, dass das von Eduard Thurneysen entwickelte und bis dahin unangefochtene Verständnis von Seelsorge als verbale Wortverkündigung (Kerygmatische/Verkündigende Seelsorge) zugunsten tiefenpsychologisch, gesprächspsychotherapeutisch, gestalttherapeutisch, logotherapeutisch, gruppendynamisch, später auch (kognitiv) verhaltenstherapeutisch und systemtherapeutisch beeinflusster Konzepte an Dominanz verlor.[41] Michael Klessmann kommentiert das Revolutionäre des Paradigmenwechsels folgendermaßen: „Rückblickend erscheint die Prägung der Seelsorge durch die dialektische Theologie für die Zeit des Kirchenkampfes angemessen und produktiv. Aber in den ausgehenden 60iger Jahren des 20. Jahrhunderts verlor diese theologische Orientierung ihren Wirklichkeitsbezug. Die Art und Weise, wie die Kirche die Botschaft der Bibel verkündete, wurde nicht mehr verstanden, verlor, wie Ernst Lange es formulierte, ihre ‚Relevanz' für gegenwärtige Lebensbewältigung. Auch der autoritäre Gestus dieser Theologie passte zunehmend weniger in die sich modernisierenden und pluralisierenden Zeiten. Insofern erschien eine Neujustierung von Theorie und Praxis der Seelsorge spätestens seit den 60iger Jahren unvermeidlich."[42] Auf katholischer Seite brauchte es jedoch erst das Zweite Vatikanische Konzil, das mit entsprechender Zeitverzögerung den notwendigen Freiraum dafür eröffnen sollte, Seelsorge aus liturgisch-sakramentalen Engführungen (Sakramentenpastoral/Betreuende Seelsorge) zu befreien und psychotherapeutisch gewonnene Erkenntnisse und Methoden als Bereicherung wertzuschätzen. Eine, wie sich herausstellen sollte, äußerst segensreiche Bereicherung, denn: Seelsorge ist ein gefährliches Unternehmen. Weil

41 Vgl. STOLLBERG, D. (2009): Pastoralpsychologische Richtungen in der Seelsorge.

42 KLESSMANN, M. (2014): Im Strom der Zeit, 8.

SeelsorgerInnen ihren Mitmenschen sehr nahe kommen, laufen sie Gefahr, diese ohne es zu wollen oder überhaupt zu bemerken, (zusätzlich) zu beschädigen. Wollen sie wirklich heilsam mit Menschen umgehen, dann brauchen sie Know How aus der modernen Psychologie und Psychotherapie, ohne sich dabei jedoch als (vielleicht sogar bessere) PsychotherapeutInnen (miss)zuverstehen. In der Nachfolge Jesu unterstützen sie zwar aktiv die Bemühungen aller Professionen, die sich zum Ziel setzen, leidende Menschen von ihren Krankheiten zu befreien. Oberstes Ziel von SeelsorgerInnen ist es jedoch nicht, Menschen zu suggerieren, sie könnten von allen Gebrechlichkeiten befreit werden (wenn sie denn genug glauben und beten). SeelsorgerInnen vertrauen zwar auf die Wirkkraft des Heiligen Geistes, widersetzen sich aber dem Versuch, ihn instrumentalisieren zu wollen, indem sie z.B. (irreale) Hoffnungen auf Wunder-Heilungen schüren, deren Nicht-Eintreten kranke Menschen und deren Angehörige in noch tiefere Krisen stürzen. Das Postulat der Heilsamkeit[43] gilt zudem auch für die SeelsorgerInnen selbst! Wer seelsorglich tätig ist, kann rund um die Uhr und jedes Wochenende arbeiten, aber es ist dennoch ‚nie genug'. Das von Jesus (Mt 22, 34-40) als höchstes Gebot ausgewiesene Dreifachgebot (Gottesliebe + Nächstenliebe + Selbstliebe) fordert deshalb auch eine heilsame Selbst-Sorge ein und bewahrt SeelsorgerInnen vor der Selbstüberforderung, ‚Reich Gottes' durch Dauereinsatz auf Erden vollenden zu wollen.

Alltagspraktisch realisiert sich pastoralpsychologisch-heilsame Seelsorge nicht nur in Form von Einzel- und Gruppengesprächen, sondern auch in nonverbalen (z.B. Schweigen aushalten), stärker kreativ ausgerichteten (z.B. Singen, Spielen, Tanzen, Chorarbeit, Clowneske Tätigkeiten), sportlichen (z.B. gemeinsam Wandern), körperzentrierten (z.B. sensibler Körperkontakt) und Selbstsorge (z.B. Kollegialer Austausch, Supervision, Fort- und Weiterbildung; Lesen von Fachliteratur, Seelsorgekonzepterarbeitung, Erholungszeiten) Praxisformen.

Wer pastoralpsychologisch sensibilisiert seelsorglich tätig sein will, braucht Fähigkeiten, die im Theologiestudium zumeist nicht erwerbbar sind. SeelsorgerInnen benötigen daher Fort- und Weiterbildungen sowie Zusatzqualifikationskurse, die nicht nur die eigene *Motivations- und Persönlichkeitsstruktur* stärken, sondern auch nonverbale *Begegnungskompetenz*; verbale *Kommunikationskompetenz;* (ethische) *Beratungskompetenz* und *Selbst-Sorgekompetenz* fördern. Zwischen pastoralpsychologisch profilierten Angeboten (DGfP)[44] und stärker christlich-psychologisch ausgerichteten Angeboten (TS-Institut; IGNIS Akademie;

43 Vgl. REUTER, W. (2004): Heilsame Seelsorge; NAUER, D. (2006): Heilende Seelsorge?

44 Vgl. KLESSMANN, M. (2012): Von der Bewegung zum Verein. Zur Geschichte der Entstehung und Gründung der Deutschen Gesellschaft für Pastoralpsychologie; NEUBERT-STEGEMANN, R. (2008): Zur Aktualität der Pastoralpsychologie.

Institut für Seelsorge und Psychologie; Bildungsinitiative für Seelsorge und Lebensberatung etc.) bestehen große Unterschiede, die künftig noch stärker herauszuarbeiten sind, um konstruktiv-kritisch kooperieren und Synergien nutzen zu können.

► ***Die diakonisch prophetisch-kritische Dimension glaubwürdiger Seelsorge***

Weil Menschen *soziale Wesen* sind; weil der leidenschaftliche *Befreier-Gott*, den Juden und Christen bis heute bezeugen, tatsächlich entweder selbst in die Geschichte eingegriffen hat, um Menschen aus sozialer Not und struktureller Unterdrückung zu befreien, oder seine Propheten dazu beauftragt hat, dies ebenso leidenschaftlich in seinem Namen zu tun; weil *Jesus* sich gerade durch sein diakonisches Handeln und sein öffentliches Engagement für Kranke, Notleidende und Verstummte ausgezeichnet hat; und weil die systemkritische Kraft des *Heiligen Geistes* auch heute noch überall präsent ist, hat Seelsorge eine diakonisch prophetisch-kritische Dimension.

Aus einer rein individuumszentrierten Seelsorge *mit* bzw. stellvertretend *für* einzelne Menschen oder Menschengruppen wird sie zu einer Seelsorge *an* Strukturen (Kirche, Gemeinde, Krankenhaus, Altenheim, Hospiz etc.) sowie *am* Ganzen (Gesellschaft), wodurch sie sich in den ordens-, kirchen-, gesellschafts-, sozial- und öffentlichkeitspolitischen Raum hinein erstreckt. Andreas Heyl bezeichnet diese zur christlichen Seelsorge unabdingbar dazugehörende Dimension im Jahr 2014 als ‚diakonische', ‚strukturbezogene', ‚strukturelle' und/oder ‚gesellschaftspolitische' Seelsorge.[45]

Welcher Entwicklung verdankt sich eine derartige Sicht auf Seelsorge? Einem weiteren tiefgreifenden *Paradigmenwechsel*, der in den 80iger Jahren des 20. Jhdts. ausgehend von Lateinamerika nahezu zeitgleich in Nordamerika und Europa folgenreiche Auswirkungen zeigte.[46] Das paradigmatisch Neue bestand darin, dass eine radikale Wende zur materiellen Lebenswelt vollzogen worden ist. Im deutschsprachigen Raum wurde zunächst auf evangelischer Seite (Henning Luther, Ulrich Bach...), mit etwas Verzögerung auch auf katholischer Seite (Ottmar Fuchs, Hermann Steinkamp, Leo Karrer, Norbert Mette, Franz Weber...) unter den Stichworten Diakonische Seelsorge/Befreiende Seelsorge/Politische Seelsorge und Sozialpastoral entsprechende Innovationsarbeit geleistet. Ausgangspunkt des neuen Ansatzes war die Kritik an einer nur auf das Individuum zentrierten Seelsorge, die weder der komplexen Lebenssituation heutiger Men-

45 Vgl. HEYL, A. (2014): Seelsorge, 34; POHL-PATALON, U. (1996): Seelsorge zwischen Individuum und Gesellschaft; KLESSMANN, M. (1988): Seelsorge zwischen individuellem Trost und politischem Anspruch.

46 Vgl. WEBER, F. (1995): Not lehrt handeln. Lateinamerikanische Kirchenerfahrungen als Ermutigung zu einer Neugestaltung unserer Seelsorge.

schen gerecht wird, noch den konkreten Arbeitskontext z.B. von Krankenhausseelsorge ausreichend in den Blick nimmt.[47] Ein Manko, das selbst von pastoralpsychologischen KonzeptvertreterInnen immer deutlicher erkannt und eingestanden worden ist,[48] weshalb damit begonnen wurde, den systemisch-systemtherapeutischen Aspekt von Seelsorge stärker in den Blick zu nehmen.[49] Seelsorge in der Nachfolge Jesu fordert aus diakonisch prophetisch-kritischer Sicht die Bereitschaft ein, nicht (nur) in gemütlichen Pfarr- und Sprechzimmern auf Rat suchende Menschen zu warten, sondern den Weg dahin zu suchen, wo Menschen in Not sind. Christliche Seelsorge verlangt SeelsorgerInnen ab, sich wortwörtlich ‚die Hände schmutzig zu machen', d.h. sich solidarisch in den Dienst (diakonia) Not leidender Menschen zu stellen, zuzupacken und zu helfen, wo konkrete Hilfestellung gebraucht wird.[50] Diakonisch inspirierte SeelsorgerInnen machen sich deshalb zum Sprachrohr und zum Anwalt gerade der Menschen und Menschengruppen, die gesellschaftlich an den Rand gedrängt und übersehen werden, die übergangen, outgesourced und ausgebeutet werden, deren Würde missachtet wird, die stumm gemacht werden oder bereits isoliert und verstummt sind. Für sie treten sie analog zu Jesus bevorzugt (in theologischer

47 Vgl. POHL-PATALONG, U. (1996): Seelsorge zwischen Individuum und Gesellschaft; McCLURE, B. (2010): Moving Beyond Individualism in Pastoral Care and Counseling.

48 Bereits 1994 hatte Rolf Schieder behauptet: „Die Tage der Seelsorgebewegung sind gezählt... Das psychotherapeutische Paradigma verliert an Plausibilität. Nicht mehr als Befreiung, sondern als Zwang wird es empfunden." SCHIEDER, R. (1994): Seelsorge in der Postmoderne, 26/27. Andreas Wittrahm gestand daher selbstkritisch ein: „Die Pastoralpsychologie muss sich vorwerfen lassen, auf dem Hintergrund ihres therapeutischen Leitbildes die kritische Auseinandersetzung mit den Zeichen der Zeit zu verpassen und das pastorale Handeln insgesamt in ein individualistisches und ahistorisches Korsett zu zwängen." WITTRAHM, A. (2001): Seelsorge, Pastoralpsychologie und Postmoderne, 22. Entschieden vorsichtiger räumte auch Jürgen Ziemer ein: „Insgesamt wird man davon ausgehen dürfen, dass das therapeutische Paradigma in der Seelsorge nicht mehr so dominant sein wird wie zu den Hochzeiten der Seelsorgebewegung. Es wird notwendiger Weise Anreicherungen und Modifikationen des pastoralpsychologischen Ansatzes geben, keineswegs jedoch dessen Destruktion und Verabschiedung." ZIEMER, J. (2000): Seelsorgelehre, 107. In gleichem Tenor gab auch Klaus Winkler als prominenter Vertreter der Seelsorgebewegung zu bedenken: „Bei alledem erscheint die Seelsorgebewegung als eine notwendige Phase innerhalb poimenischen Denkens und Handelns, die keineswegs zu Ende ist, allerdings unter den gegenwärtigen veränderten Umständen gründlich fortentwickelt werden sollte... Diese Bewegung wird auch in Zukunft in modifizierter Form im poimenischen und im praktisch-seelsorglichen Bereich eine innovative Konkurrenz darstellen, eine Konkurrenz, die das Geschäft belebt." WINKLER, K. (2000): Die Seelsorge, 11.

49 Vgl. FRITZ, R. (2013): Seelsorge mit System. Zum Stand systemischer Seelsorgelehre; MORGENTHALER, C. (2013): Systemische Seelsorge; RIEDEL-PFÄFFLIN, U. (2012): Systemische Seelsorge als Aufgabe gesellschaftspolitischer und spiritueller Kommunikation; PFENNIGHAUS, D. (2011): Neue Horizonte. Beziehungen stärken durch systemische Seelsorge; SCHNEIDER-HARPPRECHT, C. (2005): Interkulturelle systemische Seelsorge.

50 Vgl. HASLINGER, H. (2014): Diakonie – das Herzstück der Pastoral; POCK, J. (2013): Seelsorge als Dienst. Herausforderungen an eine diakonische Pastoral; ZIEMER, J. (2013): Andere im Blick. Diakonie, Seelsorge, Mission; NAUER, D. (2011): Seelsorge ohne Diakonie? Diakonische Seelsorge!; NAUER, D. (2013): Diakonisch handeln? Auftrag Gottes an uns Menschen.

Fachsprache ‚optional')[51] manchmal still und leise, manchmal aber auch laut und öffentlichkeitswirksam ein. Für sie riskieren sie Konflikte, in Ländern der Dritten und Vierten Welt sogar ihr Leben. In diesem Sinn zielt Seelsorge auch auf konkrete, oftmals materielle *(Über)Lebenshilfe* ab.
SeelsorgerInnen in der Nachfolge Jesu können ihre Hände nicht in Unschuld waschen und ‚strukturelle Sünde', d.h. strukturelle Rahmenbedingungen, sei es in Kirchengemeinden oder in Altenheimen, die den Anbruch von ‚Reich Gottes' auf Erden, d.h. die Realisierung von etwas mehr Gerechtigkeit, Mitmenschlichkeit, Nächstenliebe, Barmherzigkeit, Gleichheit, Solidarität blockieren, übersehen oder einfach akzeptieren. Sie können sich ihrer prophetischen Aufgabe[52] nicht entziehen, Unrecht beim Namen zu nennen, Selbsthilfepotenziale zu stärken, Solidarisierungsprozesse anzustoßen, Anti-Isolations- und Schutzmaßnahmen voranzutreiben und sowohl personelle als auch institutionelle Vernetzungsarbeit zu leisten. Im diesem Sinn ist Seelsorge immer auch eine Form *aktiven solidarischen Beistands* und *struktureller Befreiungshilfe.*

Alltagspraktisch umfasst der diakonische Anteil christlicher Seelsorge nicht nur ganz konkretes zupackendes Hilfshandeln (z.B. Rollstuhl besorgen, Formular ausfüllen helfen, Betreiben von Suppenküchen, Essenstafeln, Kleiderkammern, Obdachlosenunterkünften) und Beschaffung finanzieller Mittel, um Menschen in Not effektiv helfen zu können (z.B. Spendenaktionen, Basare), sondern auch soziale Vernetzungsarbeit, Bildungsarbeit, Öffentlichkeitsarbeit, kirchenpolitische Tätigkeiten, ökologisches Engagement und sozialpolitische Lobbyarbeit.

Die diakonisch prophetisch-kritische Dimension setzt den Erwerb von Kompetenzen voraus, die bisher nicht gerade im Fokus seelsorglicher Ausbildung standen: *Organisations-* und zupackende *Handlungskompetenz*; analytische *Systemkompetenz* (v.a. wenn in hochkomplexen Systemen wie Krankenhäusern gearbeitet wird); *Team- und Leitungskompetenz*; soziale und institutionelle *Vernetzungskompetenz*; öffentliche *Repräsentationskompetenz*; *Gesellschafts- und Sozi-*

51 Papst Franziskus betont ausdrücklich: „Für die Kirche ist die Option für die Armen in erster Linie eine theologische Kategorie und erst an zweiter Stelle eine kulturelle, soziologische, politische oder philosophische Frage. Gott gewährt ihnen ‚seine Barmherzigkeit'. Die göttliche Vorliebe hat Konsequenzen im Glaubensleben aller Christen, die ja dazu berufen sind, so gesinnt zu sein, wie Jesus (vgl. Phil 2,5). Von ihr inspiriert hat die Kirche eine Option für die Armen gefällt, die zu verstehen ist als besonderer Vorrang in der Weise, wie die christliche Liebe ausgeübt wird; eine solche Option wird von der ganzen Tradition der Kirche bezeugt." Dass dies auch auf evangelischer Seite so gesehen wird, lässt sich bei Michael Klessmann nachlesen, der 2010 schreibt: „Seelsorge ist dazu herausgefordert, die vom Evangelium motivierte ‚Option für die Armen' ernst zu nehmen und zum Ausdruck zu bringen." EVANGELII GAUDIUM (2013), Nr. 198; vgl. auch KLESSMANN, M. (2009): Seelsorge, 14.

52 Vgl. GÄRTNER, S. (2011): Prophetie in der Seelsorge. Unmöglich oder Unvermeidlich?; DILLEN, A./ A. VANDENHOEK (Hg.) (2011): Prophetic Witness in World Christianities. Rethinking Pastoral Care and Counseling; MUNDLE, R: (2011): Prophetic Pastoral Care.

alpolitische Kompetenz, um z.B. identifizieren zu können, welche Menschengruppen gesellschaftlich ausgegrenzt sind und Unterstützung nötig haben.

► *Ganzheitliche zeitgemäße Seelsorge*

Keine Seelsorgerin und kein Seelsorger kann die notwendigen Kompetenzen für alle drei Dimensionen Multidimensionaler Seelsorge mitbringen und alltagspraktisch stets alle Dimensionen allein abdecken. Christliche Seelsorge im 21. Jhdt. setzt deshalb Teamarbeit voraus. Wenn seelsorgliche Stellenbesetzungen von den Verantwortlichen in den kirchlichen Ämtern (künftig) so vorgenommen werden, dass SeelsorgerInnen mit unterschiedlichen Kompetenzprofilen und Praxisvorlieben einander ergänzen (dürfen), dann erhöht sich die Chance, dass das komplexe christliche Seelsorgeverständnis vor Ort umgesetzt werden kann, so dass ChristInnen und Nicht-ChristInnen das seelsorgliche Angebot christlicher Kirchen als wirklich christlich, zeitgemäß und glaubwürdig erleben. Glaubwürdig ist christliche Seelsorge also immer dann, wenn Seelsorge verstanden wird als *Sorge um den ganzen gottgewollten Menschen* in all seinen Möglichkeiten und Begrenzungen, in all seinen (un)veränderbaren strukturellen Lebens- und Arbeitskontexten.[53]

Glaubwürdige Seelsorge zielt darauf ab, einem jeden Menschen unabhängig von dessen Religions-, Kirchen- oder Gemeindezugehörigkeit, bereits hier und jetzt auf Erden zumindest ein wenig mehr gottgewolltes *Leben in Fülle* (Johannes 10,10) im Sinne eines spürbaren Anbruchs von ‚*Reich Gottes*' (d.h. mehr Gerechtigkeit, Barmherzigkeit, Nächstenliebe, Solidarität, Miteinander, Gemeinschaft…) trotz aller Nöte und Probleme zu ermöglichen und eine *Hoffnungsperspektive* selbst über den Tod hinaus offenzuhalten.

Spiritual Care stellt eine ernstzunehmende Herausforderung für die Seelsorgelehre dar, denn sie provoziert SeelsorgetheoretikerInnen dazu, sich auf das biblisch fundierte, typisch christliche ganzheitliche multidimensionale Seelsorgeverständnis zu besinnen und konfessionelle Grenzen endgültig zu überwinden!

---

53 Eine Position, die inzwischen von den meisten katholischen und landeskirchlich-evangelischen SeelsorgetheoretikerInnen vertreten wird, wie folgende Beispiele belegen: „Seelsorge – Sorge um das Menschsein in seiner *Ganzheit*." KNOBLOCH, S. (2000): Seelsorge, 35; „Seelsorge meint *ganzheitliche* Sorge um den Menschen." BAUMGARTNER, I. (2004): Vom Proprium christlicher Caritas, 63; „Seelsorge ist nicht die Sorge um einen Teil des Menschen, sondern um das stimmige Ineinander der *vielfältigen Dimensionen* der Existenz". HASLINGER, H. (2004): Seelsorge, 159; „Sie ist eine Art ohnmächtige Sorge um das Wohl des *ganzen* Menschen." MORGENTHALER, C. (2007): Sieben Gründe, warum Spitalseelsorge not-wendig ist, 92.

4. Für die christlichen Kirchen
Plädoyer für ein prinzipielles Bekenntnis zur Kategorialseelsorge/Spezialseelsorge/Sonderseelsorge!

Für Hans Russmann ist Spiritual Care ein wahrer Glückfall für die christlichen Kirchen, weil diese durch deren Existenz dazu herausgefordert sind, öffentlich zu bekennen, welchen Stellenwert sie der professionellen Seelsorge v.a. in säkular geprägten Tätigkeitsfeldern wie Krankenhaus, Hospiz, Altenheim und Behinderteneinrichtungen künftig einräumen wollen.[54]

Dass sowohl die katholische als auch die evangelische Kirche in den letzten 40 Jahren in den deutschsprachigen Ländern die enorme Leistung vollbracht haben, v.a. die Krankenhausseelsorge als ein spezialisiertes kirchliches Arbeitsfeld mit hoher Professionalität flächendeckend zu etablieren, ist heutzutage unbestritten. Thomas Krüger konstatiert daher im Jahr 2014: „Die Krankenhausseelsorge ist in der evangelischen Kirche der am weitesten ausgebaute Bereich der sogenannten Spezial- oder Sonderseelsorge."[55] Analog hierzu kommentiert Andreas Heller aus katholischer Perspektive: „Damit ist sie [die Krankenhausseelsorge] der modernste Beruf der Kirchen, sozusagen die Avantgarde der Kirche in der pluralen Gesellschaft des Krankenhauses."[56]

Besonders zwischen den 70iger und 90iger Jahren des 20. Jhdts. ist die Zahl der Funktionsstellen, d.h. diejenigen Pfarrer-Stellen, die nicht in klassischen Pfarrgemeinden angesiedelt sind, gemäß Michael Klessmann auf evangelischer Seite besonders stark ausgeweitet worden.[57] Einerseits, um der Aufforderung Jesu Christi nachzukommen, sich der Kranken und Notleidenden vor Ort anzunehmen, andererseits aber auch, um gerade diejenigen Menschen überhaupt noch mit der christlichen Botschaft erreichen zu können, die keine Verbindung mehr zu christlichen Pfarrgemeinden haben.

Sebastian Borck, Pastor und Leiter des Hauptbereichs für ‚Seelsorge, Beratung und ethischer Diskurs' der Evangelisch-Lutherischen Kirche in Norddeutschland beurteilt die gegenwärtige Situation der Krankenhausseelsorge in der Evangelischen Kirche Deutschlands (EKD) folgendermaßen: „Mit ca. 760 Krankenhausseelsorge-Vollbesetzungseinheiten (also noch viel mehr Köpfen) stellt die Krankenhausseelsorge etwa die Hälfte der besonderen Seelsorgedienste. Auch wenn man davon ausgeht, dass nicht alle Stellen mit Pfarrerinnen und Pfarrern besetzt sind, so macht die Krankenhausseelsorge EKD-weit doch etwa 3,5% der aktiven

54 Vgl. RUSSMANN, H. (2013): Spiritual Care als Herausforderung für das pastorale Handeln der Kirche, 14.
55 KRÜGER, T. (2014): Nicht nur in guten Zeiten, 12.
56 HELLER, A. (2014): Christliche Krankenhausseelsorge, 83.
57 Vgl. KLESSMANN, M. (2014): Im Strom der Zeit, 18.

Pfarrerschaft aus!"[58] Obgleich die Prozentzahl auf den ersten Blick nicht gerade hoch erscheint, signalisiert sie dennoch die Jahrzehnte lang unhinterfragte Entscheidung beider Kirchen, sich ausdrücklich nicht nur in kirchlich, sondern auch in staatlich und privat getragenen Krankenhäusern sowohl personell als auch finanziell zu engagieren.
Eine Entscheidung, die jedoch aufgrund gesamtkirchlicher Entwicklungen in beiden Kirchen inzwischen durchaus zur Disposition steht. Eine solide *Finanz-Krise* (Rückgang finanzieller Ressourcen aufgrund des demographischen Wandels innerhalb der Gesellschaft, erhöhten Kirchenaustrittszahlen und damit einhergehenden Kirchensteuerverlusten), eine viel zu spät gegengesteuerte *Personal-Krise* (Rückgang der Theologiestudierenden und fehlendes qualifiziertes pastorales Personal), eine in der Langzeitwirkung noch nicht absehbare *Strukturreform-Krise* (die eigentlich dazu beitragen sollte, das Finanz- und Personalproblem zu lösen, faktisch aber Unruhe und Unzufriedenheit unter den Gläubigen ausgelöst hat) und eine sich schleichend zuspitzende *Unglaubwürdigkeits-Krise* (Missbrauchsskandale, Finanzskandale, Dialogverweigerungserfahrungen etc.) haben dazu geführt, dass die großen christlichen Kirchen mit finanziellen und personellen Engpässen zu kämpfen haben. Als Reaktion darauf erschallt immer häufiger der Ruf nach einer Besinnung auf das eigentliche ‚*Kerngeschäft*', auf sogenannte ‚*Kernaufgaben*' und finanzierbare ‚*Prioritätensetzungen*'.
Auf katholischer Seite ist damit zumeist eine Stärkung der Pfarrgemeinde bzw. des neuen Pastoralen Großraums gemeint, wo in erster Linie die liturgische und sakramentale Versorgung der Gläubigen sicherzustellen ist. In logischer Konsequenz werden folglich nicht nur diakonische Aktivitäten auf den Prüfstand gestellt und notfalls an kompetente Einrichtungen wie Caritas/Diakonie aus den Pfarrgemeinden ‚outgesourced', sondern auch qualifizierte SeelsorgerInnen in einer Art ‚Rückrufaktion' aus kategorialen Arbeitsfeldern (Krankenhaus, Gefängnis, Betrieb, Schule etc.) in die neuen pastoralen Räume abgezogen. Alternativ bzw. ergänzend hierzu lässt sich auch die Vorgehensweise beobachten, dass nachzubesetzende Kategorial-Stellen prozentual gekürzt oder überhaupt nicht mehr ausgeschrieben werden, weshalb SeelsorgerInnen des pastoralen Großraums (eventuell) dazu beauftragt werden, z.B. Krankenhäuser und Altenheime seelsorglich mitzuversorgen. Vorgehensweisen, die in manchen der 27 (Erz)Bistümer Deutschlands relativ häufig, in anderen dagegen kaum zu finden sind. Für die evangelische Seite weist Michael Klessmann darauf hin, dass in Kir-

58 BORCK, S. (2014): Die verborgenen Schätze der Krankenhausseelsorge, 621. Auch in den Leitlinien für die Evangelische Krankenhausseelsorge wird im Jahr 2004 wertschätzend hervorgehoben: „Nur in wenigen Bereichen jenseits des Dienstes in den Gemeinden setzten die Kirchen so viele Pfarrstellen ein wie in der Krankenhausseelsorge." DIE KRAFT ZUM MENSCHSEIN STÄRKEN (2004), 20.

chenleitungen gegenwärtig immer häufiger Stimmen zu hören sind, die das Gemeindepfarramt stärken wollen, was aber im Umkehrschluss bedeutet, dass die Spezialseelsorge an Bedeutung verliert, denn eine Stärkung des Pfarramtes impliziert eine (mittel- bis langfristige) Reduzierung von Stellen z.B. in der Krankenhausseelsorge.[59] So gibt Thomas Krüger die persönliche Befürchtung eines Pfarrers und Vorsitzenden der westfälischen Krankenhausseelsorge wieder, dass sein Arbeitsfeld schon mittelfristig nur im kleinen Umfang überleben wird, denn angesichts der bevorstehenden Pensionierungswelle von PfarrerInnen sei mit einem systematischen Abbau von hauptamtlichen Stellen in der Spezialseelsorge zu rechnen.[60] Obgleich diese Beobachtung sicherlich nicht auf alle Landeskirchen in gleichem Maß zutrifft, ist aber dennoch ernst zu nehmen, was bereits im Jahr 2009 in einem Positionspapier des Diakonischen Werkes landesweit prognostiziert worden ist: „Stellen für Krankenhausseelsorge werden reduziert."[61] Nicht gerade unbesorgt fragt Michael Klessmann daher: „Was wird aus der Seelsorge heute?"[62] Thomas Krüger zumindest malt folgendes Menetekel an die Wand: „Die Zukunft der hauptamtlichen Krankenhausseelsorge ist ungewiss."[63] Und dies, obgleich die Krankenhausseelsorge in der Öffentlichkeit gemäß der Einschätzung Andreas Hellers noch immer eine bemerkenswert hohe Wertschätzung in allen sozialen Milieus erfährt: „Das Image des Berufs ist relativ gut, im Unterschied zu dem der entsendenden Institution Kirche."[64] Eine Wertschätzung, die gemäß Sebastian Borck nicht nur seitens kranker/sterbender Menschen, sondern auch seitens der MitarbeiterInnen in zunehmendem Maße feststellbar ist: „Wenn ich es recht sehe, ist die Kirche dort am anderen Ort heute gefragter denn je. Ob es an der Qualität der Krankenhausseelsorge, der kürzeren Verweildauer, oder dem noch viel größeren zeitlichen Druck liegt, unter dem die anderen Berufsgruppen im Krankenhaus stehen, weiß ich nicht. Jedenfalls hat das Bewusstsein dafür, dass Krankenhausseelsorge gebraucht wird, in den letzten zehn Jahren erheblich zugenommen."[65]

Auf diesem Hintergrund wird an dieser Stelle ein Plädoyer an die christlichen Kirchen gerichtet, trotz aller Ressourcenknappheit sowohl nach innen als auch nach außen ein klares Bekenntnis zur Kategorialseelsorge/Spezialseelsorge, v.a. aber zur Krankenhaus-, Hospiz-, Altenheim- und Behindertenseelsorge abzulegen! Ein derartiges Bekenntnis ist m.E. unabdingbar, wenn die Kirchen ihre

59 Vgl. KLESSMANN, M. (2014): Im Strom der Zeit, 17-18.
60 Vgl. KRÜGER, T. (2014): Nicht nur in guten Zeiten, 13.
61 SEELSORGE IN PALLIATIVE CARE (2009), 27.
62 Vgl. KLESSMANN, M. (2014): Im Strom der Zeit, 17.
63 KRÜGER, T. (2014): Nicht nur in guten Zeiten, 12.
64 HELLER, A. (2014): Christliche Krankenhausseelsorge, 71. BORCK, S. (2014): Die verborgenen Schätze, 620.
65 BORCK, S. (2014): Die verborgenen Schätze der Krankenhausseelsorge, 623.

Glaubwürdigkeit bei gläubigen und nicht-gläubigen Menschen bewahren bzw. wiedergewinnen wollen. Schon vor mehr als 20 Jahren hat Kardinal Karl Lehmann der Katholischen Kirche ins Stammbuch geschrieben: „Seelsorge bleibt eine einzigartige, ja die erste und vornehmste Aufgabe der Kirche, die ihr von niemandem sonst abgenommen werden kann. Ihre Sendung steht und fällt mit diesem Auftrag."[66] Eine Sichtweise, die auch auf evangelischer Seite vom renommierten Pastoraltheologen Jürgen Ziemer geteilt wird: „Die Kirche der Zukunft kann ich mir nur als eine Kirche der Seelsorge vorstellen. Seelsorge wird jedenfalls zu ihren Basisaufgaben gehören. An ihrer Erfüllung oder Nichterfüllung wird sich für mich, menschlich gesprochen, das Schicksal der Kirche entscheiden."[67] Prägnant bringt daher Petra Bosse-Huber als evangelische Theologin auf den Punkt: „Nur durch die Qualität ihrer Seelsorge kann die Kirche noch überzeugen."[68] Nikolas Schneider, ehemaliger Vorsitzender des Rates der EKD greift daher die programmatische Wendung auf, die zeitverzögert im Anschluss an den EKD-Reformprozess in einem zukunftsweisenden Arbeitspapier gefunden worden ist: Seelsorge als „Muttersprache der Kirche".[69] Nur dann also, wenn Menschen Seelsorge für sich als glaubwürdiges Angebot erleben, werden sie entweder stolz und selbstbewusst ihr Christsein leben, oder sich überhaupt erst auf das Wagnis des christlichen Glaubens einlassen, christliche Gemeinden/Seelsorgeräume als Lebens- und Aufatemräume für sich entdecken und sich als Teil einer, wenn auch oftmals menschlichem Versagen ausgesetzten, lokalen Kirchengemeinschaft und weltweiten Christengemeinschaft begreifen. Gelingt die Rückgewinnung von Glaubwürdigkeit nicht, dann werden christliche Kirchen immer mehr an öffentlicher Bedeutung verlieren, und Menschen werden sich eine andere Form von Seelsorge suchen, die sie entweder bei anderen Religionsgemeinschaften und Pseudo-Kirchen wie Scientology oder bei institutionsunabhängigen AnbieterInnen wie PhilosophInnen, PsychologInnen oder kirchenenttäuschten ‚frei flottierenden' ChristInnen finden, die bereits klassische seelsorgliche Aufgaben wie z.B. Hochzeitsfeiern, Beerdigungen und Trauerbegleitung übernehmen.

Was für die Bedeutung christlicher Seelsorge allgemein im Blick auf die Glaubwürdigkeit christlicher Kirchen gesagt worden ist, gilt in verschärfter Form für

66 LEHMANN, K. (1990): Seelsorge als Aufgabe der Kirche, 52.

67 ZIEMER, J. (2000): Podiumsdiskussion: Seelsorge – und ihre Bedeutung für die Zukunft, 129. Vgl. auch MORGENTHALER, C. (2009): Der Traum einer seelsorglichen Kirche; KLESSMANN, M. (2005): Kirchliche Seelsorge – seelsorgliche Kirche; SEELSORGLICHE KIRCHE IM 21. Jhdt. (2005).

68 BOSSE-HUBER, P. (2005) Seelsorge–die ‚Muttersprache' der Kirche, 17.

69 Vgl. SCHNEIDER, N. (2011): Geleitwort, 7. Vgl. auch: VOGEL, C. (2010): Seelsorge als Zukunftskompetenz der Kirche; SEELSORGE–MUTTERSPRACHE DER KIRCHE (2010).

die christliche Krankenhausseelsorge, denn: „Krankenhausseelsorge ist dezidierter Teil von Kirche und kein randständiger Sonderbereich."[70]
Deshalb gilt, was im Positionspapier des Diakonischen Werks programmatisch festgehalten ist: „Die seelsorgliche Begleitung kranker, schwerstkranker und sterbender Menschen gehört zu den Kernaufgaben kirchlichen Handelns."[71] Einrichtungen des Gesundheitssystems sind sozusagen eine Nagelprobe dafür, ob PatientInnen, deren Angehörige und MitarbeiterInnen, die sonst keinen Kontakt mehr zu Kirche/Gemeinde haben, auf eine glaubwürdige Form christlicher Krankenhausseelsorge und damit auf eine glaubwürdige Form von Kirche-Sein inmitten alltäglichen Lebens, Arbeitens, Leidens und Sterbens treffen.
Christliche Kirchen haben jetzt die Chance, den Ruf ‚Zurück zum Kerngeschäft' nicht im Sinne eines statusabsichernden ‚Zurück zur hermetisch abgeschlossenen Pfarrgemeinde' im Sinne eines ‚abschreckenden Gemeindefundamentalismus'[72] zu interpretieren, sondern im Sinne eines jesuanischen Zurück in die Lebens- und Arbeitskontexte aller, ‚bevorzugt aber aller Not leidenden, kranken, alten und sterbenden Menschen', wie Papst Franziskus programmatisch einfordert: „Zuweilen verspüren wir die Versuchung, Christen zu sein, die einen sicheren Abstand zu den Wundmalen des Herrn halten. Jesus aber will, dass wir mit dem menschlichen Elend in Berührung kommen... Jeder Christ und jede Gemeinschaft soll unterscheiden, welches der Weg ist, den der Herr verlangt, doch alle sind wir aufgefordert, diesen Ruf anzunehmen: hinauszugehen aus der eigenen Bequemlichkeit und den Mut zu haben, alle Randgebiete zu erreichen, die das Licht des Evangeliums brauchen... Mir ist eine ‚verbeulte' Kirche, die verletzt und beschmutzt ist, weil sie auf die Straße hinausgegangen ist, lieber, als eine Kirche, die aufgrund ihrer Verschlossenheit und ihrer Bequemlichkeit... krank ist."[73]
Herausgefordert durch Spiritual Care stehen somit alle ***Verantwortungs- und Entscheidungsträger christlicher Kirchen*** vor der sicher nicht einfachen Aufgabe, die Glaubwürdigkeit ihrer Kirche voranzutreiben,

- *indem sie Sorge dafür tragen*, dass trotz, vielleicht sogar wegen der Personal- und Finanzknappheit ausreichende personelle und finanzielle Ressourcen zur Verfügung gestellt werden, um die Präsenz professioneller kirchlicher SeelsorgerInnen in säkularen Einrichtungen wie denen des Gesundheitssystems nicht nur sicherzustellen, sondern sogar auszubauen.[74] Ein Rückzug der Kir-

70 JUNG-HANKEL, T. u.a. (2014): Potentiale der Krankenhausseelsorge, 619.
71 SEELSORGE IN PALLIATIVE CARE, 7.
72 Vgl. ZIEMER, J. (2005): Seelsorge als Grenzerfahrung, 49.
73 EVANGELII GAUDIUM (2013), Nr. 240/20/49.
74 Von einem positiven Beispiel berichtet Urs Länzlinger: „Die Bedeutung die die Katholische Kirche im Kanton Zürich der Spital- und Klinikseelsorge beimisst, zeigt sich unter anderem auch darin, dass die Synode der

chen aus der Kategorialseelsorge/Spezialseelsorge, der z.B. in den Niederlanden bereits seit Jahrzehnten nahezu flächendeckend beobachtbar ist, ist m.E. als eine strukturelle Fehlentscheidung, ja sogar als eine ‚strukturelle Sünde' einzustufen, die den christlichen Kirchen langfristig enormen Schaden zufügen wird. Und dies nicht nur deshalb, weil anderen Anbietern ein wichtiges seelsorgliches Tätigkeitsfeld überlassen wird, sondern hauptsächlich deshalb, weil ein personeller und finanzieller Ausstieg aus der Kategorialseelsorge/Spezialseelsorge die Glaubwürdigkeit christlicher Kirchen und deren Botschaft (noch) weiter untergraben wird.

- *indem sie Sorge dafür tragen*, dass neue kategoriale Tätigkeitsfelder, die sich v.a. durch Palliative Care im stationären und ambulanten Sektor eröffnen, in enger ökumenischer Zusammenarbeit für christliche SeelsorgerInnen erschlossen werden.[75]

Obgleich sich neue Möglichkeiten auftun, gelingt es den Kirchen aber nicht immer, Schritt zu halten. Thela Wernstedt berichtet z.B. von persönlichen Erfahrungen, die sie als Ärztin und Vorsitzende der Palliativarbeitsgemeinschaft Niedersachsens mit der Landeskirche Hannover gemacht hat. Positiv hebt sie zwar hervor, dass die Kirchenleitung in den 90iger Jahren, d.h. in der Startphase der Palliativversorgung die Zeichen der Zeit durchaus erkannt hat und deshalb neue Seelsorgestellen eingerichtet hat. Als sich jedoch ein Jahrzehnt später aufgrund neuer gesetzlicher Regelungen im Sektor Spezialisierte Ambulante Palliativversorgung (SAPV) wiederum neue Einsatzfelder für SeelsorgerInnen eröffnet haben, bescheinigt Wernstedt den Kirchenvertretern, den möglichen Gestaltungsraum nicht aktiv genutzt zu haben, wobei sie zu folgender nüchternen Einschätzung gelangt: „Bei dem Versuch, die Landeskirchen mit einzubinden, um Seelsorge als einen wichtigen Bestandteil der Versorgung strukturell zu verankern, sind im Verlaufe der Jahre 2008 und 2009 die Verantwortlichkeiten verschwunden… Bei der strukturellen und verlässlichen Verankerung der Seelsorge in einem speziellen Feld der Krankenbetreuung erweist sich ihr Apparat aber als zu langsam und zu wenig konfliktbereit, und als nicht ausreichend genug differenziert, um durch die Arbeit der Seelsorge trotz selbstbewusster Ankündigungen etwas Wesentliches zur Versorgung beitragen zu können. Für die professionell in der Palliativmedizin Tä-

Katholischen Kirche im Kanton Zürich aus Kirchensteuermitteln insgesamt 22 Planstellen für die katholische Spital- und Klinikseelsorge finanziert sowie seit 2011 einen kantonalen Priesterpikettdienst für 37 Spitäler und Psychiatrische Kliniken." LÄNZLINGER, U. (2012): Ein bewährtes Modell, 176.

75 Auf katholischer Seite wurde von der Deutschen Bischofskonferenz (DBK) zumindest ein Forschungsbericht (Qualitative Expertenbefragung) in Auftrag gegeben, der sich der Frage widmen sollte, welche Rolle kirchliche Seelsorge in der spezialisierten ambulanten Palliativversorgung (SAPV) spielt bzw. spielen könnte. Vgl. BAUMGARTNER, I. u.a. (2010): Ambulante Palliativversorgung und Seelsorge.

tigen ist dies eine bedauerliche Feststellung.“[76] Selbst im Positionspapier des Diakonischen Werkes ‚Seelsorge in Palliative Care‘ wird nüchtern kommentiert: „Die Kirchen sind – im Zuge der veränderten Sozialgesetzgebung und auch im Wettbewerb mit anderen – gefordert, ihren ambitionierten Worten Taten folgen zu lassen… Das in besondere Weise qualifizierte seelsorgliche Handeln der Kirchen ist gefragt – offen ist, ob und wie die Kirchen diese öffentlich benannte Herausforderung annehmen.“[77]

- *indem sie Sorge dafür tragen*, dass das in beiden christlichen Kirchen inzwischen zunehmend favorisierte Modell ‚Mit-Versorgung der Krankenhausseelsorge/Altenheimseelsorge aus der Pfarrgemeinde/dem Pastoralraum‘ kritisch auf den Prüfstand gestellt wird. Bruno Schrage und Peter Bromkamp, Kenner der katholischen Szene, fassen die gegenwärtige Situation folgendermaßen zusammen: „Der Aufbau kategorialer Seelsorgefelder im Zuge der Professionalisierung von Sozial- und Gesundheitsberufen seit den Siebzigerjahren wird nun in Ermangelung von personellen Ressourcen in vielen bischöflichen Generalvikariaten in Frage gestellt. Man propagiert eine neue Wertschätzung der Territorialseelsorge, verbunden mit der Erwartung an die Pastoralteams, ihre seelsorgliche Verantwortung für die caritativen Einrichtungen in ihrem Verantwortungsbereich – insbesondere für die Altenheime – deutlicher wahrzunehmen.“[78] Dass dies aber als ein problematisches Vorgehen einzustufen ist, lässt sich bei Michael Klessmann nachlesen, der im Blick auf aktuelle Entwicklungen im evangelischen Raum eindeutig Stellung bezieht: „Das führt u.a. dazu, dass Krankenhausseelsorge wieder öfter mit Gemeindepfarrstellen kombiniert wird. Erfahrungen aus der Vergangenheit zeigen, dass eine solche Koppelung für alle Beteiligten nicht besonders erfolgreich auszuüben ist. Seelsorgliche Arbeit in einer so komplexen Institution wie dem Krankenhaus, die noch dazu mit einer ganz anderen Logik operiert, als wir es aus der Kirche kennen, kann man nicht ‚nebenbei‘ ausüben.“[79]
- *indem sie Sorge dafür tragen*, dass der menschliche und theologische Erfahrungsschatz, der im Kontext der Krankenhausseelsorge sozusagen jenseits der rein binnenkirchlichen Welt zutage tritt, für die Weiterentwicklung der Kirchen insgesamt nutzbar gemacht wird, denn, wie uns erfahrene KlinikseelsorgerInnen exemplarisch für viele Felder der Kategorialseelsorge berichten:

76 WERNSTEDT, T. (2010): Kritik aus der Sicht der Palliativmedizin, 29/30.

77 SEELSORGE IN PALLIATIVE CARE (2009); 13/15.

78 SCHRAGE, B. (2014): „Seelenpflege in caritativen Einrichtungen“, 183.

79 KLESSMANN, M. (2014): Im Strom der Zeit, 18. Eine Position, die auch Sebastian Borck teilt, der die These aufstellt, dass eine ortsgemeindliche Mitversorgung nicht das Zukunftsmodell für eine glaubwürdige Krankenhausseelsorge sein kann. Vgl. BORCK, S. (2014): Die verborgenen Schätze der Krankenhausseelsorge, 625.

„Wir machen in der Gemeinde der Krankenhausseelsorge Erfahrungen, die die potentielle Entwicklungen der Kirche schon jetzt antizipieren...angesichts von Leid und Elend einer Patientin verglüht so manche dogmatische Richtigkeit, und was dann zu sagen übrig bleibt, ist wie im Feuer gestählt."[80]

- *indem sie Sorge dafür tragen*, dass SeelsorgerInnen, die in Pfarrgemeinden und denjenigen, die in der Kategorie wie z.B. im Krankenhaus arbeiten, seitens ihrer Kirchen die gleiche Achtung und Wertschätzung entgegengebracht wird. Gemäß Andreas Heller leider keine Selbstverständlichkeit: „Die Seelsorge im Krankenhaus erfährt wenig Empathie und Solidarität von der Kirchenleitung. Eine Kultur der Wertschätzung und Anerkennung ist oft zu wenig entwickelt."[81] Kirchliche Verantwortungsträger sind deshalb dazu herausgefordert, sich zu überlegen, wie sie die Beauftragung und Berufseinführung von KrankenhausseelsorgerInnen vor Ort gestalten wollen, um einerseits dem/der neuen SeelsorgerIn kirchenamtlich den Rücken zu stärken und andererseits der Institution zu signalisieren, dass der/die neue SeelsorgerIn nicht als Einzel- oder Privatperson, sondern im Auftrag einer weltweit agierenden christlichen Gemeinschaft tätig ist.
- *indem sie Sorge dafür tragen*, dass durch regionale und bundesweite Zusammenarbeit von Kirchenleitung, Dienstvorgesetzten und der Konferenz für katholische bzw. evangelische Krankenhausseelsorge – und damit implizit in Kooperation mit allen KrankenhausseelsorgerInnen vor Ort – die inhaltliche Qualität der Krankenhausseelsorge sichergestellt wird.[82] „Kirche muss ein vitales Interesse daran haben, dass gerade in evangelischen Krankenhäusern Angebot und Qualität der Krankenhausseelsorge überzeugen und top sind."[83] Diese von Astrid Giebel sicherlich zu Recht aufgestellte Behauptung ist m.E. dahingehend zu ergänzen, dass die Kirchen nicht nur in den von ihnen getragenen Einrichtungen für eine Top-Qualität ihrer Seelsorge zu sorgen haben, sondern gerade auch in staatlich und privat getragenen Krankenhäusern, Hospizen, Altenheimen etc.
- *indem sie Sorge dafür tragen*, dass alle zukünftigen SeelsorgerInnen – und damit auch diejenigen, die später z.B. in Kliniken arbeiten werden – eine fundierte theologische Ausbildung auf Universitäts- und Fachhochschulniveau erhalten, die sie nicht nur für binnenkirchliche, sondern auch für multikultu-

80 JUNG-HANKEL, T. u.a. (2014): Potentiale der Krankenhausseelsorge für die Entwicklung der Kirche, 615, Vgl. auch: KOLL, W./ H. HAGEDORN (2010): Die Bedeutung der Krankenhaus-Seelsorge für die Kirche.

81 HELLER, A. (2010): Kultur der Krankenhausseelsorge und der Transformationsprozess der Kirche, 311.

82 Vgl. NOBER, S. (2012): Krankenhausseelsorge. Qualitätsarbeit ist gefragt.

83 GIEBEL, A. (2010): Zur Qualitätsentwicklung in diakonischen Einrichtungen, 35.

rell, multireligiös und multispirituell geprägte Einsatzorte anschlussfähig und auf der Basis eines erkennbaren christlichen Profils pluralitätsfähig macht.

- *indem sie Sorge dafür tragen*, dass in der Berufsausbildung zum/zur Pfarrerin/Pfarrer, Priester, Diakon, Pastoralreferentin/Pastoralreferent, Gemeindereferentin/Gemeindereferent alltagsrelevantes Know-How angereicht wird, um das zu verhindern, was Michael Klessmann noch vor Jahren moniert hat: „Die professionelle Qualifizierung für Seelsorge bleibt sowohl in der ersten als auch in der zweiten Ausbildungsphase deutlich hinter den Möglichkeiten und den späteren Anforderungen der Praxis zurück."[84]
- *indem sie Sorge dafür tragen*, dass gerade von SeelsorgerInnen in der Spezialseelsorge der Erwerb spezieller Kompetenzen und Zusatzqualifikationen durch Teilnahme an entsprechenden Fort- und Weiterbildungsmaßnahmen, sowie das sich Einlassen auf eine berufsbegleitende Supervision nicht nur abverlangt, sondern auch finanziert wird, denn, wie Christoph Vogel aus evangelischer Sicht deutlich macht: „Dort, wo Pfarrerinnen und Pfarrer in einem spezialseelsorglichen Feld arbeiten... bedarf es einer enormen Professionalität. Theologisches know-how, erworben in Studium und Vikariat, reicht zur Bearbeitung dieser Felder allein nicht aus. Wer hauptamtlich in der Polizeiseelsorge arbeitet, oder im Krankenhaus, oder in der Beratungsarbeit, braucht eine besondere Kontext-Kompetenz."[85] Michael Klessmann, der Vogels Position teilt, äußerst sich gerade deswegen besorgt über eine Tendenz, die er gegenwärtig im evangelischen Raum wahrnimmt: „In vielen Landeskirchen wird die geistliche Dimension des Pfarramts verstärkt und gefördert. Kirchenleitungen unterstützen im großen Stil Weiterbildungen in geistlicher Begleitung in der Erwartung, das geistliche Profil der Pfarrerinnen und Pfarrer und kirchlich Mitarbeitenden stärken zu können. Seelsorge kann davon profitieren, wenn sie sich selber ihrer religiösen, ihrer christlichen Wurzeln und Inhalte vergewissert und insofern wieder deutlicher als eine Form ‚religiöser Kommunikation' erkennbar wird. Meine Befürchtung ist, dass dieser Trend jedoch auf Kosten einer auch humanwissenschaftlichen Qualifizierung im Bereich Seelsorge geht und zusätzlich auf Kosten einer geistig-kulturellen Weite der Kirche insgesamt."[86]
- *indem sie Sorge dafür tragen*, dass einerseits der in den letzten Jahrzehnten erreichte hohe Professionalisierungsgrad professioneller KlinikseelsorgerInnen sichergestellt wird, andererseits aber vermieden wird, dass zwischen Gemein-

---

84 KLESSMANN, M. (2005): Seelsorge und Professionalität, 286.

85 VOGEL, C. (2010): Seelsorge als Zukunftskompetenz der Kirche, 22. Vgl. auch: GESTRICH, R. (2013): Aus- und Fortbildung für Krankenhausseelsorge.

86 KLESSMANN, M. (2014): Im Strom der Zeit, 17-18.

deseelsorgerInnen und KategorialseelsorgerInnen/SpezialseelsorgerInnen Rivalitäten entstehen.

- *indem sie Sorge dafür tragen*, dass bei der (Neu)Besetzung von Seelsorgestellen darauf geachtet wird, dass Qualifikation und menschliche Eignung vor allen anderen Überlegungen der Vorrang eingeräumt wird, und dass die Auswahl für alle Beteiligten auf transparente Art und Weise geschieht.
- *indem sie Sorge dafür tragen*, dass gerade (ökumenische) Seelsorgeteams in Krankenhäusern nicht als ‚Park- und Abstellplatz' für ‚Problemfälle' betrachtet werden, die z.B. aufgrund psychischer Erkrankungen, Alkoholismus, Missbrauchsvorwürfen oder Teamunfähigkeit auf der Pfarrgemeindeebene nicht (länger) tragbar sind. Kirchliche Leitungskräfte sind dazu herausgefordert, Sorge dafür zu tragen, dass qualifizierte und persönlich stabile SeelsorgerInnen auf der Basis einander ergänzender Fähigkeiten zum Einsatz kommen, wobei die Teamleitung nicht vom Weihe-Status oder Geschlecht, sondern vom Vorhandensein entsprechender Leitungskompetenzen abhängt.
- *indem sie Sorge dafür tragen*, dass ehrenamtlich Engagierte nicht für hauptamtliche Seelsorge-Aufgaben ge- bzw. benutzt und dabei überfordert werden.
- *indem sie Sorge dafür tragen*, dass bei Ausbildungsmodulen wie ‚Seelsorge in Palliative Care' die Zulassungsbedingungen nicht derart gelockert werden,[87] dass sich immer mehr Nicht-TheologInnen zu christlichen SeelsorgerInnen zusatzqualifizieren, wodurch ein Theologiestudium als Voraussetzung an Bedeutung verliert. Ob es den kirchlichen Verantwortungsträgern gelingen wird, diese Entwicklung aufzuhalten, ist jedoch mehr als fraglich. Werden künftig nicht auch Theologische Fakultäten, die angesichts sinkender Studentenzahlen um ihr Überleben kämpfen, analog zu den Entwicklungen in den Niederlanden dazu tendieren, nicht nur 2-jährige Masterstudiengänge ‚Seelsorge' (wobei neben einem Theologie-Bachelor auch andere Bachelor-Arten als Zulassungsvoraussetzungen akzeptiert werden), sondern auch eine Fülle an Zusatzqualifikationskursen für ‚Seelsorgliche Begleitung' ins Leben zu rufen, wodurch nicht nur die Berufsbezeichnung ‚Seelsorger' verwässert wird, sondern auch völlig unterschiedlich qualifizierte SeelsorgerInnen miteinander in

87 Auf 2 Kurse sei exemplarisch hingewiesen: 1. Der Kurs ‚Seelsorge in Palliative Care', der am Lehrstuhl für Spiritual Care in München angesiedelt ist. In dessen Kursbeschreibung zu lesen ist: „Der Kurs richtet sich an Seelsorgende, die im Arbeitsfeld Palliative Care – sowohl stationär als auch ambulant arbeiten werden." Als Teilnahmevoraussetzung wird u.a. angegeben: Studium, ***z.B. Theologie***, Philosophie, Religionspädagogik, Sozialpädagogik, Diakoniewissenschaft, Caritaswissenschaft oder vergleichbare Ausbildungs- und Studiengänge. Vgl. HAGEN, T. u.a. (2011): Qualifikationskurs, 28. 2. Der Kurs ‚Palliative Care für Seelsorger/innen' am evangelischen Seelsorgeinstitut Bethel. Als Zielgruppe werden angegeben: Pfarrer/innen, Sozialarbeiter/innen, Sozialpädagogen/innen und andere ***Personen mit vergleichbarer Qualifikation***. http://seelsorgeinstitut-bethel.de/index.php?article_id=93 (eingesehen Januar 2015)

Konkurrenz treten? Welche sollen dann aber kirchlich beauftragt und bezahlt werden?

- *indem sie Sorge dafür tragen*, dass die christlichen Kirchen sich offensiv dafür einsetzen, dass sich der deutsche Staat nicht nur in der Pflicht sieht, das gesetzlich verbriefte Grundrecht auf Religionsfreiheit (Artikel 140 GG) sicherzustellen, sondern auch die Ausübung dieses Rechtes in öffentlichen Anstalten wie z.B. Krankenhäusern zu gewährleisten, so dass KlinikseelsorgerInnen der Zugang zu diesen Einrichtungen, der auf der Ebene von Landesverfassungen und Staatskirchenverträgen gesetzlich geregelt ist, auch weiterhin gewährleistet wird.[88]

5. Für sozialcaritative Einrichtungen in kirchlicher Trägerschaft (Caritas, Diakonie, Verbände, Orden, Stiftungen etc.)
Plädoyer für (mehr) Wagemut und Kreativität!

„Sowohl die Kirchen als auch Krankenhäuser betrachten die Krankenhausseelsorge zunehmend unter Kriterien der Kosten-Nutzen-Kalkulation und fragen sich, ob sie sich die teuren ExpertInnen (noch) leisten wollen."[89] Eine These Dorothee Haarts, die sich als Klinikseelsorgerin in ihrer theologischen Promotion nicht nur ausführlich mit dem Wirtschaftsunternehmen Krankenhaus, sondern auch mit der Bedeutung christlicher Seelsorge für derartige Unternehmen auseinandergesetzt hat. Weil Haarts Analyse auch auf Krankenhäuser in kirchlicher Trägerschaft (Caritas, Diakonie, Verbände, Orden, Stiftungen, Kirchengemeinden etc.) zutrifft, sind diese (ebenso wie z.B. Hospize, Altenheime, Behinderteneinrichtungen) durch das Aufkommen von Spiritual Care in besonderer Weise dazu herausgefordert, Farbe zu bekennen, wie viel ihnen professionelle christliche Seelsorge wortwörtlich noch ‚wert' ist.
Die Tatsache, dass natürlich auch Krankenhäuser in kirchlicher Trägerschaft, die sich im 21. Jhdt. ebenso wie alle anderen politisch gewollt in Gesundheitsunternehmen umgewandelt haben, sich den Spielregeln des Marktes zu unterwerfen haben, weshalb sie wie alle untereinander im Wettbewerb stehen, veranlasste Astrid Giebel als Expertin für Einrichtungen in diakonischer Trägerschaft zu folgender Schlussfolgerung: „Für christliche Einrichtungen ist es künftig (überlebens) notwendig, ihre christlichen Erkennungsmerkmale ausdrücklich benennen zu können. Den kirchlichen Trägern steht dies unter dem wachsenden Druck nicht-christlicher Konkurrenz in der Wohlfahrtspflege klar vor Augen. Musste einmal ein ‚unter-die-Räuber-Gefallener' lebensbedrohlich lange warten, bis sich

88 Vgl. DIE KRAFT (2004), 30.
89 HAART, D. (2007): Seelsorge im Wirtschaftsunternehmen Krankenhaus, 37.

endlich ein Passant dem Hilfsbedürftigen zuwandte (Lk 10,25-37) so stehen heute in der Regel mehrere professionelle Helfer bereit, die darum wetteifern, gegen Bezahlung mit entsprechenden Dienstleistungen beauftragt zu werden.“[90] Christliche Erkennungsmerkmale gilt es nach innen und außen deutlich zu markieren, denn nur so können christliche Einrichtungen langfristig am Markt bestehen.[91] Eine Position, die auch der evangelische Diakoniewissenschaftler Udo Krolitz vertritt, der davon überzeugt ist, dass sich das spezifisch christliche Profil im Sinne eines ‚Mehrwertes‘ der Einrichtung als ‚Erfolgsfaktor‘ am Markt erweisen wird.[92] Was aber macht ein derartiges Profil aus?[93] Ist es, wie Michael Fischer fragt, eine auf allen Hierarchieebenen gelebte spezifisch christliche Spiritualität, die sich letztlich als Wettbewerbsvorteil erweist?[94] Woran aber wäre eine solche erkennbar? Für den katholischen Theologen Stefan Dinges zeigt sie sich darin, dass aus dem christlichen Gottes- und Menschenbild ein bestimmtes theoretisches ‚Werteset‘ abgeleitet wird, das sich im alltagspraktischen Handeln auf allen Einrichtungsebenen glaub-haft niederschlägt: „Immer mehr Einrichtungen haben begriffen, dass sie selbst profitieren, wenn es ihnen gelingt, aus einer Werthaltung und spirituellen Orientierung heraus ein Versorgungs- und Betreuungsangebot zu gestalten, dass glaubwürdig erscheint und dem in der Folge auch geglaubt wird.“[95] Dass trotz allen guten Willens theoretischer Anspruch und gelebte Alltagspraxis oftmals auseinanderklaffen, weshalb die erhoffte Glaubwürdigkeit sowohl nach innen als auch nach außen Schaden nimmt, ist leider kein Ausnahmephänomen: „Es ist beileibe nicht so, dass kirchliche Träger, von denen wir in Österreich und in Deutschland noch mehr haben als in der Schweiz, das Spirituelle besser vertreten als säkulare Vertreter. Häufig werden Religion und Spiritualität im Sinne einer Alibifunktion, im Logo und im Leitbild geführt, aber sie kommen nicht zu den Mitarbeitern. Die Mitarbeiter werden nicht wirklich in einem spirituellen Sinne geschult und mitgenommen.“[96]

Dass für die geforderte Glaubwürdigkeit eines christlichen Krankenhauses/Altenheims/Hospizes das Vorhandensein glaubwürdiger christlicher Seel-

---

90 GIEBEL, A. (2014): DiakonieCare, 197. Vgl. Dies. (2010): Zur Qualitätsentwicklung, 35.

91 “Eine kirchliche Einrichtung muss immer als solche erkennbar sein.“ DAS KATHOLISCHE PROFIL CARITATIVER DIENSTE UND EINRICHTUNGEN (2004), 6.

92 Vgl. KROLITZ, U. (2010): Seelsorge stärken, 38.

93 Eine Frage, die seit Jahren virulent ist! Vertiefende Literatur: HÜSTER, P. (2011): Eine christlich geprägte Unternehmenskultur fällt nicht vom Himmel; REBER, J. (2012): Spiritualität in sozialen Unternehmen – vom spirituellen Angebot zu einer (christlich) inspirierten Unternehmenskultur; FISCHER, M. (2009): Profil zeigen; BAUMANN, K./ J. EURICH (2013): Konfessionelle Krankenhäuser. Strategien – Profile – Potentiale; NAUER, D. (2015): Christlich Leiten. Ein Qualitätsmerkmal sozialkaritativer Einrichtungen; GÄRTNER, H. (2015): Kleine Hinweise zum Profil christlicher Einrichtungen.

94 Vgl. FISCHER, M. (2013): Spiritualität - ein Alleinstellungsmerkmal kirchlicher Krankenhäuser?

95 DINGES, S. (2014): Dem Lebensatem Raum geben, 475.

96 FRICK, E. (2014): Spiritual Care, 61

sorgerInnen nicht nur als eine zwar wünschenswerte, unter bestimmten (finanziellen) Umständen aber auch verzichtbare luxuriöse Zusatzleistung, sondern als eine unabdingbare Notwendigkeit einzustufen ist, steht für Dinges wie für viele andere Kenner des Feldes fest.[97] Deshalb schlussfolgert er: „Gerade in einer konfessionellen Einrichtung wird die Erreichbarkeit und die Qualität von Seelsorge zu einem Markenzeichen und einem relevanten Unterscheidungsmerkmal."[98] Und auch Astrid Giebel gibt eindeutig zu verstehen: „Krankenhausseelsorge ist heute als Leistungs- und Qualitätsmerkmal eines Krankenhauses ein wettbewerbsrelevanter Faktor... Seelsorge ist eine unverzichtbare Größe im Evangelischen Krankenhaus."[99] Seelsorge- ein Qualitätsplus für Einrichtungen in christlicher Trägerschaft, deren Vorhandensein bei der Zertifizierung nach dem KTQ-Verfahren sogar Pluspunkte einbringt.[100] Immer mehr Einrichtungen tendieren daher dazu, mit ihrem Seelsorgeangebot nicht hinter dem Berg zu halten, sondern es werbestrategisch öffentlichkeitswirksam zu platzieren, um sich am umkämpften Markt einen Vorteil zu verschaffen. Einerseits eine im Blick auf die Zukunftssicherung der Einrichtung durchaus nachvollziehbare Strategie, weshalb in den Leitlinien für die evangelische Krankenhausseelsorge positiv hervorgehoben wird, dass Seelsorge einen Wettbewerbsvorteil für die Einrichtung darstellt.[101] Andererseits aber eine aus theologischen Gründen durchaus hinterfragbare Strategie, weshalb Bruno Schrage und Peter Bromkamp folgendes Veto einlegen: „Seelsorge dient nicht der Optimierung von ökonomisch motivierten Marktstrategien und -positionierungen kirchlicher Einrichtungen; und die Frage nach der personellen Sicherstellung und fachlichen Qualität von Seelsorge für kirchliche Einrichtungen ist nicht geeignet als Marketinginstrument für Hochglanzbroschüren."[102]

Dass christliche SeelsorgerInnen jedoch dazu beitragen sollen, die christliche Unternehmenskultur hausintern zu stärken, diese Annahme ist weitgehend unbestritten.[103] Stefan Dinges und Udo Krolzik votieren daher für eine ‚integrierte' bzw. ‚integrative' Seelsorge. Eine Seelsorge, die nicht nur sporadisch ‚auf- und abtaucht', sondern als verlässlicher Team-Player aktiv ‚mitmischt'.[104]

---

97 Eine Position, die auch offiziell vom Deutschen Caritasverband und dem Diakonischen Werk Deutschlands vertreten wird. Vgl. RAHMENBEDINGUNGEN einer christlichen Unternehmenskultur in Caritas und Diakonie (2011), 8.

98 A.a.O., 496.

99 GIEBEL, A. (2010): Zur Qualitätsentwicklung in diakonischen Einrichtungen, 35.

100 Vgl. KRÜGER, T. (2014): Nicht nur in guten Zeiten, 13; NAUER, D. (2007): Seelsorge in der Caritas. Spirituelle Enklave oder Qualitätsplus?

101 Vgl. DIE KRAFT ZUM MENSCHSEIN (2004), 19.

102 SCHRAGE, B./ P. BROMKAMP (2014): „Seelenpflege in caritativen Einrichtungen", 180.

103 DIE KRAFT ZUM MENSCHSEIN (2004), 8/19.

104 Vgl. KROLITZ, U. (2010): Seelsorge stärken, 38; DINGES, S. (2014): Dem Lebensatem Raum geben, 496.

Wenn christliche Seelsorge für die Glaubwürdigkeit christlicher Einrichtungen unentbehrlich ist, zugleich aber, wie im letzten Kapitel erläutert worden ist, beide christlichen Kirchen gegenwärtig dazu tendieren, immer weniger qualifizierte SeelsorgerInnen für die Spezialseelsorge/Kategorialseelsorge zur Verfügung zu stellen, dann sind die sozialkaritativen Einrichtungen/Dienste dazu aufgerufen, *kreativ und wagemutig neue Wege zu beschreiten*, um christliche Seelsorge in ihren christlichen Einrichtungen sicherstellen zu können! Auf zumindest *drei innovative Lösungs-Strategien*, die bereits in Erprobung sind, soll an dieser Stelle konstruktiv-kritisch hingewiesen werden:

❶ Folgende Fragestellungen des evangelischen Theologen Eberhard Hauschildt sind m.E. mit einem klaren Ja zu beantworten: „Könnten Krankenhausträger und das Gesundheitssystem aus eigenem Interesse Mittel für die Pflege des Glaubensfaktors bereitstellen? Könnten christliche Krankenhäuser, Einrichtungen der Diakonie und Caritas, hier ein besonderes Profil im Gesundheitsmarkt herausbilden?“[105] Gerade wegen ihres christlichen Profils sind Einrichtungen in kirchlicher Trägerschaft immer dann, wenn die Kirche die Finanzierung qualifizierter SeelsorgerInnen nicht mehr in ausreichendem Maße garantieren kann/will, zu folgender Doppelstrategie verpflichtet:

1. Aktiver (ökumenischer) Einsatz dafür, dass christliche Seelsorge (und die anderer Glaubens- und Weltanschauungen) von *anderen Geldgebern* finanziert wird (z.B. über die *Kranken- und Pflegekassen* nach Paragraph 39 des Sozialgesetzbuches V; z.B. über *staatliche Mittel* wie in den Niederlanden oder Großbritannien; z.B. über *Spendengelder/ Stiftungsvermögen*).

2. Bereitschaft, Seelsorge entweder über *Co-* oder *Refinanzierungsmodelle*[106] aus dem Etat des Krankenhausträgers anteilig mitzufinanzieren, oder durch die Umschichtung finanzieller Mittel z.B. aus dem *Overheadanteil* der eigenen Einrichtung, selbst aufzubringen. Letzteres würde bedeuten, dass die Einrichtungen in oder ohne Absprache mit den VerantwortungsträgerInnen für kirchliche Seelsorge die Möglichkeit besitzen, sich fähige SeelsorgerInnen bzw. TheologInnen *am freien Markt einzukaufen*. Eine Strategie, die sich jedoch aus mindestens zwei Gründen als schwierig gestalten könnte: Zum einen, weil kirchliche Seelsorge bisher eine offizielle Beauftragung/Entsendung durch die Amtskirche voraussetzt. Würde diese auch dann noch eingeholt und auch er-

105 HAUSCHILDT, E. (2013): Glaube – ein Heilmittel?, 122.

106 „Gemeint ist die Beteiligung der Klinikträger an den Personalkosten der Pfarrerinnen und Pfarrer. Seit einigen Jahren hat die Diskussion darüber Fahrt aufgenommen – vielerorts verhandeln Kirchenvertreter bereits mit den Klinikleitungen. Andachts-, und Büroräume, Telefonanschluss und EDV bekommt die Seelsorge ohnehin von den meisten Hospitälern gestellt. Die Höhe der Personalkosten hängt von Faktoren wie Dienstalter und Familienstand ab – sie erreicht bei erfahrenen Pastoren und Pastorinnen über 60000 brutto im Jahr.“ KRÜGER, T. (2014): Nicht nur in guten Zeiten, 12. Vgl. auch: BORCK, S. (2011): Sind refinanzierte Krankenhausseelsorge-Stellen ein Gewinn? Oder kommt, wer refinanziert wird, von der Rolle?

teilt werden, wenn sich die Einrichtungen ihre SeelsorgerInnen selbst auswählen, oder würden langfristig – ähnlich wie in den Niederlanden – immer mehr christliche TheologInnen ohne explizite kirchliche Berufsausbildung und Beauftragung zum Einsatz kommen? Zum anderen, weil die verfügbare Anzahl qualifizierter TheologInnen und SeelsorgerInnen, die auch menschlich geeignet sind, am Markt zumindest in den kommenden Jahren rückläufig sein wird, so dass Kirchen und Caritas/Diakonie miteinander in eine Art Konkurrenzsituation geraten könnten

Fakt ist, dass die Zeiten, des ‚Allein-Bestimmen-Wollens' endgültig vorbei sind. Kirche und Caritas/Diakonie werden, wie es exemplarisch im Positionspapier ‚Seelsorge in Palliative Care' formuliert ist, künftig gemeinsam Strategien erarbeiten müssen, wie sie mittel- und langfristig christliche Seelsorge finanziell und personell sicherstellen wollen.[107] Dass die Zeit hierfür mehr als reif ist, zeigt folgender Hinweis Eckhard Fricks: „Es gibt inzwischen auch schon wirtschaftlich-, profitorientierte Träger, die das Spirituelle entdecken und es sich etwas kosten lassen."[108]

❷ In manchen (Erz)Diözesen und Landeskirchen Deutschlands wird bereits seit Jahren der gemeinsame Weg von Caritas und Amtskirche beschritten, christliche Seelsorge über die *Zusatzqualifizierung von Ehrenamtlichen* sicherzustellen. Bisher handelt es sich hauptsächlich um Kurse, die ehrenamtlich Engagierte zu Seelsorglichen BegleiterInnen/SeelsorgerInnen in stationären Altenhilfeeinrichtungen, zunehmend aber auch in Krankenhäusern und Hospizen qualifizieren sollen.[109] Als Begründung für die neu entdeckte Problemlösungs-Strategie werden daher nicht nur theologische Motive (Wiederentdeckung und Stärkung der Charismen der Laien; Stärkung des Priestertums bzw. des Laienapostolats aller Gläubigen; Entdeckung der Kraft des Heiligen Geistes in allen Gliedern der Kirche…) angeführt, sondern auch strukturell-finanzielle Gründe, wie folgende Einschätzung vor Augen führt: „Die nüchterne Bestandsaufnahme führt zu ernüchternden Ergebnissen: Das seelsorgliche Angebot in den kirchlich getragenen Einrichtungen der Behinderten- und Altenhilfe sowie in den Krankenhäusern droht aufgrund eines vierfachen Mangels

107 SEELSORGE IN PALLIATIVE CARE (2009), 25.

108 FRICK, E. (20149: Spiritual Care. Eine neue Querschnittsaufgabe entsteht, 61.

109 Auf evangelischer Seite z.B. in der Evangelischen Kirche in Hessen und Nassau. Details: SCHLENKER, J. (2014): Zur Sprache bringen. Supervision mit Ehrenamtlichen in der Ausbildung zur Seelsorgerin, zum Seelsorger. Auf katholischer Seite z.B. im Erzbistum Köln (‚Begleiter in der Seelsorge') sowie dem Bistum Münster (‚Seelsorgliche Begleiter'). Details: BRÜNNAGEL, G./ B. SAVIANO (2014): ‚Ehrenamt begleiten im Glauben' – ein Modellprojekt der stationären Altenhilfe; FISCHER, M. (2014): ‚Weil jemand mich hört'. Ehrenamtliche seelsorgliche Begleitung; Ders. (2014): Ehrenamtliche in der Krankenhausseelsorge; KRAUSE; B. (2014): Seelsorge mit Zukunft. Erfahrungen aus der Qualifizierungspraxis von Ehrenamtlichen; www.ehrenamt-begleiten-im-Glauben.de (eingesehen Januar 2015).

zu kollabieren: einem Mangel an professioneller Seelsorge, einem Mangel an konfessionell gebundenen oder christlich motivierten Mitarbeiterinnen und Mitarbeitern in den Einrichtungen(…), an einem Mangel an interessierten Adressatinnen und Adressaten sowie nicht zuletzt an einem Mangel an christlich motiviertem ehrenamtlichen Engagement im Umfeld der Einrichtungen."[110] Deshalb gelte es, potentiell ehrenamtlich Engagierte zu entdecken, sie zu motivieren und entsprechend zu qualifizieren. Anvisiert hierbei ist zumeist ein ‚Kooperatives Modell' in dem Sinn, dass ehrenamtliche SeelsorgerInnen Hand in Hand mit hauptamtlichen SeelsorgerInnen zusammenarbeiten, diese aber nicht ersetzen sollen oder können, wie Michael Fischer betont: „Regelmäßig wird von Hauptamtlichen die Sorge geäußert, dass der Einsatz von Ehrenamtlichen, wenn diese wirklich verantwortungsvolle Dienste übernehmen, für die Kürzung hauptamtlicher Stellen instrumentalisiert werden könnte. Die Ehrenamtlichen würden dann nach und nach nicht als zusätzliche Kräfte eingesetzt, sondern früher oder später die Hauptamtlichen ersetzen… Die schleichende Verdrängung Hauptamtlicher war zu keiner Zeit eine (Teil-)Zielsetzung der vorgestellten Ausbildungsgänge. Die Aussage eines hauptamtlichen Krankenhausseelsorgers, der an diesem Projekt mitgewirkt hat und inzwischen mit Ehrenamtlichen arbeitet, mag dies verdeutlichen: ‚Die Ehrenamtlichen können ihre Aufgabe nicht wahrnehmen, wenn ich nicht wäre.'"[111] Wenn dem so ist, dann ist die Strategie ‚Ehrenamtlichkeit' im Kern jedoch nicht dazu geeignet, die grundsätzlich bestehende finanziell-strukturelle Problematik zu lösen. Über die Zunahme ehrenamtlich engagierter SeelsorgerInnen wird professionelle Seelsorge daher mittel- und langfristig nicht sicherzustellen sein, obgleich dieses Modell immer wieder als das Zukunftsmodell angepriesen wird. Wollen Einrichtungen in kirchlicher Trägerschaft tatsächlich ihr christliches Profil durch christliche Seelsorge stärken, dann müssen sie vielmehr Sorge dafür tragen, dass professionelle SeelsorgerInnen (unterstützt durch eine Vielzahl zusatzqualifizierter ehrenamtlich engagierter Seelsorglicher BegleiterInnen) eine glaubwürdige, d.h. inhaltlich komplexe Seelsorge für das Gesamtsystem der Einrichtung anbieten, die eine Qualifikation als qualifizierte Theologin/Theologe unabdingbar voraussetzt.[112]

❸ Die dritte Strategie besteht darin, MitarbeiterInnen der Einrichtung seelsorglich zu qualifizieren. Ein Modell, das z.B. im Erzbistum Köln seit Jahren in enger Kooperation des Erzbischöflichen Generalvikariats mit dem Diözesan-

---

110 BEISENKÖTTER, D./M. MERKENS (2014): Kooperative Seelsorgliche Begleitung, 4.

111 FISCHER, M. (2014): „Weil jemand mich hört". Ehrenamtliche seelsorgliche Begleitung, 42. Vgl. auch: SEIFERT, R./ A. WOLF (2014): Gemeinsam unterwegs.

112 Details zum komplexen glaubwürdigen Seelsorgeverständnis finden sich in diesem Kapitel unter der Überschrift ‚Spiritual Care: Herausforderung an die Seelsorgelehre'.

Caritasverband im Bereich stationärer Altenhilfe/Behindertenhilfe/Hospiz konsequent angegangen wird. Bruno Schrage, einer der Projektverantwortlichen, wagt es 2014, die These aufzustellen, dass das Kölner Modell längst dem Status eines Modellprojektes entwachsen ist und sich zu einer Art Trägerkonzept des Bistums gemausert hat.[113] Gemeinsam mit Peter Bromkamp weitet er den Kreis derer, die Seelsorgeaufgaben übernehmen könnten oder sollten sogar auf Angehörige und Mit-BewohnerInnen aus: „Besonders die Einrichtungen kirchlicher Träger müssen aus ihrem Selbstverständnis heraus, Seelsorge als Aufgabe aller sehen und gestalten. Notwendig ist ein Perspektivenwechsel: Die bisher ‚nur' als Zielgruppe von Seelsorge gesehenen (Bewohner und Bewohnerinnen, Mitarbeiter und Mitarbeiterinnen, Angehörige und Ehrenamtliche) können gleichermaßen als Akteure der Seelsorge angesprochen und einbezogen werden. (Die Aussage einer Bewohnerin: „Ich bete für sie!" ist ein prägnantes Beispiel dafür.)[114] Eine sicherlich berechtigte Ausweitung, denn prinzipiell sind aus theologischer Perspektive tatsächlich alle Menschen dazu befähigt und dazu aufgerufen, einander alltagspraktisch Seelsorger/Seelsorgerin zu werden. Im Positionspapier ‚Seelsorge in Palliative Care' ist folglich – wenn auch eingeengt auf den Personenkreis Christen – festgehalten: „Zu seelsorglicher Zuwendung ist grundsätzlich jede Christin und jeder Christ berufen. Kein ‚professioneller Seelsorger' darf ihr oder ihm das absprechen."[115] In evangelischer Weite formuliert Uwe Weiß daher zutreffender: „Zugleich ist Seelsorge als ein Auftrag zu verstehen, der an jede und jeden ergeht und damit auch jeder und jedem zuzutrauen ist: ‚Ich war krank, und ihr habt mich besucht!'[116] Zwei Aspekte gilt es nun aber zu bedenken:

1. Alltagsseelsorge, die alle Menschen einander ohne jegliche finanzielle Aufwendung schenken, ist etwas sehr wichtiges, aber dennoch etwas anderes als professionelle bezahlte Seelsorge.
2. Das Ausbildungsprojekt ‚Begleiter in der Seelsorge' richtet sich nicht an Angehörige oder MitbewohnerInnen, sondern an MitarbeiterInnen, insbesondere an Pflegekräfte, die später im Rahmen ihrer bezahlten (!) Tätigkeit – offiziell für 5 Jahre beauftragt durch den Bischof – Seelsorgeaufgaben im Rahmen einer Freistellung von 3-5 Stunden pro Woche im Sinne einer ‚professionellen Seelen-Pflege' leisten.[117] Das Innovative daran ist, dass Pfle-

113 SCHRAGE, B. (2014): Seelsorge – auch eine Frage des Konzeptes, 211.

114 BROMKAMP, P./ B. SCHRAGE (2014): Plädoyer für eine angemessene Altenheimseelsorge, 16.

115 SEELSORGE IN PALLIATIVE CARE (2009), 21.

116 WEIß, U. (2014): Der Beitrag der Seelsorge im palliativen Versorgungsteam, 89.

117 Vgl. SCHRAGE, B. (2011): Laien als ‚Begleiter' in der Seelsorge, 34. Vgl. auch: Ders. (2013): „Pflege ist berührbare Seelsorge". Eine Fortbildung qualifiziert zu ‚Begleitern in der Seelsorge'. Im Jahr 2014 waren im Erzbistum Köln bereits 50 MitarbeiterInnen in karitativen Einrichtungen zu ‚Begleitern in der Seelsorge offiziell beauftragt. Als Voraussetzung ihrer Tätigkeit gilt: 1. Qualifizierung (4 x 3 Tage Kurs); 2. Schriftliche

> ge in Rückbesinnung auf den christlichen Ursprungskontext von Pflege als eine Form von Seelsorge verstanden wird, weshalb in logischer Konsequenz dafür plädiert wird: „Pflege ist Seelsorge…Die klassische Arbeitsteilung von Caritas und Seelsorge nach einem unausgesprochenen Delegationsprinzip an caritative Fachdienste und liturgisch-pastorale Dienste greift nicht mehr, die weder sinnvolle noch pastoraltheologisch begründbare Trennung zwischen Seelsorge und Caritas wird als nicht mehr zeitgemäß erlebt. Seelsorge und Pflege wollen als Einheit erlebt werden. Dem gilt es, mit neuen Aufbrüchen Rechnung zu tragen."[118]

Dass Neuaufbrüche zudem in der Regel Kosten verursachen, lässt sich kaum bestreiten. Peter Bromkamp, der ‚Begleiter in der Seelsorge' nicht als preiswertere KonkurrentInnen zu professionellen SeelsorgerInnen missverstanden wissen will, hebt daher ausdrücklich hervor: „Seelsorge geht nicht zum ‚Nulltarif'. Alle Beteiligten müssen investieren, das Anliegen mittragen und sich engagieren… Ein seelsorgliches Angebot zum ‚Nulltarif' ist weder leistbar noch wünschenswert, d.h. allen Beteiligten muss Seelsorge etwas wert sein."[119] Auch die Ausbildung und der Einsatz von ‚Begleitern in der Seelsorge' kostet somit (wenn auch weniger) Geld, das aufgebracht werden muss. Trotz aller Euphorie gesteht Bromkamp außerdem ein: „Den MitarbeiterInnen kommt eine ‚Doppelrolle' zu: Zu den bisherigen Aufgaben in der Einrichtung und ihrem ‚Platz im Gefüge' kommt die seelsorgliche Aufgabe und Rolle hinzu. Beide Rollen sind nicht immer ‚einfach' kompatibel. Die kritische oder auch prophetische Dimension der Seelsorge ist für die betreffenden MitarbeiterInnen als ‚Teil des Systems' kaum zu leisten."[120] Spätestens an diesem Punkt wird deutlich, dass innovative Entwicklungen wie das Kölner Modell vor ähnlichen Problemen stehen wie Spiritual Care. Vertreter dieses und ähnlicher Modelle sind durch Spiritual Care herausgefordert. Sie werden sich fragen lassen müssen, worin der Unterschied ihres Ansatzes zu Spiritual Care liegt. Sie werden erläutern müssen, ob sie nicht eine spezifisch christliche Variante von Spiritual Care ins Leben gerufen haben, durch die sie entgegen aller Bekundungen das Ende professioneller christlicher Seelsorge in Einrichtungen des Gesundheitswesens beschleunigen. Wenn Bruno Schrage und Peter Bromkamp zu Recht vermuten, dass mit dem Modell ‚Begleiter in der Seelsorge' ein vollkommen *neuer kirchlicher Dienst in der Seelsorge* ins Leben gerufen wird, der

---

Vereinbarung zwischen Erzbistum, Einrichtung und Mitarbeiterin; 3. Freistellung durch die Einrichtung; 4. Beauftragung durch das Erzbistum; 5. Supervision im 1. Tätigkeitsjahr; 6. Teilnahme an Studientagen; 7. Fachliche Begleitung durch die bischöfliche Abteilung ‚Seelsorge im Sozial- und Gesundheitswesen').

118 SCHRAGE, B./ P. BROMKAMP (2014): „Seelenpflege in karitativen Einrichtungen", 180.

119 BROMKAMP, P. (2014): Begleiter in der Seelsorge, 22/23.

120 A.a.O., 23.

> primär von Pflegenden innerhalb des Pflege-Kontextes ausgeübt wird; und wenn tatsächlich nicht nur die Pflegenden mit ihrer erweiterten Zusatzaufgabe sehr zufrieden sind, sondern auch die Gepflegten das neue Angebot dankbar annehmen; und wenn immer mehr Caritaseinrichtungen sich der innovativen Entwicklung zur Sicherstellung ihres christlichen Profils öffnen, dann wird das Köllner Modell sicherlich nicht nur auf katholischer Seite Schule machen.[121]

Zusammenfassend lässt sich feststellen: Sozialcaritative Einrichtungen sind durch Spiritual Care besonders herausgefordert, Stellung zu beziehen. Sie stehen vor der Entscheidung, ob sie mehr oder minder eigenverantwortlich oder in enger Kooperation mit ihrer jeweiligen Kirche mutig und kreativ neue Wege suchen, um (christliche) Seelsorge in ihren Einrichtungen sicherzustellen. Sie müssen entscheiden, wieviel ihnen (christliche) Seelsorge wortwörtlich ‚wert ist'.

Ob beispielsweise der Weg, den der sozialcaritative Träger ‚*Vinzenz Gruppe*' unter der fachkundigen Begleitung von Rainer Kinast (Leiter des Bereichs ‚Wertemanagement') eingeschlagen hat, als ein zukunftsweisendes Modell einzustufen ist, liegt im Ermessen einer jeden Leserin/eines jeden Lesers.
Das Vinzenz-Modell wird an dieser Stelle exemplarisch vorgestellt, weil es deutlich macht, dass die Existenz von Spiritual Care auch an kirchlichen Einrichtungen nicht mehr spurlos vorbeigeht. Bereits vor Jahren wurde in der Vinzenz-Gruppe damit begonnen, Seelsorge konzeptionell und personell qualitativ und quantitativ neu aufzustellen. In einem Interview fast Kinast das seines Erachtens Innovative der neuen Konzeption in folgenden Worten zusammen:[122]

„Unsere Seelsorge versteht sich in einem dreifachen Auftrag:

1. Wir wollen für Menschen in ihrer spezifischen Situation im Krankenhaus da sein, sie begleiten und mit unseren unterschiedlichen Charismen und Lebensformen professionell zur Verfügung stehen (***human care***).
2. Wir wollen die Patientinnen und Patienten und ihre Angehörigen in den Prozessen unterstützen, in denen sie ihre eigene Lebensgeschichte in den Blick nehmen, heilsame Perspektiven für sich entwickeln und das Unterstützende spiritueller Ressourcen erfahren (***spiritual care***).
3. Wir wollen Menschen mit kirchlichem Bezug in ökumenischer Verantwortung in ihrem Glauben stärken und ihnen durch rituelle Handlungen und Sakramente Unterstützung und Deutung ermöglichen (***pastoral care***).

121 Vgl. SCHRAGE, B./ P. BROMKAMP (2014): „Seelenpflege in karitativen Einrichtungen", 189.
122 KINAST, R. (2014): Christliche Spiritualität im Unternehmen Krankenhaus, 142.

Schaut man genauer hin, passiert hier tatsächlich Erstaunliches:

- ***Pastoral Care***, der englischsprachige Begriff, der weltweit für das Wort Seelsorge steht, wird auf spezifisch christliche/katholische rituell-sakramentale Vollzüge reduziert. Eine Engführung, die selbst im katholischen Raum seit dem Zweiten Vatikanischen Konzil als überwunden gilt.
- ***Human Care***, ein Terminus, der anscheinend bewusst in Analogie zum Terminus pastoral care gebildet wird, um ihn als innovative Bezeichnung für die zwischenmenschlich-heilsame Dimension christlicher Seelsorge verwenden zu können. Dies erstaunt, denn dass die heilsame Dimension zu einer zeitgemäßen Seelsorge unabdingbar dazugehört, ist seit den 60iger Jahren konfessionsübergreifend Konsens, wobei aber in der Seelsorgelehre nicht in englischer Begrifflichkeit von *human care*, sondern von der pastoralpsychologischen Dimension glaubwürdiger Seelsorge gesprochen wird. Es scheint, dass Altbekanntes mit einem neuen, anscheinen moderner anmutenden Etikett, das sich optisch besser mit *pastoral care* und *spiritual care* parallelisieren lässt, versehen wird.
- ***Spiritual Care*** wird zur Etikettierung der spirituell-mystagogischen Dimension christlicher Seelsorge verwendet. Dies ist besonders interessant, denn *spiritual care* steht zwar für eine zentrale Dimension christlicher Seelsorge, wird aber inhaltlich im Sinne des in diesem Buch dargelegten (neutralen) Spiritual Care Konzeptes gefüllt! Mir drängt sich daher der Verdacht auf, dass der Terminus *spiritual care* an dieser Stelle eingeführt wird, weil er konzeptionell moderner klingt. Kompatibilitätsprobleme zwischen Spiritual Care und christlicher Seelsorge werden heruntergespielt oder übergangen.
- All das, was Kranken***haus***seelsorge ***diakonisch prophetisch-kritisch*** für das Gesamtsystem Krankenhaus/Altenheim/Hospiz und damit auch für das christliche Profil einer Einrichtung leisten kann, findet keine ausdrückliche Erwähnung. Dies erstaunt umso mehr, da die Vinzenz-Gruppe sich ja ausdrücklich als ein katholisches Unternehmen in Ordenstradition begreift.

Das im Rahmen dieses Buches nur kurz angedeutete Beispiel ‚Vinzenz-Gruppe' zeigt m.E., dass gerade sozialkaritative Einrichtungen sich sehr genau überlegen müssen, ob, wie und wozu sie den Begriff *Spiritual Care* verwenden wollen.

Teil 7

Thematischer Ausstieg

Seelsorger sind Seelsorger – und sollten es bleiben.
Nur auf diesem Hintergrund
wird ihnen ein großer Vertrauensvorschuss
im Krankenhaus entgegengebracht.

Isolde Karle (2010):
Perspektiven der Krankenhausseelsorge, 555.

1. Zusammenfassende persönliche Schlussthesen

Am Ende dieses Buches möchte ich meine persönliche Sichtweise in sicherlich kontrovers diskutierbaren 15 Thesen zusammenfassen:

1. Spiritual Care verstehe ich als Bezeichnung für ein im Kontext von Palliative Care entwickeltes ***theoretisches Konzept***, das bisher hauptsächlich in stationären und ambulanten palliativen Einrichtungen/Diensten, in Krankenhäusern und Altenheimen auf der Basis multiprofessioneller Teamarbeit mit und ohne die Beteiligung professioneller christlicher SeelsorgerInnen ***alltagspraktisch umgesetzt*** wird.

2. Wenn Spiritual Care dazu beiträgt, dass das gesamte Behandlungs- und Betreuungsteam für die Bedeutsamkeit der ***spirituellen Dimension menschlicher Existenz sensibilisiert*** wird, dann wird dies allen Beteiligten zugutekommen: alten, kranken, behinderten und sterbenden Menschen, die spirituell sensibilisiert ‚ganzheitlicher' wahrgenommen, behandelt und begleitet werden; Angehörigen und Zugehörigen, die spirituell sensibilisiert ‚ganzheitlicher' in ihrer Not und Trauer aufgefangen werden; MitarbeiterInnen und Führungskräften, die spirituell sensibilisiert einander ‚ganzheitlicher' wertschätzen und miteinander umgehen lernen.

3. Die Charakterisierung ***‚ganzheitlicher'*** ist bewusst in Anführungszeichen gesetzt worden, um zu signalisieren, dass das Postulat der Ganzheitlichkeit im Kontext von Spiritual Care nicht dazu führen darf, (selbst)überfordernde Normierungs- und Idealvorstellungen, sondern realistische, d.h. die Möglichkeiten und Grenzen menschlicher Existenz akzeptierende Zielsetzungen anzustreben.

4. Wenn Spiritual Care eine Sensibilisierung aller Teammitglieder bewirkt, dann werden davon auch die ***professionellen SeelsorgerInnen*** profitieren. Dies wird sich v.a. darin niederschlagen, dass allen Beteiligten die Bedeutung, Notwendigkeit und Unentbehrlichkeit christlicher Seelsorge transparenter wird, wodurch sich die Zusammenarbeit von SeelsorgerInnen mit anderen Berufsgruppen (mit oder ohne Teamintegration) verbessern wird.

5. Weiterbildungsmaßnahmen und ***Zusatzqualifikationskurse*** für Spiritual Care sind ebenso zu begrüßen wie Initiativen, die darauf drängen, dass die Thematik ‚Spiritualität' bereits in den Ausbildungscurricula der Gesundheitsberufe fest verankert wird. M.E. wäre es jedoch zielführender, nicht für

jede Berufsgruppe eigene Kurse/Angebote zu entwickeln, sondern gerade deshalb, weil diese alltagspraktisch zusammenarbeiten (sollen), berufsübergreifende Spiritual-Care-Kurse anzubieten, in die auch Seelsorgerinnen ihr Know-How einspielen könnten/sollten.

6. Die Etablierung von Spiritual Care als ***medizinische Fachdisziplin*** betrachte ich als Medizinerin und Theologin eher mit Skepsis und mit Sorge. MedizinerInnen neigen dazu, hochengagiert nicht nur fachinterne, sondern auch randständige Lehr- und Forschungsfelder zu besetzen, was nahezu automatisch dazu führt, dass trotz behaupteter Interdisziplinarität letztlich medizinisches Denken den paradigmatischen Rahmen absteckt.

7. Wenn Spiritual Care mehr oder minder bewusst dem ***medizinischen Paradigma*** unterworfen wird, was bereits daran ersichtlich ist, dass medizinische Vorgehensweisen basierend auf Diagnostik und Therapie übernommen werden, weshalb zunehmend auf ein medizinisch dominiertes Sprachspiel zurückgegriffen wird, dann geht der dem Spiritual-Care-Konzept vom Wurzelgrund her inhärente medizin- und institutionskritische Impetus, der aus meiner Sicht den Charme von Spiritual Care ausmacht, verloren. Aus diesem Grund (und nicht nur deshalb, weil sich Seelsorge prinzipiell gegenüber spiritueller Diagnostik und Therapie sperrig verhält oder weil Spirituelle BegleiterInnen mit spiritueller Diagnostik und Therapie überfordert sein könnten) stehe ich Strategien wie ‚Spirituellem Screening', ‚Spiritueller Anamneseerhebung' oder der ‚Aufstellung eines spirituellen Behandlungsplans' äußerst skeptisch gegenüber.

8. Spiritual Care ist dann, wenn es sich aus medizinischen Engführungen befreit, ein über den Palliativkontext weit hinausreichendes, ***äußerst begrüßenswertes Konzept***. Ganz bewusst spreche ich von einem Konzept, denn Spiritual Care darf sich m.E. nicht in schablonenhaften spirituellen Diagnostik- und Therapieplanungsmaßnahmen erschöpfen oder lediglich dazu führen, dass eine neue Berufsgruppe (Spirituelle BegleiterInnen/Seelsorgende) ins Leben gerufen wird. M.E. liegt das Innovative des Ansatzes darin, dass Spiritual Care einen neuen Blick auf das Gesundheitssystem insgesamt ermöglicht. Spiritual Care – nicht etwas was additiv zur Normal-Care aller Professionen dazukommt, sondern etwas, was die Grundhaltung aller Professionen so verändert, dass sich das gesamte Gesundheitssystem trotz aller unumgänglich notwendigen High-Tech-Maßnahmen ver-menschlicht. In diesem Sinne wäre eine Expansion von Spiritual Care ***in alle Bereiche der***

Medizin m.E. sehr wünschenswert, wenn auch gegenwärtig recht unrealistisch. Würde Spiritual Care jedoch dazu beitragen, das oftmals als unmenschlich erfahrene Gesundheitssystem mit seinen stationären und ambulanten Einrichtungen und Diensten lediglich spirituell abzufedern und in seinen Defiziten kritiklos zu stabilisieren, würde ich mich dazu herausgefordert sehen, ein Veto gegen die Expansion von Spiritual Care einzulegen.

9. Viele Theorieelemente und Praxisformen von Spiritual Care entstammen dem Theorie- und Praxisdesign moderner christlicher Seelsorge. Viele Theorieelemente und Praxisformen von Spiritual Care sind aber auch inkompatibel mit christlicher Seelsorge. Ich plädiere deshalb dafür, die Begriffe ***Seelsorge*** und ***Spiritual Care*** nicht synonym zu verwenden! Ich bin fest davon überzeugt, dass Seelsorge sowohl aus *theologischen* als auch aus *berufsstrategischen* Gründen nicht mit Spiritual Care gleichgesetzt werden darf. ***Seelsorge ist viel mehr als Spiritual Care***! Aufgrund ihrer Traditionsverwurzelung (Ausrichtung an der Botschaft und am Handeln Jesu Christi) verhält sich christliche Seelsorge nicht nur widerborstig gegenüber angeblichen Neutralitätsplädoyers (neutrale Spiritualität), sondern auch gegenüber eindimensionalen inhaltlichen Reduktionen (spiritual).

10. ***Spiritual Care statt Seelsorge***? Am Ende dieses Buches wird für folgende Verhältnisbestimmung plädiert: ***Spiritual Care und Seelsorge***! Spiritual Care stellt in dem von mir favorisierten Verständnis von Spiritual Care keine Konkurrenz zur christlichen Seelsorge dar! Haupt- und ehrenamtlich tätige christliche SeelsorgerInnen können und sollen sich im Kontext von Spiritual Care seelsorglich engagieren. SeelsorgerInnen stehen nicht in Konkurrenz zu qualifizierten Spirituellen BegleiterInnen/Seelsorgenden. Sie können Hand in Hand mit Spirituellen BegleiterInnen alltagspraktisch zusammenarbeiten und sie darüber hinaus bei der Entfaltung ihrer spirituellen Kompetenzen unterstützen.

11. Professionelle christliche SeelsorgerInnen sind SeelsorgerInnen und aufgrund ihrer Ausbildung und ihres komplexen Seelsorgeverständnisses keine Spiritual Care Givers, Spirituelle BegleiterInnen oder Seelsorgende. Die ***Bezeichnung Seelsorger/Seelsorgerin*** verfügt trotz aller historischer Hypotheken noch immer über einen großen Vertrauensvorschuss bei vielen heutigen Menschen. Sie sollte m.E. nicht vorschnell (in Anpassung an aktuelle Zeittrends) abgeschafft werden.

12. Es erscheint mir äußerst verständlich, dass viele christliche SeelsorgerInnen das Aufkommen von Spiritual Care enthusiastisch begrüßen. Viele sehen darin eine Chance, sich glaubwürdiger in säkular geprägten Einrichtungen beheimaten und die inzwischen erfolgte hohe Professionalisierung christlicher Seelsorge sicherstellen zu können. Ein Anliegen, das ich durchaus teile! Zugleich aber möchte ich aufgrund meiner Erfahrungen in den Niederlanden davor warnen, das berechtigte Professionalisierungs- und Integrationsanliegen nicht dahingehend zu interpretieren, sich aus der ***kirchlichen Beheimatung*** und der strukturellen ***Einbettung in den größeren Pastoralraum*** zu lösen. Der erhoffte Freiraum könnte sich als eine Art Boomerang erweisen, der nicht nur die Traditions-Verbindungslinie zum Kernanliegen Jesu Christi (ausgesandt zum aktiven Mitbauen am ‚Reich Gottes' mitten in der Welt) kappt, sondern durch die Selbstauslieferung an das Medizinsystem neue strukturelle, finanzielle und inhaltliche Abhängigkeiten schafft, deren Folgewirkungen noch gar nicht absehbar sind.

13. Ich rufe die Leitungsgremien beider ***Kirchen*** dazu auf, sich auf ihr ***Kerngeschäft*** zu besinnen, d.h. sich diakonisch für Menschen in Not voraussetzungslos mitten in der säkular geprägten Gesellschaft zu verausgaben und deshalb trotz aller Finanz- und Personalnot Sorge für die Ausbildung, Einstellung und Bezahlung professioneller SeelsorgerInnen im Gesundheitswesen zu tragen. Unter großer kirchlicher Wertschätzung sollten SeelsorgerInnen sowohl von ihren kirchlichen Auftraggebern als auch von den jeweiligen Einrichtungen die Freiheit zugestanden bekommen, sich als christliche SeelsorgerInnen aktiv in Spiritual Care Teams zu engagieren, ohne sich deshalb voll und ganz institutionell integrieren zu müssen.

14. Ich ermutige sozialcaritative Einrichtungen (v.a. Krankenhäuser, Hospize, Psychiatrien, Behinderteneinrichtungen, Alten- und Pflegeheime) in ***kirchlicher Trägerschaft*** dazu, finanzielle Mittel sowohl für (christliche) Seelsorge als auch für Spiritual Care zur Verfügung zu stellen. Eine lohnende Investition, wenn sich Einrichtungen der Caritas/Diakonie/Orden als glaubwürdige christliche Unternehmen zukunftsfähig am Markt aufstellen wollen!

15. Falls das Konzept Spiritual Care von amtskirchlichen oder sozialcaritativen Verantwortungs- und Entscheidungsträgern entgegen der Ursprungsidee dazu genutzt/missbraucht werden sollte, professionelle christliche SeelsorgerInnen durch den Einsatz von preiswerteren, spirituell zusatzqualifizierten MitarbeiterInnen oder Ehrenamtlichen einzusparen, dann ist aus theologischer Sicht ein ***Veto*** einzulegen!

2. Literaturliste

ABERER, ELISABETH (2014): Die spirituelle Dimension in der Betreuung von Patienten und Patientinnen mit chronischen Hautkrankheiten, in: Schaupp, Walter u.a. (Hg.): Gesundheitssorge und Spiritualität im Krankenhaus. Innsbruck/Wien, Tyrolia, 87-100.

ALBRECHT, CHRISTIAN (2000): Systemische Seelsorge, in: *International Journal of Paractical Theology* 4 (2000) 212-252.

ANDERSON, HERBERT

(2001): Spiritual Care: The power of an adjective, in: *The Journal of Pastoral Care* 55 (2001) 3, 233-237.

(2001): Whatever happened to Seelsorge?, in: *Word and World* 21 (2001) 1, 32-41.

ANDERSON, RAY S. (2003): Spiritual Care Giving as Secular Sacrament. A Practical Theology for Professional Caregivers. London/Philadelphia, Jessica Kingsley.

ANNESER, JOHANNA (2013): Basics Palliativmedizin. München, Urban & Fischer.

APPEL, CLAUDIA u.a. (2010): Subjektive Belastung und Religiosität bei chronischen Schmerzen und Brustkrebs, in: *Der Schmerz* 5 (2010) 449-457.

ARMBRUSTER, JÜRGEN u.a. (Hg.) (2012): Spiritualität und seelische Gesundheit. Köln, Psychiatrieverlag.

ATEN, JAMIE et al. (Hg.) (2011): Spiritually Oriented Interventions for Counseling and Psychotherapy. Washington, APA.

AUGUSTYN, BEATE (2009): Spiritual Care in der Pflege, in: Frick, Eckhard, Traugott Roser (Hg.): Spiritualität und Medizin. Stuttgart, Kohlhammer, 159-162.

AURNHAMMER, KLAUS (2014): „Mit dem Glauben kann ich vieles tragen." Glaube und Religion als Schutzfaktoren, in: Müller, Monika, David Pfister (Hg.): Wieviel Tod verträgt das Team? Belastungs- und Schutzfaktoren in Hospizarbeit und Palliativmedizin. Göttingen, Vandenhoek & Ruprecht, 277-288.

BAIER, KARL

(2006): Spiritualitätsforschung heute, in: Bair, Karl (Hg.): Handbuch Spiritualität. Darmstadt, Wissenschaftliche Buchgesellschaft, 11-46.

(2009): Was ist Spiritualität?, in: Heller, Birgit, Andreas Heller (Hg.): Spiritualität und Spiritual Care. Jahresheft der Zeitschrift *Praxis Palliative Care/Demenz 1 (2009)* 64-65.

(2012): Philosophische Anthropologie der Spiritualität, in: *Spiritual Care* 1 (2012) 1, 24-31.

BALBONI, MICHAEL J. et al. (2013): Why is spiritual care infrequent at the end of life? Spiritual care perceptions among patients, nurses and physicians and the role of training, in: *Journal of Clinical Oncology* 31 (2013) 461-467.

BALBONI, TRACY et al. (2011): Support of cancer patients' spiritual needs and associations with medical care costs at the end of life, in: *Cancer* 117 (2011) 5383-5391.

BANDIXEN, CLAUDIA (2012): Sterben ist ein Prozess. Palliative Care eine Unterstützung dabei, in: Holder-Franz, Martina: „...dass Du bis zuletzt leben kannst". Spiritualität und Spiritual Care bei Cicely Saunders. Zürich, Theologischer Verlag, 9-11.

BANIN, LUCIANA et al. (2014): Religious beliefs or physicians behaviour. What makes a patient more prone to accept a physician to adress his/her spirituality?, in: *Journal of Religion and Health* 53 (2014) 917-928.

BARTHELWORTH, CHRISTIANE, CHRISTIAN ZWINGMANN (2013): Spiritualität in der Sozialen Arbeit, in: *Spiritual Care* 2 (2013) 1, 52-54.

BAUMANN, KLAUS

(2009): Religiöser Glaube, persönliche Spiritualität und Gesundheit, in: *Zeitschrift für Medizinische Ethik* 55 (2009) 131-144.

(2010): Krankheit – Heilung – Heil, in: *Stimmen der Zeit* 228 (2010) 9, 633-637.

(2011): „Vermessung des Glaubens" und Geheimnis des Menschseins, in: Büssing, Arndt, Niko Kohls (Hg.): Spiritualität transdisziplinär. Berlin/Heidelberg, Springer, 67-74.

BAUMANN, KLAUS, JOHANNES EURICH (2013): Konfessionelle Krankenhäuser. Strategien – Profile – Potentiale. Einleitende Überlegungen, in: Baumann, Klaus u.a. (Hg.): Konfessionelle Krankenhäuser. Stuttgart, Kohlhammer, 9-24.

BAUMGARTNER, ISIDOR

(2004): Gedanken zur Entwicklung der Hospiz- und Palliativmedizin, in: Österreichische Krebshilfe–Krebsgesellschaft Tirol (Hg.): Abschied in Würde. Gedanken zur Pallaitivmedizin in Tirol. Innsbruck, Brosch, 8-15.

(2004): Vom Proprium christlicher Caritas, in: *Theologie und Glaube* 94 (2004) 187-198.

(2010): Seelsorge in Palliativ- und Hospizdiensten, in: Ladenhauf, Karl Heinz, Elisabeth Maria Aigner (Hg.): Räume des Aufatmens. Wien/Münster, LIT, 362-376.

BAUMGARTNER, ISIDOR, BARBARA HASELBECK, CHRISTOPH KOCHMANN (2010): Ambulante Palliativversorgung und Seelsorge. Forschungsbericht zu einer qualitativen Expertenbefragung. Im Auftrag der

Deutschen Bischofskonferenz. www.phil.uni-passau.de/fileadmin/group_upload/.../palliative_care.pdf (Zugriff 20. August 2014).

BAUSEWEIN, CLAUDIA

(2009): Klassische geistliche Begleitung und Spiritual Care aus ärztlicher Perspektive, in: Frick, Eckhard, Traugott Roser (Hg.): Spiritualität und Medizin. Stuttgart, Kohlhammer, 251-257.

(2011): Hospizbewegung und Palliativmedizin in Deutschland, in: *Stimmen der Zeit* 229 (2011) 11, 754-766.

BAWELL WEBER, SUSAN (2009): Erfahrungen mit Spiritual Care in Deutschland und den USA, in: Frick, Eckhard, Traugott Roser (Hg.): Spiritualität und Medizin. Stuttgart, Kohlhammer, 202-209.

BEGEMANN, VERENA (2014): Ehrenamtlich für die Seele sorgen, in: *Unsere Seelsorge. Das Themenheft der Hauptabteilung Seelsorge im Bischöflichen Generalvikariat Münster* (2014), März, 10-11.

BEGIC, ESNAF, HELMUT WIEIß, GEORG WENZ (Hg.) (2014): Barmherzigkeit. Zur sozialen Verantwortung islamischer Seelsorge. Neukirchen, Neukirchener Theologie.

BEISENKÖTTER, DONATUS, MARTIN MERKENS (2014): Kooperative Seelsorgliche Begleitung, in: *Unsere Seelsorge. Das Themenheft der Hauptabteilung Seelsorge im Bischöflichen Generalvikariat Münster* (2014), 4-5.

BELOK, MANFRED

(2012): Die Spital- und Klinikseelsorge als Gesprächsseelsorge in einer religionspluralen Gesellschaft, in: Ders. u.a. (Hg.): Seelsorge in Palliative Care. Zürich, Theologischer Verlag, 99-114.

(2014): Herausforderung Seelsorge, in: Noth, Isabelle, Claudia Kohli Reichenbach (Hg.): Palliative und Spiritual Care. Zürich, Theologischer Verlag, 61-84.

BELOK, MANFRED, URS LÄNZLINGER, HANSPETER SCHMITT (Hg.) (2012): Seelsorge in Palliative Care. Zürich, Theologischer Verlag.

BELOK, MANFRED, URS LÄNZLINGER, HANSPETER SCHMITT (2012): Einleitung, in: Dies. (Hg.): Seelsorge in Palliative Care. Zürich, Theologischer Verlag, 11-14.

BENKE, CHRISTOPH

(2004): Was ist (christliche) Spiritualität? Begriffsdefinitionen und theoretische Grundlagen, in: Zulehner, Paul (Hg.): Spiritualität – mehr als ein Megatrend? Ostfildern, Schwabenverlag, 29-43.

(2013): Was ist katholische Spiritualität?, in: *Geist und Leben* 86 (2013) 1, 1-16.

BENTELE, KATRIN (2010): Zur Rolle von Klinikseelsorgern in der klinischen Ethikberatung, in: *Zeitschrift für Medizinische Ethik* 56 (2010) 33-44.

BERNEBURG, ERHARD (2010): Seelsorge und Mission – ein ebenso naheliegendes wie riskantes Thema. Zur Auswertung des Workshops, in: Seelsorge. Muttersprache der Kirche. Dokumentation eines Workshops der Evangelischen Kirche in Deutschland (Hannover, 16.11.2009). epd-Dokumentation 10/2010, 40-42. (http://www.ekd.de/seelsorgekonferenz/downloads/seelsorge.)

BERTRAM, PETER, SIEGFRIED KNEISSL, THOMAS HAGEN (2009): Krankenhausseelsorge – Qualität im Konzept von Spiritual Care, in: Frick, Eckhard, Traugott Roser (Hg.): Spiritualität und Medizin. Stuttgart, Kohlhammer, 80-93.

BEUSCHER, BERND

(2010): Rock my Soul. Von der Kraft der Seelsorge. Göttingen, Vandenhoek & Ruprecht.

(2014): Tacheles glauben. Christliche Klischees auf dem Prüfstand. Neukirchen, Neukirchener Verlag.

(2014): Opium fürs Volk oder Balsam für die Seele? Chancen und Fallstricke von Spiritualität in der Palliativmedizin, in: *Wege zum Menschen* 66 (2014) 560-569.

BIENECK, ANDREAS u.a. (Hg.) (2013): An den Grenzen des Lebens. Theologische, medizinethische und spirituelle Zugänge. Neukirchen-Vluyn, Neukirchener Theologie.

BIRKHOLZ, CARMEN (2009): Spiritualität, in: Kloke, Marianne u.a. (Hg.) (2009): Grundwissen Palliativmedizin. Köln, Deutscher Ärzteverlag, 189-202.

BREITBART, WILLIAM (2007): Who needs the concept of spirituality? Human beings seem to!, in: *Palliative and Supportive Care* 5 (2007) 105-106.

BOBERT, SABINE

(2011): Seelsorge in der Postmoderne, *Wege zum Menschen* 63 (2011) 3, 258-272.

(2012): Coaching, Heilung, Mystik. Spiritualität in der Postmoderne, in: Kunz, Ralph, Claudia Kohli Reichenbach (Hg.): Spiritualität im Diskurs. Zürich, Theologischer Verlag, 181-196.

BOLAY, WINFRIED (2013): „Ich bin gespannt, wie der Himmel aussieht" – Seelsorge mit Sterbenden, in: Klessmann, Michael (Hg.) Handbuch der Krankenhausseelsorge, 4. Aufl. Göttingen, Vandenhoeck & Ruprecht, 145-154.

BORASIO, GIAN DOMENICO

(2009): Wenn Ärzte spirituelle Bedürfnisse von leidenden Menschen wahrnehmen können, in: Heller, Birgit, Andreas Heller (Hg.): Spiritualität und Spiritual Care. *Jahresheft der Zeitschrift Praxis Palliative Care/Demenz 1 (2009) 32-33.*

(2009): Spiritualität in Palliativmedizin/Palliative Care, in: Frick, Eckhard, Traugott Roser , (Hg.): Spiritualität und Medizin. Stuttgart, Kohlhammer, 109-123.

(2011): Über das Sterben. Was wir wissen. Was wir tun können. Wie wir uns darauf einstellen. München, Beck.
(2013): Was ist Lebensqualität in der Palliativmedizin?, in: Ders. u.a. (Hg.): Evidenz und Versorgung in der Palliativmedizin. Köln, Deutscher Ärzteverlag, 3-10.
(2014): Spiritual Care: Eine Aufgabe für den Arzt?, in: Noth, Isabelle, Claudia Kohli Reichenbach (Hg.): Palliative und Spiritual Care. Zürich, Theologischer Verlag, 117-128.
(2014): Geleitwort, in: Schulte, Volker, Christoph Steinebach (Hg.) (2014): Innovative Palliative Care. Bern, Huber, 11-13.

BORASIO, GIAN DOMENICO, TRAUGOTT ROSER (2008): Der Tod als Rahmenbedingung. Spiritual Care in der Palliativmedizin, in: *Praktische Theologie* 43 (2008) 1, 43-51.

BORASIO, GIAN DOMENICO, ALF CHRISTOPHERSEN (2011): Leben im Angesicht des Todes, in: *Praktische Theologie* 46 (2011) 1, 29-33.

BORASIO, GIAN DOMNICO, MATTHAIS VOLKENANDT (2006): Palliativmedizin, weit mehr als nur Schmerztherapie, in: *Zeitschrift für medizinische Ethik* 52 (2006) 3, 215-223.

BORCK, SEBASTIAN
(2006): Seelsorge in der Palliativmedizin, in: *Bundesgesundheitsblatt* 49 (2006) 1122-1131.
(2011): Sind refinanzierte Krankenhausseelsorge-Stellen ein Gewinn? Oder kommt, wer refinanziert wird, von der Rolle?, in: *Wege zum Menschen* 63 (2011) 6, 537-548.
(2014): Die verborgenen Schätze der Krankenhausseelsorge und wie sie zu heben und neu in Beziehung zu bringen sind, in: *Wege zum Menschen* 66 (2014) 620-628.

BORMANN, FRANZ JOSEF, GIAN DOMENICO BORASIO (Hg.): Sterben. Dimensionen eines anthropologischen grundphänomens. Berlin, de Gruyter.

BOSSE-HUBER, PETRA (2005): Seelsorge – die ‚Muttersprache' der Kirche, in: Kramer, Anja, Freimut Schirrmcher (Hg.): Seelsorgliche Kirche im 21. Jahrhundert. Neukirchen-Vluyn, Neukirchener Verlagshaus, 11-17.

BOULAY, SHIRLEY du (1987): Cicley Saunders. Ein Leben für Sterbende. Innsbruck, Tyrolia.

BOULAY, SHIRLEY du, **MARIANNE RANKIN** (2007): Cicely Saunders. The Founder of the Modern Hospice Movement. London, Ashford Colour Press.

BRAMADAT, PAUL, HAROLD COWARD, KELLI STAJDUHAR (Ed.) (2013): Spirituality in Hospice Palliative Care. Albany, State University of New York Press.

BRAMADAT, PAUL, KELLI I. STAJDUHAR (2013): Final Reflections on Spirituality in Hospice Palliative Care, in: Bramadat, Paul et al. (Ed.): Spirituality in Hospice Palliative Care. Albany, State University of New York Press, 189-198.

BREDOW, RAFAELA u.a. (2012): Zu blau der Himmel. Jeder wird sterben, die Frage ist nur: wie?, in: *Der Spiegel* (2012) 22, 110- 120.

BRENNAN, MARK, DEBORAH HEISER (Hg.) (2005): Spiritual Assessment and intervention with older adults. Current directions and applications. Binghamton, Haworth Press.

BROMKAMP, PETER
(2010): Praxisbuch Altenheimseelsorge. Ostfildern, Schwabenverlag.
(2011): Begleiter in der Seelsorge – ein neuer Weg in der Pastoral in Einrichtungen oder "zurück in die Zukunft"?, in: *Behinderung und Pastoral* (2011) 16, 21–23.
(2012): Altenheimseelsorge. „Es geht um Gott und die Welt", in: *Anzeiger für die Seelsorge* (2012) 5, 5-9.

BROMKAMP, PETER, BRUNO SCHRAGE (2014): Plädoyer für eine angemessene Altenheimseelsorge, in: Schrage, Bruno, Peter Bromkamp (2014): Altenheimseelsorge: mehr als eine schöne Kapelle. Kevelear, Lahn Verlag, 13-22.

BRUCE, ANNE, KELLI I. STAJDUHAR (2013): Spiritual Care in Nursing. Following Patients' and Families' View of a Good Death, in: Bramadat, Paul et al. (Ed.): Spirituality in Hospice Palliative Care. Albany, State University of New York Press, 41-66.

BUCHER, ANTON A.
(2007): Psychologie der Spiritualität. Ein Handbuch. Weinheim/Basel, Beltz.
(2011): Moderne Sinnsuche, in: *Gehirn und Geist* (2011) 3, 15-19.
(2011): Empirische Psychologie der Spiritualität. Skizzen zum aktuellen Forschungsstand, in: *Praktische Theologie* 46 (2011) 4, 203-208.

BÜCHS, ULRIKE (2014): Proviant für die letzte Reise. 16 Gedanken über das Reden und Sterben im Alltag einer Krankenhausseelsorgerin, in: *Praxis Palliative Care* (2014) 24, 18-21.

BÜLENT, UCAR, MARTINA BLASBERG-KUHNKE (Hg.) (2013): Islamische Seelsorge zwischen Herkunft und Zukunft. Frankfurt am Main, Lang.

BUECKERT, LEAH DAWN, DANIEL S. SCHIPANI (Ed.) (2006): Spiritual caregiving in the hospital. Windows to chaplaincy ministry. Kitchener, Onario, Pandora Press.

BÜNNAGEL, GREGOR, BRIGITTE SAVIANO (2014): „Ehrenamt begleitet im Glauben" - ein Modellprojekt in der stationären Altenhilfe, in: Schrage, Bruno, Peter Bromkamp (2014): Altenheimseelsorge: mehr als eine schöne Kapelle. Kevelear, Lahn Verlag, 165-177.

BÜRGI, DOROTHEE (2012): Spiritualität in der Pflege, in: *Spiritual Care* (2012) 1, 10-23.

BÜSSING, ARNDT

(2006): „Spiritualität" - Worüber reden wir?, in: Ders. u.a. (Hg.): Spiritualität, Krankheit und Heilung - Bedeutung und Ausdrucksformen der Spiritualität in der Medizin. Frankfut am Main, Verlag für Akademische Schriften, 11-25.

(2006): Befragungsergebnisse zu spirituellen/religiösen Einstellungen, Bedürfnissen und Ausübungsformen von Patienten, in: Ders. u.a. (Hg.): Spiritualität, Krankheit und Heilung - Bedeutung und Ausdrucksformen der Spiritualität in der Medizin. Frankfurt am Main, Verlag für Akademische Schriften, 69-84.

(2011): Spiritualität/Religiosität als Ressource im Umgang mit chronischer Krankheit, in: Büssing, Arndt, Niko Kohls (Hg.): Spiritualität transdisziplinär. Berlin/Heidelberg, Springer, 107-124.

(2012): Messverfahren für spirituelle Bedürfnisse chronisch Kranker, in: *Spiritual Care* (2012) 3, 36-50.

BÜSSING, ARNDT u.a. (2012): Zusammenhänge zwischen psychosozialen und spirituellen Bedürfnissen und Bewertung von Krankheit bei Patienten mit chronischen Erkrankungen, in: *Spiritual Care* (2012) 1, 57-73.

BÜSSING, ARNDT et al. (2013): Spiritual needs among patients with chronic pain diseases and cancer living in a secular society, in: *Pain Medicine* 14 (2013) 1362-1373.

BÜSSING, ARNDT, NICO KOHLS (Hg.) (2011): Spiritualität transdisziplinär. Berlin, Springer.

BÜSSING, ARNDT u.a. (Hg.) (2015): Dem Gutes tun, der leidet. Hilfe kranker Menschen - interdisziplinär betrachtet, Berlin, Springer. (Publikationsankündigung).

BUNDSCHUH-SCHRAMM, CHRISTIANE (2014): Pastorale Spiritualität, in: *Anzeiger für die Seelsorge* (2014) 2, 18-21.

CADGE, WENDY, EMILY SIGALOW (2013): Negotiating religious differences. The strategy of interfaith chaplains in healthcare, in: *Journal of the Scientific Study of Religion* 52 (2013) 1, 146-158.

CANDY, BRIDGET et al. (2012): Spiritual and religious interventions for well-being of adults in the terminal phase of disease, in: Cochrane Database of Systematic Reviews 2012.*www.thecochranelibrary.com/.../CD006483.html*

CARIGIT, ERWIN (2012): Geleitwort. Wenn nichts mehr zu machen ist, bleibt noch viel zu tun, in: Belok, Manfred u.a. (Hg.): Seelsorge in Palliative Care. Zürich, Theologischer Verlag, 5-7

CARR, JOHN C. (2012): Pastoral Spiritual Care, Counseling & Advocacy with and for Less Able, in: Louw, Daniel et al. (Ed.): Encounter in Pastoral Care and Spiritual Healing. Wien/Berlin, LIT, 210-221.

CARREL, THIERRY (2009): Spirituelle Dimension in der hochspezialisierten Medizin, in: Thurneysen, André (Hg.): Kontraste in der Medizin. Bern, Lang, 181-194.

CARREL, THIERRY, ROLAND MOSER (2013): Spiritualität in der hochspezialisierten Medizin. Luxus oder Notwendigkeit?, in: *Spiritual Care* 2 (2013) 2, 44-54.

CARSTENS, ANETTE (2013): Ohnmachts-Erfahrungen in der Klinikseelsorge. Differenzierter Blick auf einen Begriff, in: *Wege zum Menschen* 65 (2013) 6, 535-543.

CASSIDY, SHEILA (1995): Die Dunkelheit teilen. Spiritualität und Praxis der Sterbebegleitung. Freiburg im Breisgau, Herder.

CEMING, CATHARINA (2012): Spiritualität im 21. Jhdt. Hamburg, Phänomen-Verlag.

CHARBONNIER, RALPH

(2010): Seelsorge in der Palliativversorgung, in: Burbach, Christiane (Hg.): ...bis an die Grenze. Hospizarbeit und Palliative Care. Göttingen, Vandenhoek & Ruprecht, 165-189.

(2010): Zur Entwicklung ethischer Kompetenz, in: Seelsorge. Muttersprache der Kirche. Dokumentation eines Workshops der Evangelischen Kirche in Deutschland (Hannover, 16.11.2009). epd-Dokumentation 10/2010, 25-27.(http://www.ekd.de/seelsorgekonferenz/downloads/seelsorge.)

CHARTA ZUR BETREUUNG SCHWERSTKRANKER UND STERBENDER MENSCHEN IN DEUTSCHLAND. Hg. v. Deutsche Gesellschaft für Palliativmedizin e.V./ Deutscher Hospiz- und PalliativVerband e.V./ Bundesärztekammer. September 2010.

CIMSIT, MUSTAFA, HÜSEYIN KURT (2013): Spiritual Care für Muslime in Pflegeheimen, in: *Spiritual Care* (2013) 3, 71-77.

CLARKE, JANICE (2013): Spiritual Care in everyday nursing practice. A new approach. London, Palgrave Macmillan.

COBB, MARK (2010): Assessing and improving the quality of spiritual care, in: McSherry, Wilfred, Linda Ross (Ed.): Spiritual assessment in healthcare practice. Keswick, M & K, 119-138.

COBB, MARK, CHRISTINA PUCHALSKI, BRUCE RUMBOLD (Ed.) (2012): Oxford Textbook of Spirituality in Healthcare. Oxford, OUP Oxford.

COMTE-SPONVILLE, ANDRE (2008): Woran glaubt ein Atheist? Spiritualität ohne Gott. Zürich, Diogenes.

COORS, MICHAEL, DOROTHEE HAART, DEMETRIADES DIETGARD (2014): Das Beicht- und Seelsorgegeheimnis im Kontext der Palliativversorgung, in: *Wege zum Menschen* 66 (2014) 1, 91-98.

COWGILL, ROBERT, CHRISTINE COWGILL (2013): Soul Service. A hospice guide to the emotional and spiritual care of the dying. Bloomington, Balboapress.

DAHLGRÜN, CORINNA (2009): Christliche Spiritualität. Formen und Traditionen der Suche nach Gott. Berlin, de Gruyter.

DACH, CHRISTOPH, JÜRGEN OSTERBRINK (2013): Spiritualität in der Pflege, in: *Spiritual Care* 2 (2013) 3, 21-30.

DAHLGRÜN, CORINNA (2012): Die Gabe, die Geister zu unterscheiden. Von den Kriterien christlicher Spiritualität, in: Kunz, Ralph, Claudia Kohli Reichenbach (Hg.): Spiritualität im Diskurs. Zürich, Theologischer Verlag, 2012, 81-98.

DANIELS, ARNE (2014): Wie wollen wir sterben?, in: *Stern* (2014) 3. April, 79-83.

DARGEL, MATTHIAS (2012): „Spiritualität in der Pflege" – zwischen Haltung und Leistung, in: Geistesgegenwärtig pflegen. Hg. v. Diakonisches Werk der EKD. Neukirchen, Neukirchener Verlagsgesellschaft, 271-280.

DAS KATHOLISCHE PROFIL CARITATIVER DIENSTE UND EINRICHTUNGEN IN DER PLURALEN GESELLSCHAFT (2014). Hg. vom Sekretariat der Deutschen Bischofskonferenz, Bonn - Die Deutschen Bischöfe, 98.

DELGADO, MARIANO (2012): Mystagogische Seelsorge aus dem Geist der Mystik und Weitergabe des Glaubens, in: Felder, Michael, Jörg Schwaratzki (Hg.): Glaubwürdigkeit der Kirche – Würde der Glaubenden. Freiburg, Herder, 184-198.

DEMEL, SABINE (2011): Zur Verantwortung berufen! Das Apostolat der Laien in der Kirche, in: *Anzeiger für die Seelsorge. Zeitschrift für Pastoral und Gemeindepraxis* (2011) 9, 19–23.

DEMBSKI, MATTHIAS (2012): Gut begleitet. Chancen der Palliativseelsorge, in: *BEK Forum* (2012) Juli, 10-11.

DePALO, RALPH, MARK BRENNAN (2005): Spiritual care giving for older adults, in: Brennan, Mark, Deborah Heiser (Ed.): Spiritual Assessment and intervention with older adults. Current directions and applications. Binghamton, Haworth Press, 151-160.

DEUS CARITAS EST (2005). Enzyklika von Papst Benedikt XVI. An die Bischöfe, an die Priester und Diakone, an die gottgeweihten Personen und an alle Christgläubigen über die christliche Liebe.

DIE KRAFT ZUM MENSCHSEIN STÄRKEN (2004). Leitlinien für die evangelische Krankenhausseelsorge Eine Orientierungshilfe. www.ekd.de/download/leitlinien-krankenhausseelsorge-ekd-2004.pdf

DINGES, STEFAN

(2009): Von der Herausforderung, Spiritualität im Krankenhaus zu verorten, in: Körtner, Ulrich u.a. (Hg.): Spiritualität, Religion und Kultur am Krankenbett. Wien/Berlin/New York, Spriner, 153-164.

(2014): Dem Lebensatem Raum schaffen. Strukturelle und organisationale Verankerung von unterstützender Spiritualität am Lebensende, in: Feinendegen, Norbert u.a. (Hg.): Menschliche Würde und Spiritualität in der Begleitung am Lebensende. Würzburg, Königshausen & Neumann, 471-506.

DIRNBERGER, RAINER (2012): Aufgeklärte Spiritualität. Spiritualität ohne Gott. Nordersedt, Books on Demand.

DÖRNER, KLAUS (2003): Die Gesundheitsfalle. Woran unsere Medizin krankt. Zwölf Thesen zu ihrer Heilung. München, Econ.

DRECHSEL, WOLFGANG (2006): Der lange Schatten des Mythos vom gelingenden Leben. Theologische Anmerkungen zur eigenen Endlichkeit und zur Frage der Seelsorge, in: *Pastoraltheologie* 95 (2006) 7, 314-328.

D'SOUZA, RUSSEL (2007): The importance of spirituality in medicine and its appliction to clinical practice, in: *Medical Journal of Australia* 186 (2007) 57-59.

DUESBERG, HANS (2013): Ökumenische Zusammenarbeit im Krankenhaus, in: Klessmann, Michael (Hg.): Handbuch der Krankenhausseelsorge, 4. Aufl. Göttingen, Vandenhoeck & Ruprecht, 296-307.

DYBOWSKI, STEFAN (2013): Krankenhausseelsorge – Schnitzen an der Hoffnung, in: *Pastoralblatt für die Diözesen Aachen, Berlin, Essen, Rüdesheim, Köln und Osnabrück* (2013) 2, 33-41.

EBERTZ, MICHAEL (2013): Kirche in der multiplen Gesellschaft, in: *Münchener theologische Zeitschrift* 64 (2013) 4, 373-384.

EGGER, JOSEF W.

(2005): Das biopsychosoziale Krankheitsmodell. Grundzüge einer wissenscahftlich begründeten ganzheitlichen Verständnisses von Krankheit, in: *Psychologische Medizin* (2005) 2, 3-12.

(2013): Zur spirituellen Dimension des biopsychosozialen Modells, in: *Psychologische Medizin* (2013) 2, 39-46.

EGLIN, ANEMONE (2014): Spiritual Assessment SpASS – ein Instrument für die Langzeitpflege, in: *Spiritual Care* 3 (2014) 2, 165-169.

EHLERT, FLORIAN (2013): Ethik und Realität. Pastoralpsychologische Aspekte zur Ethikberatung, in: *Wege zum Menschen* 65 (2013) 5, 433-446.

EIBACH, ULRICH

(2009): Umgang mit schwerer Krankheit. Widerstand, Ergebung, Annahme, in: Thomas, Günter, Isolde Karle (Hg.): Krankheitsdeutung in der postsäkularen Gesellschaft. Stuttgart, Kohlhammer, 339-353.

(2010): Krankenhausseelsorge unter den Bedingungen medizinischer und ökonomischer Rationalität, in: *Zeitschrift für Medizinische Ethik* 56 (2010) 3-15.

(2014): Sterben, Tod und „ewiges Leben". Subjektives Erleben des Sterbens und Todes – Möglichkeiten und Auftrag der Krankenhausseelsorge, in: Feinendegen, Norbert u.a. (Hg.): Menschliche Würde und Spiritualität in der Begleitung am Lebensende. Würzburg, Königshausen & Neumann, 297-330.

EICHNER, ECKHARD, CHRISTINE JUNG-BORUTTA (2013): Psychosoziale und spirituelle Aspekte, in: Thöns, Matthias, Thomas Sitte (2013): Repetitorium Palliativmedizin. Berlin/Heidelberg, Springer, 179-192.

ELHARDT, EVA u.a.: Evaluation einer Fortbildung zur Spirituellen Anamnese SPIR in Klinik und Praxis, in: *Spiritual Care* (2013) 2, 27-34.

ELIBOL, ZEYNEP (2009): Was kann die muslimische Tradition zu Spiritual Care beitragen?, in: Heller, Birgit, Andreas Heller (Hg.): Spiritualität und Spiritual Care. *Jahresheft der Zeitschrift Praxis Palliative Care/Demenz 1 (2009) 74-75.*

ELSDÖRFER, ULRIKE (2012): The Wiesbaden Experiment on Muslim Care: Conflicts and opportunities to a healing encounter of Muslims and Christians in Germany/Europe, in: Louw, Daniel et al. (Ed.): Encounter in Pastoral Care and Spiritual Healing. Wien/Berlin, LIT, 139-151.

ELSABAGH, MONA, ELGENDY, FARAG (2009): Spiritualität im Krankenhaus aus der Sicht der islamischen Seelsorge, in: Körtner, Ulrich u.a. (Hg.): Spiritualität, Religion und Kultur am Krankenbett. Wien, Springer, 41–45.

ENGELHARDT, T., C. DELKESKAMP-HAYES (2009): Der Geist der Wahrheit und die ‚Legion' der Spiritualitäten, in: Frick, Eckhard, Traugott Roser (Hg.): Spiritualität und Medizin. Stuttgart, Kohlhammer, 72-79.

ENGELKE, ERNST

(2012): Gegen die Einsamkeit Sterbenskranker. Freiburg im Breisgau, Lambertus.

(2014): Sterbe-Ideologien. Klischees, Vorurteile, Idealisierungen und Ideologien zu Sterben und Tod, in: *Praxis Palliative Care* (2014) 24, 6-7.

(2014): Sterben nach Plan?, in: *Die Schwester, der Pfleger* 53 (2014) 7, 670-674.

ENGEMANN, WILFRIED (Hg.) (2009): Handbuch der Seelsorge. 2. Auflage. Leipzig, Verlagsanstalt.

ENZNER-PROBST, BRIGITTE

(2002): Schreien lernen oder: Von der heilsamen Kraft des Klagens, in: *Praktische Theologie* 37 (2002), 188-195.

(2009): Rituale der Begleitung schwerkranker und sterbender Menschen, in: *Lebendige Seelsorge* (2009), 237-243.

ESCHMANN, HOLGER

(2013): Spiritualität und Gesundheit. Überlegungen aus theologischer und humanwissenschaftlicher Sicht, in: *Theologisches Gespräch* 37 (2013) 3, 107-120.

(2014): Heilung durch Sinnfindung?, in: *Wege zum Menschen* 66 (2014) 5, 439-451.

EVANGELII GAUDIUM (2013). Apostolisches Schreiben des Heiligen Vaters Papst Franziskus an die Bischöfe, Priester und Diakone, an die Personen geweihten Lebens und an die christgläubigen Laien über die Verkündigung. 24. November 2013.

EVERS, SIMON (2013): Portrait des Verbandes der Seelsorge im Gesundheitswesen, in: *Wege zum Menschen* 65 (2013) 6, 479-490.

EWIG, SANTIAGO (2012): Medizin und Spiritualität – was macht uns heil?, in: *Zeitschrift für medizinische Ethik* 58 (2012) 341-349.

EYCHMÜLLER, STEFFEN (2014): Lebensqualität in der letzten Lebensphase, in: Schulte, Volker, Christoph Steinebach (Hg.) (2014): Innovative Palliative Care. Bern, Huber, 71-79.

EYCHMÜLLER, STEFFEN (Hg.) (2012): Palliative Care. Bern, Huber.

FABER, EVA-MARIA (2012): Die Grenzen in der Mitte des Lebens, in: Belok, Manfred u.a. (Hg.): Seelsorge in Palliative Care. Zürich, Züricher Verlag, 15-28.

FECHTNER, KRISTIAN (1999): Sich nicht beruhigen lassen. Seelsorge nach Henning Luther, in: Pohl-Patalong, Uta, Frank Muchinsky (Hg.): Seelsorge im Plural Hamburg, EB Verlag, 89-101.

FEDERSCHMIDT, KARL u.a. (Hg.) (2002): Handbuch Interkulturelle Seelsorge. Neukirchen-Vluyn, Neukirchener Verlag.

FEGG, MARTIN, JAN GRAMM, MARTINA PESTINGER (Hg.) (2012): Psychologie und Palliative Care. Stuttgart, Kohlhammer.

FEINENDEGEN, NORBERT, ANDREA SCHAEFFER (2014): Spiritualität – Grundzüge eines anthropologischen Verständnisses, in: Feinendegen, Norbert u.a. (Hg.): Menschliche Würde und Spiritualität in der Begleitung am Lebensende. Würzburg, Königshausen & Neumann, 163-190.

FEITER, REINHARD (2006): Trösten – oder: Die Kunst, nicht trösten können zu wollen, in: *Pastoraltheologische Informationen* 26 (2006) 2, 149-160.

FELDER, MICHAEL, JÖRG SCHWARATZKI (Hg.) (2012): Glaubwürdigkeit der Kirche – Würde der Glaubenden. Für Leo Karrer. Freiburg, Herder.

FEUERSTRÄTER, REINHARD, HILDGARED HAMDORF-RUDDIES (2009): Zwischen System und Auftrag. Das moderne Krankenhaus als Herausforderung an die Krankenhausseelsorge, in: *Wege zum Menschen* 61 (2009), 536-542.

FINK, MICHAELA

(2012): Von der Initiative zur Institution. Die Hospizbewegung zwischen lebendiger Begegnung und standartisierter Dienstleistung. Saarbrücken, hospizverlag.

(2012): Vom Schicksal zum ‚Machsal'. Beobachtungen zur Institutionalisierung des Sterbens, in: *Praxis PalliativeCare* 16 (2012) 20-21.

FitzGIBBON, GERALD (1951): The matter of spiritual care of patients, in: *Hospital Progress* 32 (1951) 266-267.

FISCHER, JOHANNES (2006): Ethische Dimensionen in der Spitalseelsorge, in: *Wege zum Menschen* 58 (2006) 207-224.

FISCHER, MICHAEL

(2009): Mit den Entwicklungen Schritt halten. Die Krankenhausseelsorge im Geflecht einer triangulären Verantwortungsstruktur. Aus der Sicht konfessioneller Träger, in: *Krankendienst* (2009) 12, 265–269.

(2009): Profil zeigen. Krankenhausträgergruppen im Vergleich, in: *Krankendienst* (2009) 1, 385-392.

(2012): Das konfessionelle Krankenhaus. Begründung und Gestaltung aus theologischer und unternehmerischer Perspektive. 3. Aufl. Berlin, LIT-Verlag.

(2013): Spiritualität – ein Alleinstellungsmerkmal kirchlicher Krankenhäuser?, in: Baumann, Klaus u.a. (Hg.): Konfessionelle Krankenhäuser. Stuttgart, Kohlhammer, 25-37.

(2014): Ehrenamtliche in der Krankenhausseelsorge. Freiburg im Breisgau, Lambertus.

(2014): „Weil jemand mich hört". Ehrenamtliche seelsorgliche Begleitung, in: *Unsere Seelsorge. Das Themenheft der Hauptabteilung Seelsorge im Bischöflichen Generalvikariat Münster* (2014) März, 41-45.

FISCHER, MICHAEL, DIETHILDE BÖVINGLOH (Hg.) (2012): Pflege aus Berufung. Spiritualität und Professionalität in der Pflegeausbildung. Rheinbach, CMZ-Verlag.

FISH, SHARON, JUDITH ALLEN SHELLY (1978): Spiritual Care. The nurse's role. Illinois, Inter Varsity Press.

FITCHETT, GEORGE (2015): Spiritual Care in Practice. London/Philadelphia, Jessica Kingsley Publishers. (Publikationsankündigung).

FLECKINGER, SUSANNE (2013): Ehrenamtlichkeit in Palliative Care. Wiesbaden, Springer.

FREUND, HENNING (2014): Verhaltenstherapie und Spiritualität, in: *Spiritual Care* (2014) 2, 128-139.

FRICK, ECKHARD

(2002): Glauben ist keine Wunderdroge, in: *Herderkorrespondenz* 56 (2002), 41-46.

(2003): Lebensqualität für Krebskranke?, in: *Stimmen der Zeit* 221 (2003) 4, 249-259.

(2004): Widerstand oder Ergebung? Spirituelle und ärztlich-psychotherapeutische Kriterien der religiösen Krankheitsbewältigung, in: *Zeitschrift für Medizinische Ethik* 50 (2004), 371-383.

(2006): Helfen Spiritualität und Psychotherapie bei der Bewältigung schwerer Krankheit?, in: Seitlinger, Michael (Hg.): Was heilt uns? Zwischen Spiritualität und Therapie. Freiburg im Br., Herder, 85-96.

(2007): Sich heilen lassen. Eine spirituelle und psychoanalytische Reflexion. Würzburg, Echter.

(2009): Macht Glaube gesund?, in: Hoff, Gregor Maria u.a. (Hg.): Zwischen Ersatzreligion und neuen Heilserwartungen. Umdeutungen von Gesundheit und Krankheit. Freiburg i.Br., Alber, 67-82.

(2009): Psychosomatische Anthropologie. Stuttgart, Kohlhammer.

(2009): Spiritual Care - nur ein neues Wort?, in: *Lebendige Seelsorge* (2009) 4, 233-236.

(2009): Was ist Spiritual Care?, in: Heller, Birgit, Andreas Heller (Hg.): Spiritualität und Spiritual Care. *Jahresheft der Zeitschrift Praxis Palliative Care/Demenz 1 (2009) 68-69.*

(2009): Spiritual Care in der Psychosomatischen Anthropologie in: Frick, Eckhard, Traugott Roser (Hg.): Spiritualität und Medizin. Stuttgart, Kohlhammer, 102-108.

(2009): Spiritual Care. Ein neues Fachgebiet der Medizin, in: *Zeitschrift für medizinische Ethik* 55 (2009) 2, 145-155.

(2009): Seelsorge und Medizin. Spiritual Care: Ein neues Fachgebiet der Medizin? Vortrag. www.bayerische-stiftung-hospiz.de/pdf/Vortrag_DrFrick_Text-pdf (eingesehen am 20. August 2014).

(2009): Spiritual Care und Analytische Psychologie, in: *Jung-Journal* 12 (2009 22, 61-64.

(2009): Spiritualität in der Sterbebegleitung, in: Heußner, Pia u.a. (Hg.): Manual Psychoonkologie. München/Wien/New York, Zuckschwerdt, 265-269.

(2011): Spiritual Care – eine gemeinsame Aufgabe in Krankenpflege, Medizin und Seelsorge, in: *zur debatte* 1 (2011) 38-40.

(2011): Spiritual Care in der Humanmedizin: Profilierung und Vernetzung, in: Klein, Konstantin u.a. (Hg.): Gesundheit - Religion - Spiritualität. Weinheim/München, Juventa, 407–420.

(2011): "Keine Transfusion aus der Sinn-Konserve". Ein Gespräch über "Spiritual Care" mit dem Mediziner Eckhard Frick SJ, in: *Herder-Korrespondenz* 65 (2011) 3, 125-129.

(2011): Spiritualität - eine Dimension des Menschseins, in: *Charismen* 23 (2011), 6-11.

(2012): Wie arbeitet Spiritual Care? Zwölf Thesen für den aktuellen interdisziplinären Diskurs, in: *Spiritual Care* (2012) 1, 68-73.

(2012): Spiritual Care zwischen Kirche, Theologie und Medizin, in: *Epistula (Herzogliches Geogianum)* 61 (2012), 20-26.

(2012): Spiritual Care - how does it work? Thesenpapier: European Conference on Religion Spirituality and Health, May 17th 2012. http://www.ecrsh.eu/mm/frick_keynote.pdf (eingesehen Dezember 2014).

(2013): Zwischen engem und weitem Spiritualitätsbegriff, in: Möde, Erwin (Hg.): Christliche Spiritualität und Psychotherapie. Regensburg, Pustet, 36-47.

(2013): Evidenced-based Spiritual Care. Gibt es das?, in: Borasio, Gian Domenico u.a. (Hg.): Evidenz und Versorgung in der Palliativmedizin. Köln, Deutscher Ärzte Verlag, 169-174.

(2013): Spiritual Care, in: *Funktionelle Entspannung* 40 (2013) September, 97-103.

(2013): Geleitwort, in: Giebel, Astrid u.a. (Hg.): DiakonieCare. Neukirchen, Neukirchener Verlag, 10.

(2014): Spiritual Care. Eine neue Querschnittsaufgabe entsteht, in: Schaupp, Walter u.a. (Hg.): Gesundheitssorge und Spiritualität im Krankenhaus. Innsbruck/Wien, Tyrolia, 55-68.

(2014): Wohin dreht der ‚Spiritual Turn'?, in: Frick, Eckhard, Andreas Hamburger (Hg.): Freuds Religionskritik und der ‚Spiritual Turn'. Stuttgart, Kohlhammer, 19-33.

(2014): Spiritual Care – ein Zeichen der Zeit?, in: *Geist und Leben* 3 (2014) 275-288.

(2014): Pausen und Noten. Spiritual Care kann bei Pflegern und Ärztinnen für Entlastung sorgen, in: *Zeitzeichen* 15 (2014) 5, 16-18.

(2014): Überholt oder zukunftsweisend. Die Religionskritik der Psychoanalyse, in: *Herder Korrespondenz Spezial* (2014) 1, 17-21.

FRICK, ECKHARD, CLAUDIA BAUSEWEIN (2014): Sterbende begleiten. Spirituelle Perspektiven und ärztliches Handeln, in: Feinendegen, Norbert u.a. (Hg.): Menschliche Würde und Spiritualität in der Begleitung am Lebensende. Würzburg, Königshausen & Neumann, 425-436.

FRICK, ECKHARD, TRAUGOTT ROSER (Hg.) (2009): Spiritualität und Medizin. Gemeinsame Sorge für den kranken Menschen. Stuttgart, Kohlhammer.

FRICK, ECKHARD, TRAUGOTT ROSER (2012): „Spiritual Care". Zur spirituellen Dimension des Sterbens und der Sterbebegleitung, in: Bormann, Franz Josef, Gian Domenico Borasio (Hg.): Sterben. Berlin/Bosten, de Gruyter, 529-538.

FRICK, ECKHARD, RALF T. VOGEL (2012): Den Abschied vom Leben verstehen. Psychoanalyse und Palliative Care. Stuttgart, Kohlhammer.

FRICK, ECKHARD, ANDREAS HAMBURGER (2014): Freuds Religionskritik und der ‚Spiritual Turn'. Stuttgart, Kohlhammer.

FRICK, ECKHARD et al. (2006): A clinical interview assessing cancer patients' spiritual needs and preferences. *European Journal of Cancer Care* 15 (2006), 238-243.

FRISCH, RAINER (2014): Wegbegleitung für muslimische Gläubige im Krankenhaus – Ausbildungskurs für ehrenamtliche muslimische Klinikseelsorgerinnen und –seelsorger, ein Projekt in Frankfurt am Main 2011/12, in: Haker, Hille, Gwendolin Wanderer, Katrin Bentele (Hg.): Religiöser Pluralismus in der Klinikseelsorge. Berlin, LIT, 385-394.

FRITZ, REGINA (2013): Seelsorge mit System. Zum Stand systemischer Seelsorgelehre, in: *Wege zum Menschen* 65 (2013) 1, 77-84.

FRITZEN, WOLFGANG (2012): Sehnsucht nach Spiritualität. Herausforderung durch ein Zeichen der Zeit, in: *Trierer Theologische Zeitschrift* 121 (2012) 4, 332-342.

FUCHS, CLAUDE (2005): Gibt es auch „spirituelle Dyspnoe"?, in: *Palliative-ch* 4 (2005) 21-23.

FUCHS, OTTMAR

(1988): Umkehr zu einer mystagogischen und diakonischen Pastoral, in: *Bibel und Liturgie* 61 (1988) 12-21.

(1995): ‚Sein-Lassen' und ‚Nicht-im-Stich-Lassen'! Zur Pluralitätsprovokation der ‚Postmoderne', in: Hilpert, Konrad, Jürgen Werbik (Hg.): Mit den anderen Leben. Düsseldorf, Patmos, 132-160.

(2014): Religiös motivierte Lebenshilfe in interreligiösen und interkulturellen Kontexten, in: *Wege zum Menschen* 66 (2014) 2, 202-217.

FÜHRER, MONIKA, CLAUDIA SOMMERAUER, TRAUGOTT ROSER (2009): Kinderheilkunde: Spirituelle Begleitung sterbender Kinder und ihrer Familien, in: Frick, Eckhard, Traugott Roser (Hg.): Spiritualität und Medizin. Stuttgart, Kohlhammer, 136-153.

GABRIEL, KARL

(2009): Gesundheit als Ersatzreligion, in: Hoff, Gregor Maria u.a. (Hg.): Zwischen Ersatzreligion und neuen Heilserwartungen. Umdeutungen von Gesundheit und Krankheit. Freiburg im Br., Alber, 25-43.

(2011): Der lange Abschied von der Säkularisierungsthese – und was kommt danach?, in: Bitter, Gottfried, Martina Blasberg-Kuhnke (Hg.): Religion und Bildung in Kirche und Gesellschaft. Würzburg, Echter, 18-27.

(2013): Säkularisierung und Wiederkehr der Religionen unter den Bedingungen der Globalisierung, in: Kreutzer, Ansgar, Franz Gruber (Hg.): Im Dialog. Systematische Theologie und Religionssoziologie. Freiburg, Herder, 267-277.

GÄRTNER, HERIBERT W. (2015): Kleine Hinweise zum Profil christlicher Einrichtungen, in: *Anzeiger für die Seelsorge* (2015) 1, 20-23.

GÄRTNER, STEFAN

(2005): Seelsorger(in) sein im 21. Jahrhundert, in: *Pastoraltheologische Informationen* 25 (2005) 1, 177-186.

(2011): Prophetie in der Seelsorge. Unmöglich oder unvermeidlich?, in: *Wege zum Menschen* 63 (2011) 498-505.

(2014): Seelsorge in multikultureller Gesellschaft, in: *Lebendige Seelsorge* (2014) 2, 138-151.

GARHAMMER, ERICH (2009): „Ich hab den Herrn dabei". Spirituelle Begleitung in Krankheit und Sterben, in: *Lebendige Seelsorge* (2009) 4, 286-288.

GEER, J. van de, CARLO J.W. LEGET(2012): How spirituality is integrated system-wide in the Netherlands Palliative Care National Programme, in: *Progress in palliative care* 20 (2012) 2, 98-105.

GESTRICH, REINHOLD (2013): Aus- und Fortbildung für Krankenhausseelsorge, in: Klessmann, Michael (Hg.): Handbuch der Krankenhausseelsorge, 4. Aufl. Göttingen, Vandenhoeck & Ruprecht, 330-340.

GEISTESGEGENWÄRTIG PFLEGEN (2012). Existentielle Kommunikation und spirituelle Ressourcen im Pflegeberuf. Band 1: Grundlegungen und Werkstattberichte. Hg. vom Diakonischen Werk der EKD. Neukirchen-Vluyn, Neukirchener Verlag.

GIEBEL, ASTRID

(2010): Zur Qualitätsentwicklung in diakonischen Einrichtungen und Erwartungen an die Seelsorge, in: Seelsorge. Muttersprache der Kirche. Dokumentation eines Workshops der Evangelischen Kirche in Deutschland (Hannover, 16.11.2009 epd-Dokumentation 10/2010, 35-36. (http://www.ekd.de/seelsorgekonferenz/downloads/seelsorge.)

(2012): Spiritualität: Begriff – Geschichte – Tradition, in: Stockmeier, Johannes u.a. (Hg.): Geistesgegenwärtig pflegen. Band 1. Neukirchen-Vluyn, Neukirchener Verlag, 43-52.

(2014): DiakonieCare – Geistesgegenwärtig pflegen, in: *Wege zum Menschen* 66 (2014) 2, 194-201.

(2014): Christliche Spiritualität als Markenkern kirchlicher Krankenhäuser, in: Baumann, K. u.a. (Hg.): Konfessionelle Krankenhäuser. Strategien – Profile – Potentiale. Stuttgart, Kohlhammer, 38-46.

GIEBEL, ASTRID u.a. (Hg.) (2013): DiakonieCare. Existentielle Kommunikation, Spiritualität und Selbstsorge in der Pflege. Curriculum und Arbeitshilfe zur Organisationsentwicklung für Pflegeberufe, Krankenhäuser und Pflegeeinrichtungen. Neukirchen, Neukirchener Verlag.

GIJSBERTS, MARIE-JOSE (2011): Spirituality at the end of life. Conceptualization of measurable aspects – a systemtic review, in: *Journal of Palliative Medicine* 14 (2011) 7, 852-862.

GILES, CHERYL (2014): Die Spache des Mitgefühls. Die Entwicklung kultureller Kompetenz in der Klinikseelsorge, in: Haker, Hille, Gwendolin Wanderer, Katrin Bentele (Hg.): Religiöser Pluralismus in der Klinikseelsorge. Berlin, LIT, 187-202.

GILSTER, REINHARD (2014): Evangelische Klinikseelsorge an einem katholischen Krankenhaus, in: Haker, Hille, Gwendolin Wanderer, Katrin Bentele (Hg.): Religiöser Pluralismus in der Klinikseelsorge. Berlin, LIT, 251-272.

GLAWISCHNIG-GOSCHNIK, MONIKA

(2014): Klageweiber? Verbales, Nonverbales, Weibliches und Leibliches in Resonanz, in: *Spiritual Care* (2012) 1, 61-65.

(2014): Brauchen wir ein bio-psycho-sozio-spirituelles Modell?, in: Schaupp, Walter u.a. (Hg.): Gesundheitssorge und Spiritualität im Krankenhaus. Innsbruck/Wien, Tyrolia, 29-54.

GODZIK, PETER (2013): Spirituelle Dimensionen einbeziehen. Eine Aufgabe und Herausforderung für die psychiatrische Begleitung und die Gestaltung von Milieus, in: Armbruster, Jürgen u.a. (Hg.): Spiritualität und seelische Gesundheit. Köln, Psychiatrieverlag, 194-202.

GORDON TOM, EWAN KELLY, DAVID MITCHELL (2011): Spiritual Care for Health Care Professionals. London, Radcliffe Publishing.

GRÄB, WILHELM, LARS CHARBONNIER (Hg.) (2008): Individualisierung – Spiritualität – Religion. Transformationsprozesse auf dem religiösen Feld in interdisziplinärer Perspektive. Berlin, LIT.

GRAF, FRIEDRICH WILHELM (2007): Die Wiedderkehr der Götter. Religion in der modernen Kultur. München, Beck.

GRAF, GERDA, GERHARD HÖVER (2006): Hospiz als Versprechen. Zur ethischen Grundlegung der Hospizidee. Wuppertal, hospizverlag.

GRABENMEIER, JOHANN (2014): Nicht mehr allein (zuständig). Seelsorgliche Zusammenabreit im Krankenhaus, in: *Unsere Seelsorge. Das Themenheft der Hauptabteilung Seelsorge im Bischöflichen Generalvikariat Münster* (2014) März, 28-29.

GRAMM, JAN (2012): Psychotherapie und Spiritualität, in: Fegg, Martin u.a. (Hg.): Psychologie und Palliative Care. Stuttgart, Kohlhammer, 157-168.

GRATZ, MARGIT, TRAUGOTT ROSER (2014): Spiritualität in der Medizin – ein Widerspruch?, in: Schnell, Martin W., Christian Schulz (Hg.): Basiswissen Palliativmedizin. 2. Aufl. Heidelberg, Springer, 233-240.

GREIDER, KATHLEEN

(2012): Offenheit und Religionsvielfalt. Grundlagen für die Pastoraltheologie und für ‚spiritual care', in: Noth, Isabell u.a. (Hg.): Nachdenkliche Seelsorge – seelsorgliches Nachdenken. Göttingen, Vandenhoeck & Ruprecht, 106-122.

(2011): Religious Multiplicity and Care of Souls, in: Noth, Isabelle, Christoph Morgenthaler, Kathleen Greider (Hg.): Pastoralpsychologie und Religionspsychologie im Dialog. Stuttgart, Kohlhammer, 119-135.

GROENER, GERARD (2004): Ingewijd en toegewijd. Zoetermer, Meinema.

GRÖZINGER, ALBRECHT

(1994): Differenz-Erfahrung. Seelsorge in der multikulturellen Gesellschaft. Waltrop, Spenner.

(1995): Seelsorge im multikulturellen Krankenhaus, in: *Wege zum Menschen* 47 (1995) 389-400.

GROM, BERNHARD

(2009): Spiritualität – die Karriere eines Begriffs. Eine religionspsychologische Perspektive, in: Frick, Eckhard, Traugott Roser (Hg.): Spiritualität und Medizin. Stuttgart, Kohlhammer, 12-17.

(2011): Wie gesund macht der Glaube?, in: *Stimmen der Zeit* 229 (2011) 2, 101-112.

GRONEMEYER, REIMER (2005): Hospiz, Hospizbewegung und Palliative Care in Europa, in: Knoblauch, Hubert, Arnold Zingerle (Hg.): Thanatosoziologie. Tod. Hospiz und die Institutionalisierung des Sterbens. Berlin, Dunecker/Humnlot, 207-217.

GRONEMEYER, REIMER, ANDREAS HELLER (2014): In Ruhe sterben. Was wir uns wünschen und was die moderne Medizin nicht leisten kann. München, Pattloch.

GRONEMEYER, REIMER u.a. (2004): Palliative Care in Europa, in. Bundesarbeitsgemeinschaft Hospiz e.V. (Hg.): Helfen am Ende des Lebens. Hospizarbeit und Pallaitive Care in Europa. Wuppertal, hospizverlag, 20-51.

GROSS, PETER (2007): Jenseits der Erlösung. Die Wiederkehr der Religion und die Zukunft des Christentums. Bielefeld, Transscript Verlag.

GOUDINOUDIS, KATJA, NORBERT KUHN-FLAMMENSFELD (2013): Spezialisierte Ambulante Palliativversorgung (SAPV) – Kirchliche Seelsorge in der SAPV, in: *Zeitschrift für Palliativmedizin* 14 (2013) 2, 39-40.

GÜLBAHAR, ERDEM (2014): Vom Projekt zum Modell. Die muslimische Seelsorge im Aufbau – eine Praxisdokumentation, in: Haker, Hille, Gwendolin Wanderer, Katrin Bentele (Hg.): Religiöser Pluralismus in der Klinikseelsorge. Berlin, LIT, 363-384.

HAART, DOROTHEE

(2007): Seelsorge im Wirtschaftsunternehmen Krankenhaus. Würzburg, Echter.

(2013): Die Rolle der Seelsorge im Wirtschaftsunternehmen Krankenhaus, in: Klessmann, Michael (Hg.): Handbuch der Krankenhausseelsorge. 4. Aufl. Göttingen, 42-57.

HABBEN, ILSE (2013): Ehrenamtliche Mitarbeiterinnen in der Krankenhausseelsorge, in: Klessmann, Michael (Hg.): Handbuch der Krankenhausseelsorge, 4 Aufl. Göttingen, Vandenhoeck & Ruprecht. 308-316.

HAGEN, THOMAS

(2009): Wie lässt sich Spiritual Care christlich-ökumenisch praktizieren?, in: Heller, Birgit, Andreas Heller (Hg.): Spiritualität und Spiritual Care. Jahresheft *Praxis Palliative Care/Demenz 1 (2009) 74-75.*

(2009): Spiritualität und Seelsorge im Krankenhaus, in: *Lebendige Seelsorge* 60 (2009) 4, 277-281.

HAGEN, THOMAS, ECKHARD FRICK (2009): Rituale, Zeichen und Symbole, in: Frick, Eckhard, Traugott Roser (Hg.): Spiritualität und Medizin. Stuttgart, Kohlhammer, 265-271.

HAGEN, THOMAS, JOSEF RAISCHL (2009): Allgemeine und spezielle Kompetenzen in Spiritual Care, in: Frick, Eckhard, Traugott Roser (Hg.): Spiritualität und Medizin. Stuttgart, Kohlhammer, 280-287.

HAGEN, THOMAS, TRAUGOTT ROSER (2010): Wie lässt sich spiritual care christlich-ökumenisch praktizieren?, in: *Jahresheft Praxis Palliative Care/Demenz* (2010) 1, 74-75.

HAGEN, THOMAS u.a. (2011): Qualifizierungskurs Palliative Care für Seelsorgende. Curriculum und Einführung. Stuttgart, Kohlhammer.

HAIT, BORIS, THOMAS SITTE (2013): Teamarbeit und Selbstreflexion, in: Thöns, Matthias, Thomas Sitte (Hg.) (2013): Repetitorium Palliativmedizin. Berlin/Heidelberg, Springer, 267-280.

HAKER, HILLE, GWENDOLIN WANDERER, KATRIN BENTELE (Hg.) (2014): Religiöser Pluralismus in der Klinikseelsorge. Münster, LIT.

HALLERMANN, HERIBERT (2004): Seelsorger(in) – ein geschützter Begriff? Kirchenrechtliche Klärungen, in: *Lebendige Seelsorge* 55 (2004) 3, 210-214.

HAMETNER, INGRID: 100 Fragen zu Palliative Care. Hannover, Schlütersche Verlagsgesellschaft.

HAMPTON, DIANE et al. (2007): Spiritual need of persons with advanced cancer, in: *American Journal of Hospice and Palliative Medicine* 1 (2007) 42-48.

HANSON, L.C. et al. (2008): Providers and types of spiritual care during serious illness, in: *Journal of Palliative Medicine* (2008) 11, 907-914.

HARDING, STEPHEN R. (2008): Spiritual Care, Pastoral Care and Chaplains. Trends in the Healthcare Literature, in: *Journal Of Healthcare Chaplaincy* 14 (2008) 2, 99-117.

HARTLIEB, ELISABETH (2014): Seelsorgliche Sterbebegleitung im Krankenhaus, in: *Pastoraltheologie* 103 (2014) 9, 356-377.

HASLINGER, HERBERT

(1991): Was ist Mystagogie?, in: Knobloch, Stefan, Herbert Haslinger (Hg.): Mystagogische Seelsorge. Mainz, Grünewald, 15-76.

(1996): Diakonie zwischen Mensch, Kirche und Gesellschaft. Würzburg, Echter.

(2004): Seelsorge, in: *Lebendige Seelsorge* 55 (2004) 3, 158-163.

(2011): Mystagogie. Relecture eines sakramentenpastoralen Leitbegriffs, in: *Theologie und Glaube* (2011) 1, 92-122.

(2014): Diakonie - das Herzstück der Pastoral, in: *Anzeiger für die Seelsorge* (2014) 5, 34-37.

HAUSCHILDT, EBERHARD

(2002): Interkulturelle Seelsorge als Musterfall für eine Theorie radikal integrativer Seelsorge, in: Federschmitt, Karl u.a. (Hg.): Handbuch Interkulturelle Seelsorge. Neukirchen-Vluyn, Neukirchener Verlag, 241-261.

(2010): Interkulturelle Seelsorge unter Einheimischen. Vom blinden Flecken der Seelsorgetheorie, in: Schulz, Claudia, Eberhard Hauschildt, Eike Köhler: Milieus praktisch. Göttingen, Vandenhoek & Ruprecht, 263-282.

(2013): ‚Spiritual Care' - eine Herausforderung für die Seelsorge?, in: *Materialdienst der EZW* 76 (2013) 3, 83-90.

(2013): Glaube – ein Heilmittel?, in: Bieneck, Andreas (Hg.): An den Grenzen des Lebens. Neukirchen-Vluyn, Neukirchener Verlagsgesellschaft, 113-122.

(2013): Interkulturelle und interreligiöse Seelsorge als Normalfall, in: Bülent, Ucar, Martina Blasberg-Kuhnke (2013): Islamische Seelsorge zwischen Herkunft und Zukunft. Frankfurt am Main, Lang, 171-190.

HAUSCHILDT, EBERHARD, UCAR BÜLENT (2010): Islamische Seelsorge in Deutschland im Aufbruch, in: *Pastoraltheologie* 99 (2010) 6, 256-263.

HEFTI, RENE (2012): Quantitative Erhebung von Religiosität und Spiritualität im klinischen Alltag. Anwendungsverfahren, Ergebnisse, Perspektiven, in: *Spiritual Care* 1 (2012) 3, 51-67.

HEFTI, RENE, MARTIN KLICPERA (2013): Der Einfluss von Religiosität und Spiritualität auf das Ergebnis nach Bypassoperationen, in: *Spiritual Care* (2013) 2, 8-20.

HEIMENDAHL, ANNE, REINHARD BUYER (2012): Von der Patienten- zur Mitarbeiter- zur Krankenhausseelsorge. Notitzen zu einer Erweiterung des Berufsbildes in der Krankenhausseelsorge, in: *Wege zum Menschen* 64 (2012) 6, 583-587.

HEISER, DEBORAH, MARC BRENNAN, JOHN REDIC (2005): Spirituality and Palliative Care, in: Brennan, Mark, Deborah Heiser (Ed..): Spiritual Assessment and intervention with older adults. Current directions and applications. Binghamton, Haworth Press, 131-150.

HELL, DANIEL

(2007): Die Identität der Seelsorgenden aus der Sicht des Psychiaters, in: Albisser, Rudolf, Adrian Loretan (Hg.): Spitalseelsorge im Wandel. Münster, LIT, 71-76.

(2013): Die Sprache der Seele verstehen. Zur Bedeutung von Spiritualität in existentiellen Notlagen und bei psychischen Beeinträchtigungen, in: Armbruster, Jürgen u.a. (Hg.): Spiritualität und seelische Gesundheit. Köln, Psychiatrieverlag, 16-26.

HELLER, ANDREAS

(2002): Der Umgang mit Sterbenden – individualisierte und standardisierte Versorgung, in: Metz, Christian, Monika Wild, Andreas Heller (Hg.): Balsam für Leib und Seele. Freiburg, Lambertus, 176-191.

(2010): Kultur der Krankenhausseelsorge und die Transformationsprozesse von Kirche, in: Aigner, Maria u.a. (Hg.): Räume des Aufatmens. Wien/Münster, LIT Verlag, 310-318.

(2012): Hospizarbeit und Palliative Care, in: Wegleitner, Klaus, Katharina Heimerl, Andreas Heller (Hg.): Zu Hause sterben – der Tod hält sich nicht an Dienstpläne. Ludwigsburg, hospizverlag, 22-24.

(2014): Die Spiritualität der Hospizbewegung, in: Feinendegen, Norbert u.a. (Hg.): Menschliche Würde und Spiritualität in der Begleitung am Lebensende. Würzburg, Königshausen & Neumann, 191-212.

(2014): Christliche Krankenhausseelsorge: ein Spiegel für Spiritual Care?, in: Heller, Birgit, Andreas Heller: Spiriutalität und Spiritual Care. München, Huber, 69-92.

(2014): Die Spiritualität der Hospizbewegung, in: Heller, Birgit, Andreas Heller: Spiriutalität und Spiritual Care. München, Huber, 93-114.

(2014): Wider die Verobjektivierung des Sterbens, in: *Praxis Palliative Care* (2014) 25, 34-35.

HELLER, BIRGIT
(2007): Bedeutung religiös-kultureller Unterschiede in der Palliative Care, in: Knipping, Cornelia (Hg.) Lehrbuch Palliative Care. 2. Aufl. Bern, Huber, 432-437.
(2012): Wie Religionen mit dem Tod umgehen. Freiburg im Br., Herder.
(2013): Spiritualität und Heilung im Zeitalter der (Post)Moderne, in: *Spiritual Care* 2 (2013) 3, 31-42.
(2014): Menschenwürde und Spiritualität in interreligiöser Perspektive, in: Feinendegen, Norbert u.a. (Hg.): Menschliche Würde und Spiritualität in der Begleitung am Lebensende. Würzburg, Königshausen & Neumann, 123-144.
(2014): Spiritualität versus Religion/Religiosität?, in: Heller, Birgit, Andreas Heller: Spiritualität und Spiritual Care. München, Huber, 45-68.
(2014): Werde der/die du bist: Auf der Suche nach Heilung, in: Heller, Birgit, Andreas Heller: Spiritualität und Spiritual Care. München, Huber, 159-174.
(2014): Eine Zeit zum Reden, eine Zeit zum Schweigen, in: *Praxis Palliative Care* (2014) 24, 16-17.

HELLER, BIRGIT, ANDREAS HELLER
(2009): Spiritualität und Spiritual Care, in: Dies. (Hg.): Spiritualität und Spiritual Care. *Jahresheft der Zeitschrift Praxis Palliative Care/Demenz 1 (2009) 8-11.*
(2011): Spiritualität und Spiritual Care, in: *Junge Kirche* 72 (2011) 4, 16-19.
(2014): Spiritualität und Spiritual Care. München, Huber.
(2014): Vorwort, in: Dies.: Spiritualität und Spiritual Care, München, Huber, 15-18.
(2014): Spiritual Care: Die Wiederentdeckung des ganzen Menschen, in: Heller, Birgit, Andreas Heller: Spiritualität und Spiritual Care. München, Huber, 19-44.

HELLER, ANDREAS, CORNELIA KNIPPING (2007): Haltungen und Orientierungen, in: Knipping, Cornelia (Hg.) Lehrbuch Palliative Care. 2. Aufl. Bern, Huber, 39-48.

HELLER, ANDREAS, SABINE PLESCHBERGER, MICHAELA FINK, REIMER GRONEMEYER (2012): Die Geschichte der Hospizbewegung in Deutschland. Ludwigsburg, hospizverlag.

HELLER, ANDREAS, KLAUS WEGLEITNER (2014): Hospizarbeit und Palliative Care. Wohin?, in: *Praxis Palliative Care* (2014) 23, Editorial.

HERBST, MICHAEL (2012): beziehungsweise. Grundlagen und Praxisfelder evangelischer Seelsorge. Neukirchen-Vluyn, Neukirchener Verlag.

HESS, WINFRIED (2014): Interreligiöse Perspektiven in der Ausbildung von KrankenhausseelsorgerInnen, in: Haker, Hille, Gwendolin Wanderer, Katrin Bentele (Hg.): Religiöser Pluralismus in der Klinikseelsorge. Berlin, LIT, 275-296.

HEYL, ANDREAS von (2014): Seelsorge . Ein Leitfaden. Freiburg im Breisgau, Herder.

HEZSER, GABOR (2013): Seelsorge mit Angehörigen und Mitbetroffenen, in: Klessmann, Michael (Hg.): Handbuch der Krankenhausseelsorge, 4. Aufl. Göttingen, Vandenhoeck & Ruprecht, 219-228.

HIGHFIELD, MARTHA (1992): Spiritual Health of oncology patients. Nurse and patient perspectives, in: *Cancer Nursing* (1992) 1, 1-8.

HIGHFIELD, MARTHA, CAROLYN CASON (1983): Spiritual needs of patients. Are they recognized?, in: *Cancer Nursing* (1983) 6, 187-192.

HILLERMANN, BEATRIX (2014): Ganz nah am Menschen. Hospizarbeit als Urform von Seelsorge, in: *Diakonia* 45 (2014) 57-61.

HINIGER, GABRIELE (2014): Gehört Seelsorge in Qualitätshandbücher?, in: Schrage, Bruno, Peter Bromkamp (2014): Altenheimseelsorge: mehr als eine schöne Kapelle. Kevelear, Lahn Verlag, 191-204.

HILPERT, KONRAD
(2009): Spiritualität – Esoterisches Gegenphänomen zu traditioneller kirchlicher Frömmigkeit?, in: Frick, Eckhard, Traugott Roser (Hg.): Spiritualität und Medizin. Stuttgart, Kohlhammer, 58-65.
(2009): Der Begriff Spiritualität. Eine theologische Perspektive, in: Frick, Eckhard, Traugott Roser (Hg.): Spiritualität und Medizin. 2. Aufl., Stuttgart, Kohlhammer, 18-25.

HIRSMÜLLER, SUSANNE, MARGIT SCHRÖER
(2014): Interprofessionelle Teamarbeit als Ausgangspunkt für Palliativmedizin, in: Schnell, Martin, Christian Schulz (Hg.): Basiswissen Palliativmedizin. Wiesbaden, Springer, 12-22.
(2014): „Wer's mit Humor trägt, macht's sich leichter!" Humor- ein wichtiger Schutzfaktor in der Arbeit mit Sterbenden, in: Müller, Monika, David Pfister (Hg.): Wieviel Tod verträgt das Team? Belastungs- und Schutzfaktoren in Hospizarbeit und Palliativmedizin. Göttingen, Vandenhoek & Ruprecht, 268-276.

HODGE, DAVID (2015): Spiritual assessment in social work and mental health practice. New York, Columbia University Press.

HÖHN, HANS-JOACHIM
(2007): Postsäkular. Gesellschaft im Umbruch – Religion im Wandel. Paderborn, Schöningh.
(2008): Der fremde Gott. Glaube in postsäkularer Kultur. Würzburg, Echter.

HÖBSCH, WERNER (2010): Fortbildung zu interreligiöser Kompetenz in Bildung, Seelsorge und sozialer Arbeit, in: Weiß, Helmut u.a. (Hg.): Handbuch interreligiöse Seelsorge. Neukirchen-Vluyn, Neukirchener Verlag, 358–365.

HÖLLINGER, FRANZ, THOMAS TRIPOLD (2012): Ganzheitliches Leben. Das holistische Milieu zwischen neuer Spiritualität und postmoderner Wellness-Kultur. Bielefed, transcript Verlag.

HÖVER, GERHARD, HEIKE BARANZKE, ANDREA SCHAEFFER (Hg.) (2014): Sterbebegleitung: Vertrauenssache. Herausforderung eine person- und bedürfnisorientierten Begleitung am Lebensende. Würzburg, Königshausen und Neumann.

HOFER, PETER (2011): Die Tröster und ihre Lügen, in: *Theologisch-praktische Quartalschrift* 159 (2011) 162-167.

HOHENBERGER, HERWIG (2014): Die Bedeutung und der Ort von Gebet und Ritualen im modernen Krankenhaus aus der Sicht des Krankenhausseelsorgers, in: Schaupp, Walter u.a. (Hg.): Gesundheitssorge und Spiritualität im Krankenhaus. Innsbruck/Wien, Tyrolia, 181-194.

HOLDER-FRANZ, MARTINA

(2012): „...dass Du bis zuletzt leben kannst". Spiritualität und Spiritual Care bei Cicely Saunders. Zürich, Theologischer Verlag.

(2014): Cicley Saunders und die Bedeutung von Spiritualität für die moderne Hospizbewegung, in: Feinendegen, Norbert u.a. (Hg.): Menschliche Würde und Spiritualität in der Begleitung am Lebensende. Würzburg, Königshausen & Neumann, 213-234.

HONTSCHICK, BERND, CHRISTOF MÜLLER-BUSCH (2012): Abschied braucht Zeit. Palliativmedizin und Ethik des Sterbens. Berlin, Suhrkamp.

HOOKER, STEPHANIE, DAVID B. BEKELMANN (2015): Spiritual and Existential Issues, in: Goodlin, Sarah, Michael W. Rich (Ed.) End-of-Life Care in Cardiovascular Disease. London, Springer, 155-170.

HUBERT, MARY (1963): Spiritual Care for every patient, in: *Journal of Nursing Education* (1963) 2, 9-11/ 29-31.

HÜSTER, PAUL

(2011): Die Sendung neu entdecken. Zur Unternehmenskultur in kirchlichen Sozialeinrichtungen, in: *Herder Korrespondenz* 65 (2011) 200-205.

(2011): Eine christlich geprägte Unternehmenskultur fällt nicht vom Himmel, in: *Behinderung & Pstoral* (2011) Juli, 47-52.

HUGUELET, PHILIPPE, HARALD G. KOENIG (2009): Religion and Spirituality in Psychiatry. Camebridge, Camebridge University Press.

HUGUELET, PHILIPPE et al. (2011): A randomized trial of spiritual assessment of outpatients with schizophrenia, in: *Psychiatric Services* 62 (2011) 79-86.

HUMMEL, LEONHARD et al. (2008): Defining Spiritual Care. An Exploratory Study, in: *Journal of Health Care Chaplaincy* 15 (2008) 40-51.

HUSEBO, STEIN, E. KLASCHIK (2009): Palliativmedizin. 5. Aufl. Heidelberg, Springer.

INAUEN, MARLENE (2007): Standards für Krankenhausseelsorge in Europa, in: Albisser, Rudolf, Adrian Loretan (Hg.): Spitalseelsorge im Wandel. Münster, LIT, 121-124.

JAKOB, BEATE, PETER BARTMANN (2013): Gesundheit und Gesundheitsförderung: Ansätze zur Integration der spirituellen Dimension in Konzepte und Arbeit der WHO, in: Armbruster, Jürgen u.a. (Hg.): Spiritualität und seelische Gesundheit. Köln, Psychiatrieverlag, 48-65.

JACOBOWITZ, SUSANNE (2014): Spannungsfeld Spiritualität – Wissenschaft. Sternenfels, Verlag Wissenschaft & Praxis.

JANIK, JÜRGEN

(2012): „Was ist das für ein Leben?" Die Frage nach Menschenwürde und Lebensqualität(en) und der Beitrag der Klinikseelsorge, in: *Zeitschrift für medizinische Ethik* (58 (2012) 4, 315-326.

(2014): „Patients first"–Interreligiöse Klinikseelsorge als Qualitätskriterium in der Patientenbegleitung, in: Haker, Hille, Gwendolin Wanderer, Katrin Bentele (Hg.): Religiöser Pluralismus in der Klinikseelsorge. Berlin, LIT, 297-310.

JANKE, GABRIELE (2012): Spiritualität und Pflege – wie geht denn das?, in: Geistesgegenwärtig pflegen. Hg. v. Diakonisches Werk der EKD. Neukirchen, Neukirchener Verlagsgesellschaft, 159-169.

JANOWSKI, BERND (2005): Der Mensch im Alten Israel. Grundfragen alttestamentlicher Anthropologie, in: *Zeitschrift für Theologie und Kirche* 102 (2005) 143-175.

JEGGLE-MERZ, BIRGIT (2012): „Ist einer von euch krank? Dann..." (Jak 5,14). Zur Vielfalt, Bedeutung und Praxis liturgischer Formen in der Krankenpastoral, in: Belok, Manfred u.a. (Hg.): Seelsorge in Palliative Care. Zürich, Theologischer Verlag, 115-128.

JOAS, HANS

(2011): Renaissance der Religion? Interview mit Hans Joas, in. *Gehirn & Geist* Dossier (2011) 2, 16-19.

(2012): Glaube als Option. Zukunftsmöglichkeiten des Christseins. Freiburg im Breisgau, Herder.

JOBIN, GUY u.a. (2013): Wie Spiritualität in Palliative Care verstanden wird. in: *Spiritual Care* 2 (2013) 1, 17-26.

JOHNSON, CHRIS (2010): Dilemmas of spiritual assessment, in: McSherry, Wilfred, Linda Ross (Ed.): Spiritual assessment in healthcare practice. Keswick, M & K, 139-160.

JOSUTTIS, URSULA (2009): Seelsorge im Akut-Krankenhaus – nur noch Krisenintervention? 11 Thesen, in: *Wege zum Menschen* 61 (2009) 6, 561-562.

JUNGBAUER, JOHANNES, RAINER KROCKAUER (Hg) (2013): Wegbegleitung, Trost und Hoffnung. Interdisziplinäre Beiträge zum Umgang mit Sterben, Tod und Trauer. Leverkusen, Budrich Verlag.

JUNG-BORUTTA, CHRISTINE, THOMAS SITTE (2013): Spiritual Care, in: Thöns, Matthias, Thomas Sitte (Hg.): Repetitorium Palliativmedizin. Berlin, Springer, 207-221.

JUNG-HANKEL, TONY, SABINE HOFÄCKER, HARALD RICHTER (2014): Potentiale der Krankenhausseelsorge für die Entwicklung der Kirche, in: *Wege zum Menschen* 66 (2014) 615-619.

KÄÄB, STEFAN (2013): Spiritualität in der Kardiologie, in: *Spiritual Care* (2013) 2, 67-70.

KAMMERER, THOMAS, TRAUGOTT ROSER, ECKHARD FRICK (2013): Spiritualität und Religion, in: Michalsen, Andrej, Christiane S. Hartog (Hg.): End-of-Life Care in der Intensivmedizin. Berlin/Heidelberg, Springer, 139-145.

KARLE, ISOLDE

(2009): Sinnlosigkeit aushalten. Ein Plädoyer gegen die Spiritualisierung von Krankheit, in: *Wege zum Menschen* 61 (2009) 19-34.

(2009): Die Sehnsucht nach Heil und Heilung in der kirchlichen Praxis. Probleme und Perspektiven, in: Thomas, Günter, Isolde Karle (Hg.): Krankheitsdeutung in der postsäkularen Gesellschaft. Stuttgart, Kohlhammer 543–556.

(2010): Perspektiven der Krankenhausseelsorge. Eine Auseinandersetzung mit dem Konzept des Spiritual Care, in: *Wege zum Menschen* 62 (2010), 537–555.

KARLE, ISOLDE (Hg.) (2011): Lebensberatung – Weisheit – Lebenskunst. Leipzig, Evangelische Verlagsanstalt.

KARLE, ISOLDE, THOMAS GÜNTER (2009): Krankheitsdeutung in der postsäkularen Gesellschaft. Eine Einführung in das Problemfeld, in: Dies. (Hg.): Krankheitsdeutung in der postsäkularen Gesellschaft. Stuttgart, Kohlhammer, 9-22.

KATHOLISCHE KRANKENHAUSSEELSORGE (2004). Qualitätsstandards. Ziele – Aufgaben – Voraussetzungen. Erarbeitet von der Konferenz Katholische Krankenhausseelsorge in Deutschland. Freiburg, 2004. www.kgv-bremen.de/.../krankenhausseelsorge/.../Qualitaetsstandard.pdf

KATWYK, PETER L. van (2002): Pastoral counseling as a spiritual practice. An exercise in a theology of spirituality, in: *The Journal of pastoral care and counseling* 56 (2002) 2, 109-119.

KAYALES, CHRISTINA (2013): Gemeinsam zu einer Balance finden. Interkulturelle Seelsorge im Krankenhaus, in: *Deutsches Pfarrerblatt* 113 (2013) 6, 331-334.

KELLEHEAR, ALLAN

(1999): Health Promoting Palliative Care. Oxford, University Press.

(2002): Spiritual care in Palliative care. Whose job is it?, in: Rumbold, Bruce (Ed.): Spirituality and Palliative Care. Oxford, Oxford University Press, 166-177.

(2005): Compassionate Cities. Public health and end-of-life-care. Routledge, Milton Park.

(2014): Geleitwort: Spiritual Care in Palliative Care: Wessen Job ist das?, in: Heller, Birgit, Andreas Heller: Spiritualität und Spiritual Care. Bern, Huber, 11-14.

KELLEHEAR, ALLAN, LIBBY SALLNOW (2012). Public health and palliative care: an historical overview, in: Sallnow, Libby, Suresh Kumar, Allan Kellehear (Ed.): International Perspectives on Public Health and Palliative Care. Routledge, Milton Park, 1-12.

KELLER, BARBARA, CONSTANTIN KLEIN, HEINZ STREIB (2013): Das Faith Development Interview. Zur Exploration von Spiritualität im psychotherapeutischen Setting, in: *Spiritual Care* (2013) 1, 35-43.

KELLNER, GERHARD (2010). Der Sterbesegen – ein neues ökumenisches Ritual?, in: *Lebendige Seelsorge* 61 (2010) 1, 42-47.

KERKHOVEN, ADRIAN (2012): Bericht über die 12. ENHCC-Konsultation in Mennorode, 6.-10. Juni 2012. http://www.spitalseelsorge.ch/media/archive1/praxishilfen/verzeichnisse/international/ENHCC12 Mennorode Bericht.pdf.

KERN, MARTINA (2002): Multiprofessionalität im Behandlungsteam, in: Metz, Christian u.a. (Hg.): Balsam für Leib und Seele. Freiburg, Lambertus, 49-58.

KERRY, MARTIN (2001): Towards competence. A narrative and framework for spiritual care givers, in: Orchard, Helen (Ed.): Spirituality in Health Care context. London/Philadelphia, Jessica Kingsley Publishers, 118-134.

KERSTING, KARIN (2006): Zu den seelsorglichen Möglichkeiten Pflegender. Überlegungen zur pflegetheoretischen Verankerung und zu strukturellen Bedingungen im Pflegealltag, in: Götzelmann, Arns u.a. (Hg.): Diakonische Seelsorge im 21. Jahrhundert. Heidelberg, Universitätsverlag, 144-150.

KINAST, RAINER
(2013): Qualitätsmanagement in der Krankenhaus-Seelsorge, in: *Spiritual Care* (2013) 3, 57-70.
(2014): Befragt von Johann Platzer: Christliche Spiritualität im Unternehmen Krankenhaus. Gespräch über Erfahrungen in der Vinzenz Gruppe, in: Schaupp, Walter u.a. (Hg.): Gesundheitssorge und Spiritualität im Krankenhaus. Innsbruck/Wien, Tyrolia, 119-144.
KING, DANA E. (2013): Faith, Spirituality and Medicine. Hoboken, Taylor and Francis.
KLÄDEN, TOBIAS (2012): Säkularisierung, Individualisierung oder Markt? Religionssoziologische Beobachtungen zum Status von Religion in Deutschland und Europa, in: *Anzeiger für die Seelsorge* (2012) 2, 11-15.
KLEIN, CONSTANTIN u.a. (Hg.) (2011): Gesundheit – Religion – Spiritualität. Konzepte, Befunde, Erklärungsansätze. Weinheim/Basel, Beltz/Juventa.
KLEIN, STEFANIE (2013). Die Entwicklung der Seelsorge in der Geschichte des Christentums, in: Bülent, Ucar, Martina Blasberg-Kuhnke (2013): Islamische Seelsorge zwischen Herkunft und Zukunft. Frankfurt am Main, Lang, 71-82.
KLESSMANN, MICHAEL
(1988): Seelsorge zwischen individuellem Trost und politischem Anspruch, in: *Wege zum Menschen* 40 (1988) 394-404.
(2003): Seelsorge im Zwischenraum/Möglichkeitsraum, in: *Wege zum Menschen* 55 (2003) 411-426.
(2005): Seelsorge und Professionalität, in: *Praktische Theologie* 40 (2005) 4, 283-290.
(2005): Kirchliche Seelsorge – seelsorgliche Kirche. Pastoralpsychologisch inspirierte Rückblicke und Ausblicke, in: Kramer, Anja, Freimut Schirrmacher (Hg.): Seelsorgliche Kirche im 21. Jahrhundert. Neukirchen-Vluyn, Neukirchener Verlagshaus, 235-253.
(2006): Gott hat viele Namen. Seelsorge als Differenzwahrnehmung im interreligiösen Kontext, in: Sören Asmus, Manfred Schulze (Hg.): „Wir haben doch alle denselben Gott." Neukirchen-Vluyn, Neukirchener Verlag, 245-262.
(2006): Solidarität und Parteilichkeit, in: *Wege zum Menschen* 58 (2006) 94-107.
(2009): Seelsorge. 2. Aufl. Neukirchen-Vluyn, Neukirchener Verlagsgesellschaft.
(2011): Religion und Gesundheit, in: Noth, Isabelle, Christoph Morgenthaler, Kathleen Greider (Hg.): Pastoralpsychologie und Religionspsychologie im Dialog. Stuttgart, Kohlhammer, 28-40.
(2012): Von der Bewegung zum Verein. Zur Geschichte der Entstehung und Gründung der Deutschen Gesellschaft für Pastoralpsychologie im Jahr 1972, in: *Wege zum Menschen* 64 (2012) 2, 208-221.
(2013): Die Prophetische Dimension der Seelsorge im Krankenhaus, in: Ders. (Hg.): Handbuch der Krankenhausseelsorge, 4. Aufl. Göttingen, Vandenhoeck & Ruprecht, 283-295.
(2013): Ausblick: Krankenhausseelsorge als Dienst der Kirche in der pluralen Gesellschaft, in: Ders. (Hg.): Handbuch der Krankenhausseelsorge, 4. Aufl. Göttingen, Vandenhoeck & Ruprecht, 341-350.
(2013): Von der Krankenseelsorge zur Krankenhausseelsorge – historische Streiflichter, in: Ders.. (Hg.): Handbuch der Krankenhausseelsorge, 4. Aufl. Göttingen, Vandenhoeck & Ruprecht, 77-88.
(2014): Im Strom der Zeit... Von der evangelischen über die ökumenische zur interkulturellen Seelsorge und spiritual care, in: *Wege zum Menschen* 66 (2014) 1, 5-18.
KLESSMANN, MICHAEL (Hg.) (2013): Handbuch der Krankenhausseelsorge. 4. Aufl. Göttingen, Vandenhoeck & Ruprecht.
KLINGL, CHRISTINE, ECKHARD FRICK (2009): Chancen für Spiritual Care in einer materialistischen Medizin und Pflege, in: Frick, Eckhard, Traugott Roser (Hg.): Spiritualität und Medizin. Stuttgart, Kohlhammer, 154-158.
KLOKE, MARIANNE u.a. (Hg.) (2009): Grundwissen Palliativmedizin. Köln, Deutscher Ärzteverlag.
KNIPPING, CORNELIA
(2009): Spirituelle Dimensionen in der Pflege, in: Heller, Birgit, Andreas Heller (Hg.): Spiritualität und Spiritual Care. *Jahresheft der Zeitschrift Praxis Palliative Care/Demenz 1 (2009) 30-31.*
(2012): Menschenwürdig leben und sterben – bis zuletzt. Ein Plädoyer für eine menschenfreundliche Palliative Care, in: Belok, Manfred u.a. (Hg.): Seelsorge in Palliative Care. Zürich, Theologischer Verlag, 47-60.
KNIPPING, CORNELA (Hg.) (2007): Lehrbuch Palliative Care. 2. Aufl. Bern, Huber.
KNOBLAUCH, HUBERT
(2006): Soziologie der Spiritualität, in: Baier, Karl (Hg.): Handbuch Spiritualität. Darmstadt, Wiss. Buchgesellschaft, 91-111.
(2008): Spiritualität und die Subjektivierung der Religion, in: Gräb, Wilhelm, Lars Charbonnier (Hg.) (2008): Individualisierung – Spiritualität – Religion. Berlin, LIT, 31-44.
(2009): Populäre Religion. Auf dem Weg in eine spirituelle Gesellschaft. Frankfurt am Main, Campus.
(2011): Der populäre Tod, in: Gross, Dominiek (Hg.): Who wants to live forever? Postmoderne Formen des Weiterlebens nach dem Tod. Frankfurt am Main, Campus, 27-54.
(2012): Der Topos der Spiritualität, in: Kelle, Reiner u.a. (Hg.): Diskurs – Macht – Subjekt. Wiesbaden, Verlag für Sozialwissenschaften, 247-264.

(2013): Religion, Spiritualität und die Popularität, in: Berger, Peter A. u.a. (Hg.): Religionshybride. Religion in posttraditionalen Kontexten. Wiesbaden, Springer, 121-131.

KNOBLOCH, STEFAN

(1991): Seelsorge als Mystagogie, in: *Trierer Theologische Zeitschrift* 100 (1991) 260-275.

(2000): Seelsorge – Sorge um den Menschen in seiner Ganzheit., in: Handbuch Praktische Theologie. Band 2. Hg. v. Herbert Haslinger u.a. Mainz, Grünewald, 35-46.

KNOBLOCH, STEFAN, HERBERT HASLINGER (1991): Mystagogische Seelsorge. Mainz, Grünewald.

KNOLL, FRANZISKUS (2013): Seelsorgende als Grenzgänger. Multidimensionale Sensibilität für den Anderen am Beispiel Krankenhaus, in: *Pastoralblatt für die Diözesen Aachen, Berlin, Essen, Hildesheim, Köln und Osnabrück* (2013) 9, 264- 270.

KÖGLER, MONIKA, MARTIN FEGG

(2009): Spiritual Care im virtuellen Raum des Internet, in: Frick, Eckhard, Traugott Roser (Hg.): Spiritualität und Medizin. Stuttgart, Kohlhammer, 210-214.

(2009): Kann man Spiritualität messen? Operationalisierung des Begriffs, in: Frick, Eckhard, Traugott Roser (Hg.): Spiritualität und Medizin. Stuttgart, Kohlhammer, 221-228.

KÖHL, GEORG, PETER MOOSMANN (2006): Das eigene Seelsorgeverständnis reflektieren lernen, in: Köhl, Georg (Hg.): Seelsorge lernen in Studium und Beruf. Trier, Paulinus, 292-298.

KOENIG, HAROLD G.

(2002): Spirituality in Patient Care? Why? How? When and What? Radnor, Templeton Press.

(2006): Integration der Spiritualität in die medizinische Praxis: Eine neue Ära in der Medizin, in: Büssing, Arndt u.a. (Hg.): Spiritualität, Krankheit und Heilung. Frankfurt am Main, Verlag für Akademische Schriften, 232-241.

(2012): Spiritualität in den Gesundheitsberufen. Stuttgart, Kohlhammer.

(2012): Spiritualität in der Pflege, in: Ders. (Hg.): Spiritualität in den Gesundheitsberufen. Stuttgart, Kohlhammer, 133-140.

(2012): Commentary: Why do research on spirituality and health, and what do the results mean?, in: *Journal of Religion and Health* 51 (2012) 2, 460-467.

KOENIG, HAROLD G., DANA KING, VERENA CARSON (2012): Handbook of Religion and Health. 2. Aufl., Oxford, Oxford University Press (2001[1]).

KOENIG, HAROLD G. et al. (2004): Religion, spirituality, and health in medically ill hospitalized older patients, in: *Journal of the American Geriatrics Society* (2004) 4, 554-562.

KÖRTNER, ULRICH

(2009): Für einen mehrdimensionalen Spiritualitätsbegriff. Eine interdisziplinäre Perspektive, in: Frick, Eckhard, Traugott Roser (Hg.): Spiritualität und Medizin. Stuttgart, Kohlhammer, 26-34.

(2009): Spiritualität, Religion und Kultur – eine begriffliche Annäherung, in: Ders. u.a. (Hg.): Spiritualität und Kultur am Krankenbett. Wien/New York, Springer, 1-17.

(2009): Spiritualität, Religion und Kultur auf der Intensivstation – wie verträgt sich das?, in: *Wiener Klinische Wochenschrift* 121 (2009) 230-235.

(2014): Abschied vom Megatrend Religion, in: *Materialiendienst der EZW* 77 (2014) 4, 123-124.

KÖRTNER, ULRICH u.a. (Hg.) (2009): Spiritualität und Kultur am Krankenbett. Wien/New York, Springer.

KOHLI REICHENBACH, CLAUDIA (2014): Spiritualität im Care-Bereich. Begriffsklärungen zu Palliative Care, Spiritual Care und Spiritualität, in: Noth, Isabelle, Claudia Kohli Reichenbach (Hg.): Palliative und Spiritual Care. Zürich, Theologischer Verlag, 11-22.

KOHRÖDE-WARNKEN, CORINNA (2013): Spiritual care. Der Anspruch an eine ganzheitliche Versorgung von Patienten in Kliniken und Heimen umfasst auch theologische und spirituelle Aspekte, in: *Die Schwester, der Pfleger* 52 (2013) 12, 1182-1184.

KOLL, WALTER, HANS HAGEDORN (2010): Die Bedeutung der Krankenhaus-Seelsorge für die Kirche. Beobachtungen und Erfahrungen der Krankenhausseelsorge im Erzbistum Köln, in: *Pastoralblatt für die Diözesen Aachen, Berlin, Essen, Hildesheim, Köln, Osnabrück* 62 (2010) 4, 119-123.

KOMMISSION QUALITÄT SPIRITUALITÄT (2010). Abschlussbericht. Marianne Bevier, Dorothee Hart, Thomas Hagen, Karoline Labitzke, Peter Otto, Manfred Rosenau, Traugott Roser. 12. März 2010. www. Pastoralpsychologie.de/uploads.me

KOTTNIK, KLAUS-DIETER, ASTRID GIEBEL (Hg.) (2010): Spiritualität in der Pflege. Neukirchen-Vluyn, Neukirchener Verlag.

KRÄMMER, JOHANNES (2014): Vom Wandel des Umgangs mit den Themen Tod und Sterben. Ein Überblick über aktuelle Entwicklungen und Diskussionen, in: *Ethica* 22 (2014) 3, 253-282.

KRÄNZLE, SUSANNE (2011): Geschichte und Wesen von Palliative Care, in: Dies. u.a. (Hg.): Palliative Care. 4. Aufl. Heidelberg/Berlin, Springer, 3-8.

KRÄNZLE, SUSANNE u.a. (Hg.) (2011): Palliative Care. 4. Auf. Heidelberg/Berlin, Springer.

KRAUS, BERNHARD (2012): Damit auch die Seele im Heim daheim ist... Seelsorgliche Begleitung im Altenheim, in: *Anzeiger für die Seelsorge* (2012) 5, 11-15.

KRAUSE, BORIS (2014): Seelsorge mit Zukunft. Erfahrungen aus der Qualifizierungspraxis von Ehrenamtlichen, in: *Unsere Seelsorge. Das Themenheft der Hauptabteilung Seelsorge im Bischöflichen Generalvikariat Münster* (2014) März, 6-9.

KRÖLL, WOLFGANG, SABINE RITTER (2014): Mitarbeiterzufridenheit und Spiritualität in der Intensivmedizin, in: Schaupp, Walter u.a. (Hg.): Gesundheitssorge und Spiritualität im Krankenhaus. Innsbruck/Wien, Tyrolia, 101-118.

KROLZIK, UDO (2010): Seelsorge stärken aus der Sicht der Akademie für Kirche und Diakonie, in: Seelsorge. Muttersprache der Kirche. Dokumentation eines Workshops der Evangelischen Kirche in Deutschland (Hannover, 16.11.2009 (http://www.ekd.de/seelsorgekonferenz/downloads/seelsorge.) epd-Dokumentation 10/2010) 37-39.

KRÜGER, THOMAS (2014): Nicht nur in guten Zeiten. Die Zukunft hauptamtlicher Krankenhausseelsorge ist ungewiss, in: *zeitzeichen* (2014) 5, 12-14.

KRUG, HENRIETTE (2009): Spirituelle Dimensionen ärztlichen Handelns, in: Körtner, Ulrich u.a. (Hg.): Spiritualität, Religion und Kultur am Krankenbett. Wien, Springer, 61-70.

KÜHNLE-HAHN, GERTRAUDE (2010): Auftrag und Identität der Krankenhausseelsorge im Zusammenspiel mit Mitarbeitenden, in: *Wege zum Menschen* 62 (2010) 6, 556-569.

KÜENZLEN, GOTTFRIED (2003): Die Wiederkehr der Religion. München, Olzog.

KUNZ, RALPH

(2006): Palliative Care. Keine neue medizinische Spezialität, sondern ein umfassender Betreuungsansatz, in: *Schweizerische Ärztezeitung* 87 (2006) 1106-1114.

(2012): Wie kommt Gott ins System? Die systemische Seelsorge und die gesellige Gottheit, in: Noth, Isabelle (Hg.): Nachdenkliche Seelsorge-seelsorgliches Nachdenken. Göttingen, Vandenhoeck & Ruprecht, 44-61.

(2012): Spiritualität im Diskurs, in: Ders., Claudia Kohli-Reichenbach (Hg.): Spiritualität im Diskurs – Spiritualitätsforschung in theologischer Perspektive. Zürich, TVZ, 211-226.

KUNZ, RALPH, CLAUDIA KOHLI REICHENBACH (Hg.) (2012): Spiritualität im Diskurs. Spiritualitätsforschung in theologischer Perspektive. Zürich, Theologischer Verlag.

KUNZ, RALPH, MATTHIAS NEUGEBAUER (2006): Ethische Seelsorge und Orientierungsvielfalt, in: *Wege zum Menschen* 58 (2006) 3, 246-258.

KUNZ, ROLAND (2014): Interdisziplinäre Betreuung und Integrierte Versorgung, in: Schulte, Volker, Christoph Steinebach (Hg.) (2014): Innovative Palliative Care. Bern, Huber, 109-119.

LABUNE, EVELYN (1988): Spiritual care: An element in nursing care planning, in: *Journal of Advanced Nursing* (1988) 3, 314-320.

LANE, JULIA (1987): The care of the human spirit, in: *Journal of Professional Nursing* 3 (1987), 332-337.

LÄNZLINGER, URS (2012): Ein bewährtes Modell für Seelsorge in Palliative Care, in: Belok, Manfred u.a. (Hg.): Seelsorge in Palliative Care. Zürich, Züricher Verlag,175-188.

LARIMORE, WALTER (2001): Providing basic spiritual care for patients: Should it be the exclusive domain of pastoral professionals?, in: *American Family Physician* 63 (2001) 36-41.

LAWRENCE, RAYMOND (2003): The witches' brew of spirituality and medicine, in: *Annals of behavioral Medicine* 24 (2003), 74-76.

LEGET, CARLO J.W.

(2012): Implementing spiritual care at the end of life: The Netherlands, in: *European journal of palliative care* 19 (2012) 4, 191-192.

(2013): Spiritual care and pain in cancer, in: Hanna, Magdi, Zbigniew Zylicz (Hg.): Cancer Pain. London, Springer, 221-229.

(2013): Trendbericht: "Spiritual Care" in de zorg, in: *Handelingen. Tijdschrift voor praktische theologie* 40 (2013) 71-77.

(2013): Zorg om betekenis. Over zorgethiek en spirituele zorg in het bijzonder in relatie tot de palliative zorg. Utrecht, Universiteit voor Humanistiek.

LEGET, CARLO J.W u.a. (2013): Spirituele zorg in de kaderopleiding Palliatieve Zorg, in: *Tijdschrift voor Ouderengeneeskunde* (2013) 146-149.

LEHMANN, KARL(1990): Seelsorge als Aufgabe der Kirche, in: *Lebendige Seelsorge* 41 (1990) 48-53.

LEITNER, ANTON (2010): Handbuch Integrative Therapie. Wien, Springer.

LEUTHOLD, MARGIT (2009): Unterschiedliche Facetten einer interreligiösen und interdisziplinären Seelsorgearbeit im Krankenhaus, in: Körtner, Ulrich u.a.(Hg.): Spiritualität, Religion und Kultur am Krankenbett. Wien, Springer, 30–35.

LITTGER, BENNO (2014): Christliche Hospiz- und Palliativkultur. Würzburg, Echter.

LOUW, DANIEL. et al. (Ed.) (2012): Encounter in Pastoral Care and Spiritual Healing. Towards an integrative and intercultural approach. Wien/Berlin, LIT.

LÜTZ, MANFRED

(2007): Begegnung mit sich und mit Gott, in: *Lebendige Seelsorge* 58 (2007) 1, 43-47.

(2008): Erhebet die Herzen, beuget die Knie. Gesundheit als Religion, in: *Die Zeit* 17 (2008) 17. April, 17.

(2013): Lebenslust. Wider die Diät-Sadisten, den Gesundheitswahn und den Fittnesskult. München, Knaur.

LUTHER, HENNING (1998): Die Lügen der Tröster, in: *Praktische Theologie* 33 (1998) 3, 163-176.

McCLURE, BARBARA (2010): Moving Beyond Individualism in Pastoral Care and Counseling. Cascada Books.

MAIER, BERND OLIVER, THOMAS SITTE (2013): Grundlagen und Versorgungsstrukturen, in: Thöns, Matthias, Thomas Sitte (Hg.): Repetitorium Palliativmedizin. Berlin/Heidelberg, Springer, 1-12.

MAIO, GIOVANNI

(2010): Warum eine ethische Infragestellung der Paradigmen der modernen Medizin Not tut, in: Krobath, Thomas, Andreas Heller (Hg.): Ethik organisieren. Freiburg, Lambertus, 94-106.

(2010): Abschaffung des Schicksals? Zum impliziten Versprechen einer Medizin ohne Maß, in: *Stimmen der Zeit* 228 (2010) 12, 807-816.

(2010): Die Hilflosigkeit der Medizin im Hinblick auf die Frage nach dem Sinn, in: *Ethica* 18 (2010) 1, 3-9.

(2011): Heilen als Management? Zum Verlust einer Kultur der verstehenden Sorge in Zeiten der Ökonomie, in: *Zeitschrift für Allgemeinmedizin* 87 (2011) 12, 36-41.

(2011): Abschaffung des Schicksals? Mensch-Sein zwischen Gegebenheit des Lebens und medizinisch-technischer Gestaltbarkeit. Freiburg, Herder.

(2011): Medizin in einer Gesellschaft, die kein Schicksal duldet, in: *Zeitschrift für Medizinische Ethik* 57 (2011) 2, 79-98.

(2012): Mittelpunkt Mensch. Ethik in der Medizin. Ein Lehrbuch. Stuttgart, Schattauer.

(2013): Ökonomisierte Spiritualität. Über das Ersticken der Sinnfrage in der modernen Medizin, in: Möde, Erwin (Hg.): Christliche Spiritualität und Psychotherapie. Regensburg, Pustet, 28-35.

(2014): Auf der Suche nach Ganzheit. Spirituelle Begleitung in der Medizin zwischen Mode und Notwendigkeit, in: Möde, Erwin (Hg.) Europa braucht Spiritualität. Freiburg, Herder, 150-163.

MANN, STEPHAN (2006): On Sacred Ground – The Role of Chaplains in the Care of the Dying. A Partnership between the Religious Community and the Healthcare Community, in: Puchalski, Christina (Hg.): A Time for Listening And Caring. New York, Oxford University Press, 115-130.

MARSHALL, JORETTA (2012): A Perspective on Pastoral Theology, Pastoral Care, and Counseling in the United States, in: Noth, Isabelle, Ralph Kunz (Hg.): Nachdenkliche Seelsorge – Seelsorgliches Nachdenken. Göttingen, Vandenhoek & Ruprecht, 326-341.

MASCHWITZ, GERDA, RÜDIGER MASCHWITZ (2013): Spirituelle Sterbebegleitung. Murmau, Mankau Verlag.

MATHWIG, FRANK:

(2014): Worum sorgt sich Spiritual Care? Bemerkungen und Anfragen aus theologisch-ethischer Sicht, in: Noth, Isabelle, Claudia Kohli Reichenbach (Hg.): Palliative und Spiritual Care. Zürich, Theologischer Verlag, 23-42.

(2014): „Will you still need me, will you still feed me…?" Bedeutung haben – auch in Krankheit und Sterben, in: Noth, Isabelle, Claudia Kohli Reichenbach (Hg.): Palliative und Spiritual Care. Zürich, Theologischer Verlag, 85-102.

MAYER, HANNA (2009): Die spirituelle Dimension pflegerischen Handelns, in: Körtner, Ulrich u.a. (Hg.): Spiritualität, Religion und Kultur am Krankenbett. Wien, Springer, 71-80.

McSHERRY, WILFRED

(2001): Spiritual crisis? Call a nurse!, in: Orchard, Helen (Ed.): Spirituality in Health Care context. London/Philadelphia, Jessica Kingsley Publishers, 107-117.

(2007): The meaning of spirituality and spiritual care within nursing and health care practice. Quay Books.

(2008): Making Sense of Spirituality in Nursing and Healthcare Practice. London, Jessika Kingsley Verlag.

(2010): Spiritual assessment. Definition, categorisation and features, in: McSherry, Wilfred, Linda Ross (Ed.): Spiritual assessment in healthcare practice. Keswick, M & K, 57-78.

McSHERRY, WILFRED, LINDA ROSS (2010): Spiritual assessment in healthcare practice. Keswick, M & K.

MEIER, CHRISTOPH, TRAUGOTT ROSER (2011): Medizin und Theologie in gemeinsamer Sorge für kranke und sterbende Menschen, in: *Praktische Theologie* 46 (2011) 1, 3.

MEIMENDAHL, ANNE, REINHARD BUYER (2012): Von der Patienten- zur Mitarbeiter- zur Krankenhausseelsorge, in: *Wege zum Menschen* 64 (2012) 6, 583-587.

MERLE, KRISTIN (2013): Die Seelsorge vor der Sinnfrage, in: *Praktische Theologie* 48 (2013) 2, 102-109.

MÖDE, ERWIN (2014): Spiritualität, ein „weites Land". Einleitende Hinführung zum Begriff ‚Spiritualität', in: Ders. (Hg): Europa braucht Spiritualität. Freiburg, Herder, 9-26.

MÖSLI, PASCAL, STEFFEN EYCHMÜLLER (2014): Chancen der interdisziplinären Zusammenarbeit aus medizinischer und seelsorglicher Sicht, in: Noth, Isabelle, Claudia Kohli Reichenbach (Hg.): Palliative und Spiritual Care. Zürich, Theologischer Verlag, 129-154.

MÖSLI, PASCAL, HUBERT KÖßLER (2014): „Ferne aushalten" - Seelsorge im interreligiösen Feld am Universitätsspital Inselspital in Bern, in: Haker, Hille, Gwendolin Wanderer, Katrin Bentele (Hg.): Religiöser Pluralismus in der Klinikseelsorge. Berlin, LIT, 321-344.

MOHAGHEGHI, HAMIDEH (2010): Überlegungen zur interreligiösen Seelsorge aus muslimischer Sicht, in: Weiß, Helmut (Hg.): Handbuch Interreligiöse Seelsorge. Neukirchen-Vluyn, Neukirchener Verlag, 129-135.

MONOD, STEFANIE et al. (2010): The spiritual needs model. Spirituality assessment in the geriatic hospital setting, in: *Journal of Religion, Spirituality and Aging* 22 (2010) 271-282.

MONOD, STEFANIE et al. (2011): Instruments measuring spirituality in clinical research: a systematic review, in: *Journal of General Internal Medicine* 26 (2011) 1345-1357.

MORGENTHALER, CHRISTOPH

(2007): Sieben Gründe, warum Spitalseelsorge not-wendig ist, in: Albisser, Rudolph, Adrian Loretan (Hg.): Spitalseelsorge im Wandel. Münster, LIT, 89-94.

(2009): Systeme als Bezugspunkte der Seelsorge, in: Engelmann, Wilfried (Hg.): Handbuch der Seelsorge. 2. Auflage. Leipzig, Verlagsanstalt, 292-307.

(2009): Seelsorge. Gütersloh, Mohn.

(2009): Der Traum einer seelsorglichen Kirche. Zehn Thesen, in: *Lebendige Seelsorge* 60 (2009) 5, 298-301.

(2012): Palliative Care - Chancen und Herausforderungen für die Seelsorge, in: Holder-Franz, Martina: „...dass Du bis zuletzt leben kannst". Spiritualität und Spiritual Care bei Cicely Saunders. Zürich, Theologischer Verlag, Vorwort.

(2013): Systemische Seelsorge. 5. vollständig überarbeitete Auflage. Stuttgart, Kohlhammer.

MÜLLER-BUSCH, CHRISTOF

(2012): Palliative Care. Historische Entwicklungen - Aufgaben - Perspektiven, in: Fegg, Martin u.a. (Hg.): Psychologie und Palliative Care. Stuttgart, Kohlhammer, 11-19.

(2014): Kurze Geschichte der Palliativmedizin, in: Schnell, Martin, Christian Schulz (Hg.): Basiswissen Palliativmedizin. 2. Aufl. Wiesbaden, Springer, 4-9.

MÜLLER-CYRAN, ANDREAS (2009): Spiritual Care angesichts des plötzlichen Todes, in: Frick, Eckhard, Traugott Roser (Hg.): Spiritualität und Medizin. Stuttgart, Kohlhammer, 237-243.

MÜLLER, MONIKA (2004): Dem Sterben Leben geben. Die Begleitung sterbender und trauernder Menschen als spiritueller Weg. Gütersloh, Gütersloher Verlagshaus.

MÜLLER, MONIKA, DAVID PFISTER (Hg.) (2014): Wieviel Tod verträgt das Team? Belastungs- und Schutzfaktoren in Hospizarbeit und Palliativmedizin. 2. Aufl. Göttingen, Vandenhoek & Ruprecht.

MÜLLER, MONIKA, LUKAS RADBRUCH, MARTINA KERN (ohne Jahr): Spirituelle Begleitung in Hospiz- und Palliativkontext - eine Frage der Qualität. 11 Thesen zur Spiritualität. http://www.monikamueller.com, eingesehen am 18. August 2014.

MÜLLER, SIGRID (2009): Spiritualität am Krankenbett. Motivation, Grundlagen, Kriterien und Ziel aus einer christlichen Perspektive, in: Körtner, Ulrich u.a. (Hg.): Spiritualität und Kultur am Krankenbett. Wien/New York, Springer, 2009, 200-211.

MUMMENHOFF, ULRIKE (2010): Interreligiöse Seelsorge im Arbeitsfeld Krankenhaus, in: Weiß, Helmut u.a.(Hg.): Handbuch interreligiöse Seelsorge. Neukirchen-Vluyn, Neukirchener Verlag, 245–254.

MUNDLE, ROBERT (2011): Prophetic Pastoral Care and the refashioning of identity in hospital chaplaincy, in: Dillen, Annemie, Anne Vandenhoek (Ed.): Prophetic Witness in World Christianities. Rethinking Pastoral Care and Counseling. Berlin/Wien, LIT, 176-182.

NASSEHI, ARMIN (2009): Spiritualität. Ein soziologischer Versuch, in: Frick, Eckhard, Traugott Roser (Hg.): Spiritualität und Medizin. Stuttgart, Kohlhammer, 35-44.

NATIONALE LEITLINIEN PALLIATIVE CARE (2010). Hg. v. Bundesamt für Gesundheit (BAG) und Schweizerische Konferenz der der kantonalen Gesundheitsdirektorinnen und –direktoren (GDK). Bern, 2010.

NAUER, DORIS

(2001): Seelsorgekonzepte im Widerstreit. Ein Kompendium. Stuttgart, Kohlhammer.

(2006): Heilende Seelsorge? Zum Stellenwert körperlich-seelischer Gesundheit in der heutigen Seelsorge, in: Gories, Harm (Hg.): Bodyliness and Human Dignity. Münster, LIT, 61-88.

(2006): Politisch-Befreiende Seelsorge. Zur gesellschaftspolitischen Dimension christlicher Seelsorge, in: Bucher, Rainer, Rainer Krockauer (Hg.): Praktische Theologie und Politik. Münster, LIT, 165-181.

(2007): Seel-Sorge in der Institution Alten(pflege)heim, in: Blasberg-Kuhnke, Martina, Andreas Wittrahm (Hg.): Altern in Freiheit und Würde. Ein Handbuch. München, Kösel, 350-359.

(2007): Seelsorge in der Caritas. Spirituelle Enklave oder Qualitätsplus? Freiburg, Lambertus.

(2007): Seelsorge. Sorge um die Seele. Stuttgart, Kohlhammer.

(2010): Glaubwürdige Seelsorge im Team. Neben-Einander, Gegen-Einander, Für-Einander, Mit-Einander von Klerikern, Ordensleuten, 'LaientheologInnen' und ehrenamtlich Engagierten, in: Bucher, Rainer, Johann Pock (Hg.): Klerus und Pastoral. Berlin/Wien, LIT, 233-259.

(2011): Seelsorge ohne Diakonie? Diakonische Seelsorge!, in: *Anzeiger für die Seelsorge* (2011) 1, 14-17.

(2011): Glaubwürdige Seelsorge in Einrichtungen des Sozial- und Gesundheitswesens?!, in: *Behinderung & Pastoral*, 16 (2011), 3–10.

(2012): Humor-Lebensfreude-Gelassenheit. Typisch Christlich?, in: Pock, Johann, Birgit Hoyer, Michael Schüßler (Hg.): Ausgesetzt. Exklusionsdynamiken und Exposureprozesse in der Praktischen Theologie. Wien/Berlin, LIT, 213-256.

(2012): Aus Fehlern lernen. Historische Hypotheken und glaubwürdige Neuaufbrüche in der Seelsorge, in: Köhl, Georg, G. Lames (Hg.): Abenteuer Hoffnung. Berlin, LIT, 798-809.

(2013): Diakonisch handeln? Gottes Auftrag an uns Menschen!, in: *Anzeiger für die Seelsorge* 122 (2013) 9, 11-14.

(2013): (Katholieke) Geestelijke Verzorging. Een constructief-kritische blik vanuit het buitenland, in: *TGV Tijdschrift Geestelijke Verzorging* 16 (2013) Nr. 71, 9-24. = (Katholische) Seelsorge in den Niederlanden. Ein konstruktiv-kritischer Blick aus dem Ausland.

(2013): Keine Angst vor Komplexität! Glaubwürdige Seelsorge im 21. Jahrhundert, in: *P&S (Magazin für Psychotherapie und Seelsorge)* (2013) November, 52-56.

(2014): "Weil nichts bleibt, wie es war". Paradigmenwechsel im christlichen Seelsorgeverständnis, in: Hoppe, Rudolf, Michael Reichardt (Hg.): Lukas-Paulus-Pastoralbriefe. Festschrift für Alfons Weiser zum 80. Geburtstag. Stuttgart, Katholisches Bibelwerk, 373-387.

(2014): Krankenhausseelsorge. Glaubwürdiger christlicher Dienst in und an der pluralen Gesellschaft, in: Augustin; George u.a. (Hg.): Christentum im Dialog. Freiburg i.Br., Herder, 421-432.

(2014): Seelsorge. Sorge um die Seele. 3. überarbeitete und erweiterte Auflage. Stuttgart, Kohlhamer.

(2015): Christlich Leiten. Ein Qualitätsmerkmal sozialkaritativer Einrichtungen in christlicher Trägerschaft, in: *Anzeiger für die Seelsorge* (2015) 1, 5-8.

NELIUS, GABY (2011): Hilfe, die wollen mich rausschmeißen! Interprofessionelle Zusammenarbeit als eine Kernkompetenz von Krankenhausseelsorge, in: *Wege zum Menschen* 63 (2011) 6, 549-560.

NEUBERT-STEGEMANN, REDLEF (2008): Zur Aktualität der Pastoralpsychologie. Politische Herausforderungen, theologische Aufgaben, in: *Wege zum Menschen* 60 (2008) 1, 65-73.

NOBER, STEFAN u.a. (2012): Krankenhausseelsorge. Qualitätsarbeit ist gefragt, in: Köhl, Georg, Gundo Lames (Hg.): Abenteuer Hoffnung. Berlin, EB Verlag, 272-284.

NOLAN, STEVE

(2006): Psychospiritual care: a paradigm(shift) of care for the spirit in a non-religious context, in: *The Journal Of Health Care Chaplaincy* 7 (2006) 1, 12-22.

(2010): Spiritual Care at the end of life. The chaplains as a ‚hopeful presence'. London, Kingsley.

NOLAN STEVE, PHILIP SALTMARSH, CARLO LEGET (2011): Spiritual Care in Palliative Care, in: *European Journal of Palliative Care* 18 (2011) 2, 86-89.

NOTH, ISABELLE

(2013): Seelsorge(konzepte) zwischen Modernität und religiöser Tradition, in: Ucar, Bühlent, Martina Blasberg-Kuhnke: Islamische Seelsorge zwischen Herkunft und Zukunft. Frankfurt am Main, Lang, 101-106.

(2014): Seelsorge und Spiritual Care, in: Noth, Isabelle, Claudia Kohli Reichenbach (Hg.): Palliative und Spiritual Care. Zürich, Theologischer Verlag, 103-116.

NOTH, ISABELLE, CLAUDIA KOHLI REICHENBACH (Hg.) (2014): Palliative und Spiritual Care. Aktuelle Perspektiven in Medizin und Theologie. Zürich, Theologischer Verlag.

O'CONNEL, LAURENCE (2006): Spirituality in Palliative Care. An Ethical Imperative, in: Puchalski, Christina (Ed.): A Time for Listening and Caring. New York, Oxford University Press, 27-38.

O'GORMAN, MARY LOU (2006): Spirituality in End-of-Life Care from a Catholic Perspective. Reflections of a Hospital Chaplain, in: Puchalski, Christina (Ed.): A Time for Listening And Caring. New York, Oxford University Press, 139-154.

ORCHARD, HELEN

(2001): Introduction: Health care contexts – Spiritual care debats, in: Orchard, Helen (Hg.): Spirituality in Health Care context. London/Philadelphia, Jessica Kingsley Publishers, 21-32.

(2001): Being there? Presence and absence in spiritual care delivery, in: Orchard, Helen (Hg.): Spirituality in Health Care context. London/Philadelphia, Jessica Kingsley Publishers, 147-159.

OSTERMANN, THOMAS (2006): Spiritualität und Religiosität: Konzepte, Messverfahren, Einfluss auf Gesundheit und Krankheit – eine Literaturübersicht, in: Büssing, Arndt u.a. (Hg.): Spiritualität, Krankheit und Heilung. Frankfurt am Main, Verlag für Akademische Schriften, 54-68.

OSTERWALD, HILKE (2014): Seelsorge und Palliative Care. Einblicke in die Praxis einer Seelsorgerin, in: Bruhn, Ramona (Hg.): Palliative Care für Menschen mit Geistiger Behinderung. Stuttgart, Kohlhammer, 139-142.

PAAL, PIRET (2014): Wie hast du's mit der Religion? Spiritual Care in der Pflege, in: *Heilberufe. Das Pflegemagazin* 66 (2014) 4, 38-39.

PADILLA, CARLOS, WALTER MOCZYNSKI (2009): Klinikseelsorge als Teil des medizinischen (Behandlungs)Teams: Wege durch eine institutionelle Kultur, in: Haker, Hille u.a (Hg.): Perspektiven der Medizinethik in der Klinikseelsorge. Berlin, LIT, 39-60.

PALM, LISA (2012): Religiös-spirituelle Begleitung (Spiritual Care) und die Erfassung von Spiritual Pain bei schwerkranken Menschen im Akutspital, in: Belok, Manfred u.a. (Hg.): Seelsorge in Palliative Care. Zürich, Theologischer Verlag, 75-86.

PARGAMENT, KENNETH

(1999): The psychology of religion and spirituality? Yes and no, in: *The International Journal of Psychology and Religion* (1999) 1, 3-16.

(2011): Spiritually Integrated Psychotherapy. Understanding and Addressing the Sacred. New York, Guilford.

PEMBROKE, NEIL (2010): Appropriate spiritual care by physicians, in: *Journal of Religion and Health* 47 (2008) 4, 549-559.

PENG-KELLER, SIMON

(2010): Einführung in die Theologie der Spiritualität. Darmstadt, Wissenschaftliche Buchgesellschaft.

(2012): Geistbestimmtes Leben. Spiritualität. Zürich, Theologischer Verlag.

(2012): Spiritualität im Kontext moderner Medizin, in: Belok, Manfred u.a. (Hg.): Seelsorge in Palliative Care. Zürich, Züricher Verlag, 87-98.

(2014): Zur Herkunft des Spiritualitätsbegriffs. Begriffs- und spiritualitätsgeschichtliche Erkundungen mit Blick auf das Verständnis von Spiritual Care, in: *Spiritual Care* (2014) 1, 36-47.

PETZOLD, HILARION, JOHANNA SIEPER, ILSE ORTH (2010): Psychotherapie und ‚spirituelle Intervention', in: *Psychologische Medizin* 21 (2010) 4, 13-22.

PFANDL-WAIDGASSER, ANDREA (2011): Spielerischer Ernst. Clowneske Interventionen in der Krankenhausseelsorge. Stuttgart, Kohlhammer.

PFENNIGHAUS, DIETMAR (2011): Neue Horizonte. Beziehungen stärken durch Systemische Seelsorge. Marburg, Francke.

PFRANG, CLAUDIA (2010): Ambulante Palliativversorgung und Seelsorge. Einblicke in eine empirische Befragung der Hospiz- und Palliativdienste in Deutschland, in: *Lebendige Seelsorge* 61 (2010) 2, 148-152.

PLANTE, THOMAS (2009): Spiritual Practices in Psychotherapy. Washington, American Psychological Association APA.

PLESCHBERGER, SABINE

(2002): Palliative Care. Ein Paradigmenwechsel, in: *Österreichische Pflegezeitschrift* (2002) 12, 16-18.

(2007): Die historische Entwicklung von Hospizarbeit und Palliative Care, in: Knipping, Cornelia (Hg.) Lehrbuch Palliative Care. 2. Aufl. Bern, Huber, 24-29.

PLIETH, MARTINA (2012): "Da will ich hin, da darf ich sein ...". Zur Gottesdienstkultur im Altenheim, in: *Pastoraltheologie* 101 (2012) 4, 169-187.

POCK, JOHANN (2013): Seelsorge als Dienst. Herausforderung an eine diakonische Pastoral, in: *Anzeiger für die Seelsorge* (2013) 9, 15-17.

POHL-PATALONG, UTA

(1996): Seelsorge zwischen Individuum und Gesellschaft. Stuttgart, Kohlhammer.

(2004): Seelsorge. Konzeptionen und Methoden, in: Religion in Geschichte und Gegenwart (RGG). 4. Aufl. Hg. von Hans Dieter Betz. Tübingen, Mohr-Siebeck, Band 7 R-S, 1114-1116.

POLAK, REGINA

(2006): Megatrend oder Megaflop? Zur Wiederentdeckung von Spiritualität, in: *Diakonia* 37 (2006) 386-392.

(2006): Religion kehrt wieder. Ostfildern, Schwabenverlag.

POLAK, REGINA, CHRISTOPH SCHACHINGER (2011): Stabil in Veränderung. Konfessionsnahe Religiosität in Europa, in: Polak, Regina (Hg.): Zukunft. Werte. Europa. Die Europäische Wertestudie 1990-2010. Österreich im Vergleich. Wien, Böhlau, 191-219.

POTZ, RICHARD (2009): Recht auf seelsorgliche Betreuung aus der Sicht der Patienten und Religionsgemeinschaften, in: Körtner, Ulrich u.a. (Hg.): Spiritualität und Kultur am Krankenbett. Wien/New York, Springer, 108-118.

PUCHALSKI, CHRISTINA

(1999): End of life care. A time of listening and caring, in: *The Jurist* 59 (1999) 1, 147-160.

(2001): Spirituality and Health. The Art of Compassionate Medicine, in: *Hospital Physician* (2001) March, 30-60.

(2002): Spirituality and End-Of-Life Care, in: *Journal of Palliative Medicine* 5 (2002) 289-294.
(2006): The Role of Spirituality in the Care of Seriously Ill, Chronically Ill and Dying Patients, in: Dies. (Ed.): A time of Listening and Caring. New York, Oxford University Press, 5-26.
(2006): Spiritual stages of dying, in: Dies. (Ed.): A time of Listening and Caring. New York, Oxford University Press, 55-81.
(2006): Spiritual Care: Compassion and Service to Others, in: Dies. (Ed.): A Time for Listening And Caring. New York, Oxford University Press, 29-54.
(2006): Spiritual Care. Practical Tools, in: Dies. (Ed.): A Time for Listening And Caring. New York, Oxford University Press, 229-252.
(2008): Spirituality and the care of patients at the end-of-life, in: *Omega. Journal of Death and Dying* 56 (2008) 1, 33-46.
(2010). The spiritual history. An essential element of patient-centered care, in: McSherry, Wilfred, Linda Ross (Ed.): Spiritual assessment in healthcare practice. Keswick, M & K, 79-94.
(2014): Spiritual Care – eine Zeit des Zuhörens und Mitgehens, in: Feinendegen, Norbert u.a. (Hg.): Menschliche Würde und Spiritualität in der Begleitung am Lebensende. Würzburg, Königshausen & Neumann, 235-266.

PUCHALSKI, CHRISTINA (Ed.) (2006): A time of Listening and Caring. Spirituality and the Care of the Coronically Ill and Dying. New York, Oxford University Press.

PUCHALSKI, CHRISTINA, A. ROMER (2000): Taking a spiritual history allows clinicans to understand patients more fully, in: *Journal of Palliative Medicine* 3 (2000) 129-137.

PUCHALSKI, CHRISTINA et al. (2006): Interdisciplinary spiritual care for seriously ill and dying patients. A collaborative Model, in: *Cancer Journal* 12 (2006) 5, 398-416.

PUCHALSKI, CHRISTINA et al. (2009): Improving the quality of Spiritual Care as a dimension of Palliative Care, in: *Journal of Palliative Medicine* 12 (2009) 885-904.

PUCHALSKI, CHRISTINA, BETTY FARRELL (2010): Making Health Care Whole. Integrating Spirituality into Patient Care. West Conshohocken, Templeton Press.

PUCHALSKI, CHRISTINA et. al (2012): Curriculum development in spirituality and health in the health professions, in: Cobb, Mark, Christina Puchalski, Bruce Rumbold (Hg.): Oxford Textbook of Spirituality in Healthcare. Oxford, University Press, 417-427.

PÜLLEN, ELISABETH (2013): Da hilft nur noch beten – aus der Perspektive der Pflege. Krankheit und Spiritualität, in: Bieneck, Andreas u.a. (Hg.): An den Grenzen des Lebens. Neukirchen-Vluyn, Neukirchener Verlagsgesellschaft, 28-33.

QUILES, KEVIN (2010): Spiritual Care to elderly and dying loved ones. Naples, Quality of life Publishing.

RAHMENBEDINGUNGEN EINER CHRISTLICHEN UNTERNEHMENSKULTUR IN CARITAS UND DIAKONIE (2011). Hg. vom Diakonischen Werk der Evangelischen Kirche in Deutschland e.V. und dem Deutschen Caritasverband e.V.

RAISCHL, JOSEF (2009): Aspekte von Spiritual Care in der ambulanten Hospizarbeit, in: Frick, Eckhard, Traugott Roser (Hg.): Spiritualität und Medizin. Stuttgart, Kohlhammer, 288-295.

RAU, ALBERT (2009): Segensfeier mit Sterbenden und ihren Angehörigen, in: *Lebendige Seelsorge* (2009) 4, 267-276.

REBER, JOACHIM
(2009): Spiritualität in sozialen Unternehmen. Stuttgart, Kohlhammer.
(2011): Meister, wo wohnst du? Aspekte einer christlichen Unternehmenskultur, in: Schoenauer, Hermann (Hg.): Spiritualität und innovative Unternehmenskultur. Stuttgart, Kohlhammer, 470-487.
(2012): Spiritualität in sozialenUnternehmen – vom spirituellen Angebot zu einer (christlich-)inspirierten Unternehmenskultur, in: Giebel, Astrid, Johannes Stockmeier (Hg.): Geistesgegenwärtig pflegen. Neukirchen-Vluyn, Neukirchener Verlagsgesellschaft, 228-239.

REED, PAMELA
(1991): Preference for spirituality related nursing interventions among terminally ill and nonterminally ill hospitalized adults and well adults, in: *Applied Nursing Research* (1991) 3, 122-128.
(1992): An emerging paradigm for the investigation of spirituality in nursing, in: *Research in Nursing & Health* (1992) 5, 349-357.

REICHELT, HARALD (2010): Spiritualität und die Wissenschaft. Norderstedt, Grin.

REMMERS, HARTMUT (2014): Palliative Care und Spiritual Care, in: Pantel, Johannes (Hg.): Praxishandbuch Altersmedizin. Stuttgart, Kohlhammer, 2014, 708-715.

RENZ, MONIKA
(2010): Grenzerfahrung Gott. Spirituelle Erfahrungen in Leid und Krankheit. Stuttgart, Kreuz.
(2014): Hoffnung und Gnade. Stuttgart, Kreuz.
(2014): Hinübergehen. Was beim Sterben geschieht. 5. Aufl. Stuttgart, Kreuz.

REUTER, WOLFGANG

(2002): Der heilsame Blick aufs Fragment, in: Fürst, Walther (Hg.): Pastoralästhetik. Freiburg im Br., Herder, 265-277.

(2004): Heilsame Seelsorge. Münster, LIT.

(2012): Relationale Seelsorge. Stuttgart, Kohlhammer.

(2013): Vermitteln und Begegnen. Relationale Seelsorge, in: *Lebendige Seelsorge* 64 (2013) 6, 388-393.

(2013): Wie Rituale ‚abgehen' in: *Communio* 42 (2013) 4, 367-378.

RICHARDS, SCOTT, ALLEN BERGIN (1997): A Spiritual Strategy for Counseling and Psychotherapy. Washington, American Psychological Association APA.

RIEDEL-PFÄFFLIN, URSULA (2012): Systemische Seelsorge als Aufgabe gesellschaftspolitischer und spiritueller Kommunikation, in: Noth, Isabell, Ralph Kunz (Hg.): Nachdenkliche Seelsorge-seelsorgliches Nachdenken. Göttingen, Vandenhoeck & Ruprecht, 2012, 73-85.

RIEDNER, CAROLA

(2009): Spiritualität in der Psychoonkologie, in: Frick, Eckhard, Traugott Roser (Hg.): Spiritualität und Medizin. Stuttgart, Kohlhammer, 130-135.

(2012): Sacred moments bei der Sterbebegleitung, in: *Spiritual Care* (2013) 1, 55-58.

RIEDNER, CAROLA, THOMAS HAGEN (2009): Spirituelle Anamnese, in: Frick, Eckhard, Traugott Roser (Hg.): Spiritualität und Medizin. Stuttgart, Kohlhammer, 229-234.

RIEGER, MICHAEL (2013): Dem Tod entgegenwachsen – Sterben als Abbruch oder Vollendung?, in: Bieneck, Andreas (Hg.): An den Grenzen des Lebens. Neukirchen-Vluyn, Neukirchener Verlagsgesellschaft, 89-95.

ROBERTS, STEPHEN B. Rabbi (Ed.) (2001): Professional Spiritual & Pastoral Care. A Practical Clergy and Chaplain's Handbook. Woodstock, Skylight Paths.

ROLLER, SUSANNE, MONIKA MÜLLER (2010): Die Sorge um die Seele, in: Bausewein, Claudia u.a. (Hg.): Leitfaden Palliative Care. 4. Aufl. München, Elsevier, 546-549.

ROSER, TRAUGOTT

(2005): „Spiritual Care". Seelsorge in der Palliativmedizin, in: *Praktische Theologie* 40 (2005) 4, 269-276.

(2007): Spiritual Care. Ethische, organisationale und spirituelle Aspekte der Krankenhausseelsorge. Ein praktisch-theologischer Zugang. Stuttgart, Kohlhammer.

(2009): Spiritual Care - neuere Ansätze seelsorglichen Handelns, in: Körtner, Ulrich u.a. (Hg.): Spiritualität, Religion und Kultur am Krankenbett. Wien, Springer, 81–90.

(2009): Vierte Säule im Gesundheitswesen? Dienstleistungen der Seelsorge im Kontext des Sterbens, in: Thomas, Günter, Isolde Karle (Hg.): Krankheitsdeutungen in der postsäkularen Gesellschaft. Stuttgart, Kohlhammer, 580-592.

(2009): Innovation Spiritual Care. Eine praktisch-theologische Perspektive, in: Frick, Eckhard, Traugott Roser (Hg.): Spiritualität und Medizin. 2. Aufl. Stuttgart, Kohlhammer, 45-56.

(2010): Anforderungen zur Feldkompetenz in verschiedenen Seelsorge-Bereichen, in: Seelsorge, in: Muttersprache der Kirche. Dokumentation eines Workshops der Evangelischen Kirche in Deutschland (Hannover, 16.11.2009). epd-Dokumentation 10/2010, 13-20 (www.ekd.de/seelsorgekonferenz/downloads/seelsorge)

(2010): Resonanzen erzeugen. Der Beitrag von Krankenhausseelsorge zur Spiritualität in der Palliativversorgung, in: *Zeitschrift für Medizinische Ethik* (2010) 1, 17-32.

(2011): Spiritual Care. Herausforderungen im Gesundheitssystem für (kirchliche) Seelsorge Frühjahrskonvent der KrankenhausseelsorgerInnen in der Evangelischen Kirche im Rheinland, Nümbrecht-Bierenbachtal, 22.02.2011.

(2012): Spiritualität und Gesundheit. Überlegungen zur Bedeutung eines unbestimmbaren Begriffs im interdisziplinären Diskurs, in: Kunz, Ralph, Claudia Kohli Reichenbach (Hg.): Spiritualität im Diskurs. Zürich, Theologischer Verlag, 227-240.

(2012): Lebenssättigung als Programm. Praktisch-theologische Überlegungen zur Seelsorge und Liturgie an der Grenze, in: *Zeitschrift für Theologie und Kirche* 109 (2012) 3, 397-414.

(2013): Seelsorge und Spiritual Care, in: Klessmann, Michael (Hg.): Handbuch der Krankenhausseelsorge, 4. Aufl. Göttingen, Vandenhoeck & Ruprecht, 58-76.

ROSER, TRAUGOTT, GIAN D. BORASIO (2008): Der Tod als Rahmenbedingung. Spiritual Care in der Palliativmedizin, in: *Praktische Theologie* 43 (2008), 43-51.

ROSER, TRAUGOTT, MARGIT GRATZ (2011): Spiritualität in der Sterbebegleitung, in: Kränzle, Susanne u.a. (Hg.): Palliative Care. 4. Aufl. Heidelberg/Berlin, Springer, 54-58.

ROSER, TRAUGOTT, THOMAS HAGEN, GIAN D. BORASIO (2010): Seelsorge konkret. Einblicke in die spirituelle Begleitung am Lebensende. Empirische Erhebung in Hospiz und Palliativbereich, in: *Zeitschrift für Palliativmedizin* (2010) 11, 130-132.

ROSS, LINDA (2010): Why the increasing interest in spirituality within healthcare?, in: McSherry, Wilfred, Linda Ross (Ed.): Spiritual assessment in healthcare practice. Keswick, M & K, 5-16.

ROSS, LINDA, WILFRED McSHERRY (2010): Considerations for the future of spiritual assessment, in: McSherry, Wilfred, Linda Ross (Ed.): Spiritual assessment in healthcare practice. Keswick, M & K, 161-170.

ROTH, MARTIN (2014): Kirchliche Trauerbegleitung in der Perspektive der neuen Trauerforschung, in: *Wege zum Menschen* 66 (2014), 289-305.

ROTH, MICHAEL (2013): Überlegungen zum eigenen Unbehagen mit dem Ruf nach Spiritualität, in: *Materialiendienst der EZW* 76 (2013) 2, 43-52.

RUFFING, JANET K. (2012): Die akademische Spiritualitätsforschung in den USA, in: Kunz, Ralph, Claudia Kohli Reichenbach, (Hg.): Spiritualität im Diskurs. Zürich, Theologischer Verlag, 55-70.

RUMBOLD, BRUCE

(2002): From religion to spirituality, in: Ders. (Ed.): Spirituality and Palliative Care. Oxford, Oxford University Press, 5-21.

(2002): Summary, in: Ders. (Ed.): Spirituality and Palliative Care. Oxford, Oxford University Press, 221-228.

RUSSMANN, HANS (2013): Spiritual Care als Herausforderung für das pastorale Handeln der Kirche, in: *Anzeiger für die Seelsorge* (2013) 11, 11-15.

SAALFRANK, EVA SABINE (2009): Was können buddhistische Traditionen zu Spiritual Care beitragen?, in: Heller, Birgit, Andreas Heller (Hg.): Spiritualität und Spiritual Care. *Jahresheft der Zeitschrift Praxis Palliative Care/Demenz 1 (2009) 78-80.*

SABATOWSKI, RAINER u.a. (Hg.) (2013): Palliativmedizin. 1000 Fragen. Stuttgart, Thieme.

SAGUIL, AARON, KAREN PHLEPS (2012): The spiritual assessment, in: *American Family Physician* (2012) 546-550.

SALANDER, P. (2006): Who needs the concept of spirituality?, in: *Psycho-Oncology* 16 (2006) 647-649.

SATTLER, DOROTHEA (2012): Auf dem Weg zu einer ökumenischen Spiritualität?, in: *Zeitschrift für Theologie und Gemeinde* 17 (2012) 113-125.

SAUNDERS, CICLEY

(1979): The Philosophy of Terminal Care, in: Dies. (Ed.): The Management of Terminal Disease. London, Edward Arnold Publishers, 193-202.

(1988): Spiritual pain, in: *Journal of Palliative Care* (1988) 4, 29-32.

(1993): Hospiz und Begleitung im Schmerz. Freiburg im Breisgau, Herder.

(1999) Brücken in eine andere Welt. Freiburg im Breisgau, Herder.

(2006): Selected Writings 1958-2004. Oxford, Oxford University Press.

(2009): Sterben und Leben–Spiritualität in der Palliative Care. Zürich, Theologischer Verlag.

SCHAEFFER, A. (2011): Vertrauen und Treue an der Grenze des Lebens. Zur Bedeutung spiritueller Begleitung im hospizlich-palliativen Arbeitsfeld, in: Höver, Gerhard u.a. (Hg.): Sterbebegleitung – Vertrauenssache. Würzburg, Königshausen und Neumann, 209-226.

SCHAUPP, WALTER

(2010): Medizin, Spiritualität und Menschenbild, in: Aigner, Maria Elisabeth (Hg.): Räume des Aufatmens. Pastoralpsychologie im Risiko der Anerkennung. Wien, LIT, 249–263.

(2014): „Wiederkehr des Religiösen". Gesellschaftliche Entwicklungen als Herausforderung für das Gesundheitswesen, in: Ders. u.a. (Hg.): Gesundheitssorge und Spiritualität im Krankenhaus. Innsbruck/Wien, Tyrolia, 11-28.

SCHAUPP, WALTER u.a. (Hg.) (2014): Gesundheitssorge und Spiritualität im Krankenhaus. Innsbruck/Wien, Tyrolia, 2014.

SCHAUPP, WALTER u.a (2014).: Vorwort, in: Ders u.a. (Hg.): Gesundheitssorge und Spiritualität im Krankenhaus. Innsbruck/Wien, Tyrolia, 7-9.

SCHEIDER, ALBAN (2012): ‚Spiritual care' am Lebensende. Eine empirische Studie zu Formen modernen Sterbens. München, AV Akademikerverlag.

SCHERNUS, RENATE (2013): Zum Umgang mit spirituellen Erfahrungen in der psychiatrischen Praxis, in: Armbruster, Jürgen u.a. (Hg.): Spiritualität und seelische Gesundheit. Köln, Psychiatrieverlag, 89-98.

SCHIEDER, ROLF (1994): Seelsorge in der Postmoderne, in: *Wege zum Menschen* 57 (1994) 26-43.

SCHILDMAIR, PIA (2014): Kinderkrankenhauseelsorge im multireligiösen und interkulturellem Kontext. Seelsorgliche Begleitung zwischen Pastoral Care, Spiritual Care und Human Care, in: Topf, Reinhard (Hg.). Das krebskranke Kind und sein Umfeld. Wien, new academic press, 250-263.

SCHIPANI, DANIEL S., L.D.BUECKERT (Ed.) (2009): Interfaith Spiritual Care. Kitchener, Pandora.

SCHLAUDRAFF, UDO (2013): Krankenhausseelsorge und Ethik, in: Klessmann, Michael (Hg.): Handbuch der Krankenhausseelsorge, 4. Aufl. Göttingen, Vandenhoeck & Ruprecht, 251-261.

SCHLENKER, JOCHEN (2014): Zur Sprache bringen. Supervision mit Ehrenamtlichen in der Ausbildung zur Seelsorgerin, zum Seelsorger, in: *Wege zum Menschen* 66 (2014) 273-288.

SCHMIDT-ROST, REINHARD (2013): Da hilft nur noch beten. Krankheit und Spiritualität, in: Bieneck, Andreas u.a. (Hg.): An den Grenzen des Lebens. Neukirchen-Vluyn, Neukirchener Verlagsgesellschaft, 23-27.

SCHMUCK, VOLKMAR (2012). Wider die Tyrannei des gelingenden Sterbens, in: *Wege zum Menschen* 64 (2012) 6, 515-540.

SCHMUCKER, KLAUS (2009): Ist Spiritualität katholisch? Ökumenische Reflexionen, in: Frick, Eckhard, Traugott Roser (Hg.): Spiritualität und Medizin. Stuttgart, Kohlhammer, 65-71.

SCHNEIDER, ALBAN (2012): Spiritual care am Lebensende. Eine empirische Studie zu Formen des modernen Sterbens. Akademiker Verlag.

SCHNEIDER, NIKOLAS (2011): Geleitwort, in: Hagen, T. u.a. (Hg.): Qualifizierungskurs Palliative Care für Seelsorgende. Stuttgart, Kohlhammer, 7-8.

SCHNEIDER-HARPPRECHT, CHRISTOPH

(2001): Interkulturelle Seelsorge. Göttingen, Vandenhoek & Ruprecht.

(2005): Die Rolle der Seelsorge angesichts der Krise der Kirche – Thesen, in: Kramer, Anja, Freimut Schirrmacher (Hg.): Seelsorgliche Kirche im 21. Jhdt. Neukirchen, Neukirchener Verlagshaus, 27-34.

(2005): Interkulturelle systemische Seelsorge, in: Nauer, Doris, Rainer Bucher, Franz Weber (Hg.): Praktische Theologie heute. Stuttgart, Kohlhammer, 224-230.

(2005): Das Profil der Seelsorge im Unternehmen Krankenhaus, in: Ders., Sabine Allwin (Hg.): Psychosoziale Dienste und Seelsorge im Krankenhaus. Göttingen, Vandenhoek & Ruprecht, 150-174.

(2012): Seelsorge zu Beginn des 21. Jahrhunderts, in: *Theologische Rundschau* 77 (2012) 1, 88-131.

(2012): Seelsorge – Christliche Hilfe zur Lebensgestaltung. Berlin, LIT, 2012.

SCHNEIDER-HARPPRECHT, CHRISTOPH, SABINE ALLWINN (2005): Psychosoziale Dienste und Seelsorge im Krankenhaus. Göttingen, VandenhoeK & Ruprecht.

SCHNEIDER, JÖRG (2012): Spiritualität und ‚spirituality' in der Welt der Arbeit und in der Welt der Gesundheit, in: *International Journal of Practical Theology* 16 (2012) 1, 124-155.

SCHNEIDER-FLUME, GUNDA (2004): Leben ist kostbar. Wider die Tyrranei des gelingenden Lebens. 2. Aufl. Göttingen, Vandenhoek & Ruprecht.

SCHNEIDEREIT-MAUTH, HEIKE

(2009): Ressourcenorientierte Seelsorge. Salutogenese als Modell seelsorglichen Handelns, in: *Wege zum Menschen* 61 (2009) 164-171.

(2013): Spiritualität als heilsame Kraft. Ein Plädoyer für Spiritual Care in der Klinik, in: *Wege zum Menschen* 65 (2013) 5, 404-418.

SCHNELL, TATJANA (2012): Spirituality with and without Religion, in: *Archiv für Religionspsychologie* 34 (2012) 1, 33-61.

SCHOCKENHOFF, EBERHARD (2007): Geleitwort, in: Roser, Traugott: Spiritual Care. Stuttgart, Kohlhammer, 11-12.

SCHRAGE, BRUNO

(2011): Ein möglicher Aufbruch. Laien als ‚Begleiter in der Seelsorge', in. *Anzeiger für die Seelsorge* (2011) 11, 30-35.

(2013): „Pflege ist berührbare Seelsorge". Eine Fortbildung qualifiziert zu ‚Begleitern in der Seelsorge', in: *ChrisCare,* ZS 1 (2013) 18-20.

(2014): Seelsorge – auch eine Frage des Konzeptes, in: Schrage, Bruno, Peter Bromkamp (2014): Altenheimseelsorge: mehr als eine schöne Kapelle. Kevelear, Lahn Verlag, 205-212.

SCHRAGE, BRUNO, PETER BROMKAMP (2014): „Seelenpflege in caritativen Einrichtungen", in: Schrage, Bruno, Peter Bromkamp (2014): Altenheimseelsorge: mehr als eine schöne Kapelle. Kevelear, Lahn Verlag, 178-190.

SCHREURS, AGNETA (2001): Psychotherapy and Spirituality. Integrating the Spiritual Dimension into Therapeutic Practice. London/Philadelphia, Jessica Kingsley.

SCHÜTTE, ANNE (2007): Palliative Seelsorge – Der integrative Beitrag der Seelsorgerinnen und Seelsorger im Altenpflegeheim, in: Blasberg-Kuhnke, Martina, Andreas Wittrahm (Hg.): Altern in Freiheit und Würde. Ein Handbuch. München, Kösel, 367-372.

SCHULTE, VOLKER, CHRISTOPH STEINEBACH (2014): Gesellschaftliche Bedeutung von Palliative Care, Fakten und Trends, in: Dies. (Hg.): Innovative Palliative Care. Bern, Huber, 17-25.

SCHULZ, MICHAEL (2013): Die Hoffnung stirbt zuletzt. Hinweise zum Verständnis der Hoffnung in christlicher Perspektive, in: Bieneck, Andreas (Hg.): An den Grenzen des Lebens. Neukirchen, Neukirchener Verlagsgesellschaft, 34-43.

SCHWINGHAMMER, JOHANN (2010): Klientenzentrierte Begleitung Sterbender im Rahmen einer zeitgemäßen Krankenhausseelsorge. Fribourg, Academic Press.

SEEGER, CHRISTA:
(2011): Leitlinien von Palliative Care, in: Kränzle, Susanne u.a. (Hg.): Palliative Care. 4. Aufl. Heidelberg/Berlin, Springer, 9-15.
(2011): Multidisziplinäres Arbeiten im Team – Grundlagen für die Vernetzung von Palliative Care, in: Kränzle, Susanne u.a. (Hg.): Palliative Care. 4. Aufl. Heidelberg/Berlin, Springer, 185-198.

SEELSORGE IN PALLIATIVE CARE (2009). Situationsanzeige und Empfehlungen zu kirchlich-diakonischem Handeln. Positionspapier des Diakonischen Werkes der EKD. Diakonie Texte 12.

SEELSORGE – MUTTERSPRACHE DER KIRCHE (2010). Gemeindliche Seelsorge und Seelsorge in Institutionen. Arbeitspapier der EKD-Konferenz der Seelsorge-Verantwortlichen in den Gliedkirchen, Stand 30. 4. 2009, in: Seelsorge. Muttersprache der Kirche. Dokumentation eines Workshops der Evangelischen Kirche in Deutschland (Hannover, 16.11.2009). epd-Dokumentation 10/2010, 43-56. (www.ekd.de/seelsorgekonferenz/downloads/seelsorge.)

SEELSORGLICHE KIRCHE IM 21. JAHRHUNDERT (2005). Modelle-Konzepte-Perspektiven. Hg. v. Anja Kramer, Freimut Schirrmacher. Neukirchen-Vluyn, Neukirchener Verlagshaus.

SEIFERT, RACHEL, ANNEGRET WOLF (2014): Gemeinsam unterwegs. Kooperative seelsorgliche Begleitung im St. Franziskus-Hospital in Münster, in: *Unsere Seelsorge. Das Themenheft der Hauptabteilung Seelsorge im Bischöflichen Generalvikariat Münster* (2014) März, 30-31.

SELMAN, LUCY et al. (2011): A psychometric evaluation of measures of spirituality validated in cultural diverse palliative care populations, in: *Journal of Pain and Symptom Management* 42 (2011) 604-622.

SELMAN, LUCY et al. (2011): The measurement of spirituality in palliative care and the content of tools validated cross-culturally. A systematic review, in: *Journal of Pain and Symptom Management* 42 (2011) 728-753.

SEUL, MICHAELA (2009): Hospizarbeit und Palliativbetreuung. Für einen Abschied in Würde. München, Knaur Mensa Sana.

SEYYAR, ALI (2014): Spiritualität in der Begleitung Sterbender. Muslimische Perspektiven, in: Feinendegen, Norbert u.a. (Hg.): Menschliche Würde und Spiritualität in der Begleitung am Lebensende. Würzburg, Königshausen & Neumann, 367-388.

SIEGERT, FOLKER (2013): Von der Sterblichkeit der Seele zur Leiblichkeit der Auferstehung, in: Swarat, Uwe, Thomas Söding (Hg.): Gemeinsame Hoffnung – über den Tod hinaus. Freiburg im Breisgau, Herder, 50-70.

SIEGMANN-WÜRTH, LEA
(2011): Ethik in der Palliative Care. Frankfurt am Main, Lang, 2011.
(2014): Palliative Care – theologische und medizinethische Aspekte, in: Noth, Isabelle, Claudia Kohli Reichenbach (Hg.): Palliative und Spiritual Care. Zürich, Theologischer Verlag, 43-60.

SIEGRIST, JOHANNES (2013): Seelsorge im Krankenhaus – aus der Sicht der Krankenhaussoziologie, in: Klessmann, Michael (Hg.): Handbuch der Krankenhausseelsorge, 4. Aufl. Göttingen, Vandenhoeck & Ruprecht, 30-41.

SLOAN, RICHARD et al. (2000): Should physicians prescribe religious activities?, in: *New England Journal of Medicine* 342 (2000) 1931-1916.

SMEETS, WIM
(2006): Spiritual care in a hospital setting. Leiden, Brill.
(2012): Identity and spiritual care, in. *Journal of empirical theology* 25 (2012) 1, 22-56.
(2013): Ministry and spiritual care, in: *Journal of empirical theology* 26 (2013) 1, 87-119.

SMEETS, WIM, TESSA MORICE-CALKHOVEN (2014): From ministry towards spritual competence, changing perspectives in spiritual care in the Netherlands, in: *Journal of Empirical Theology* 27 (2014) 1, 103-129.

SOBOTA, ELISABETH (2010): Pastoralpsychologische Überlegungen zur Spiritualität in der Hospizarbeit, in: Ladenhauf, Karl Heinz, Elisabeth Maria Aigner (Hg.): Räume des Aufatmens. Wien/Berlin, LIT, 377-408.

SPERRY, LEN (2011): Spirituality in Clinical Practice. Theory and Practice of Spiritually Oriented Psychotherapy. New York, Routledge Chapman & Hall.

SPIRITUELLE BEGLEITUNG IN DER PALLIATIVVERSORGUNG (2007). Konzept des Arbeitskreises ‚Spirituelle Begleitung' der ‚Deutschen Gesellschaft für Palliativmedizin' 10. Mai 2007. www.palliativmedizin.de/pdf/sektionen/sektion-spirituelle Begleitung.pdf. (Zugriff 10. Sept. 2014).

STÄDTLER-MACH, BARBARA (2006): Seelsorge und Pflege. Diakonietheologische Überlegungen, in: Götzelmann, Arnd u.a. (Hg.): Diakonische Seelsorge im 21. Jahrhundert. Heidelberg, Universitätsverlag, 141-143.

STAMPLER, THERESA MARIA (2011): Provokation Spiritual Care? Saarbrücken, Verlag Dr. Müller.

STASIUK, ANDRZEJ (2013): Kurzes Buch über das Sterben. Frankfurt am Main, Suhrkamp.

STEFFEN-BÜRGI, BARBARA (2007): Reflexionen zu ausgewählten Definitionen der Palliative Care, in: Knipping, Cornelia (Hg.) Lehrbuch Palliative Care. 2. Aufl. Bern, Huber, 30-38.

STEINFORTH, THOMAS (2013): Wie kommt die Spiritualität in die Organisation? Förderung spiritueller Kompetenz von Mitarbeitern und Führungskräften, in: *Spiritual Care* 2 (2013) 8-20.

STEINKAMP, HERMANN (2013): Sozialpastoral. Plädoyer für einen Perspektivenwechsel, in: Reiniger, Winfried, Ingrid Reidt (Hg.): Kirche an der Seite der Armen. Freiburg, Lambertus, 13-23.

STEINMANN, RALPH MARC (2012): Spiritualität – die vierte Dimension der Gesundheit. Eine Einführung aus der Sicht von Gesundheitsförderung und Prävention. Berlin, LIT-Verlag.

STEMPIN, LOTHAR (2014): Gesundheit als Gabe. Zur Wiederkehr religiöser Begründungen von Gesundheit und spirituell geprägter Gesundheitspraxis. Gütersloh, Vandenhoek & Ruprecht.

STIEGLER, STEFAN

(2012): Spiritual Care – eine Haltungsfrage, in: Geistesgegenwärtig pflegen. Hg. v. Diakonisches Werk der EKD. Neukirchen, Neukirchener Verlagsgesellschaft, 249-254.

(2013): Spiritualität – eine Haltungsfrage, in: *Spiritual Care* (2013) 3, 43-48.

STIERINGER, MAJA (2010): Altenheimseelsorge als Angebot der Kirche. Votum einer Pflegefachkraft, in: *Deutsches Pfarrerblatt* 110 (2010) 8, 426-428.

STOLLBERG, DIETRICH

(2009): Pastoralpsychologische Richtungen in der Seelsorge, in: Engemann, Wilfried (Hg.): Handbuch der Seelsorge. 2. Auflage. Leipzig, Verlagsanstalt, 202-226.

(2013): Seelsorge und Gottesdienst, in: Klessmann, Michael (Hg.): Handbuch der Krankenhausseelsorge, 4. Aufl. Göttingen, Vandenhoeck & Ruprecht 263-270.

STOLBERG, MICHAEL (2011): Die Geschichte der Palliativmedizin. Frankfurt am Main, Mabuse Verlag.

STOLL, RUTH (1979): Guidlines for spiritual assessment, in: *American Journal of Nursing* (1979) 9, 1547-1577.

STROHAL, WALTHER (2013): Seelsorge mit Mitarbeiterinnen und Mitarbeitern, in: Klessmann, Michael (Hg.): Handbuch der Krankenhausseelsorge, 4. Aufl. Göttingen, Vandenhoeck & Ruprecht, 229-238.

STUDENT, JOHANN-CHRISTOPH, ANNEDORE NAPIWOTZKY (2011): Palliative Care. Wahrnehmen-verstehen–schützen. 2. Aufl. Stuttgart, Thieme.

SUDBRACK, JOSEF (Hg.) (1993): Entzünde in uns das Feuer Deiner Liebe. Gebete zum Heiligen Geist. Verlag Neue Stadt.

SULLIVAN, WINNIFRED FALLERS (2014): A Ministry of Presence. Chaplaincy, Spiritual Care, and the Law. Chicago, University Press.

SULMASY, DANIEL .P.

(1997): Healer's Calling: A Spirituality for Phycisians and Other Health Care Professionals. Paul & Co.

(2002): A biopsychosocial-spiritual model for the care of patients at the end of life, in: *The Gerontologist* (2002) October, 24-37.

(2006): The Healthcare Professional as Person. The Spirituality of Providing Care at the End of Life, in: Puchalski, Christina (Hg.): A Time for Listening And Caring. New York, Oxford University Press, 101-114.

(2006): The Rebirth of the Clinic. An Introduction to Spirituality in Health Care. Georgetown. University Press.

(2009): Spirituality, religion and clinical care, in: *Chest* 135 (2009) 6, 1634-1642.

(2013): Ethos, Mythos und Thanatos. Spirituality and Ethics at the Ende of Life, in: *Journal of Pain and Symptom Management* 46 (2013) 3, 447-451.

SWIFT, CHRISTOPHER (2014): Hospital Chaplaincy in the Twenty-First Century. The crisis of spiritual care on the NHS. Farnham, Ashgate.

SWINTON, JOHN

(2001): Spirituality and Mental Health Care. Rediscovering a forgotten dimension. London/Philadelphia, Jessica Kingsley Publishers.

(2010): The meanings of spirituality. A multiperspective approach to „the spiritual", in: McSherry, Wilfred, Linda Ross (Hg.): Spiritual assessment in healthcare practice. Keswick, M & K, 17-36.

TAVERNA, ERHARD (2012): Mehrwert ‚Spiritualität', in: *Schweizerische Ärztezeitung* 93 (2012) 45, 1678.

TAYLOR, ELISABETH

(2002): Spiritual Care: nursing theory, research and practice. Upper Saddle River.

(2003): Nurses caring for the spirit. Patients with cancer and the family care giver expectations, *in: Oncology Nursing Forum* (2003) 4, 585-590.

TAYLOR, ELISABETH, IRIS MAMIR (2005): Spiritual care nursing. What cancer patients and family care givers want, in: *Journal of Advanced Nursing* (2005) 3, 260-267.

TAYLOR, ELISABETH et al. (2014): Teaching spiritual care to nursing students. An integrated model, in: *Journal of Christian Nursing* (2014) 2, 94-99.

THAYSEN, ANGELIKA (2014): Ich stehe Dir bei. Sterbende und ihre Angehörigen trösten und begleiten. Gütersloh, Gütersloher Verlagshaus.

THE GEORGE H. GALLUP INTERNATIONAL INSTITUTE (1997): Spiritual beliefs and the dying process. A report on a national survey conducted for the Nathan Cummings Foundation and the Fetzer Institute. New York/Princeton, 1997.

THÖNS, MATTHIAS, THOMAS SITTE (2013): Repetitorium Palliativmedizin. Berlin/Heidelberg, Springer.

THOMA, JUDITH (2008): Cicley Saunders' Impulse für die spirituelle Begleitung von Schwerstkranken und Sterbenden, in: Krockauer, Rainer, Manfred Körber (Hg.): Glaubenszeugnisse in Sozialer Arbet und Diakonie. Berlin, LIT, 199-214.

TRAPP, ELMAR

(2011): Seelsorge – eine (andere) Pflegequalität?, in: *Pastoralblatt für die Diözesen Aachen, Berlin, Essen, Hildesheim, Köln, Osnabrück* (2011) 10, 300-306.

(2013): Altenheimseelsorge. Last oder bereichernde Vielfalt?, in: *Pastoralblatt für die Diözesen Aachen, Berlin, Essen, Hildesheim, Köln, Osnabrück* 65 (2013) 12, 367-374.

TSCHEULIN, DIETER u.a. (2014): Konfessionelle Krankenhäuser – überlebte Organisationen?, in: Baumann, K. u.a. (Hg.): Konfessionelle Krankenhäuser, Kohlhammer, 81-102.

UCAR, BÜLENT, MARTINA BLASBERG-KUHNKE (Hg.) (2013): Islamische Seelsorge zwischen Herkunft und Zukunft. Frankfurt am Main, Lang.

UHLÄNDER-MASIAK, ELISABETH u.a. (Hg.) (2002): Spiritualität in der Pflege. Bern, Huber.

UNTERRAINER, HUMAN-FRIEDRICH

(2007): Spiritualität und psychische Gesundheit. Glaube als Ressource in der Krankheitsverarbeitung. Saarbrücken, Müller.

(2014): Braucht die Suchtbehandlung eine spirituelle Dimension?, in: *Spiritual Care* (2014) 1, 28-35.

UTSCH, MICHAEL

(2010): Spiritualität in Medizin und Pflege, in: Kottnik, Klaus-Dieter, Astrid Giebel (Hg.): Spiritualität in der Pflege. Neukirchen-Vluyn, Neukirchener Verlag, 21-33.

(2012): Wer sorgt für die Seele eines kranken Menschen? Das Konzept "Spiritual Care" als Herausforderung für die christliche Seelsorge, in: *Materialdienst der EZW* 75 (2012) 9, 343-347.

(2012): Zum Profil christlicher Spiritualität, in: *Materialdienst der EZW* 75 (2012) 1, 14-18.

(2013): Spiritualität in der psychiatrisch-psychotherapeutischen Praxis, in: Armbruster, Jürgen u.a. (Hg.): Spiritualität und seelische Gesundheit. Köln, Psychiatrieverlag, 27-47.

(2013): Die Einladung nicht ausschlagen. Neue Aufmerksamkeit für Religion und Spiritualität in der Psychotherapie, in: *Herder Korrespondenz* 67 (2013) 1, 42-46.

(2014): Psychologie oder Spiritualität?, in: *Geist und Leben* (2014) 3, 261-274.

(2014): Begriffsbestimmungen: Religiosität oder Spiritualität?, in: Ders. u.a. (Hg.): Psychotherapie und Spiritualität. Berlin/Heidelberg, Springer, 25-36.

(2014): Spirituelle Suche und Sinngebung professionell begleiten, in: Ders. u.a. (Hg.): Psychotherapie und Spiritualität. Berlin/Heidelberg, Springer, 201-212.

UTSCH, MICHAEL (Hg.) (2012): Pathologische Religiosität. Stuttgart, Kohlhammer.

UTSCH, MICHAEL (Hg.) (2014): Spirituelle Lebenshilfe. Zwischen Esoterik, Psychologie und Seelsorge. Berlin. EZW-Text 229.

UTSCH, MICHAEL, RAPHAEL BONELLI, SAMUEL PFEIFFER (Hg.) (2014): Psychotherapie und Spiritualität. Berlin/Heidelberg, Springer.

UTSCH, MICHAEL, SABINE KERSEBAUM (2011): Hilfe von oben, in: *Gehirn* & *Geist* Dossier (2011) 2, 42-47.

VANDENHOEK, ANNE

(2013): Chaplains as specialists in spiritual care for patients in Europe, in: *Polskie Archiwum Medycyny Wewnetrznej* 123 (2013) 552-557.

(2013): Seelsorge im Gesundheitswesen in Europa. Wie Kultur das Gesundheitswesen prägt, in: *Wege zum Menschen* 65 (2013) 6, 491-500.

VIVAT, BELLA (2008): Measures of spiritual issues for palliative care patients: a literature review, in: *Paliative medicine* 22 (2008) 859-868.

VOCK, FRANZ (2009): Die interreligiöse und interdisziplinäre Seelsorgearbeit am AKH Wien- ein multikultureller Dialog, in: Körtner, Ulrich u.a. (Hg.): Spiritualität und Kultur am Krankenbett. Wien/New York, Springer, 18-29.

VOGEL, CHRISTOPH (2010): Seelsorge als Zukunftskompetenz der Kirche. Überlegungen zur Aus-, Fort- und Weiterbildung, in: Seelsorge, in: Muttersprache der Kirche. Dokumentation eines Workshops der Evangelischen Kirche in Deutschland (Hannover, 16.11.2009). epd-Dokumentation 10/2010, 21-24. (http://www.ekd.de/seelsorgekonferenz/downloads/seelsorge.)

VOIGT, KARIN IRENE (2013): Spiritualität in der pflegerischen Beziehung. Ausgewählte Forschungsergebnisse, in: Armbruster, Jürgen u.a. (Hg.): Spiritualität und seelische Gesundheit. Köln, Psychiatrieverlag, 203-217.

WALACH, HARALD

(2006): Spiritualität und Wissenschaft, in: Büssing, Arndt u.a. (Hg.): Spiritualität, Krankheit und Heilung – Bedeutung und Ausdrucksformen der Spiritualität in der Medizin. Frankfurt am Main, Verlag für Akademische Schriften, 26-53.

(2011): Spiritualität. Warum wir die Aufklärung weiterführen müssen. Klein Jasedow, Drachen.

WALDENFELS, HANS (2014): Spiritualität in der Begleitung Sterbender: Buddhistische Perspektiven, in: Feinendegen, Norbert u.a. (Hg.): Menschliche Würde und Spiritualität in der Begleitung am Lebensende. Würzburg, Königshausen & Neumann, 389-410.

WALTHER, TABITHA (2014): Praktisch-theologische Aspekte einer multireligiösen Spitalselsorge an den Beispielen Stanford und Basel, in: Haker, Hille, Gwendolin Wanderer, Katrin Bentele (Hg.): Religiöser Pluralismus in der Klinikseelsorge. Berlin, LIT, 171-186.

WARNS, ELSE NATALIE (2013): Krankenhausseelsorge oder ‚Spiritual Care'?, in: *Spiritual Care* (2013) 1, 68-70.

WASNER, MARIA

(2009): Spiritual Care und gender, in: Frick, Eckhard, Traugott Roser (Hg.): Spiritualität und Medizin. Stuttgart, Kohlhammer, 215-219.

(2009): Spiritualität und Soziale Arbeit, in: Frick, Eckhard, Traugott Roser (Hg.): Spiritualität und Medizin. Stuttgart, Kohlhammer, 244-250.

(2012): Lebensqualität, in: Fegg, Martin u.a. (Hg.): Psychologie und Palliative Care. Stuttgart, Kohlhammer, 64-70.

WASNER, MARIA u.a. (2005): Effects of spiritual care training for palliative care professionals, in. *Palliative Medicine* 19 (2005) 99-104.

WEBER, FRANZ (1995): Not lehrt handeln. Lateinamerikanische Kirchenerfahrungen als Ermutigung zu einer neugestaltung unserer Seelsorge, in: Winisch, Hubert (Hg.): Seelsorge neu gestalten. Graz, Styria, 81-110.

WEIHER, ERHARD

(2007): Spirituelle Begleitung in der palliativen Betreuung, in: Knipping, Cornelia (Hg.): Lehrbuch Palliative Care. 2. Aufl. Bern, Huber, 438-456.

(2008): Das Geheimnis des Lebens berühren. Spiritualität bei Krankheit, Sterben, Tod. Stuttgart, Kohlhammer.

(2009): Spiritualitäten achten und Gott im Spiel halten. Die Replik von Erhard Weiher auf Gert Hartmann, in: *Lebendige Seelsorge* 60 (2009) 4, 229-230.

(2009): Spirituelle Ressourcen der Patienten erschließen, in: Heller, Birgit, Andreas Heller (Hg.): Spiritualität und Spiritual Care. *Jahresheft der Zeitschrift Praxis Palliative Care/Demenz 1 (2009) 22-23.*

(2009): Seelsorge und Spiritualität, in: *Lebendige Seelsorge* 60 (2009) 4, 218-223.

(2010): (Klinik-)Seelsorge als Kommunikation spiritueller Erfahrung, in: Lames, Gundo (Hg.): Psychologisch, pastoral, diakonisch. Trier, Paulinus, 231-244.

(2010): (Klinik-)Seelsorge als Kommunikation spiritueller Erfahrung, in: Psychologisch, pastoral, diakonisch. Praktische Theologie für die Menschen. Heribert Wahl zum 65. Geburtstag. Hg. v. Gundo Lames. Trier, Paulinus, 231-244.

(2012): Wenn das Geheimnis die Lösung ist, in: *Spiritual Care* (2012) 1, 82-83.

(2014): Spiritualität und Würdeempfinden. Möglichkeiten spiritueller Begleitung am Lebensende, in: Feinendegen, Norbert u.a. (Hg.): Menschliche Würde und Spiritualität. Würzburg, Königshausen & Neumann, 411-424.

WEIHRAUCH, BIRGIT (2011): Geleitwort, in: Hagen, T. u.a.: Qualifizierungskurs Palliative Care für Seelsorgende. Stuttgart, Kohlhammer, 11.

WEINERT-SPRISSLER, HANNO (2009): Die katholische Kirche und die Hospizbewegung in Deutschland, in: *Lebendiges Zeugnis* 64 (2009) 4, 284-311.

WEIß, HELMUT

(2005): Grundelemente einer Interkulturellen Seelsorge, in: Kramer, Anja, Freimut Schirrmacher (Hg.): Seelsorgliche Kirche im 21. Jahrhundert. Neukirchen-Vluyn, Neukirchener Verlagshaus, 79-93.

(2009): Interreligious and intercultural pastoral care and counseling from a German perspective, in: Schipani, Daniel S., Leah Dwan Bueckert: Spiritual Care. Kitschener Ontario, Pandora Press, 235-258.

(2010): Grundlagen interreligiöser Seelsorge, in: Ders. (Hg.) u.a.: Handbuch Interreligiöse Seelsorge. Neukirchen-Vluyn, Neukirchener Verlag, 2010, 73-96.

(2011): Seelsorge-Supervision-Pastoralpsychologie. Neukirchen-Vluyn, Neukirchener Theologie.

(2012): Der Islamische Gruß. Der Beginn eines Ausbildungskurses in ‚Islamischer Seelsorge im Krankenhaus', in: Nachdenkliche Seelsorge-seelsorgliches Nachdenken. Hg. v. Isabelle Noth u.a. Göttingen, Vandenhoeck & Ruprecht, 123-138.

WEIß, HELMUT, FEDERSCHMIDT, KARL H., THEMME, KLAUS (Hg.) (2010): Handbuch interreligiöse Seelsorge. Neukirchen-Vluyn, Neukirchener Verlag.

WEIß, UWE (2014): Der Beitrag der Seelsorge im palliativen Versorgungsteam, in: *Wege zum Menschen* 66 (2014) 1, 80-90.

WENZ, GEORG (2013): Wenn Seelsorge gelingt – Reflexionen zu den Ausbildungskursen islamischer Krankenhausseelsorge in Landau-Mannheim, in: Bülent, Ucar, Martina Blasberg-Kuhnke (Hg.): Islamische Seelsorge zwischen Herkunft und Zukunft. Frankfurt am Main, Lang, 151-162.

WENZ, GEORG, TALAT KAMRAN (Hg.) (2012): Seelsorge und Islam in Deutschland. Speyer, Evangelischer Presseverlag.

WERNSTEDT, THELA (2010): Kritik aus Sicht der Palliativmedizin, in: Seelsorge. Muttersprache der Kirche. Dokumentation eines Workshops der Evangelischen Kirche in Deutschland (Hannover, 16.11.2009 (http://www.ekd.de/seelsorgekonferenz/downloads/seelsorge.) epd-Dokumentation 10/2010, 28-30.

WESSEL, WERENFRIED (2012): Im Tod die Vision vom Leben stärken. Ängste und Hoffnungen von Sterbenden, in: *Lebendige Seelsorge* 63 (2012) 5, 341-343.

WESTERINK, HERMANN (2011): Alter Wein in neuen Schläuchen? Der Spiritualitätsbegriff in der gegenwärtigen Religionspsychologie, in: *Glaube und Lernen* 26 (2011) 2, 177-189.

WETTRECK, RAINER (2008): Spiritualität, Werte, Organisation, in: *Wege zum Menschen* 60 (2008) 472-487.

WHITE, GILLIAN (2008): Talking about Spirituality in Health Care Practice. A Ressource for the Multiprofessional Health-Care Team. London/Philadelphia, Jessica Kingsle.

WINKLER, KLAUS (2000): Die Seelsorge zwischen Spezialisierung und Globalisierung, in: Schneider-Harpprecht, C. (Hg.): Zukunftsperspektiven für Seelsorge und Beratung. Neukirchen-Vluyn, Neukirchener Verlag, 3-11.

WINTER-PFÄNDLER, URS

(2011): Gesellschaftliche Veränderungen und Palliative Care. Herausforderungen für die Kirchen und die Seelsorge, in: *Schweizerische Kirchenzeitung* (2011) 5, 75-78.

(2011): Zum Wohl des Patienten und aller Beteiligten. Spiritual Care. Spirituelle Sorge in einer ganzheitlichen palliativen Versorgung, in: *Praxis Palliative Care* (2011) 10, 24-25.

(2011): Vernetzung als Schlüssel zu einer guten Zusammenarbeit, in: *Krankenpflege*, 3, (2011) 18-21.

WINTER-PFÄNDLER, URS, CHRISTOPH MORGENTHALER

(2010): Wie zufrieden sind Patientinnen und Patienten mit der Krankenhausseelsorge? Entwicklung eines Fragebogens und erste Resultate einer Untersuchung in der Deutschschweiz, in: *Wege zum Menschen* 62 (2010) 6, 570-584.

(2010): Rolle und Aufgaben der Krankenhausseelsorge in den Augen von Stationsleitungen. Eine Untersuchung in der Deutschschweiz, in: *Wege zum Menschen* 62 (2010) 6, 585-597.

(2011): Who Needs Chaplain's Visitation in General Hospitals? Evaluation of influencing factors to assess patients with psychosocial and religious needs, in: *Journal of Pastoral Care* & *Counseling* (2011) 2, 1-10.

WISIAK, URSULA VIKTORIA (2014): Die Bedeutung der Spiritualität im Krankenhaus. Ergebnisse einer MitarbeiterInnenbegfragung an einer Intensivstation, in: Schaupp, Walter u.a. (Hg.): Gesundheitssorge und Spiritualität im Krankenhaus. Innsbruck/Wien, Tyrolia, 69-86.

WITTRAHM, ANDREAS

(2001): Seelsorge, Pastoralpsychologie und Postmoderne. Stuttgart, Kohlhammer.

(2014): Pflegende brauchen Freiräume für die Beziehungsgestaltung, in: *Praxis Palliative Care* (2014) 25, 45-47.

WOHLMUTH, JOSEF (20114): Christliche Spiritualität in der Begleitung am Lebensende, in: Feinendegen, Norbert u.a. (Hg.): Menschliche Würde und Spiritualität in der Begleitung am Lebensende. Würzburg, Königshausen & Neumann, 279-296.

WORLD HEALTH ORGANIZATION (2009): WHO Definition of Palliative Care. Genf.

WORTMANN, HARTMUT u.a. (Hg.) (2010): Qualitätshandbuch zur Krankenhausseelsorge. Ein Werkbuch. Göttingen, Vandenhoek & Ruprecht.

WRIGHT, MICHAEL

(2004): Good for the soul? The spiritual dimension of hospice and palliative care, in: Payne, Sheila u.a. (Hg.): Palliative Care Nursing. Maidenhead/Berkshire, Open University Press, 218-240.

(2004): Hospice care and models of spirituality, in: *European Journal of Palliative Care* 11 (2004) 2, 75-78.

ZERFASS, ROLF (2008): Pastoral und Spiritualität. Der Beitrag Henry Nouwens, in: Kläden, Tobias (Hg.): Kommunikation des Evangeliums. Festschrift für Udo Schmälzle. Berlin/Münster, LIT, 83-98.

ZIEMER, JÜRGEN

(2000): Seelsorgelehre. Eine Einführung für Studium und Praxis. Göttingen, Vandenhoeck & Ruprecht.

(2000): Zur interkulturellen Seelsorge, in: Schneider-Harpprecht, Christoph (Hg.): Zukunftsperspektiven für Seelsorge und Beratung. Neukirchen-Vluyn, Neukirchener Verlag, 66-70.

(2000): Podiumsdiskussion. Seelsorge und ihre Bedeutung für die Zukunft, in: Schneider-Harpprecht, Christoph (Hg.): Zukunftsperspektiven für Seelsorge und Beratung. Neukirchen-Vluyn, Neukirchener Verlag, 127-133.

(2004): Weltlichkeit und Spiritualität. Seelsorge unter den Bedingungen der Säkularität, in: *Wege zum Menschen* 56 (2004) 21-37.

(2005): Seelsorge als Grenzerfahrung, in: Kramer, Anja, Freimut Schirrmacher (Hg.): Seelsorgliche Kirche im 21. Jhdt. Neukirchen, Neukirchener Verlagshaus, 35-51.

(2013): Andere im Blick. Diakonie, Seelsorge, Mission. Leipzig, Evangelische Verlagsanstalt.

(2013): Seelsorge, in: *Praxis Gemeindepädagogik* 66 (2013) 2, 54-57.

ZIMMERLING, PETER (2012): Das evangelische Profil christlicher Spiritualität, in: Geistesgegenwärtig pflegen. Hg. v. Diakonisches Werk der EKD. Neukirchen, Neukirchener Verlagsgesellschaft, 53-62.

ZIMMERMANN-ACKLIN, MARKUS

(2007): Bioethik und Spitalseelsorge – Anknüpfungspunkte für ein Gespräch, in: Albisser, Rudolf, Adrian Loretan (Hg.): Spitalseelsorge im Wandel. Münster, LIT, 39-56.

(2012): Palliative Care-Möglichkeiten und Grenzen aus sozialethischer Sicht, in: Belok, Manfred u.a. (Hg.): Seelsorge in Palliative Care. Zürich, Züricher Verlag, 61-74.

(2014): Sterbehilfe und Palliative Care – Überlegungen aus ethischer Sicht, in: Schulte, Volker, Christoph Steinebach (Hg.) Innovative Palliative Care. Bern, Huber, 80-91.

ZINKEVICIUTE, RENATA (2007): Karl Rahners Mystagogiebegriff und seine praktisch-theologische Rezeption. Frankfurt am Main, Lang.

ZOCK, HETTY

(2008): The split professional identity of the chaplain as a spiritual care giver in contemporary Dutch health care, in: *Journal of Pastoral Care and Counseling* 62 (2008) 137-139.

(2011): Beroep of roeping? Geestelijke Verzorging in den 21[e] eeuw. Delft, Eburon.

ZULEHNER, PAUL

(2002): Im Gespräch mit Karl Rahner. Denn du kommst unserem Tun mit Deiner Gnade zuvor. Zur Theologie der Seelsorge heute. Ostfildern, Schwabenverlag.

(2003): Megatrend Religion, in: *Stimmen der Zeit* 221 (2003) 2, 87-96.

(2011): Verbuntung. Kirchen im weltanschaulichen Pluralismus. Ostfildern, Schwabenverlag.

ZULEHNER, PAUL (Hg.) (2004): Spiritualität – Mehr als ein Megatrend. Ostfildern, Schwabenverlag.

ZULEHNER, PAUL, REGINA POLAK, URSULA HAMACHERS-ZUBA (2005): Respiritualisierung als „heilsgeschichtliches Muss", in: Nauer, Doris, Rainer Bucher, Franz Weber (Hg.): Praktische Theologie heute. Bestandsaufnahmen und Zukunftsperspektiven. Stuttgart, Kohlhammer, 270-281.

ZWINGMANN, CHRISTIAN, CONSTANTIN KLEIN

(2012): Deutschsprachige Fragebögen zur Messung von Religiosität/Spiritualität. Stellenwert. Klassifikation und Auswahlkriterien, in: *Spiritual Care* (2012) 2, 7-21.

(2013): Sind religiöse Menschen gesünder, und wenn ja, warum? Ergebnisse empirisch-sozialwissenschaftlicher Forschung, in: *Spiritual Care* (2013) 2, 21-36.